Repetitorium

des

Römisch-gemeinrechtlichen Civilrechtes

unter Berücksichtigung

der

Preußischen Gesetzgebung

von

C. A. Herzfeld,
Kammergerichts-Assessor.

Das sogenannte Familienrecht und das Erbrecht.

Berlin,
bei Veit u. Comp.
1857.

Vorwort.

Zweck des Unternehmens ist, ein Repetitorium des Römischen Civilrechtes in dessen geschichtlicher Entwickelung und heutiger practischen Bedeutung zu geben. Für Diejenigen, welche in die Praxis des Gemeinen Rechtes eintreten wollen, soll es das vorläufig Nothdürftige enthalten; für den practischen preußischen Juristen dasjenige, was vernünftiger Weise von ihm als Kenntniß des Römisch-gemeinen Civilrechtes zu verlangen ist, und eine allgemeine vergleichende Hinweisung auf die Preußische Gesetzgebung. —

Das Repetitorium wird einen allgemeinen Theil, die Lehre von den dinglichen Rechten, von den Obligationen, das sog. Familienrecht und das Erbrecht enthalten. —

Aus äußerlichen Gründen folgt zunächst das sog. Familienrecht und das Erbrecht. — In nächster Zeit werden die übrigen Theile erscheinen.

Der Verfasser.

Das sogenannte Familienrecht.

Einleitung.

Der Ausdruck familia wurde von den Römern in verschiedenen Bedeutungen, sowohl in Bezug auf Personen als auf Sachen, gebraucht. So bezeichnet familia

a) den Inbegriff des ganzen Vermögens, z. B. in den Ausdrücken familiae emtor, actio familiae herciscundae, agnatus proximus familiam habeto. Zuweilen findet sich neben dem Ausdruck familia in diesem Sinne noch der Ausdruck pecunia, z. B. in der Mancipationsformel für Errichtung der alten Testamente, Gajus lib. II. §. 104.;

b) die Gesammtheit der Sclaven eines und desselben Eigenthümers, wohl auch der Sclaven und Freigelassenen desselben;

c) den Inbegriff aller Verwandten, nebst den Schwiegersöhnen und Schwiegertöchtern, in welcher Bedeutung der Ausdruck seine Anwendung findet für das römische Familien-Fideicommiß;

d) den Inbegriff aller Verwandten;

e) den Inbegriff aller agnatischen Verwandten, zu denen in der älteren Zeit auch die Ehefrau gehörte, wenn sie in der Gewalt (manus) ihres Ehemannes stand;

f) den Inbegriff der Personen, welche zu derselben gens gehörten, z. B. familia Julia, familia Cornelia.

Die deutsche Sprache hat das Wort Familie aufgenommen und bezeichnet mit ihm sowohl den Inbegriff aller Verwandten [a]), als auch in einem engeren Sinne den Inbegriff der Personen, welche zusammen in einem und demselben Hausstande leben. In der letzteren Bedeutung gehören kraft deutscher Sitte nicht blos Verwandte und Ehegatten, sondern auch das Gesinde, so lange es in Lohn und Brot steht, zur Familie. [b]) Das Rechtsverhältniß indessen, in welchem nach unserem Rechte das Gesinde zu seiner Herrschaft steht, ist ein dem Römischen Rechte so fremdartiges, daß es in das System des eigenthümlich Deutschen Rechtes verwiesen werden muß. Vom Standpuncte des Römischen Rechtes aus würde dies Verhältniß als eine reine Dienstmiethe aufzufassen sein, es mag wohl auch wegen des Sclavenverhältnisses keine besondere practische Bedeutung gehabt haben.

So pflegt denn die Römische Rechtswissenschaft [c])

---

a) So auch das Preuß. Landrecht Thl. 1. Tit. 1. §. 5.

b) Das Preuß. Landrecht nennt die Familie in diesem Sinne „häusliche Gesellschaft". A. L. R. Thl. 1. Tit. 1. §§. 3. u. 4.

c) Das Preuß. Landrecht handelt von der Ehe im Titel 1., von dem Verhältniß zwischen Eltern und Kindern im Titel 2., von den anderweiten Verwandten im Titel 3., von

unter der Rubrik „Familienrecht" gewöhnlich drei Rechtsverhältnisse zur Darstellung zu bringen:

a) die Geschlechtsgemeinschaft und insbesondere die Ehe;

b) das Verhältniß der Verwandten und insbesondere die väterliche Gewalt;

c) die Vormundschaft.

Die Begrenzung des Begriffes Familienrecht in dieser Art kann, wie es auch geschehen ist, vom reinen juristischen Standpuncte mit Erfolg angefochten werden, weil der Kreis theils zu eng, theils zu weit gezogen ist; dennoch hat gerade diese Art der Begrenzung vor allen anderen Schematisirungen den Vorzug, daß sie das zusammenstellt, was im practischen Leben als Zusammengehöriges erscheint und die Rechtsinstitute, welche sie in den Begriff hineinzieht, in deren Totalität zur Anschauung bringt. Deswegen soll auch hier von der althergebrachten Gewohnheit nicht abgegangen werden, und zwar um so weniger, als sich dieselbe auch durch die genetische Anordnung des Stoffes empfiehlt, während jede andere Systematisirung um deshalb dem Lernenden die Erlangung einer Uebersicht erschwert, weil die Rechtsinstitute des sogen. Familienrechtes die besondere Eigenthümlichkeit haben, daß sie in einer Weise, wie wir dies in keinem anderen Rechtsgebiete des Privatrechtes finden, auf Grundsätzen des öffentlichen und kirchlichen Rechtes neben solchen des

---

der Vormundschaft aber, als eines Institutes des öffentlichen Rechtes, im Titel 18. Theil 2.

Privatrechtes beruhen, und in ihrem Inhalte nebeneinander Pflichten und Obligationen vereinigen. — Dagegen erscheint es ganz naturgemäß, von der Geschlechtsgemeinschaft als dem Grunde der Verwandtschaft auszugehen, hierauf das Verhältniß der Verwandten, namentlich des Hausvaters und seiner Kinder, folgen zu lassen und zu schließen mit der Lehre von dem Schutze für diejenigen Personen, welche, ihres natürlichen Beschützers beraubt, eines anderweiten Schutzes bedürfen.

Was nun zunächst die Lehre von der Geschlechtsgemeinschaft anbelangt, so bietet vor Allem die Ehe das Hauptinteresse. Andere Arten solcher Gemeinschaft sind:

die putative Ehe,
das Concubinat,
das Stuprum,
der einfache Beischlaf,
der Ehebruch (adulterium),
die Blutschande (incestus) und
das besondere Verhältniß des contubernium (Sclavenbeischlaf), welches mit Wegfall des römischen Sclavenverhältnisses für unser Recht seine Bedeutung verloren hat.

Von der Ehe.

Quellen der Ehegesetze sind:

a) das corpus juris civilis, speciell: Institutionen lib. I. tit. 10. de nuptiis; Digesten liber 23., 24. und 25.; Codex lib. 5. tit. 1. bis tit. 25.;

b) das corpus juris canonici, speciell: decretum Gratiani, pars secunda causa 27. bis 33. quaestio 2. und causa 33. quaestio 4. bis causa 36.; das vierte Buch des liber extra, des liber sextus und der Clementinen;

c) die sessio 24. des concilium Tridentinum;

d) Verordnungen der protestantischen Consistorien;

e) das dritte Buch Moses.

Begriff und Eintheilung.

§. 1. In lex 1. dig. de ritu nuptiarum lib. 23. Tit. 2. sagt Modestinus: nuptiae sunt conjunctio maris et feminae, consortium omnis vitae divini et humani juris communicatio. Die Institutionen Justinian's in lib. 1. Tit. 9. de patria potestate §. 1. erklären: nuptiae sive matrimonium est viri et mulieris conjunctio, individuam vitae consuetudinem continens. Die Ehe ist demnach die Geschlechtsgemeinschaft zwischen Mann und Frau, welche die ungetheilte Tragung aller Lebensschicksale zum Zwecke hat.[d]) Der Zweck der Gemeinsamkeit des ganzen Lebens unterscheidet die Ehe von anderen Geschlechtsgemeinschaften, seien sie vorübergehende oder dauernde.

Auch bei der Ehe hatte vor Justinian's Zeit das Römische Recht den Unterschied zwischen dem jus civile und dem jus gentium. Das matrimonium juris civilis wurde legitimum matrimonium, legitimae nuptiae genannt. Nur die Ehe juris civilis, nicht aber die juris gentium, z. B. mit Latinen, brachte die eigenthümlichen Wirkungen hervor, welche das Römische Recht der Ehe beilegte, z. B. das römische Dotal-Verhältniß, die patria potestas. Die Gewalt des Ehemannes über die Ehefrau, die manus, lag zwar nicht im Wesen der civilen Ehe, wurde aber gewiß in der älteren Zeit gewöhnlich mit ihr verbunden. Es gab demnach ein zweifaches matrimonium juris civilis: die strenge Ehe, d. h. eine solche mit manus, und die nicht strenge Ehe, d. h. eine Ehe ohne manus. Die manus entstand entweder aus der Form der Eingehung der Ehe, oder durch die Mancipation (coem-

---

d) Das Preuß. Landrecht giebt keine Begriffsbestimmung von der Ehe, erklärt aber als Zwecke derselben Erzeugung und Erziehung der Kinder, auch wechselseitige Unterstützung. §§. 1. u. 2. Thl. 2. Tit. 1. Besser wäre es gewesen, wenn das Gesetz auch über den Zweck der Ehe geschwiegen hätte.

tio) oder durch Ersitzung (usus). Die Form der Eingehung, durch welche die manus entstand, war die confarreatio, ein Act vor zehn Zeugen unter Mitwirkung der Priester, bei welchem die Ehegatten ein panis farreus (ein Speltbrot) theilten. Diese Form stand jedoch nur den Patriciern offen, denen daneben die coemtio und der usus nicht verschlossen waren. Die durch confarreatio eingegangene Ehe konnte durch einen contrairen priesterlichen Act, diffarreatio genannt, aufgelöst werden. Plebejer erlangten die manus über ihre Eheweiber nur durch coemtio oder durch usus. Durch usus kam die Frau in nicht strenger Ehe in die manus des Mannes nach einjähriger Dauer der Ehe, wenn sie nicht den usus dadurch unterbrochen hatte, daß sie das trinoctium hielt, d. h. in jedem Jahre während dreier Nächte außer dem Hause des Mannes schlief, mit der Absicht, den usus dadurch zu unterbrechen. Im Justinianischen Rechte findet sich die manus eben so wenig, als der Unterschied zwischen dem matrimonium juris civilis und dem matrimonium juris gentium. Der Ausdruck justae nuptiae bezeichnet zu Justinian's Zeit die gültige Ehe, im Gegensatz zu injustae nuptiae, injustum matrimonium, wodurch ein Verhältniß bezeichnet wird, in welchem Mann und Weib in Absicht ehelicher Gemeinschaft leben, ohne daß eine gültige Ehe vorliegt.

Durch den Einfluß, welchen die kirchliche Gesetzgebung auf das Institut der Ehe ausübt, ist für das heutige Recht der Unterschied zwischen einem matrimonium legitimum und einem matrimonium ratum entstanden. Legitimum matrimonium ist die nach den Staatsgesetzen gültige Ehe, ratum matrimonium die nach kirchlichen Gesetzen gültige Ehe. Es kann sich ereignen, daß eine Ehe ratum, aber nicht legitimum, legitimum, aber nicht ratum, und endlich daß sie ratum et legitimum ist. [e])

Von den Ehehindernissen.

§. 2. Die Fähigkeit zweier Personen, eine Ehe mit einander einzugehen, bezeichnet das Römische Recht mit dem Ausdrucke connubium. Ein Grund, welcher die Eingehung einer Ehe verhindert, ist ein Ehehinderniß, von den Neueren impedimentum matrimonii genannt. Diese impedimenta werden eingetheilt:

a) in impedimenta dirimentia, vernichtende, und impedimenta impedientia, aufschiebende;
b) in impedimenta publica, öffentliche, und impedimenta privata;
c) in impedimenta absoluta und impedimenta relativa.

Dirimentia sind solche Hindernisse, welche die eingegangene Ehe vernichten, impedientia solche, welche zwar die Eingehung der Ehe verhindern, auch mit Strafe belegen, jedoch die einmal eingegangene Ehe nicht vernichten.

---

e) Nach Preuß. Rechte bleibt es Jedem überlassen, in wie weit er seiner Religion nachleben will, die Gültigkeit der Ehe wird nur nach dem bürgerlichen Gesetze beurtheilt.

Imped. publica sind solche, bei deren Verletzung der Staat ex officio einschreitet und die Ehe auflöst; privata sind solche, bei deren Verletzung der Staat nur auf den Antrag eines Interessenten einschreitet. [f]) Das Römische Recht kannte die Trennung einer nichtigen Ehe durch richterliches Urtheil nicht, vielmehr war eine solche Ehe ipso jure null und nichtig. Demgemäß war auch der Unterschied zwischen imped. publica und privata den Römern nicht bekannt. Imped. absoluta sind Ehehindernisse, welche einer Person die Eingehung einer Ehe überhaupt unmöglich machen; relativa sind solche, welche die Eingehung der Ehe nur zwischen gewissen Personen verbieten.

Impedimenta dirimentia.

A. absoluta sind:

1) Mangel der Freiheit und Civität für das Römische Recht; dies ist für das heutige Recht unpractisch.
2) Impotenz für Castraten [g]); spadones können heirathen, jedoch kann die Ehe derselben getrennt werden, wenn dem anderen Theile das Unvermö-

f) Das Preuß. Landrecht gründet auf diesen Unterschied die Eintheilung in nichtige Ehen, welche ex officio aufzuheben sind, auch nicht convalesciren können, und ungültige Ehen, welche nur auf Antrag des zur Rüge Berechtigten aufgehoben werden, auch mit rückwirkender Kraft gültig werden können.

g) Nach Preuß. Recht ist dem Castraten die Ehe nicht verboten und Impotenz nur ein Grund der Scheidung.

gen bei Eingehung der Ehe unbekannt gewesen ist. Erscheint das Unvermögen zweifelhaft, so kann die Trennung erst nach Ablauf von drei Jahren erfolgen, doch soll der Spado in Ermangelung anderer klarer Beweise sein etwaniges Zugeständniß selbst eidlich bekräftigen und sieben seiner Verwandten mit ihm schwören, daß er glaubwürdig sei. Diese Bestimmung des canonischen Rechtes in Betreff des Eides ist in Deutschland nicht practisch geworden.

3) Mangelndes Alter. Unmündige können keine Ehe eingehen. [h])

4) Unmöglichkeit zu consentiren (Wahnsinn, Blödsinn).

5) Bestehende Ehe (Bigamie ist als Verbrechen verboten).

6) Feierliches Gelübde der Keuschheit für Mönche, Nonnen und clerici majores (presbyter, diaconus und subdiaconus); clerici minores (acoluthus, exorcista, lector und ostiarius) können heirathen, verlieren aber durch die Heirath ihr Amt und die Fähigkeit zu höheren Weihen.

5 und 6 sind impedimenta publica.

---

h) Nach Preuß. Rechte soll ein Mann zwischen 14 und 18 Jahren nur mit Consens des Vormundschaftsgerichtes heirathen; auch steht dem vor dem achtzehnten Jahre verheiratheten Manne, so wie dem vor der Mündigkeit verheiratheten Weibe sechs Monate lang nach Ueberschreitung dieses Alters das Recht zu, die Ehe aufzuheben.

B. relativa.

Sie lassen sich auf 8 Gründe zurückführen:

1) Verwandtschaft;
2) Verschwägerung (Quasi-Verschwägerung);
3) Stand und Amt;
4) Religion;
5) Ehebruch;
6) Entführung;
7) Vormundschaft und
8) Mangel des väterlichen Consenses.

1, 2, 4, 5 und 6 sind imped. publica. [i])

1) Verwandtschaft. Nach Römischem Rechte ist die Ehe unter Verwandten in gerader Linie verboten. Der Adoptiv-Vater darf auch nicht nach aufgehobener Adoption das Adoptiv-Kind heirathen. In der Seitenlinie ist die Ehe verboten unter Geschwistern und mit den Geschwistern eines Ascendenten (im sogen. respectus parentelae). Adoption begründete aber in der Seitenlinie nur so lange ein Ehehinderniß, als sie bestand. Nach einer jetzt unpractischen Vorschrift Justinian's soll die Ehe mit einer Person, welche man über die Taufe gehalten hat, unstatthaft sein.

Das Canonische Recht verbietet die Ehe in linea directa; in der Seitenlinie vor Innocenz dem Dritten

---

i) Nach Preuß. Landrecht sind imped. publica: bestehende Ehe, Verwandtschaft, mit Ausnahme des respectus parentelae, Verschwägerung, Religion, Ungleichheit des Standes, Ehebruch, und für Ehen der Militairpersonen Mangel des Consenses des competenten Vorgesetzten.

(1216) bis zum siebenten Grade, seit dieser Zeit bis zum vierten Grade canonischer Computation. Auch die durch Taufe und Firmelung hervorgerufene geistliche Verwandtschaft begründet ein Ehehinderniß.

Das Mosaische Recht hat die Eigenthümlichkeit, daß es nur Personen, nicht Grade bezeichnet, z. B. die Ehe mit der Mutter und der Enkelin, nicht aber mit dem Vater und dem Enkel verbietet. Man nimmt aber an, daß auch das Mosaische Recht in der geraden Linie die Ehe schlechtweg verbietet, in der Seitenlinie unter Geschwistern, so wie zwischen einem Manne und einer Frau, zu der er im respectus parentelae steht, wogegen die Ehe zwischen einer Frau und einem Manne, der zu ihr im respectus parentelae steht, nicht verboten ist. [k])

2) Verschwägerung. Das Römische Recht verbietet die Ehe in gerader Linie, also mit den Schwieger- und Stief-Eltern; in der Seitenlinie mit den Geschwistern des Ehegatten.

Das Canonische Recht verbietet die Ehe in gerader Linie; in der Seitenlinie bei ehelicher Verschwägerung bis zum vierten Grade, bei außerehelicher Verschwägerung bis zum zweiten Grade canonischer Computation.

---

k) Das Preuß. Recht verbietet die Ehe in gerader Linie; in der Seitenlinie nur unter Geschwistern und mit der älteren Tante. — Mit den Adoptivdescendenten ist die Ehe nur während der Dauer der Adoption verboten, auch wird die Ehe nur auf Antrag des Adoptivkindes aufgehoben, dem, wenn es minderjährig ist, Behufs Prüfung der Zuträglichkeit der Ehe ein Curator gestellt wird. Bleibt die Ehe gültig, so erlöschen die Rechte und Pflichten aus der Adoption.

Das Mosaische Recht verbietet die Ehe in gerader Linie; in der Seitenlinie mit dem Weibe des Bruders, mit dem Weibe des Bruders des Vaters und mit der Schwester des lebenden Weibes. Wenn aber der Bruder kinderlos stirbt, so soll der Bruder die Wittwe des Verstorbenen heirathen (eine solche Ehe wird Levirat-Ehe genannt, von levir, der Schwager, hergeleitet). [1])

Aus Schicklichkeits-Gründen hat das Römische Recht noch die Ehe in einigen Fällen verboten, wo keine wirkliche Verschwägerung vorliegt (in Fällen der sogen. Quasi-Affinität) oder um die Entstehung einer unziemlichen Verschwägerung zu verhindern. Aus diesem Grunde verbietet es die Ehe mit den Adoptivdescendenten und Adoptivascendenten des früheren Ehegatten, auch wenn die Adoption nicht mehr besteht; ferner die Ehe zwischen dem Ehegatten und dem Stiefparens des anderen Ehegatten; ferner die Ehe des einen Ehegatten mit den Kindern, welche dem anderen Ehegatten nach getrennter Ehe aus einer späteren Verbindung erwachsen sind; ferner die Ehe zwischen dem einen Verlobten und dem Ascendenten des anderen Verlobten; ferner die Ehe mit der Concubine des Vaters; ferner die Ehe zwischen dem Adoptirten und der Mutter des Adoptivvaters, so wie mit der Schwester der Mutter des Adoptivvaters, jedoch nur so lange die Adoption besteht. Endlich begründet auch die durch contubernium

---

1) Das Preuß. Recht verbietet die Ehe wegen Verschwägerung nur in gerader Linie.

hervorgerufene uneigentliche Verschwägerung ein Ehehinderniß.

Wie weit das Protestantische Recht Verwandtschaft und Verschwägerung als Ehehinderniß anerkennt, bestimmt sich nach particulären Verordnungen.

Dispensation unter Verwandten und Verschwägerten wird in gerader Linie niemals ertheilt, in der Seitenlinie niemals unter Geschwistern; im respectus parentelae dispensirt die katholische Kirche nur zu Gunsten hoher Familien und im öffentlichen Interesse, in allen anderweitigen Graden jedoch aus einer Menge als triftig anerkannten Gründen. Für das Protestantische Recht wird gewöhnlich angenommen, daß, so weit das Mosaische Recht unter Verwandten und Verschwägerten die Ehe verbietet, die Dispensation ausgeschlossen ist.

3) Stand und Amt. Nach altem Römischen Rechte hatten Patricier mit Plebejern kein connubium, und erst durch die lex canuleja (309 p. u. c.) wurde es gestattet; ferner sollten nach Römischem Rechte ein Senator und dessen Nachkommen keine freigelassene oder ehrlose Person heirathen, auch ein Beamter in der Provinz, so lange er im Amte war, keine mulier provincialis. Diese Verbote sind in Deutschland unpractisch, dagegen ist die Ehe jetzt zwischen einem adeligen Manne und einer Frau vom Bauernstande oder niederen Bürgerstande verboten.

4) Religion. Die Ehe zwischen Christen und Juden ist nicht gestattet. Das Canonische Recht verbietet überhaupt den katholischen Christen die Ehe mit Nicht-

christen und mit Ketzern. Zwischen Katholiken und nichtkatholischen Christen wird jedoch die Ehe von den weltlichen Gesetzen anerkannt. m)

5) Ehebruch. Das Römische Recht verbietet die Ehe zwischen Ehebrechern in allen Fällen, das Canonische Recht dagegen nur dann, wenn einer oder beide dem verletzten Ehegatten nach dem Leben getrachtet, oder wenn sie sich bei Lebzeiten desselben bereits die Ehe versprochen hatten. n)

6) Entführung. o) Das Römische Recht verbietet zwischen dem Entführer und der Entführten die Ehe ohne Ausnahme; nach Canonischem Rechte wird sie gestattet, wenn die Entführte, nachdem sie aus der Gewalt des Entführers gelangt, in die Ehe consentirt.

7) Vormundschaft. Der Vormund (tutor oder curator) und dessen männliche Descendenz, dessen Hausvater, sowie dessen männlicher Erbe, sollen die Mündel nicht heirathen, ehe nicht die Vormundschaft aufgehört hat, Rechnung über sie abgelegt und die Zeit verflossen ist, innerhalb welcher die restitutio propter minorem aetatem

---

m) Der richtigen Ansicht nach ist die Ehe zwischen Christen und Nichtchristen auch nach Preuß. Rechte verboten.

n) Nach Preuß. Landrecht sind Ehebruch, verdächtiger Umgang und Stiftung von Mißhelligkeiten dann Ehehindernisse, wenn sie im Ehescheidungsprocesse gerügt, oder vom Richter als Gründe der Scheidung befunden werden, oder wenn Nachstellungen gegen das Leben des anderen Ehegatten stattgefunden haben.

o) Dies Hinderniß kennt das Preuß. Landrecht nicht.

zulässig ist. Die deutsche Praxis nimmt hierbei auf die Restitutionszeit keine Rücksicht. — Hatte der Vater der Mündel die Ehe bereits zugesagt, oder verheirathet der Großvater, welcher die Vormundschaft führt, zwei Enkel mit einander, so cessirt dies Verbot. Auch ist es dem Vormund nicht versagt, seinen Mündel mit seiner Tochter zu verheirathen. p)

8) Mangel des väterlichen Consenses. Nach Römischem Rechte ist dieser Mangel ein impedimentum dirimens; jedoch konnte spätere Genehmigung des Vaters die Ehe gültig machen. Auch stand es den Kindern frei, wenn der Vater ohne Grund die Einwilligung verweigerte, solche durch die Obrigkeit ergänzen zu lassen. Wußte der Vater um die Ehe und widersprach nicht, so galt dies für Einwilligung. War der Vater wahnsinnig oder blödsinnig, so bedurfte es seiner Einwilligung nicht, jedoch sollten behufs Bestellung einer dos oder donatio propter nuptias der Curator des Vaters und die angesehensten Verwandten zugezogen werden. War der Parens in Kriegsgefangenschaft oder verschollen, so sollten die Kinder der Regel nach drei Jahre warten, widrigenfalls der innerhalb dieser Zeit zurückgekehrte Parens die Ehe aus triftigen Gründen

p) Nach Preuß. Landrechte ist dem Vormunde und dessen Kindern (nicht aber dem Curator für ein einzelnes Geschäft) die Ehe mit dem Pflegebefohlenen untersagt. Die Fortsetzung einer solchen Ehe ist von der Prüfung des anderweit zu bestellenden Vormundes eventuell von der binnen sechs Monaten abzugebenden Erklärung des großjährig Gewordenen abhängig gemacht.

auflösen konnte. Des väterlichen Consenses bedurften aber nur die Kinder in väterlicher Gewalt und minderjährige Töchter außerhalb dieser Gewalt.

Das Canonische Recht betrachtet den Mangel des väterlichen Consenses nur als ein impedimentum impediens; protestantische Gesetzgebungen schließen sich bald dem Römischen bald dem Canonischen Rechte an. Der Consens der Mutter oder anderer Ascendenten oder des Vormundes wurde nach Römischem Rechte nicht gefordert. q)

Impedimenta impedientia sind:

1) Das Trauerjahr oder Befürchtung der turbatio sanguinis.

Das Römische Recht kannte nur dies eine Hinderniß als impedimentum impediens. Die Dauer des Trauerjahres war ein Jahr, also im älteren Rechte zehn Monate, welcher Zeitraum erst von Theodosius dem Großen auf zwölf Monate verlängert worden ist. Sein Zweck war die Genügeleistung des Anstandes. Es fiel daher fort, wenn der Mann ein homo turpis vel indignus war, quem lugeri non oportet, in welchem Falle die

q) Das Preuß. Landrecht fordert den Consens der Parentes und des Vormundes. — Imped. dirimens ist jedoch nur der Mangel des vormundschaftlichen Consenses, und der des Vaters, wenn das Kind seiner Gewalt unterworfen oder die Tochter minderjährig war.

Wittwe heirathen konnte, sobald es feststand, daß sie von dem verstorbenen Manne nicht schwanger, oder sobald sie niedergekommen war. Unter gleichen Verhältnissen ist der geschiedenen Frau die Ehe gestattet.

Nach jetzigem Rechte ist die Verpflichtung des Trauerjahres fortgefallen, die Wittwe soll aber vom Tode ihres Mannes ab, die geschiedene Frau von der Scheidung ab, vor neun Monaten, propter turbationem sanguinis nicht heirathen. Wo solche Turbation nicht zu erwarten, kann Dispens eintreten. [r])

2) Unfeierliches Gelübde der Keuschheit, ein von Protestanten nicht anerkanntes Hinderniß.

3) Bestehendes Verlöbniß.

4) Untersagung der Ehe durch die Obrigkeit, welche z. B. bei zweifelhaftem Ehehinderniß eintreten kann.

5) Die geschlossene Zeit (tempus clausum).

Als solche bezeichnet das Canonische Recht die Zeit vom ersten Advent bis zum sechsten Januar (bis zum Tage Epiphanias, der Erscheinung Christi) und vom Aschermittwoch (dem Tage nach Fastnacht) bis acht Tage nach Ostern. Das Protestantische Kirchenrecht hat diese Zeit verkürzt. [s])

r) Nach Preuß. Rechte soll der Wittwer vor sechs Wochen, die Wittwe und geschiedene Frau vor neun Monaten keine neue Ehe eingehen; Dispens ist zulässig.

s) Nach Preuß. Rechte ist das tempus clausum acht Tage vor Weihnachten und vierzehn Tage vor Ostern.

6) Mangelndes Aufgebot (proclamatio, bannus nuptialis).

Das Aufgebot muß an drei hintereinander folgenden Sonn- oder Festtagen in den Kirchen beider Theile erfolgen; sein Zweck ist, etwanigen Einspruch dritter Interessenten zu ermöglichen. Dispens vom Aufgebote kann der Regent, der Bischof oder das Consistorium ertheilen, je nach der Landesverfassung. [t])

Vom Verlöbnisse.

Dig. lib. 23. tit. 1.; Cod. lib. 5. tit. 1. u. 2.

§. 3. Verlöbniß (sponsale, sponsalia) ist der Vertrag des Inhalts, daß eine Ehe eingegangen werden solle. [u]) Das Canonische Recht bezeichnet mit dem Ausdruck sponsalia sowohl das Verlöbniß als die Ehe, weshalb das eigentliche Verlöbniß sponsalia de futuro, die Ehe selbst aber sponsalia de praesenti genannt wird. Seit dem tridentinischen Concilium, durch welches für den Ehevertrag eine besondere Form nothwendig geworden,

---

t) Für solche Christen, welche aus der herrschenden Landeskirche ausgetreten sind, so wie für Nichtchristen, erfolgt nach Preuß. Rechte das Aufgebot durch öffentlichen Aushang in der Gerichtshalle. — Dispens von jedem Aufgebot ertheilt der König, von ein- oder zweimaligem das bischöfliche oder protestantische Consistorium.

u) Nach Preuß. Landrecht ist Verlöbniß ein Vertrag, wodurch zwei Personen verschiedenen Geschlechts einander künftig zu heirathen versprechen.

hat der Unterschied zwischen sponsalia de praesenti und de futuro seine Bedeutung verloren.

Man theilt das Verlöbniß in ein öffentliches (sponsale publicum) und ein heimliches (sponsale clandestinum), und bezeichnet damit einen zweifachen Unterschied. Oeffentliches ist dasjenige, zu welchem der Consens anderer Personen als der Verlobten, deren Einwilligung zur Ehe nöthig ist, hinzugetreten; heimliches ein solches, bei welchem dieser Consens fehlt. v)

Man nennt aber auch öffentliches Verlöbniß ein solches, welches unter Beobachtung der nach Particulargesetzen vorgeschriebenen Förmlichkeiten eingegangen ist, heimliches ein solches, bei welchem diese Förmlichkeiten fehlen. w)

Das Verlöbniß unterliegt insofern den Regeln des gewöhnlichen Vertrages, als metus dolus und error ebenso wie bei anderen Verträgen wirken. Auch Hinzufügung einer Bedingung zum Verlöbnisse ist zuläßig; das Canonische Recht betrachtet aber die Bedingung für erlas-

---

v) Nach Preuß. Landrecht ist, wenn der nöthige Consens Dritter fehlt, bis dieser Consens erfolgt, das Verlöbniß für den Theil unverbindlich, welcher einer solchen Einwilligung bedarf.

w) Preuß. Recht. Ein klagbares Verlöbniß ist vorhanden, wenn es gerichtlich (bei gemeinen Landleuten vor Schulzen und Schöppen) oder notariell geschlossen oder wenn einmaliges Aufgebot mit Bewilligung beider Theile erfolgt ist. — Schwängerung einer unförmlich Verlobten giebt, wenn der Schwängerer die Ehe verweigert, der Geschwängerten das Recht, die Strafe der Ehescheidung geltend zu machen.

sen, sobald unter den Verlobten der Beischlaf stattgefunden hat. x)

Von der Regel, daß die zu Verlobenden zum Verlöbniß ihre Einwilligung geben müssen, hatte das Römische Recht die Ausnahme, daß der Hausvater die Tochter wider ihren Willen verloben (auch verheirathen) konnte, wenn nur der Mann kein Infamer oder Unwürdiger war; der Haussohn hatte das Recht, dem Willen seines Vaters zu widersprechen, sein Schweigen galt aber für Einwilligung.

Fähigkeit zum Verlöbniß. Diejenigen, welche ein gültiges Verlöbniß eingehen wollen, müssen im Allgemeinen die Fähigkeit haben, sich zu verheirathen. Einige temporäre Hindernisse hindern aber nicht das Verlöbniß. So ist z. B. das Verlöbniß einer unmündigen Person, welche die Kindheit überschritten hat, das einer Wittwe im Trauerjahre und war das eines Beamten in der Provinz mit einer mulier provincialis gültig; dagegen kann, soweit wegen Vormundschaft die Ehe verboten ist, ein gültiges Verlöbniß nicht stattfinden. y)

Form. Nach Römischem und Gemeinem Rechte genügt der bloße Consens, welcher auch stillschweigend er-

x) Nach Preuß. Landrecht steht jedem Theile vor erfüllter Bedingung ungestrafter Rücktritt zu.

y) Das Preuß. Landrecht erkennt unter Personen, unter denen, auch wegen nur zeitigen Eheverbotes, eine Ehe nicht stattfinden kann, ein gültiges Verlöbniß nicht an; nur Mangel des nöthigen Consenses Dritter macht eine Ausnahme (siehe oben Note v).

klärt werden kann, doch muß, wenn Letzteres durch eine Handlung geschieht, aus derselben mit Sicherheit die Einwilligung entnommen werden können. Die Römer pflegten wohl auch die sponsio als Form des Verlöbnisses zu brauchen. Particulargesetze verlangen gewöhnlich besondere Förmlichkeiten. [z])

Wirkungen. Das Römische Recht hatte keine Klage auf Vollziehung der Ehe; nach dem Rechte Justinian's war nicht einmal eine bedungene Conventionalstrafe klagbar, während im älteren Römischen Rechte wenigstens diese eingeklagt werden konnte. Eine Draufgabe aber, arrha sponsalitia, Mahlschatz, genannt, läßt auch Justinian zu; er erlaubt sogar, daß Rückleistung bis zum Vierfachen für den Fall des Verlöbnißbruches ausgedungen werden kann, nur Minderjährige sollen nie mehr als die einfache arrha zurückzugeben verpflichtet sein.

Auch das Canonische Recht kennt keine Klage auf Heirath, sondern nur eine Ermahnung zur Heirath, gestattet aber, daß mündige Verlobte eine Conventionalstrafe versprechen.

Hatten aber auch das Römische und Canonische Recht keine Klage auf Heirath, so legten sie doch dem Verlöbniß besondere Wirkungen bei. Solche sind:

a) Treubruch der Braut wird (nach der lex Julia de adulteriis von Augustus) wie Ehebruch bestraft;
b) der Bräutigam darf den vorgegebenen fundus dotalis nicht veräußern;

z) Ueber das Preuß. Landrecht siehe oben Note w.

c) die Braut hat wegen der vorgegebenen Dos die Dotalsicherheiten;

d) eine Injurie gegen die Braut ist eine mittelbare Injurie gegen den Bräutigam;

e) zwei Verlöbnisse zu gleicher Zeit machen infam;

f) von zwei Verlöbnissen hat das ältere den Vorzug;

g) verschuldeter Rücktritt kann Vermögensnachtheile zur Folge haben;

h) Brautleute haben gegen einander keine actio furti.

Die ältere deutsche Praxis gab aus dem Verlöbniß eine alternative Klage auf Heirath oder Entschädigung nach der Wahl des Verklagten; in zwei Fällen aber, nämlich wenn der Weigernde zu arm war, um die Entschädigung zu leisten, oder wenn der Beischlaf hinzugetreten war, konnte zwangsweise Trauung eintreten, bei welcher das Jawort durch einen dem Weigernden gestellten Procurator gegeben wurde. Mit Recht hat sich die neuere Praxis gegen eine solche Zwangstrauung erklärt; sie giebt im Falle der Weigerung nach vollzogenem Beischlafe der Braut die Rechte einer geschiedenen Ehefrau und dem Kinde das Recht eines ehelichen. [a]) Außerdem haben

---

a) Das Preuß. Landrecht giebt eine Klage auf Heirath oder Entschädigung; wo die Ehe unmöglich geworden oder der eine Theil durch Peccata Grund zum Rücktritt gegeben hat, natürlich nur auf Entschädigung. — Auch Conventionalstrafe ist zulässig; ist solche nicht bedungen, so besteht die Strafe in dem vierten Theile des als Mitgabe oder von Todes wegen Ausgesetzten, welche dem unschuldigen Theile zufällt, und läßt sich die Strafe hiernach nicht bemessen, so soll Geldstrafe ad fiscum oder Gefängnißstrafe eintreten. — Ein Vorzugsrecht im

Brautkinder keine anderen Rechte als unehelich Geborene.

Die Klage aus dem Verlöbniß geht der richtigen Ansicht nach auf und gegen die Erben nur in so weit über, als mit ihr die gegebenen Brautgeschenke oder die Arrha zurückgefordert werden sollen.

Ende des Verlöbnisses. Dasselbe tritt ein:

a) durch den Tod eines Verlobten;

b) durch Eintritt eines Ehehindernisses;

c) durch Vollziehung der Ehe;

d) durch Ablauf von zwei Jahren unter Anwesenden und von drei Jahren unter Abwesenden; [b])

e) durch gegenseitige Uebereinkunft;

f) durch einseitige Aufkündigung, repudium.

Concurse wegen des dem Bräutigam vorgegebenen Vermögens kennt die Preuß. Concurs-Ordnung vom 8. Mai 1855 nicht, und ebenso sind die für das Römische und Canonische Recht aufgeführten Wirkungen des Verlöbnisses (außer f u. g) im Preuß. Landrecht nicht berücksichtigt. Die Klage auf Entschädigung und Abfindung geht ad heredes gar nicht über, auch nicht, wenn der Proceß bereits begonnen hatte (nur ex re judicata haben die Erben ein Recht); in heredes geht sie über, wenn der Erblasser vor seinem Tode sich bereits anderweit verheirathet, oder nach angestellter Klage gerichtlich oder schriftlich erklärt hatte, die Ehe nicht vollziehen zu wollen.

b) Nach Preuß. Landrecht verliert das Verlöbniß seine Wirkung ein Jahr nach dem festgesetzten Termine zur Eingehung der Ehe, ist kein Termin bestimmt, zwei Jahre nach Abschluß des Verlöbnisses.

Aufforderung zur Ehe unterbricht diese Verjährung und bewirkt den Anfang einer neuen einjährigen.

Nach Römischem Rechte war der Rücktritt nicht von besonderen Gründen abhängig, nur verlor der Theil die gegebene Arrha oder mußte die empfangene nach Maßgabe der Verabredung einfach oder mehrfach zurückgeben, welcher schuld am Rücktritte war, oder selbst ohne Grund zurücktrat, in welchen Fällen er auch die erhaltenen Brautgeschenke (sog. largitas sponsalitia) zurückzugeben, die gegebenen nicht zurückzuforedern, ja sogar die blos versprochenen noch zu leisten hatte. In Betreff dieser Brautgeschenke war auch die eigenthümliche Bestimmung, daß, wenn der Tod das Verlöbniß auflöste, die Braut oder deren Erben die Hälfte der Brautgeschenke behalten durften, wenn die Verlobten sich bereits geküßt hatten (interveniente osculo).

Diese Bestimmung des Römischen Rechtes, welche ihren Grund darin hatte, daß der Kuß das Zeichen einer sehr nahen Verbindung war, ist ohne Verständniß der Sache von der deutschen Praxis angenommen worden, und hat Gelegenheit zu Streit darüber gegeben, ob dem Bräutigam ein gleiches Recht zu gewähren und ob nicht für den Kuß stets zu präsumiren sei.

Wird das Verlöbniß ohne die Schuld eines Theils aufgelöst, so giebt jeder die erhaltenen Brautgeschenke zurück.

Das Canonische Recht und die heutige Praxis haben bestimmte Gründe des Rücktritts aufgestellt, z. B. Untreue, Mangel an Unterhalt, Unmoralität, dauernde Kränklichkeit u. s. w., in welcher Beziehung zu bemerken ist, daß der Rücktritt vom Verlöbniß nicht allzu schwer gemacht wird, um nicht unglückliche Ehen zu befördern. [c])

Vom Ehecontract.

§. 4. Der Ehevertrag verlangt die Uebereinstimmung beider Ehegatten und metus, dolus, error äußern auch auf ihn dieselbe Wirkung wie auf andere Verträge. Als wesentlicher Irrthum gilt der Irrthum über die Identität der Person, über den Status, nicht aber der Irrthum über die Größe des Vermögens und nach Römischem und Canonischem Rechte auch nicht über die Virginität. Nach deutscher Volkssitte ist der Irrthum über die Virginität der Frau ein wesentlicher Irrthum. Zeitbestimmung und Bedingung können dem Ehevertrage nicht hinzugefügt werden. Ist dies dennoch geschehen, so ist die Ehe sofort gültig und Dies so wie Conditio, sollte letztere auch eine unmögliche oder unmoralische sein, sind für nicht hinzugefügt zu erachten. Die Hinzufügung eines möglichen und erlaubten Modus ist zulässig, nur darf wegen Nichterfüllung desselben die Ehe nicht aufgelöst werden. Wenn aber die unmögliche Bedingung gegen das Wesen der Ehe (contra substantias matrimonii) verstößt, wie dies z. B. der Fall ist bei den Bedingungen: ut te adulterandam tradas; ut prolem evitares; oder donec inveniam pulchriorem et digniorem, so soll nach Cano-

---

c) Das Preuß. Landrecht behandelt die Sache in gleicher Weise.

nischem Rechte der Ehecontract ungültig sein, was nach der richtigen Meinung nur so lange gilt, als nicht der Beischlaf unter den Ehegatten vollzogen ist, weil in ihm der Erlaß der Bedingung gefunden werden muß.

Die Form des Ehecontractes war nach Römischem Rechte der bloße Consens; jedoch mußte zu diesem Consense eine Thatsache hinzutreten, welche den Anfang des ehelichen Lebens bekundete.

Als solche Handlung wurde gewöhnlich die Aufnahme der Frau in das Haus des Mannes angesehen und es war üblich, wenn auch nicht wesentlich, daß die Frau in das Haus des Mannes feierlich eingeführt wurde, welcher Act deductio in domum mariti genannt wurde. Die Thatsache des Zusammenlebens war überhaupt in Rom nicht ohne Bedeutung; ja es wurde aus ihr sogar, wo die Ehe möglich war, eine Vermuthung für das Vorhandensein derselben angenommen.

Das Canonische Recht vor dem tridentinischen Concilium verlangte auch keine besondere Form für den Ehecontract, es genügte vielmehr der Consens der Ehegatten und der Beischlaf machte das matrimonium zu einem consummatum, weshalb auch die Vollziehung des Beischlafes mit dem consensus matrimonialis zur Eingehung der Ehe genügte. Das tridentinische Concilium aber verlangte als Form des Vertrages eine Erklärung beider Ehegatten vor dem competenten Pfarrer eines derselben (oder vor dem berechtigten Stellvertreter dieses Pfarrers) unter Zuziehung von dreien oder allenfalls auch zweien Zeugen. Eine Thätigkeit des Pfarrers wird nicht verlangt, es genügt die Erklärung der Heirathenden. Die priesterliche Einsegnung, Trauung, benedictio sacerdotalis, copula sacerdotalis wird zwar vom Canonischen Rechte als etwas Wünschenswerthes, aber nicht als wesentlich bezeichnet.

Das Protestantische Recht verlangt diese Trauung als eine nothwendige Form, und deshalb sind selbstredend bei den Ehen der Protestanten Zeitbestimmung und Bedingung unmöglich, weil der Pfarrer ein unbedingtes Jawort verlangt. Particuläre Gesetzgebungen kennen auch die gewöhnliche Form des Contractes vor öffentlicher Behörde als Form des Ehevertrages (sog. Civilehe). [d])

Die Stellung eines Stellvertreters bei Abschließung des Ehecontractes ist der Frau versagt, dem Manne erlaubt, jedoch nach der Praxis nur unter Genehmigung des Regenten; Regenten lassen sich jetzt gewöhnlich bei Eingehung der Ehe vertreten. — Ihnen ist auch die sog. Gewissensehe gestattet, d. i. eine ohne alle Form durch bloßen Consens eingegangene Ehe.

Folgen der Ehe.

A. In Bezug auf das persönliche Verhältniß der Ehegatten.

§. 5. Die Frau erhält den Namen, den Stand und das Forum des Mannes. Der Mann hat die Frau zu

d) Das Preuß. Landrecht verlangt die Civilehe von Nichtchristen, und solchen Christen, welche aus der herrschenden Landeskirche ausgetreten sind; anderen Christen ist sie verschlossen.

schützen und zu vertheidigen, auch sie in Processen vor Gericht zu vertreten und endlich seinem Stande gemäß zu alimentiren. Er hat aber auch das Recht, von der Frau zu verlangen, daß sie ihm gehorsam sei in erlaubten Dingen, seinen Aufenthalt theile und gegen den, welcher sie ihm widerrechtlich vorenthält, eine actio de uxore exhibenda et ducenda. Im Fall der Mann verarmt, muß die Frau, soweit sie es vermag, den Mann alimentiren. Außerdem sind gegenseitige Rechte, der Anspruch auf eheliche Treue und auf die Rechtswohlthat der Competenz; auch können Ehegatten keine infamirende Klagen gegen einander anstellen. Von der Pflicht zum Beischlafe spricht das Römische Recht nicht, wohl aber das Canonische, weshalb man nach der heutigen Praxis das debitum conjugale, die eheliche Pflicht, zu den gegenseitigen Rechten und Pflichten zählt. Entsagung dieses Rechtes ist nach Protestantischem Rechte gegen die guten Sitten, das Canonische Recht gestattet sie (sog. Josephsehe).

B. In Bezug auf das Vermögen.

§. 6. War die Frau nach altem Rechte in der Manus ihres Mannes, so fiel ihr ganzes Vermögen kraft der Gewalt dem Manne anheim. Starb die Frau in der Manus, so blieb ihr Vermögen beim Manne, weil ein Mensch in der Potestas nicht beerbt wurde. Starb der Mann, so erbte die Frau wie eine Tochter; ihr Vermögen blieb aber in der Erbschaft. — Wurde die Ehe ohne die Schuld der Frau geschieden, so forderte sie ihr Vermögen mit der actio rei uxoriae vom Manne heraus; war sie schuld an der Scheidung, so stand ihr zwar dieselbe Klage zu, aber nur auf einen Theil ihres Vermögens, weil der Mann eine bestimmte Quote zur Strafe zurückbehalten konnte.

Bei der Ehe ohne Manus bleibt das Vermögen der Frau von dem ihres Ehemannes vollständig getrennt, gesetzlich stehen dem Manne keine Rechte über das Vermögen der Frau zu. Es kann aber die Frau oder ein Anderer in ihrem Namen dem Manne für die Dauer der Ehe Vermögen übertragen, um aus den Einkünften desselben eine Beisteuer zu den Lasten der Ehe zu gewähren. Ein solches Vermögen heißt dos. Alles andere Vermögen der Frau wird parapherna genannt.

In Bezug auf dieses letztere kann wieder ein zweifaches Verhältniß vorkommen. Hat nämlich die Frau dem Manne die Verwaltung dieses Vermögens übertragen, so nennt man es parapherna im eigentlichen Sinne, hat sie sich aber selbst die Verwaltung des Vermögens behalten, so nennt man es jetzt bona receptitia.

So wie dem Manne von Seiten der Frau eine Dos in die Ehe gegeben werden kann, so kann auch von Seiten des Mannes (von ihm selbst oder von einem Anderen in seinem Namen) ein Vermögen in die Ehe gegeben werden zu gleichem Zwecke wie die Dos. Ein solches Vermögen hieß früher donatio ante nuptias, seit Justinian donatio propter nuptias.

Dies römisch-rechtliche Verhältniß in Betreff des Vermögens der Ehegatten ist zum Theil in Deutschland practisch geworden; nicht selten aber findet sich bei uns die Gütergemeinschaft unter Ehegatten, oder wie man es nennt, das ungezweite Güterrecht, im Gegensatz des Römischen, gezweiten Güterrechts. Wo aber auch in Deutschland das gezweite Güterrecht herrscht, pflegt doch gewöhnlich darin vom Römischen Rechte die Abweichung stattzufinden, daß in Folge des Mundium, d. h. der ehelichen Vormundschaft, welche dem Ehemanne nach Deutschem Rechte über seine Frau zusteht, gesetzlich das ganze Vermögen seiner Frau als eingebrachtes Vermögen zu betrachten ist und nur analog der römischen Dos behandelt wird. Doch steht es der Frau frei, sich durch Vertrag ihr Vermögen ganz oder zum Theil vorzubehalten (vorbehaltenes Vermögen, sog. bona receptitia). Das Recht des Mannes an dem eingebrachten Vermögen hat man auch ususfructus maritalis genannt.

Die Lehre von der Gütergemeinschaft aber, und dem ususfructus maritalis ist ein Gegenstand des sog. Deutschen Privatrechts. [e])

Was die Schulden der Frau betrifft, so haftet für die vorehelichen die Frau mit ihrem Vermögen und ihrer Person, der Mann aber mit der Dos. Die Ehe nimmt auch nach Römischem Rechte der Frau nicht die Fähigkeit, sich gültig zu verpflichten. Ladet sie aus Vergehen wäh-

---

e) Das Preuß. Landrecht hat das deutsche Princip, und kennt außer dem durch Vertrag vorbehaltenen Vermögen der Frau noch als gesetzlich vorbehaltenes die Morgengabe und Alles, was nach seiner Beschaffenheit zum Gebrauche der Frau gewidmet ist.

rend der Ehe Schulden auf sich, so haftet sie mit ihrem Vermögen und ihrer Person; für andere Schulden, die sie contrahirt unter Zustimmung des Mannes, gilt dasselbe Recht und auch aus der Dos muß der Mann dergleichen Schulden decken; hat sie aber ohne Bewilligung ihres Ehemannes dergleichen Schulden contrahirt, so haften dem Gläubiger die Parapherna der Frau und nach aufgelöster Ehe ihr gesammtes Vermögen und ihre Person. Dagegen kann der Gläubiger sich während der Ehe wegen dieser Schulden weder an die Dos noch an die Person der Ehefrau halten.

Auch hier weicht das deutsche Rechtsprincip vom Römischen Rechte darin ab, daß die Frau wegen des Mundium ihres Ehemannes nur ihr vorbehaltenes Vermögen verpflichten kann; in Ermangelung eines solchen sind die ohne Bewilligung ihres Ehemannes übernommenen Contractschulden null und nichtig und werden auch nicht durch Auflösung der Ehe gültig. Gemeinrechtlich herrschend ist aber das römische Princip. f)

f) Das Preuß. Landrecht folgt auch hier dem deutschen Principe; den Mann aber hält es aus Verträgen der Frau nur verpflichtet, wenn sie Haushaltschulden contrahirte, als Vertreterin des abwesenden oder wegen Krankheit verhinderten Mannes dessen Geschäfte führte, oder in Folge der nützlichen Verwendung. — Der Mann kann sich vor dieser Haft schützen, wenn er öffentlich bekannt macht, daß seiner Frau kein Credit gegeben werden solle, und derselben die nöthigen Gelder gewährt.

Von der dos (Brautgabe, Brautschatz, Heirathsgut).

Hauptquellen sind: Digesten Buch 23. Titel 3., 4. und 5.; Buch 24. Titel 3; Buch 25. Titel 1.; Codex Buch 5. Titel 11. bis 15.; Titel 18. bis 20. und Titel 23.; — für das ältere Römische Recht Ulpian's Fragmente Titel 6.

Begriff.

§. 7. Dos ist Alles, was die Frau oder ein Dritter im Namen der Frau dem Manne oder dessen paterfamilias in das Vermögen bringt oder zu bringen verspricht, damit aus den Einkünften desselben die Lasten der Ehe mit bestritten werden, unter der Verpflichtung, nach aufgelöster Ehe dasselbe seiner Substanz nach zu restituiren. Die Dos kann also gegeben oder versprochen werden. Im letzteren Falle ist die Forderung, welche der Mann aus dem Versprechen erwirbt, die Dos selbst, und wegen Aushändigung derselben (numeratio) hat er dann ein gesetzliches Pfandrecht. Die Hingabe aber kann auf jegliche Art geschehen, wie das Vermögen eines Menschen vermehrt werden kann, z. B. durch Hingabe von Geld oder Sachen, durch Cession oder Delegation von Forderungen, durch Constituirung dinglicher Rechte, durch Entsagung auf dingliche Rechte an Sachen des Mannes, durch Befreiung von Obligationen, durch Verzichte zu Gunsten des Mannes. — Auch ein ganzes Vermögen kann zur Dos gegeben werden.

Hat die Frau dem Manne Vermögen übergeben, so kann der Zweifel entstehen, ob er dasselbe als Dos oder als Parapherna haben solle. Es entspricht wohl dem Wesen der Ehe am meisten, in ganz zweifelhaften Fällen für die Dos zu vermuthen, obgleich wichtige Autoritäten, z. B. Puchta, das Gegentheil behaupten; unzweifelhaft ist das dem Manne in die Ehe Gegebene als Dos anzusehen, was bei der früheren Ehe der Frau schon Dos gewesen war.

Die Dos kann vor, bei und nach der Eingehung der Ehe constituirt werden. Ist sie vor der Ehe constituirt, so erlangt sie ihre Eigenschaft als Dos erst mit der Eingehung der Ehe. Der Constituirung der Dos während der Ehe steht das Verbot der Schenkungen unter Ehegatten nicht entgegen, weil die Bestellung der Dos gegenüber dem Manne keine Schenkung ist.

Arten der Dos.

§. 8. Man theilt die Dos:

1) in eine profectitia, adventitia und receptitia.

Profectitia ist die, welche der Vater oder ein durch Männer verwandter männlicher Ascendent der Frau, gleichviel ob er die Gewalt über die Frau hat oder nicht, oder ein Dritter im Namen eines solchen Ascendenten bestellt.

Adventitia ist jede andere Dos. Wenn ein Dritter

die Dos versprochen hat, und der Vater, nachdem er Erbe des Promittenten geworden, die versprochene Dos giebt, so ist zu unterscheiden, ob der Vater vor oder nach Eingehung der Ehe den Dritten beerbt hat. Im letzteren Falle ist die Dos eine adventitia, im ersteren profectitia, sowohl weil der Vater die Ehe jeden Augenblick verhindern konnte, als auch weil erst mit Eingehung der Ehe die Obligatio aus dem Versprechen den Character der Dos erhält.

Receptitia heißt diejenige Dos, bei welcher der dritte Besteller sich den Rückfall derselben nach Auflösung der Ehe vorbedingt.

Eine andere Eintheilung ist in:

2) dos non aestimata und dos aestimata und von letzterer in aestimata taxandi causa und aestimata vendendi causa.

Die dos aestimata taxandi causa wird dem Manne mit einer Taxe gegeben zu dem Zwecke, daß bei der künftigen Rückgewähr der Dos eine Schätzung der fehlenden oder verschlechterten Gegenstände vermieden werden soll. Die aestimatio dotis vendendi causa geschieht aber zu dem Zwecke, damit der Preis der Sachen als Dos betrachtet werden solle. Der Mann ist dann Käufer der Sachen und Rechte, der creditirte Kaufpreis aber ist seine Dos.

3) Man theilt die dos ferner in dos necessaria und voluntaria.

Dieser Unterschied bezieht sich nicht auf das Recht des Mannes, sondern nur auf das Recht der Frau. Der

Mann hat gesetzlich eine Dos nicht zu verlangen, die Frau aber kann solche gewissen Personen gegenüber bei ihrer Heirath beanspruchen, auch kann der Mann in ihrem Namen nach vollzogener Ehe durch Klage dies Recht geltend machen. Verpflichtet gegenüber der Frau zur Bestellung einer Dos sind aber:

a) der Vater und der väterliche Großvater einer armen, ehelichen Descendentin, auch wenn sie nicht die Gewalt über sie haben, mit Rücksicht auf ihr eigenes Vermögen und den Stand des Ehemannes. — Zu einer wiederholten Dotirung nach Verlust der gegebenen Dos sind sie nicht verpflichtet;
b) die Mutter in zwei Fällen: ex magna probabili causa, d. h. wenn die Mutter sehr reich und die arme Tochter auf andere Art eine Aussteuer nicht erhalten kann, ferner ex causa lege specialiter expressa, d. h. wenn die Mutter eine Ketzerin und die Tochter eine rechtgläubige Christin ist;[g])
c) der Stuprator gegenüber der Stuprirten (angeblich nach dem Satze des Canonischen Rechtes, aut duc aut dota). Durch die Praxis ist indessen an Stelle dieser Ausstattung eine gewöhnlich geringe Entschädigungssumme getreten.

---

g) Das Preuß. Landrecht spricht der armen Frau das Recht zu, eine Ausstattung bei der Heirath zu verlangen vom Vater, eventuell von der Mutter, von den weiteren Ascendenten und den durch die Eltern ausgestatteten Geschwistern. Thl. 2. Tit. 2. §§. 235 ff.; Tit. 18. §. 340. — Wiederholte Ausstattung kann nicht gefordert werden.

Daß der Bruder der armen soror consanguinea eine Dos zu geben gesetzlich verpflichtet sei, ist nicht Rechtens und wird auch durch l. 12. §. 3. D. lib. 26. tit. 7. nicht bestätigt, in welcher Stelle dem Vormunde die Dotirung nur gestattet ist. Auch die Frau selbst hat keine Verpflichtung, dem Manne eine Dos zu geben, wiewohl sie die einmal bestellte ihm belassen muß.

Nach dem Rechte des Lehnes kann heut zu Tage die arme Tochter des letzten Lehnsbesitzers vom Lehnsnachfolger eine Ausstattung beanspruchen.

Bestellung der Dos.

§. 9. Die Dos wird dem Manne bestellt und kann, wenn derselbe in der Gewalt seines Vaters sich befindet, sowohl ihm selbst als auch dem paterfamilias bestellt werden. Der Act der Bestellung ist entweder eine wirkliche Hingabe, datio dotis genannt, oder er ist ein Versprechen. In der ältesten Zeit konnte dies durch eine besondere Form der verborum obligatio, nämlich durch dictio dotis geschehen. Auf diese Weise konnte aber nur die dos profectitia, die Dos von der Frau selbst oder von ihrem Schuldner in ihrem Auftrage versprochen werden. — Außerdem war noch zu Justinian's Zeit die promissio dotis, eine Form der Stipulation, üblich; indessen reicht seit Theodosius dem Zweiten auch das einfache pactum dotale hin. Ob auch durch eine pollicitatio die Bestellung möglich war, ist streitig. In l. 6. Cod. lib. 5. tit. 11. findet sich dieser Ausdruck; es ist aber zweifelhaft, ob er nicht anstatt des Wortes pactum vom Kaiser gebraucht ist. Aus dem Gesagten erklärt sich der Satz: dos aut datur aut dicitur aut promittitur.

Ist eine Dos ohne Bestimmung der Quantität versprochen, so ist ihr Betrag auch hier durch Gutachten wie bei der dos necessaria festzustellen; hat aber die Frau in dieser Weise dem Manne sie versprochen, so ist das Versprechen unverbindlich. Aushändigung der versprochenen Dos kann der Mann nicht vor Eingehung der Ehe verlangen. Ist aber die Dos vor der Ehe gegeben und die Ehe wird unmöglich, so kann sie mit einer condictio sine causa zurückverlangt werden; wird die mögliche Ehe nicht eingegangen, so findet die Rückforderung durch die condictio causa data causa non secuta statt. Ist die Dos vendendi causa abgeschätzt dem Manne übergeben, so können die körperlichen Sachen vindicirt werden, weil sie ihm nur unter der Bedingung der Ehe verkauft sind und diese Bedingung nicht eingetreten ist.

Rechte des Mannes an der Dos während der Ehe.

§. 10. Der Mann hat die Dos während der Ehe in seinem Vermögen (in bonis suis) und die körperlichen Sachen der Dos in seinem Eigenthume oder Besitze, jenachdem der Besteller der Dos Eigenthümer war oder nicht. Es steht dem Manne jede, auch eine letztwillige Disposition über die Sachen (ausgenommen über Grundstücke) und Rechte in der Dos zu, ihm gehören die Früchte der Dos, nicht aber die Accessionen der Dotalsachen, auch nicht der partus ancillae, doch kann er über diese Vermehrungen ebenso wie über die Dotalgegenstände verfügen. Wegen Säumniß in der Aushändigung der Dos kann er vom Besteller nach Ablauf zweier Jahre, gerechnet vom Augenblicke, wo Ehe und Bestellung der Dos zusammentreffen, vier Procent Zinsen verlangen. Auch steht ihm eine gesetzliche Hypothek am Vermögen des Bestellers wegen Aushändigung der versprochenen Dos zu. Die Ansicht, daß der Mann nur den Ususfructus an der Dos habe, ist gewiß eine irrige; unclassisch ist es aber, sein Recht dominium civile zu nennen, welche Bezeichnung seit den Glossatoren üblich geworden ist. — Von dem Rechtssatze, daß der Mann über die Dotalgegenstände frei disponiren könne, hat die lex Julia de adulteriis (17 v. Chr.) in einem besonderen Capitel (de fundo dotali) in Betreff der Dotalgrundstücke eine Ausnahme gemacht. Nach dieser Bestimmung soll der Mann Dotalgrundstücke nicht veräußern, also auch nicht verpfänden; hat er es dennoch gethan, so steht sowohl der Frau als dem Ehemanne in ihrem Namen sofort die Vindication zu; der Mann aber wird die Eviction zu prästiren haben. Vor Justinian machte der Consens der Frau die Veräußerung des Fundus zu einer gültigen, mit Ausnahme der Verpfändung durch den Mann, weil in dem Consense zu einer solchen eine Intercession liegt. Justinian bestimmte, daß trotz des Consenses der Frau die Veräußerung ungültig sein sollte. Das Verbot dieser Veräußerung ist aber nur im Interesse der Frau erlassen, es fällt daher fort, wenn das Interesse der Frau die Veräußerung fordert, oder wenn die Frau gar kein Interesse an der Veräußerung hat. — Das Interesse der Frau erfordert aber die Veräußerung, wenn der Fundus ganz schlecht geworden ist; wenn ein besseres Grundstück angeschafft werden soll; wenn die Veräußerung den offenbaren Nutzen der Frau bezweckt; wenn sie nothwendig wird, um die Frau und ihre Familie zu alimentiren oder um dringende Schulden der Frau zu bezahlen. Kein Interesse an der Veräußerung hat die Frau, wenn die Dos receptitia oder vendendi causa aestimata ist, weil in beiden Fällen nach aufgelöster Ehe der Fundus nicht an sie zurückfällt. Wird die Frau Erbin des Mannes, so convalescirt die Veräußerung, so weit ihr Erbtheil nicht unter dem Betrage der Dos ist; dasselbe tritt ein, wenn sie nach Auflösung der Ehe die Veräußerung billigt. [h)]

Nach Canonischem Rechte macht der eidliche Consens der Frau die Veräußerung gültig.

Rechte der Frau an der Dos während der Ehe.

§. 11. Die Frau hat an der Dos während der Ehe der Regel nach gar keine Rechte, dieselben beginnen erst

---

h) Nach Preuß. Landrecht darf der Mann Grundstücke, Grundgerechtigkeiten und Capitalien, welche auf den Namen der Frau, ihres Erblassers oder Geschenkgebers ausstehen, ohne Consens der Frau, welcher im Falle der Nothwendigkeit durch das Gericht ergänzt werden kann, nicht veräußern, verpfänden, mit dinglichen Lasten belasten, einziehen oder sonst abhanden bringen.

mit Auflösung der Ehe. Während der Ehe hat sie nur eine obligatio futura auf spätere Rückforderung der Dos und die praesens obligatio, zu verlangen, daß die Einkünfte der Dos zum Unterhalt der Familie verwendet werden. Wenn daher der Mann außer Stande kommt, Frau und Kinder zu alimentiren, oder wenn er Verschwender wird, so kann sie während der Ehe die Sequestration der Dos bewirken oder dieselbe zur eigenen Verwaltung verlangen, damit aus den Früchten sie und die Familie erhalten werde. [i]) Der Mann ist sonst nicht nur nicht verpflichtet, während der Ehe die Dos der Frau herauszugeben, sondern nicht einmal dazu berechtigt [k]) (dotis causa perpetua est, und rei publicae interest, mulieres dotes suas salvas habere heißt es in den Quellen), außer wenn es ex justa et honesta causa geschieht, z. B. um einen geeigneten Fundus anzukaufen, um nothwendige Schulden der Frau zu bezahlen, um die Frau und ihre Familie zu alimentiren oder aus der Gefangenschaft loszukaufen. (L. 20. Dig. 24., 3. zählt nur Beispiele auf.)

Giebt der Mann ohne Grund der Frau die Dos während der Ehe heraus, so läuft er Gefahr, sie nach Auflösung der Ehe noch einmal restituiren zu müssen. — In folgenden Puncten ist auf das künftige Eigenthum der

---

i) Nach Preuß. Landrecht kann die Frau in denselben Fällen das Eingebrachte zu eigener Verwaltung fordern.

k) Nach Preuß. Landrecht kann während der Ehe das Eingebrachte jedoch nur durch gerichtlichen Vertrag in vorbehaltenes Vermögen verwandelt werden.

Frau schon während der Ehe eine größere Rücksicht genommen, nämlich darin, daß die Accessionen der Dotalsachen zur Restitution kommen, daß sie den Zufall trägt, daß ihr von dem im Dotalgrundstücke gefundenen Schatze die Hälfte gebührt, daß sie bei Vorhandensein eines solchen Fundus in Preussen frei von Realcaution ist und daß, wenn Sachen aus der Dos evincirt werden, ihr selbst die Klage auf Prästation der Eviction zusteht, es müßte denn dem Manne die Dos vendendi causa abgeschätzt übergeben sein. — Man hat seit den Glossatoren das Recht der Frau auf die Dos während der Ehe unclassisch dominium naturale (dormiens, quiescens) genannt.

Von der Restitution der Dos nach aufgelöster Ehe.

Dig. lib. 24. tit. 3.; Cod. lib. 5. tit. 13. u. 18.

§. 12. Der Mann oder dessen Erben müssen nach aufgelöster Ehe die Dos zurückgeben, wenn nicht durch Verträge oder durch Scheidung eine Ausnahme begründet ist. — Das Recht der Rückforderung wird mit einer obligatorischen Klage geltend gemacht, in Betreff der körperlichen Dotalsachen aber, welche noch im Vermögen des Mannes vorhanden sind, steht der Frau nach einer besonderen Bestimmung Justinian's die rei vindicatio zu, und in so weit kann man sagen, daß das Eigenthum ipso jure, jedoch ohne rückwirkende Kraft, an die Frau zurückfalle.

Wird aber vom Manne oder dessen Erben eine Dos zurückverlangt, so muß der Beweis geführt werden, daß eine Dos eingebracht worden ist. Die Vermuthung spricht nämlich dafür, daß Alles, was im Hause des Mannes vorhanden ist, dem Manne gehört, und daß selbst diejenigen Sachen, welche sich in Händen der Frau bei Auflösung der Ehe befinden, Geschenke ihres Mannes an sie seien, so daß die Frau den Beweis zu führen hat, es sei ihr ursprüngliches oder erworbenes Vermögen.

Dieser Rechtssatz wird in Veranlassung eines Ausspruches des Juristen Quintus Mucius (l. 51. Dig. lib. 24. tit. 1.) praesumtio muciana genannt. [1])

Der Beweis, daß dem Manne eine Dos inferirt sei, kann durch jegliches Beweismittel erbracht werden; eigenthümliche Grundsätze aber gelten, wenn derselbe durch ein schriftliches Empfangsbekenntniß des Mannes geführt werden soll. Ein solches Bekenntniß hat während der Ehe, dem Manne gegenüber, keine Beweiskraft, nach Auflösung der Ehe aber, wenn dieselbe innerhalb der ersten zwei Jahre der Ehe erfolgt, während eines Jahres, wenn dieselbe zwischen dem dritten und elften Jahre erfolgt, während dreier Monate keine Beweiskraft. Nach Ablauf dieser Zeit, so wie dann, wenn die Ehe erst nach einer zehnjährigen Dauer aufgelöst wird, hat das Bekenntniß nach Römischem Rechte unbedingte Beweiskraft. War der Ehemann minderjährig, so soll er zwölf Jahre lang von Eingehung der Ehe ab das Recht der Restitutio gegen Ablauf

1) Das Preuß. Landrecht drückt die praesumtio muciana so aus: „Was die Frau in stehender Ehe erwirbt, erwirbt sie, der Regel nach, dem Manne."

dieser Frist haben, gegen seine Erben aber soll, falls er innerhalb dieser zwölf Jahre stirbt, das Bekenntniß ein Jahr lang und gegen minderjährige Erben jedes Ehemannes soll es fünf Jahre lang Nichts beweisen.

Während der Dauer der Ehe kann demnach der Mann zu jeder Zeit die Dos verlangen, nach Auflösung der Ehe aber steht ihm und seinen Erben während der Zeit, in welcher der Schein Nichts beweist, wenn sie verklagt werden, die exceptio dotis cautae non numeratae zu. Außerdem können sie in derselben Frist den Empfangsschein mit einer condictio sine causa zurückverlangen oder auch einfach gegen die Beweiskraft einen schriftlichen oder gerichtlichen Protest einlegen, welchen man querela non numeratae dotis nennt.

Die deutsche Praxis giebt dem Manne und dessen Erben nach Ablauf der Fristen das Recht des Gegenbeweises.[m]

Wer ist restitutionsberechtigt?

§. 13. a. Wird die Ehe durch den Tod der Frau aufgelöst, so fällt die dos profectitia an den Besteller, zum Trost für die verlorene Descendentin, doch hatte nach älterem Römischen Rechte der Mann die Befugniß, auf jedes Kind aus der Ehe ein Fünftel der Dos zurückzubehalten; waren also fünf oder mehr Kinder aus der Ehe vorhanden, so behielt der Mann die ganze Dos.

---

m) Das Preuß. Landrecht hat dem Manne gegenüber hier nichts von den allgemeinen Beweisregeln Abweichendes.

Der Glossator Martinus Gosia behauptete, daß dieses Retentionsrecht noch practisch sei, sein Gegner Bulgarus verneinte dies und gab seinem Schwiegervater, obgleich er Kinder von seiner verstorbenen Frau hatte, die Dos zurück. Jetzt wird die Ansicht des Bulgarus für die richtige gehalten.

Lebt der Besteller der Dos profectitia beim Tode der Frau nicht mehr, so blieb sie vor Justinian beim Manne, seit Justinian fällt sie an die Erben der Frau.

Die dos adventitia blieb vor Justinian beim Manne, seit Justinian fällt sie auch an die Erben der Frau.

b. Wird die Ehe durch den Tod des Mannes oder durch Scheidung ohne die Schuld der Frau aufgelöst, so fällt sowohl die dos profectitia als auch die dos adventitia an die Frau; ist sie aber noch in der Gewalt ihres Vaters, so kann sie nur unter dessen Beistand ihr Recht geltend machen, die Dos wird dann zu Händen des Vaters zurückgeleistet, welcher sie seiner Tochter bis zur Aufhebung der Gewalt oder bis zur zweiten Ehe bewahren muß.

Nach einem Edict des Prätors (edictum de alterutero) konnte die Frau, welche vom Manne im Testamente bedacht war, nur zwischen dieser Zuwendung oder der Dos wählen, wenn sie sich nicht die Rückgabe der letzteren hatte versprechen lassen. Es wurde darnach also angenommen, daß der Mann sie durch die Zuwendung für ihr gesetzliches Recht auf die Dos habe abfinden wollen. L. unica §. 3. Cod. de rei uxoriae actione 5., 13. Dies Edict ist aufgehoben.

c. Wird die Ehe durch Schuld der Frau geschieden, so behielt vor Justinian der Mann einen Theil der Dos (cf. unten Retentionsrecht des Mannes), seit Justinian behält er die ganze Dos. n)

d. In allen Fällen, mag die Ehe auf irgend eine Art aufgelöst werden, fällt die dos recepticia an den Besteller oder dessen Erben zurück.

Wer ist zur Restitution verpflichtet?

§. 14. Verpflichtet zur Rückgabe sind der Mann oder, wenn er verstorben ist, seine Erben. Ist die Dos dem paterfamilias des Mannes bestellt, so ist der Vater der Verpflichtete; wenn aber der Vater verstorben ist, so ist es der Ehemann, falls er den Vater beerbt hat, weil er aus der Erbschaft die Dos seiner Frau vorweg heraus erhält. Hat aber der Mann seinen Vater nicht beerbt, so müssen die Erben des Vaters verklagt werden, weil zwischen dem Ehemanne und dem zur Zurückforderung Berechtigten kein obligatorischer Nexus besteht; die Erben des Vaters aber regressiren sich an den Ehemann (sie werden ihn zum Processe adcitiren), weil ihm aus der Erbschaft die Dos herausgegeben werden muß.

Hat der Ehemann in der Gewalt, ohne den Willen seines Vaters, die Dos selbst bestellt erhalten, so müssen

n) Nach Preuß. Landrecht fällt das Eingebrachte an die Frau oder deren Erben; ist die Frau an der Scheidung schuld, so erhält der Mann eine Quote ihres gesammten Vermögens (siehe unten).

die Berechtigten der Regel nach sich an den Ehemann halten, gegen seinen Vater können sie nur mit der actio de peculio oder der actio de in rem verso oder ex dolo patris klagen.

Ort und Zeit der Rückgabe.

Grundstücke werden zurückgewährt am Orte, wo sie sich befinden, alles Uebrige im Domicil des Verpflichteten. —

Im älteren Rechte wurden nicht fungible Sachen sofort mit Auflösung der Ehe zurückgegeben, fungible Sachen in drei einjährigen Terminen, an jedem Jahrestage ein Drittel derselben (annua, bima, trima die).

Seit Justinian werden unbewegliche Sachen sofort zurückgegeben, bewegliche nach einem Jahre. Wegen Säumniß hat der Mann vier Procent Zinsen vom Werthe zu zahlen. [o])

Gegenstand und Art der Rückgabe.

§. 15. Die in Natur vorhandenen Sachen werden speciell mit ihren Accessionen zurückgegeben, für die durch Schuld des Mannes verlorenen wird Ersatz geleistet, ebenso für die vom Manne verschuldete Verschlechterung,

o) Nach Preuß. Landrecht hat der Mann das Eingebrachte sofort herauszugeben, die Zinsen aus der Mora sind die landesüblichen, nur baares Geld verzinst er erst vom Ablaufe des Quartales an, in welchem die Auflösung der Ehe erfolgt.

es haftet aber der Mann für diligentia, quam suis rebus adhibet. Hat er Sachen veräußert, so muß er den Werth ersetzen, sind ihm Sachen in genere gegeben, so hat er sie in genere zurückzugeben und trägt den Casus, denn genus non perit. Sind ihm Forderungen cedirt, so hat er sie zurück zu cediren, sind sie ihm durch Delegation übertragen, so muß er sie durch Delegation zurückgewähren. Hat er die Forderungen eingezogen, so giebt er das, was er eingetrieben hat; heraus. Bei cedirten Forderungen haftet er für Culpa bei der Eintreibung und Ueberwachung, bei delegirten für die Solvenz des Schuldners, soweit nicht eine verbotene Schenkung unter der Delegation eines insolventen Schuldners versteckt ist, aber er haftet nicht für Unmöglichkeit der Erfüllung durch Untergang einer schuldigen Species. Ist ihm eine Dos versprochen und nicht gezahlt, so haftet er gleichfalls für Culpa in der Eintreibung und Ueberwachung dieser Forderung, doch soll ihm kein Vorwurf gemacht werden, wenn er den Schwiegervater nicht zur Zahlung gedrängt hat. Ist der Mann von einer Forderung befreiet worden, so muß die Forderung von ihm wieder constituirt werden; sind ihm dingliche Rechte bestellt worden, so hat er sie zurück zu gewähren, sind ihm dingliche Rechte erlassen, so müssen sie wieder constituirt werden. Eine besondere Erwähnung verdient der ususfructus in dotem datus. Ist nämlich der Restitutionsberechtigte Eigenthümer der zum Usufructus gegebenen Sachen, so hat die Rückgabe desselben an ihn keine Schwierigkeiten; ist aber ein Anderer Eigenthümer, so ist die Rückgewähr desselben unmöglich, weil der Usufructus nur auf den Eigenthümer zurück übertragen werden kann. Das Römische Recht schlägt hier zwei Auswege vor; in l. 66. dig. de jure dotium 23, 3. wird gesagt: der Mann könne zum Scheine (nummo uno) der Frau die Ausübung des Usufructus verpachten oder verkaufen; in anderen Stellen aber wird vorgeschlagen, daß der Mann den Usufructus dem Eigenthümer zurückgewähre unter der Verpflichtung, ihn der Frau zu bestellen oder dieselbe zu entschädigen.

War die Dos vendendi causa abgeschätzt übergeben, so werden nicht die Sachen und Rechte, sondern nur der festgestellte Preis zurückgegeben. Der Mann trägt also an den gegebenen Sachen als Eigenthümer den Casus. Wenn aber der Mann insolvent ist, so hat die Frau auch hier das Recht, die noch vorhandenen Sachen zu vindiciren. Ist bei der Hingabe der Dos ausgemacht, daß die Taxe oder die Sachen zurückzugewähren seien, so hat der Mann die Wahl zwischen Zurückgabe der Sachen oder des Preises, natürlich nur in Bezug auf die noch vorhandenen Sachen. Es kann aber auch ausdrücklich der Frau das Wahlrecht gegeben sein, wodurch der Mann trotz der aestimatio vendendi causa verhindert wird, das Dotalgrundstück zu veräußern. p)

---

p) Nach Preuß. Landrecht prästirt der Ehemann rücksichtlich der Mobilien nur grobes, sonst mäßiges Versehen wie ein Nießbraucher, in Betreff der Capitalien soll auf die Fähigkeit und Einsicht des Mannes Rücksicht genommen werden. Uebrigens wird für die Mobilien der Unterschied zwischen aestimatio vendendi und taxandi gratia festgehalten, bei Grundstücken der

Von der Theilung der Früchte der Dos.

§. 16. Die Früchte der Dos gehören dem Manne für die Zeit der Dauer der Ehe. Eine Auseinandersetzung wegen der Früchte zwischen dem Berechtigten und Verpflichteten wird deshalb nur dann nöthig werden, wenn die Ehe mitten in einer Fruchtperiode ihren Anfang oder ihr Ende nimmt und Sachen in der Dos sind, welche nur zu gewissen Zeiten Früchte bringen, z. B. Landgüter, Weinberge. Der durchgehende Grundsatz ist, daß die Früchte pro rata der Zeit getheilt werden, während welcher die Ehe gedauert hat. Wenn daher z. B. am 1. Mai 1850 die Ehe begonnen hat und am 1. August 1856 aufgelöst wird, das Erntejahr eines zur Dos gehörigen Landgrundstücks aber vom 1. September jedes Jahres gerechnet wird, so erhält der Mann von der Ernte des Jahres 1849 bis 1850, auf drei Monate, ein Drittel, die Ernte der fünf folgenden Jahre ganz und von der Ernte des Jahres 1855 bis 1856 für elf Monate elf Zwölftel. Dieser sonst wohl anerkannten Rechtsregel widerspricht die l. 7. §. 1. Dig. soluto matrimonio quemadmodum dos petatur 24, 3. — In dieser Stelle wird erzählt, daß ein Weinberg (in Bezug auf welchen das Erntejahr mit dem ersten November anfängt) zur Dos gegeben und daß die Ehe vom 1. October bis

---

taxatio aber immer die Wirkung beigelegt, daß der Ueberlebende oder unschuldig Geschiedene das Wahlrecht zwischen Taxe oder Sache erhält.

1. Februar gedauert; der Mann erntet die ganze Weinlese und verpachtet sie für das folgende Jahr. Die Entscheidung lautet: vindemiae fructus et quarta portio mercedis instantis anni confundi debebunt, ut ex ea pecunia tertia portio viro relinquatur.

Viele Versuche verschiedener Art sind gemacht, um die Anomalie zu erklären. Eine Interpretation dahin, daß die Stelle mit der Regel harmonirt, thut den Worten Gewalt an; künstliche Interpretationen, welche in der kurzen Dauer der Ehe das Besondere suchen, erscheinen als Willkürlichkeiten. Vielleicht hat Papinian, der Schreiber der Stelle, etwas Anderes gesagt, als er sagen wollte; die Praxis ignorirt die Stelle. q)

Einreden gegen die Rückforderung der Dos.

Ulpian tit. 6. §§. 9. bis 17. Dig. lib. 25. tit. 1.

§. 17. Im alten Römischen Rechte hatte der Mann verschiedene Retentionseinreden, namentlich: propter mores, propter liberos, propter res amotas, propter res donatas und propter impensas. — Propter mores

q) Nach Preuß. Landrecht erfolgt die Auseinandersetzung wegen der Früchte des ersten und letzten Jahres nach den beim Nießbrauch gegebenen Regeln, d. h. die Früchte der Landgrundstücke werden pro rata temporis getheilt, alle anderen behält der Mann bis zum Ablaufe des Quartales, in welchem die Ehe aufhörte, gerechnet das Jahr vom ersten Juni ab.

konnte der Mann wegen schwerer Vergehen, d. h. wegen Ehebruchs, ein Sechstel, wegen leichterer Vergehen aber ein Achtel der Dos zurückbehalten; propter liberos behielt der Mann auf jedes Kind ein Sechstel, aber nie mehr als die Hälfte, wenn die Frau oder ihr paterfamilias an der Scheidung schuld waren; propter res amotas war das Retentionsrecht wegen Entwendungen, deren sich die Frau gegen den Mann schuldig gemacht. Die Retention propter res donatas sollte die Rückgabe der vom Gesetze verbotenen Schenkungen bewirken; propter impensas konnte der Mann wegen necessariae und, wenn sie mit Bewilligung der Frau gemacht waren, auch wegen utiles das Retentionsrecht ausüben, wegen der impensae voluptuosae hatte er nur das jus tollendi. — Justinian hebt als Regel jedes Retentionsrecht des Mannes auf und läßt ihm wegen Gegenansprüche nur eine besondere Klage; wegen der impensae utiles ist es die actio mandati oder negotiorum gestorum, letztere aber nur, wenn die Frau außer der Dos noch anderweitiges Vermögen hat. Besondere Bestimmungen hat Justinian wegen der impensae necessariae erlassen. Diese Impensen, wenn sie dem Werthe der Dotalsache vollständig gleichkommen, bewirken, daß die Sache beim Manne verbleibt, es steht aber der Frau und deren Erben ein Jahr lang das Recht zu, die Sache vom Manne auszulösen. Wenn aber die Impensen den Werth der Sache nicht erreichen, so soll der Mann auf das Geld, welches er etwa zur Dos hat, compensiren. Wenn er aber kein Geld zur

Dos hat, so soll ihm das Retentionsrecht an der Sache zustehen. [r])

Das Compensationsrecht ist dem Manne in keiner Weise geschmälert, auch steht ihm das beneficium competentiae als Einrede zu.

Klagen auf Rückgewähr der Dos.

§. 18. Hatte der Mann die Rückgabe in Form einer Stipulatio versprochen, so wurde die actio ex stipulatu, hatte er sie formlos versprochen, eine actio praescriptis verbis gegeben. Beide Klagen waren stricti juris, sie standen auch den Erben des Berechtigten zu, und die Retentionsrechte des Mannes waren gegen diese Klagen in der Regel ausgeschlossen. Hatte der Mann die Rückgabe nicht zugesagt, so stand der Frau die actio rei uxoriae zu; diese Klage war bonae fidei, aber der Mann konnte seine Retentionsrechte gegen sie geltend machen, auch hatten die Erben der Frau diese Klage nicht, wenn die Frau in der Ehe starb. Justinian hat aber bestimmt, daß die Klage, gleichviel ob die Rückgabe versprochen sei oder nicht, stets auch den Erben der Frau zustehen, daß sie immer bonae fidei sein und daß die Retentionsrechte des Mannes ausgeschlossen sein sollen. Er

---

r) Nach Preuß. Landrecht kann der Mann nur nothwendige Impensen ersetzt verlangen, nützliche nur wie der Nießbraucher, wenn er sie mit Einwilligung der Frau gemacht hat. — Das Retentionsrecht, so weit es durch die allgemeinen Rechtsregeln gerechtfertigt wird, ist ihm nicht verkümmert.

hat demnach der Klage alle diejenigen Eigenschaften beigelegt, welche der Frau und ihren Erben am vortheilhaftesten sind und deshalb auch die actio ex stipulatu in diesem Falle zu einer actio bonae fidei gemacht. Man pflegt jetzt die Klage auf Rückgabe der Dos actio de dote zu nennen. Justinian hat sie actio ex stipulatu genannt.

So weit die Dotalsachen noch im Vermögen des Mannes vorhanden sind, hat Justinian der Frau auch die rei vindicatio gegeben und außerdem Jedem, der gesetzlich befugt ist, die Dos zurückzufordern, das allgemeine gesetzliche Pfandrecht, welches für die Frau und ihre Descendenten sogar ein privilegirtes ist. s)

Nebenverträge bei Bestellung der Dos.

Dig. lib. 23. tit. 4.; Cod. lib. 5. tit. 14.

§. 19. Die Verträge über Bestellung der Dos heißen pacta dotalia. Durch solche Verträge können die gesetzlichen Bestimmungen über die Dos nur in soweit abgeändert werden, als die betreffenden Nebenabreden nicht gegen das Wesen der Dos verstoßen und nicht ge-

s) Nach Preuß. Landrecht haben die Frau und ihre Erben eine persönliche Klage, auf das wirklich Vorhandene aber auch die Vindication; die Frau hat auch das Recht, für ihre Illatenforderung auf die Grundstücke des Mannes das Pfandrecht vermerken zu lassen; ein gesetzliches Pfandrecht selbst hat sie nicht, — jedoch im Concurse ihres Ehemannes, wenn derselbe kein Handelsmann, Schiffsrheder oder Fabrikbesitzer ist, unter den privilegirten Gläubigern die letzte Stelle.

gen die guten Sitten sind. So kann z. B. die Frau wohl ihrem Pfandrecht entsagen, aber nicht für die Rückgabe der Dos, weil dies Mißtrauen verräth, sich von ihrem Ehemann Bürgen stellen lassen; ebenso ist es unerlaubt, der Rechtswohlthat der Competenz, oder der actio rerum amotarum wegen etwa zukünftiger Entwendungen zu entsagen.

Auch Erbverträge unter Ehegatten waren nach Römischem Rechte verboten (sie sind es aber nach heutigem Rechte nicht mehr). —

Es ist ferner zur Sicherheit der Frau verfügt, daß sie vor Auflösung der Ehe dem Manne nicht die spätere Rückzahlung der Dos gestatten, oder daß sie nicht zu ihrem Nachtheile an Stelle der Dotalgegenstände andere durch Vertrag substituiren, oder endlich, daß sie während der Ehe auf die Rückforderung der bestellten Dos nicht Verzicht leisten kann, es müßte denn der Verzicht in Rücksicht der bei Trennung der Ehe vorhandenen Kinder sofort bei Bestellung der Dos abgegeben sein. — Anderntheils ist aber auch der Vertrag verboten, daß die Früchte der Dos mit zur Rückgewähr kommen sollen, außer wenn die Frau sich und die Ihrigen aus ihrem Vermögen unterhält, oder dem Manne ein Usufructus zur Dos in der Art gegeben wird, daß die Früchte das Dotalcapital und die Früchte von den Früchten der Dotalgenuß sein sollen.

Bestellt der Vater oder ein Anderer, also ein Dritter, die Dos, so können bei der Bestellung beliebige Einschränkungen hinzugefügt werden; nach der Bestellung kann dies zum Nachtheil der Frau nur mit deren Einwilligung geschehen. — Der paterfamilias der Frau soll aber das Recht zu solchem beschränkenden Abkommen auch zwischen Bestellung der Dos und Eingehung der Ehe haben. [t])

Die Erbverträge der Ehegatten in den pactis dotalibus und der Unterschied der älteren Praxis zwischen pacta dotalia mixta und simplicia sind in das Deutsche Privatrecht zu verweisen.

Außer den Verträgen über die Vermögensverhältnisse können unter den Ehegatten auch Verträge über ihr persönliches Verhältniß geschlossen werden; solche Verträge heißen pacta nuptialia. Auch in ihnen soll Nichts gegen das Wesen der Ehe und gegen die guten Sitten festgesetzt werden. — Personae illustres sollten übrigens Ehe- und Dotalverträge schriftlich abschließen.

Donatio propter nuptias.

Quellen: §. 3. Instit. de donationibus 2, 7. — Codex de donat. ante nuptias etc. 5, 3. lex 9. u. 10. Cod. de pactis conventis, 5, 14.

§. 20. Donatio propter nuptias (antipherna) ist Alles, was der Mann oder ein Dritter im Namen des Mannes als Gegensatz gegen die Dos in die Ehe giebt

---

t) Das Preuß. Landrecht beschränkt die Dotalverträge nicht in dieser Weise; alle während der Ehe zwischen Frau und Mann geschlossenen müssen jedoch, soweit die Frau dadurch an ihren gesetzlichen Rechten Etwas verliert, in gerichtlicher Form eingegangen werden.

oder zu geben verspricht, damit gleichfalls aus den Früchten die Lasten der Ehe bestritten werden. Vor Justinian nannte man dies Vermögen donatio ante nuptias, weil es nur vor der Ehe bestellt werden konnte, da Schenkungen unter Ehegatten verboten sind. Justinian verfügte aber, daß diese Donatio dem Schenkungsverbote nicht unterliegen sollte. Sie kann gegeben oder versprochen werden wie die Dos und ist während der Dauer der Ehe im Vermögen des Mannes, doch kann die Frau verlangen, daß die Früchte derselben zur Bestreitung der Ehelasten verwendet werden und hat in gleichen Fällen wie bei der Dos das Recht, die Sequestration zu erzwingen; auch soll der Fundus in der Schenkung der Veräußerung entzogen sein, gleich dem Dotalgrundstücke.

Ueber die Größe derselben sind die Gesetze im Dunkeln. Es wird bestimmt, sie soll so groß sein wie die Dos, weshalb Einige meinen, sie müsse mindestens so groß sein, Andere dagegen, sie dürfe nicht größer, wohl aber könnte sie geringer sein. Auch ist bestimmt, daß, wenn während der Ehe die Dos vermehrt oder vermindert wird, ipso jure die donatio propter nuptias in gleichem Verhältnisse steigen und fallen solle. Streitig ist es auch, an wen sie nach dem Tode des Mannes fällt, ob auf die Erben des Mannes oder an die Frau.

Ist der Mann an der Scheidung schuld, so fällt sie an die Frau. Von den Gesetzen über die Insinuation der 500 Solidi übersteigenden Schenkung ist sie nicht befreit, mit der einen Ausnahme, daß die unterlassene Insinuation der Frau nicht zum Nachtheil gereichen soll.

Die Frau hat wegen der Ansprüche auf diese Donatio ein gesetzliches Pfandrecht.

Das ganze Institut ist in Deutschland nicht practisch geworden und die deutschrechtlichen Institute der Widerlage und des Witthumes haben mit der donatio propter nuptias keinen Zusammenhang

Parapherna und sogenannte bona receptitia.

§. 21. Daß dies das eigenthümliche Vermögen der Frau ist, ist oben erwähnt. Hat sie dem Manne die Verwaltung des Paraphernal-Vermögens übertragen, so ist der Mann ihr Mandatar, haftet aber nur für diligentia quam suis rebus adhibet. Wegen Rückgabe dessen, was der Mann in ihrem Auftrage aus Paraphernalforderungen eingetrieben, hat die Frau ein gesetzliches allgemeines Pfandrecht; die Praxis hat ihr dies Pfandrecht wegen aller Ansprüche aus der Verwaltung des Paraphernal-Vermögens gegenüber dem Manne gegeben.

Von den Schenkungen unter Ehegatten.

Der Titel de donationibus inter virum et uxorem steht: Digesten lib. 24. tit. 1. u. Codex lib. 5. tit. 16.

§. 22. Schenkungen unter Ehegatten (und Rechtsgeschäfte, unter welchen solche Schenkungen versteckt werden) sind von alter Zeit her durch Gewohnheitsrecht (durch mores) nach Römischem Rechte verboten gewesen.

— Als Grund wird angegeben, damit sich die Ehegatten nicht aus Liebe gegenseitig in Schenkungen überböten und arm machten; damit sie sich wegen unterlassener Schenkung nicht für lieblos hielten; damit nicht die Ehen käuflich würden und die Ehegatten nicht von der Erziehung ihrer Kinder abgezogen würden.

Auf daß aber das Gesetz nicht umgangen würde, sollen auch Schenkungen des einen Ehegatten an solche Personen, welche mit dem anderen durch die väterliche Gewalt noch verbunden sind und umgekehrt auch Schenkungen von solchen Personen an den anderen Ehegatten, sowie Schenkungen von Personen, die mit dem einen Ehegatten durch die Gewalt noch verbunden sind, an solche, welche mit dem anderen Ehegatten in dieser Weise verbunden sind, verboten sein. Diese Ausdehnung betrifft aber nur solche Schenkungen, an welchen in Folge des Gewaltverhältnisses dem Gewalthaber Rechte erwachsen würden.

Das Verbot erstreckt sich aber nur auf wirkliche Schenkungen und auch nur auf solche, durch welche der Schenker ärmer wird, daher ist die Schenkung als solche gültig, wenn der Schenker an der geschenkten Sache keine Rechte hatte. Auch sind nur die Schenkungen inter vivos, nicht die mortis causa verboten, und ebenso sind Schenkungen für den Fall einer bevorstehenden Scheidung erlaubt, weil mit dem Tode oder der Scheidung die Ehe aufhört, und demnach die Schenkung ihre Wirksamkeit erst nach aufgelöster Ehe erlangt. Jede ungültige Schenkung kann mit einer vindicatio oder, sobald diese Klage ihrer

Natur nach ausgeschlossen ist, mit einer condictio sine causa zurückgefordert werden, doch giebt der Beschenkte nur heraus, was er noch vom Geschenke hat, behält auch die gezogenen Früchte. Hat der Beschenkte von geschenktem Gelde Sachen angekauft, so kann der Schenker, im Falle der Beschenkte insolvent ist, diese Sachen vindiciren.

Die ungültige Schenkung unter Ehegatten wird aber seit Caracalla und Severus nach Analogie der mortis causa donatio gültig, wenn der Schenker vor dem Beschenkten stirbt, ohne die Schenkung widerrufen zu haben, nur muß dann die Schenkung, soweit sie über 500 Solidi ist, entweder gerichtlich insinuirt oder im Testamente bestätigt sein, und sie gilt dann vom Augenblicke der gerichtlichen Insinuation oder der testamentarischen Bestätigung an. — Gewisse Schenkungen inter vivos waren erlaubt, namentlich Geschenke zwischen dem Regenten und der Regentin, Schenkungen der Frau an den Mann zur Erlangung einer Würde, Schenkungen zur Wiederherstellung eines abgebrannten Gebäudes.

Daß Liberalitäten, welche keine eigentlichen Schenkungen sind, dem Verbote nicht unterliegen, folgt aus dem Zwecke des Gesetzes, z. B. frühere Bezahlung von Forderungen, Befriedigung von Lebens- und Wohnungsbedürfnissen ꝛc., Gelegenheitsgeschenke geringer Art, Reisegeld in die Verbannung, oder Gaben um den Ehegatten wegen Scheidung abzufinden.

Wenn eine putative Ehe zwischen Zweien besteht, so muß die Schenkung an sich stets gültig sein, doch soll der Ehegatte in mala fide nicht den Vortheil haben. Kennt daher der Beschenkte die Ungültigkeit der Ehe, so fordert der Schenker die Schenkung zurück. Kennen Beide die Ungültigkeit der Verbindung, so daß nicht einmal eine putative Ehe besteht, so müßte die Schenkung ebenfalls gültig sein; Fiscus jedoch entreißt das Geschenk dem Beschenkten zur Strafe. [u])

Entwendungen unter Ehegatten (actio rerum amotarum).

Quellen: Digesten lib. 25. tit. 2.; Codex lib. 5. tit. 21.

§. 23. Zwischen Ehegatten giebt es wegen Entwendungen kein actio furti, und wenn der eine dem anderen, mit Rücksicht auf die bevorstehende Scheidung, Sachen entwendet und bei der Trennung mitgenommen hat, so steht dem anderen Theile und dessen Erben zwar keine Diebstahlsklage zu, wohl aber die actio rerum amotarum, gerichtet auf Herausgabe oder allenfalls durch Würderungseid festzustellenden Schadenersatz gegen den Thäter und Helfershelfer.

Hat der Tod die Ehe getrennt, so findet die hereditatis petitio, die actio ad exhibendum, die vindicatio oder eine condictio statt, nicht aber die actio rerum amotarum oder die Diebstahlsklage. Wenn aber die

---

u) Das Preuß. Recht verbietet Schenkungen unter Ehegatten nicht, giebt aber den Gläubigern eines insolventen Ehegatten ein unbeschränktes Recht, solche Schenkungen anzufechten.

Frau mit Rücksicht auf den Tod entwandt hat, so hat der gesund gewordene Mann eine actio utilis rerum amotarum.

Da die Klage aus einer unerlaubten Handlung entspringt, so steht dem Belangten nicht das beneficium competentiae gegen den Anspruch zu, auch kann die Klage gegen die Erben des Schuldigen nach einer Bestimmung Diocletian's (l. 3. Cod. h. t.) nur in quantum ad eos pervenit angestellt werden, während die Pandecten (l. 6. §. 4. Dig. h. t.) die Klage nach Analogie der condictio furtiva auf's Ganze gegen die Erben geben.

Insofern aber wird die Klage jedenfalls nur als eine einfache Condiction behandelt, daß sie gegen den Hausvater peculio tenus gegeben wird.

Eine Entsagung auf die actio rerum amotarum vor der Entwendung ist unzulässig.

Es kann unter Ehegatten auch die condictio furtiva stattfinden, wenn der eine von ihuen den anderen vor der Ehe bestohlen hat, oder einen Dritten bestiehlt, und der andere Ehegatte in die Klage des Bestohlenen succedirt. Die actio furti aber konnte unter Ehegatten nur als Noxalklage vorkommen, wenn der Sclave des einen den anderen bestohlen hatte. v)

---

v) Auch das Preuß. Recht straft nicht wegen Entwendungen und Unterschlagungen, welche von einem Ehegatten gegen den andern begangen werden. — Strafgesetzbuch v. 14. April 1851 §. 228.

Aufhebung der Ehe.

§. 24. Die Ehe wird aufgehoben:

1) durch Tod,

2) durch Scheidung.

Nach Römischem Rechte stand dem Tode gleich die capitis deminutio maxima, und beim Eintritte der capitis deminutio media hörte die Ehe auf eine römische Ehe zu sein. Auch hatte das Römische Recht den eigenthümlichen Grundsatz, daß wegen superveniens cognatio durch Adoption die Ehe eine verbotene wurde; z. B. wenn der Hausvater des Ehemannes dessen Frau als Tochter adoptirte. —

1. Auflösung der Ehe durch den Tod.

Stirbt der Mann, so behält die Frau den Namen, Stand und das Forum des Mannes, bis ein fernerer Grund eintritt, durch welchen sie diese Rechte verliert, z. B. Verbrechen oder eine fernere Ehe. — Die dos und donatio propter nuptias fällt, wenn Kinder aus der Ehe vorhanden sind, zu einem Kopftheile an den überlebenden Ehegatten, an dem übrigen Theile haben die Kinder das Eigenthum und der Ehegatte nur den Nießbrauch.[w])

w) Nach Preuß. Landrecht hat der überlebende Ehegatte außer seinem Erbrechte keine besondere Ansprüche auf das Heirathsgut des verstorbenen. —

2. Auflösung der Ehe durch die Scheidung.

Quellen: Digesten 24, 2.; Codex 5, 17. und die oben angegebenen Quellen des Eherechtes aus der kirchlichen Gesetzgebung.

§. 25. Scheidung der Ehe ist Trennung einer gültigen Ehe, und daher nicht zu verwechseln mit Annullirung einer Ehe, welche der Ausspruch des Gerichtes ist, daß eine Verbindung keine gültige Ehe sei.

Das Römische Recht kannte die Scheidung durch den Richter nicht. Dieselbe hing vielmehr vom Willen beider oder eines Ehegatten ab und war divortium, wenn sie mit Consens beider Theile, repudium, wenn sie einseitig geschah. Wenn sich aber die Frau ohne Grund trennte oder Grund zur Trennung gab, so verlor sie einen Theil ihrer Dos. Ein Vertrag, daß die Scheidung nicht stattfinden sollte, war ohne Wirkung.

Es wird übrigens erzählt, daß in der ältesten Zeit die Scheidung ganz unbekannt war, und daß erst im Anfang des 6. Jahrhunderts p. u. c. ein gewisser Carvilius Ruga sich von seiner Frau zuerst geschieden hätte.

Die lex Julia de adulteriis verlangte von der Frau, welche gegen Anklage des Ehebruchs sich darauf berief, sie habe sich geschieden, daß sie das repudium durch einen zur Familie gehörenden Freigelassenen vor sieben mündigen römischen Bürgern erklärt habe, ohne daß sonst wegen Unterlassung dieser Form die Ehe als fortdauernd erachtet worden wäre. —

Unter den christlichen Kaisern wurde die Scheidung dadurch beschränkt, daß sowohl grundlose Scheidung, als Veranlassung zur Scheidung mit Strafe belegt wurde.

Zu Justinian's Zeit stand die Sache in folgender Art:

a) Ohne Strafe konnte die Scheidung geschehen (divortium bona gratia) aus drei Gründen: wegen Gelübde der Keuschheit, wegen dreijähriger Impotenz des Mannes, und wegen fünfjähriger Gefangenschaft, wenn keine Nachricht über den Gefangenen vorhanden ist.

b) Scheidung ohne Grund wurde dadurch bestraft, daß einer oder beide Theile in ein Kloster gesperrt wurden, und deren Vermögen zum Theil an ihre Erben, zum Theil an's Kloster fiel.

c) Gründe aber, um sich vom anderen Theil zu trennen, gab es zu Gunsten des Mannes sechs Vergehen der Frau und zu Gunsten der Frau fünf Vergehen des Mannes; z. B. Ehebruch, Mord, verdächtiger Lebenswandel, Giftmischerei 2c., und für denjenigen, der solchen Grund zur Scheidung gab, waren Vermögensstrafen angeordnet. Hatte die Frau Ehebruch getrieben, so konnte sie der Mann in's Kloster sperren, in welchem sie verbleiben mußte, wenn er sie binnen zwei Jahren nicht wiederum zu sich nahm, worauf ihr Vermögen zu einem Theile auf ihre Descendenten und Ascendenten, zu einem anderen Theile an das Kloster fiel. In ähnlicher Weise wurde das Vermögen des Mannes an seine Verwandten oder an den Fiscus vertheilt, wenn er sich des Ehebruchs schuldig machte.

Außerdem verlor der schuldige Mann die donatio propter nuptias, die schuldige Frau die dos zu Gunsten des anderen Ehegatten.

War solches Vermögen nicht vorhanden, so erhielt der Unschuldige ein Viertel des Vermögens des Schuldigen, jedoch nie mehr als hundert Pfund Goldes. — Hat aber die Frau Ehebruch getrieben, oder hat der Mann die Frau fälschlich des Ehebruchs angeklagt, oder unter den Augen der Frau Ehebruch getrieben, so wurde diese Scheidungsstrafe um ein Drittel erhöht.

Schon zur Zeit Justinian's pflegten christliche Eheleute ihre Ehestreitigkeiten dem Bischof zur schiedsrichterlichen Entscheidung vorzulegen, und Justinian hatte diese schiedsrichterliche Gewalt des Bischofs (episcopalis audientia) dahin privilegirt, daß von dem Schiedsspruch des Bischofs keine Berufung auf den Richter zulässig sein solle. Im Mittelalter hat sich aus dieser episcopalis audientia eine geistliche Gerichtsbarkeit gebildet, so daß seit dieser Zeit die Ehescheidung vor das geistliche Forum der bischöflichen Consistorien gezogen wurde, und die Scheidung seit dem durch den Richter erfolgen muß. In vielen Staaten ist dies noch heut zu Tage das bischöfliche oder protestantische Consistorium, in anderen ist diese Gerichtsbarkeit den weltlichen Gerichten übertragen worden. x)

Das Canonische Recht, welches die Ehe für ein Sacrament erachtet, kennt in der Regel keine Scheidung (divortium quoad vinculum), sondern nur eine Trennung

---

x) So in Preußen.

von Tisch und Bett (separatio quoad thorum et mensam), weshalb keiner der getrennten Ehegatten, so lange der andere lebt, eine zweite Ehe eingehen kann. Nur in zwei Fällen scheidet es quoad vinculum:

a) wenn vor vollzogenem Beischlaf der eine Ehegatte das Gelübde der Keuschheit ablegt;

b) wenn von zwei Nichtchristen der eine Christ wird und der Nichtchrist die Trennung der Ehe verlangt.

Der Christgewordene soll aber in letzterem Falle so lange die Ehe fortsetzen, als der andere Theil es will. —

Das Protestantische Recht trennt die Ehe quoad vinculum, und hat die Trennung von Tisch und Bett nur als provisorisches Mittel, um zu versuchen, ob die Absicht der Scheidung bei den Ehegatten eine dauernde ist.

Als Gründe der Trennung gelten Lebensnachstellungen, Ehebruch, welcher bösliche Verlassung und hartnäckige Verweigerung des Beischlafs gleichgestellt werden, und schwere Verbrechen. y) Verzeihung hebt das Recht auf, die Scheidung zu verlangen. —

Als Scheidungsstrafe des heutigen Rechtes kann nur Verlust der Dos, eventuell eines Viertels des Vermögens, als practisch erachtet werden und allenfalls noch die Erhöhung der Strafe um ein Drittel im Falle des Ehe-

y) Das Preuß. Landrecht hat außer diesen noch eine Menge Scheidungsgründe, z. B. Raserei und Wahnsinn, Impotenz, Trunkenheit, verschuldete Verarmung des Mannes, Religionsänderung, unüberwindliche Abneigung, gegenseitige Einwilligung bei Kinderlosigkeit.

bruches. Die schuldige Frau soll nach einer Ansicht, deren Reception in der Praxis zweifelhaft ist, Namen und Stand des Mannes verlieren. Die Klage auf die Ehescheidungsstrafe geht als actio vindictam spirans nicht auf die Erben über, wenn nicht bereits lis contestirt ist, nach heutigem Rechte, wenn die Klage nicht wenigstens von dem Erblasser vorbereitet war.

Gegen die Erben geht sie ebenfalls nicht über, weil sie eine Strafklage ist, wenn nicht bereits lis contestirt ist.

Ein Verzicht auf die Ehescheidungsstrafe vor der Verwirkung derselben ist unzulässig; nachher ist der Verzicht gültig.

Außerdem fallen die Strafen weg, wenn beide Ehegatten gleich schuldig sind, oder wenn der andere Theil dem Schuldigen Veranlassung zu dem die Scheidung begründenden Vergehen gegeben hat. [z])

---

z) Nach Preuß. Recht ist die Strafe der Scheidung Leistung des contractlich zugesicherten Erbtheils, eventuell bei schwerer Verschuldung ein Viertel, bei leichterer ein Sechstel des Vermögens, anstatt dessen die Frau auch Alimentation vom schuldigen Manne verlangen kann, während dem Manne dies Recht, die Alimentation zu wählen, nur gewährt ist, wenn er nicht im Stande ist, sich seinen Unterhalt zu verdienen. Die schuldige Frau fällt in ihren früheren niedrigeren Stand zurück. Die Erben erhalten die Strafe nur, wenn bereits darauf erkannt ist, sonst können sie den Proceß nur wegen der Vermögensauseinandersetzung fortsetzen (aber nicht beginnen). — Verzeihung nimmt das Recht, auf Scheidung zu klagen, und wird auch in einjähriger Fortsetzung der Ehe nach der Kenntniß des Peccatum gefunden.

Sind Kinder aus der Ehe vorhanden, so sollen die Strafen der Scheidung dem Eigenthum nach den Kindern zufallen und der unschuldige Theil nur den Nießbrauch haben.

Verhältniß der Ehegatten zu einander rücksichtlich der Kinder.

Cod. lib. 5. tit. 24. — Dig. lib. 25. tit. 3. de agnoscendis et alendis liberis, tit. 4. de inspiciendo ventre.

§. 26. Wenn bei der Scheidung Kinder vorhanden sind, so verbleiben sie dem unschuldigen Theile, falls nicht besondere Gründe vorhanden sind, auch ihm die Erziehung der Kinder nicht zu überlassen. Ist kein Theil schuldig, so wird ein Abkommen getroffen, bei wem die Kinder bleiben sollen; in Ermangelung eines solchen pflegen die Söhne bei dem Vater, die Töchter bei der Mutter zu verbleiben.

Besondere Gesetze sind gegeben für Schwangerschafts-Verhältnisse der Frau nach aufgelöster Ehe und um das Unterschieben von Kindern zu verhindern. Ueber diese Verhältnisse haben wir aus dem Römischen Rechte zwei Gesetze, das S. C. Plancianum, und ein Rescript der divi fratres (d. h. Antoninus Philosophus, auch Marc Aurel genannt, und sein Bruder Antoninus Verus. 162—180. n. Chr.).

Das S. C. Plancianum aus der Zeit Vespasian's (71—80 p. Chr.) schreibt vor, daß die Frau, wenn sie sich nach der Scheidung oder nach dem Tode des Mannes schwanger hält, dem Manne oder dessen Erben binnen

30 Tagen, nachdem sie ihre Schwangerschaft fühlt, davon Anzeige machen muß, worauf ihr ehrbare verheirathete Frauen (Matronen) als Custodes gesetzt werden können. Versäumt die Frau diese Anzeige, so verliert sie zur Strafe die actio de partu agnoscendo, d. i. die Klage auf Alimentation während der Schwangerschaft und auf Alimentation des Kindes. — Macht sie die nöthige Anzeige, und der Mann oder dessen Erben schicken keine Custodes, oder der Mann legt keinen Widerspruch ein, so haben diese die Legitimität des Kindes anzuerkennen, andernfalls hat die Mutter die Legitimität des Kindes darzuthun. —

Bei der Niederkunft der Frau sollen besondere Vorsichtsmaaßregeln beobachtet werden.

Das Zimmer, in welchem die Niederkunft stattfindet, soll nur einen Ausgang haben, 10 Zeugen sollen gegenwärtig sein und wenn es dunkelt, sollen drei Lichter angezündet werden; die Custodes aber sollen jeden Eintretenden untersuchen, ob er auch kein Kind zum Unterschieben mitbringt. Alle diese Maaßregeln werden in Deutschland nur bei wichtigen Angelegenheiten beobachtet. [a])

Hat die Frau wegen Vernachlässigung der ihr obliegenden Pflichten die actio de partu agnoscendo ver-

---

a) Das Preuß. Landrecht kennt auch die Custodia einer angeblich oder wirklich schwangeren Wittwe oder geschiedenen Frau, hält aber eine Gesellschafterin für hinreichend, und straft die Wittwe, welche ihre Schwangerschaft verheimlicht, um den vierten Theil ihres Erbtheils vom Manne zum Vortheile der Verwandten des Mannes.

loren, so bleibt dem Kinde trotzdem gegen den Vater und dessen Erben die Klage auf Anerkennung und Alimentation (actio de filiatione affirmativa).

Das Rescript der divi fratres sichert dem Vater im Falle der Scheidung das Recht auf sein Kind. — Wenn er nämlich die Frau für schwanger hält, während die Frau die Schwangerschaft leugnet, so kann er sie durch drei Hebammen untersuchen lassen, und wenn zwei sich für die Schwangerschaft erklären, so gilt sie präsumtiv für schwanger und kann unter Custodia gesetzt werden, damit dem Manne sein Kind gesichert bleibe [b]).

Strafen der zweiten Ehe.

Cod. lib. 5. tit. 9. de secundis nuptiis; Novellae 22, 39 und 94.

§. 27. Während die lex Julia et Papia Poppaea eine Pflicht daraus machte, sich wiederum zu verheirathen, und die Erfüllung dieser Pflicht belohnte, wurde unter den christlichen Kaisern in Folge der ascetischen Richtung des Christenthums die zweite Ehe zwar geduldet, jedoch verfügt, daß die Bedingung, nicht wieder zu heirathen, erlaubt sei, und die Verletzung derselben den Verlust des unter dieser Bedingung Zugewandten nebst allen gezogenen Nutzungen herbeiführen sollte. [c])

---

b) Das Preußische Landrecht hat gleiche Bestimmungen, nur genügt die Untersuchung durch eine Hebamme.

c) Das Preußische Landrecht hält zwar die Bedingung, nicht wieder zu heirathen, für eine erlaubte, unterwirft indessen im Fall der Verletzung derselben nur die Substanz der Zuwendung, nicht die Nutzungen, der Rückgabe.

Wenn aber Kinder aus der ersten Ehe vorhanden sind, so treffen zu Gunsten der Kinder den Wiederheirathenden noch folgende Nachtheile:

a) alle lucra nuptialia (d. h. Alles was der Ehegatte durch Freigebigkeit inter vivos oder mortis causa von anderen erhalten hat) fällt dem Eigenthume nach an die Kinder aus der Ehe und der parens binubus erhält nur den Nießbrauch daran;

b) wenn er ein Kind früherer Ehe neben anderen Kindern derselben Ehe beerbt, so erhält er an demjenigen, was in der Erbschaft aus dem Vermögen des früheren Ehegatten herrührt, nur den Nießbrauch, das Eigenthum verbleibt den Kindern;

c) für Restitution des Vermögens der Kinder früherer Ehe, welches er im Nießbrauche hat, muß er Caution stellen;

d) er kann seinem gegenwärtigen Ehegatten nie mehr zuwenden als dem mindest bedachten Kinde erster Ehe. —

e) Der Mutter, welche Kinder aus früherer Ehe beschenkt hat, und sodann zu einer neuen Ehe geschritten ist, ist das Recht, wegen Undankes der beschenkten Kinder die Schenkung zu widerrufen, beschränkt (cf. Lehre von der Schenkung).

Härter aber waren die Strafen für die Wittwe, welche im Trauerjahr heirathet, oder welche Vormünderin ihrer Kinder ist, und heirathet, ehe sie die Vormundschaft nieder- und Rechnung über die Verwaltung derselben abgelegt hat.

Die Strafen der Verletzung des Trauerjahres sind nämlich außer allen Nachtheilen der zweiten Ehe:

a) die Frau verliert alles, was sie von ihrem verstorbenen Manne ex causa lucrativa erhalten hat, an die Descendenten, Ascendenten oder die Geschwister und, wenn solche nicht vorhanden sind, an den Fiscus;

b) sie wird infam;

c) sie kann ex testamento nichts erben und ab intestato nur als Verwandte des ersten, zweiten und dritten Grades;

d) sie kann ihrem Manne nie mehr zuwenden als den dritten Theil ihres Vermögens. —

Das Canonische Recht und die Praxis erachten diese besonderen Strafbestimmungen für aufgehoben.

Heirathet die Wittwe als Vormünderin, so soll sie die Strafen der Verletzung des Trauerjahres erleiden und außerdem die Vormundschaft und die Erbfolge in das Vermögen der Kinder verlieren; auch haben die Kinder am Vermögen des Stiefvaters wegen ihrer Ansprüche aus der Verwaltung der Vormundschaft das gesetzliche Pfandrecht.

Auch diese Strafen sind in der heutigen Praxis modificirt. [d])

---

d) Das Preußische Landrecht kennt keine Strafen der zweiten Ehe oder der Verletzung des Trauerjahres, verlangt aber, daß der Parens das Vermögen der Kinder sicher stellt, und bestraft ihn mit Verlust des Nießbrauches an diesem Vermögen,

Außereheliche Geschlechtsgemeinschaft.

1. Die putative Ehe (s. g. matrimonium putativum).

§. 28. Dies ist eine unter den äußeren Formen einer Ehe eingegangene dauernde Geschlechtsverbindung, welche wegen eines vernichtenden Ehehindernisses keine Ehe ist, aber von beiden Verbundenen, oder doch von einem derselben für eine gültige Ehe gehalten wird. — Die Kinder aus einer solchen Verbindung haben die Rechte der ehelichen; ihre Eltern und deren Verwandte haben gegenüber den Kindern die Rechte der Verwandtschaft nur, wenn sie die Ungültigkeit der Ehe nicht kannten. [e]).

---

wenn er ohne Consens des Vormundschaftsgerichtes, trotz Vorhandenseins minorenner Kinder aus früherer Ehe, heirathet.

Vor Sicherstellung des Vermögens der Kinder kann der neue Ehegatte zum Nachtheile der Kinder erster Ehe vom Parens nichts erlangen, er haftet sogar den Kindern für ihr Vermögen subsidiar. — Heirathet die Mutter, während sie die Vormundschaft über ihre Kinder führt, so haftet der Stiefvater den Kindern als Selbstschuldner wie ein Vormund. —

e) Nach Preußischem Landrecht sind die Kinder aus nichtiger so wie ungültiger Ehe, gleichviel ob sie eine putative ist oder nicht, eheliche Kinder ihren Eltern gegenüber und untereinander vollbürtige Geschwister, sie treten aber nicht in die Familie ihrer Eltern ein und sind daher z. B. nicht einmal Geschwister zu den Kindern ihrer Eltern aus anderweiter Verbindung. Die Eltern haben Elternrechte nur in soweit sie in bona fide waren. Kinder aus einer wegen Standesungleichheit oder fehlenden Consenses der Militairbehörde ungültigen Ehe, haben die Rechte der Kinder aus einer Ehe zur linken Hand.

Das Weib in putativer Ehe hat, wenn sie in bona fide ist, wegen des als Heirathsgut oder als Paraphernа dem Manne übergebenen Vermögens die Privilegien der Ehefrau. [f])

Ob sie aber nur das privilegium exigendi oder auch das von Justinian eingeführte gesetzliche Pfandrecht hat, ist unter den Rechtsgelehrten streitig, weil Justinian das Pfandrecht nur der Ehefrau gegeben hat und es zweifelhaft erscheint, ob damit auch die Frau in putativer Ehe, die früher gleich der Ehefrau das privilegium exigendi hatte, denselben Anspruch erhalten habe.

Uebrigens müssen die in putativer Ehe Lebenden, sobald sie die Ungültigkeit der Verbindung in Erfahrung bringen, dieselbe auflösen.

2. Das Concubinat.

Dig. lib. 25. tit. 7. und Cod. lib. 5. tit. 26. de concubinis.

§. 29. Dies ist eine dauernde Geschlechtsverbindung zwischen einem freien Manne und einem freien ledigen Weibe zur naturgemäßen Befriedigung des Geschlechtstriebes. — Das Römische Recht gestattete eine solche Verbindung und legte ihr besondere juristische Folgen bei, nur war sie dem in einer Ehe Lebenden versagt und freigeborne Weiber höheren Standes konnten sie nur durch eine

---

f) Im Preußischen Rechte scheint nach der neuen Concurs-Ordnung vom 8. Mai 1855 der putativen Frau ein Privilegium wegen ihres Vermögens nicht mehr gewährt zu sein.

Erklärung vor Zeugen (testatio) eingehen. Die Kinder aus einer solchen Verbindung heißen liberi naturales und haben zwar im Allgemeinen die rechtliche Stellung der unehelichen Kinder, sind daher mit dem Vater und dessen Familie nicht verwandt; doch hatten sie dem Vater gegenüber ein beschränktes Erbrecht und ein Recht auf Alimentation, auch konnten nur sie durch Legitimation zu ehelichen Kindern gemacht werden.

In Deutschland ist das Concubinat polizeilich verboten und Concubinenkinder haben vor anderen unehelichen Kindern keine bevorzugte Stellung; die deutsche Praxis hat aber ohne gesetzlichen Grund den unehelichen Kindern überhaupt diejenigen Rechte gegeben, welche nach Römischem Rechte Concubinenkinder hatten.

Für Regierende und Mitglieder der regierenden Familien hat sich in Deutschland ein dem Concubinate ähnliches Institut eingebürgert, die Ehe zur linken Hand, auch eheliches Concubinat genannt. (Die Darstellung dieses Verhältnisses gehört in das Deutsche Privatrecht.)

3. Das Contubernium.

§. 30. Dies war eine dauernde Geschlechtsverbindung zwischen Sclaven, oder zwischen Freien und Sclaven. Der Herr des Sclaven oder der Sclavin konnte kraft seines Eigenthumsrechtes jederzeit die Verbindung trennen.

In einzelnen Beziehungen war das Verhältniß eines aus dem Contubernium entsprungenem Kindes zu seinem Parens von juristischer Bedeutung, z. B. als Ehehinderniß und als triftiger Grund zur Freilassung nach der lex Aelia Sentia. —

Die Kinder der Sclavin waren Eigenthum des Herrn der Sclavin. Vor Hadrian war sogar der Vertrag zwischen einer Römerin und dem Herrn eines Sclaven gestattet, wonach der Herr das Contubernium unter dem Beding erlaubte, daß die Kinder aus demselben Sclaven des Herrn werden sollten.

Hadrian hat solche Verträge verboten.

4. Das Stuprum.

§. 31. Dies ist die vorübergehende Geschlechtsgemeinschaft mit einem freien, ledigen und ehrbaren Weibe (mit einer mulier vidua, ingenua et honesta). Ist das Weib nämlich verheirathet, so liegt Ehebruch vor, ist es ein unfreies, so ist ein Contubernium, und ist es eine öffentliche Dirne, so ist nur ein Coitus vorliegend.

Die Kinder einer öffentlichen Dirne heißen vulgo quaesiti, die aus dem Stuprum entsprungenen aber spurii. — Aus dem Stuprum entsteht für den Mann nach der heutigen Praxis die Verpflichtung, entweder das Weib zu heirathen oder ihr eine Abfindung in Geld zu geben. Gleichgültig ist es hierbei, ob das Weib aus dem Beischlaf schwanger geworden ist, oder nicht. — Das Weib verliert diesen Anspruch, wenn sie gleichzeitig oder früher mit Anderen zugehalten hat, wenn sie den Mann verführt hat, wenn sie ihm die Möglichkeit der Heirath entzogen oder sich solcher Handlungen schuldig gemacht hat, wegen welcher man einer Verlobten die Heirath versagen kann. [g])

Spurii und vulgo quaesiti sind mit der Mutter und deren Verwandten, nicht aber mit dem Vater und dessen Verwandten verwandt, [h]) doch haben sie nach der Praxis ein Alimentationsrecht gegen den Vater (über dieses siehe unten).

5. Adulterium (Ehebruch).

Dig. lib. 48. tit. 5; Cod. lib. 9. tit. 9. —

§. 32. Nach Römischen Rechte war dies der außereheliche Beischlaf mit einer verheiratheten Frau.

Der außereheliche Beischlaf eines verheiratheteu Mannes mit einer Unverheiratheten wurde nicht als Ehebruch

g) Für das Preußische Recht ist die Lehre über das Stuprum neu geordnet durch Gesetz vom 24. April 1854. — Einfaches Stuprum begründet für ein ehrbares Weib nur einen Anspruch auf die Kosten der Niederkunft, des Wochenbettes und der Taufe.

Anspruch auf Ehe, oder Abfindung wird nur begründet durch Schwängerung: im Wege der Nothzucht; zur Zeit der Bewußt- oder Willenslosigkeit; durch Vorspiegelung, daß der Beischlaf ein ehelicher sei; sowie für die öffentlich oder privatim verlobte Braut, welcher ein etwa vorhandenes Ehehinderniß unbekannt war.

h) Nach Preußischem Landrecht sind uneheliche Kinder nur mit ihrer Mutter verwandt, mehrere derselben Mutter sind unter sich halbbürtige Geschwister.

In die Familie der Mutter treten sie nicht, z. B. sind sie nicht einmal ehelichen Kindern ihrer Mutter verwandt.

betrachtet. Nach heutigem Rechte ist aber Ehebruch der außereheliche Beischlaf einer jeden verheiratheten Person. Die Kinder aus dem Ehebruche heißen adulterini und haben die Stellung der unehelichen Kinder, jedoch sollen sie nach Römischem Rechte nicht einmal in das Vermögen ihrer Mutter erben. Nach heutigem Rechte wird ihnen das Erbrecht aber nicht versagt, wenn sie aus einer putativen Ehe stammen.

6. Blutschande (incestus).

§. 33. Dies ist der Beischlaf unter Personen, zwischen denen wegen naher Verwandtschaft oder Verschwägerung die Ehe nach dem Gesetze verboten ist. Zwischen Ascendenten und Descendenten heißt sie incestus juris gentium, weil sie bei jedem gesitteten Volke verboten ist. Zwischen anderen nahen Verwandten und Verschwägerten wird sie incestus juris civilis genannt, weil solche Geschlechtsgemeinschaft nicht bei allen Völkern verboten ist. Die Kinder aus der Blutschande heißen incestuosi, ihre Stellung ist dieselbe wie die der adulterini, beide Arten von Kindern heißen: liberi ex coitu damnato progeniti. [i])

Der Unterschied, ob solche Kinder aus einer vorübergehenden oder aus einer dauernden Verbindung entsprungen sind, hat der richtigen Ansicht nach keinen Einfluß, nur eine putative Ehe ändert ihre Stellung.

i) Nach Preußischem Landrecht haben auch adulterini und incestuosi stets das Erbrecht der unehelichen Kinder.

Von dem Verhältniß zwischen Eltern und Kindern, namentlich von der väterlichen Gewalt.

---

§. 34. Kinder aus der Ehe heißen legitimi, alle außerehelichen sind illegitimi.

Der ehelichen Zeugung gleichgesetzt sind legitimatio und adoptio.

Kinder sind ihren Eltern Ehrfurcht schuldig, sie dürfen keine infamirende Klagen gegen sie erheben, kein juramentum calumniae von ihnen fordern, sie konnten nach dem Römischen Recht den Vater nur mit besonderer Erlaubniß vor Gericht ziehen; Injurien der Kinder gegen Eltern werden härter als einfache Injurien bestraft; die Eltern haben das Recht der Erziehung und Züchtigung, sie können häusliche Dienste fordern und den Beruf des Kindes bestimmen, für wahn- und blödsinnige Kinder können sie ein Testament errichten (testamentum quasi pupillare). — Gegenseitige Rechte zwischen Eltern und Kindern sind: das Alimentationsrecht, das beneficium competentiae, Intestat-, Noth- und Pflichttheils-Erbrecht.

Von der väterlichen Gewalt (patria potestas).

Inst. lib. 1. tit. 9.; Dig. lib. 1. tit. 6.; Cod. lib. 8. tit. 47.

§. 35. Die patria potestas ist ein eigenthümliches Institut des Römischen Rechtes, so daß man Behufs Begriffsfeststellung nur sagen kann: sie ist der Inbegriff der vermögensrechtlichen und persönlichen Befugnisse, welche einem Vater über die seiner Gewalt unterworfenen Kinder zukommen.

Nur einem Manne kann die patria potestas zustehen. Nach Römischem Rechte konnte nur ein civis romanus väterliche Gewalt haben, sie entstand daher auch durch Erlangung der Civität, z. B. durch causae probatio; außerdem aber entsteht sie noch jetzt durch eheliche Geburt, legitimatio, adoptio (datio in adoptionem, arrogatio) und durch den Tod des Hausvaters für die seiner unmittelbaren Gewalt unterworfenen männlichen Descendenten.

Die aufgehobene väterliche Gewalt kann wieder entstehen durch restitutio in integrum, durch jus postliminii und durch Widerruf der Emancipation wegen Undanks des entlassenen Kindes.

Die väterliche Gewalt entsteht also:

1. Durch eheliche Geburt.

§. 36. Wird ein Kind in der Ehe geboren, so ist es in der Regel als ehelich anzusehen, denn pater est, quem nuptiae demonstrant. Es steht aber dem Vater frei, durch einen Gegenbeweis, daß er der Frau in der

6*

gesetzlichen Conceptionszeit, d. i. vom 182. bis 300. Tage vor der Geburt, nicht habe beiwohnen können, die Legitimität des Kindes anzufechten, in welchem Processe das Zeugniß der Mutter ohne Einfluß ist. Ist aber das Kind vor dem 182. Tage nach eingegangener Ehe geboren, so kann der Vater im Anfechtungs-Processe den Beweis verlangen, daß es von ihm erzeugt sei. Schweigt der Vater, so ist das Kind als ehelich anerkannt zu erachten.

Wird das Kind nach dem Tode des Mannes oder nach der Scheidung geboren, so ist es präsumtiv ein eheliches, wenn es zwischen dem 182. und 300. Tage nach Trennung der Ehe geboren wird. Der Ehemann oder dessen Erben können aber auch hier den Gegenbeweis dahin führen, daß der Mann in der Zeit der möglichen Conception mit der Frau den Beischlaf nicht habe vollziehen können.

Steht der Vater zur Zeit der Geburt des Kindes selbst noch in väterlicher Gewalt, so gehört das Kind in die Gewalt seines Großvaters, ebenso wenn der Vater zwischen Conception und Geburt des Kindes emancipirt wird. —

Die Klagen auf Anerkennung, so wie auf Geltendmachung der ehelichen Vaterschaft heißen actio de filiatione und de paternitate affirmativa, die auf Negirung negativa. [k])

---

k) Das Preuß. Landrecht behandelt in Theil 2. Tit. 2. das Verhältniß der Kinder zu den Eltern.

In Betreff der ehelichen Vaterschaft setzt es den Conceptionstermin in die Zeit vom 210. bis 302. Tage vor der Geburt und präsumirt, daß jedes in der Ehe erzeugte oder geborne Kind vom Ehemanne erzeugt sei. — Der Mann so wie dessen Erben müssen, mit Ausschluß des Zeugnisses der Mut-

2. Durch Legitimation.

Cod. lib. 5. tit. 27. de naturalibus liberis.

§. 37. Legitimatio ist ein juristischer Act, durch welchen uneheliche Kinder zu ehelichen gemacht werden. Das Römische Recht kennt die Legitimation erst seit den christlichen Kaisern und gestattet sie nur in Betreff der Concubinenkinder, das Canonische Recht läßt auch spurii und vulgo quaesiti legitimiren, die heutige Praxis auch adulterini und incestuosi; doch ist es in Betreff der letzteren streitig.

Im Römischen Rechte gab es drei Formen der Legitimation: per subsequens matrimonium, per rescriptum principis und per oblationem curiae, auch theodosiana genannt.

a. Die legitimatio per oblationem curiae war von Theodosius dem Zweiten eingeführt und geschah da-

---

ter, überzeugend nachweisen, daß der Mann in der gesetzlichen Conceptionszeit der Frau nicht ehelich (d. h. durch Vollziehung des Beischlafes) beigewohnt habe. — Schweigt der präsumtive Vater ein Jahr lang nach der Nachricht von der Geburt, so ist das Kind von ihm anerkannt.

Ist der Vater vor der Geburt des Kindes oder vor erhaltener Kunde von der Geburt, oder innerhalb der einjährigen Frist, oder, nachdem er bereits gerichtlich erklärt hat, daß er das Kind nicht anerkenne, gestorben, so steht das Recht der Anfechtung in gleicher Weise den Erben des Mannes zu. — Hat aber der Vater das Kind ausdrücklich oder stillschweigend anerkannt, so haben die Erben kein Recht der Anfechtung; nur zur Lehn- und Familienfideicommißnachfolge Berechtigte haben ein selbstständiges Recht der Anfechtung drei Jahr lang nach dem Tode des Ehemannes, jedoch nur im Interesse ihrer Rechte auf das Lehn- und Fideicommiß. —

durch, daß der Vater seinen unehelichen Sohn in die Liste der Decurionen einschreiben ließ, oder seine Tochter mit einem Decurio verheirathete. Decurio war nämlich ein Mitglied eines städtischen Magistrates. — Das Amt der Decurionen war ein sehr lästiges, weil die Magistrats-Personen persönlich dem Staate für den Eingang der Steuern verantwortlich waren, weshalb die Uebernahme des Amtes vermieden wurde. —

Hatte der Vater den Sohn in die Liste der Decurionen eintragen lassen, so stand der Stadt eine vindicatio decurionis gegen den Sohn zu, durch welche er gezwungen werden konnte, das Amt zu übernehmen. —

Diese Legitimation gab aber dem Kinde durchaus nicht die vollständigen Rechte eines ehelichen Kindes, bewirkte vielmehr nur, daß Vater und Kind agnatisch verwandt wurden, brachte aber das Kind nicht in die Familie des Vaters.

Das heutige Recht kennt diese Form der Legitimation nicht mehr.

b. Die legitimatio per subsequens matrimonium geschieht dadurch, daß der Vater die Mutter seines unehelichen Kindes heirathet.

Nach Römischem Rechte war aber der Consens, wenigstens der stillschweigende, des Kindes nöthig. Das Kind konnte durch seinen Widerspruch zwar nicht die Ehe hindern, jedoch seine Legitimation durch die Ehe. Auch war diese Art der Legitimation vor Justinian nur temporär möglich, und erst dieser Kaiser hat sie für alle Zeiten zugelassen (Novelle 12 c. 4, und Novelle 89 c. 8), jedoch schriftlichen Ehecontract gefordert, welche Form heute nicht mehr erfordert wird. Auch steht nach heutigem Rechte den Kindern ein Widerspruchsrecht gegen diese Art der Legitimation nicht zu. Die Wirkung derselben ist, daß das Kind in jeglicher Beziehung eheliches Kind seines Vaters wird. Von selbst versteht es sich, daß nur diejenigen Kinder der Frau auf diese Art legitimirt werden, von denen es feststeht oder bewiesen werden kann, sie seien von dem heirathenden Manne erzeugt.

c. Die Legitimatio per rescriptum principis geschieht dadurch, daß der Princeps auf Bitten des Vaters oder der Mutter oder der Kinder den unehelichen Kindern die Rechte der ehelichen verleiht. Diese Art der Legitimation ist aber nur zulässig, wenn die durch nachfolgende Ehe nicht möglich ist. Sucht der Vater oder die Mutter darum nach, so ist Zustimmung der Kinder nöthig. —

Nach Römischem Rechte war diese Legitimation auch dann ausgeschlossen, wenn der Vater eheliche Kinder hatte.

Im heutigen Rechte wird sie aber auch in diesem Falle zugelassen.

Sie hat im Allgemeinen dieselben Wirkungen, wie die Legitimation durch nachfolgende Ehe, indessen ist doch der Unterschied, daß per rescriptum principis legitimirte Kinder anderweitigen unehelichen Kindern ihr gesetzliches Erbrecht nicht schmälern.

Eine legitimatio per testamentum (per nuncupationem) giebt es nicht; wenn aber der Vater im Testamente ausdrücklich oder stillschweigend den Wunsch ausspricht, daß seine Kinder legitimirt werden möchten, so können die Mutter oder die Kinder beim Princeps die Legitimation nachsuchen. Für einen stillschweigenden Wunsch des Vaters gilt es, wenn er die Kinder im letzten Willen seine Kinder nennt oder zu Erben einsetzt, oder dies auch nur in Betreff eines der Kinder thut, die er mit derselben Frau erzeugt hat, und zwar im letzten Falle zu Gunsten aller dieser Kinder.

Eine legitimatio minus plena ist dem Römischen Rechte unbekannt; in der deutschen Praxis pflegt man so die obrigkeitliche Erklärung zu nennen, durch welche nur der Makel der unehelichen Geburt getilgt wird, also dem unehelichen Kinde in Bezug auf Fähigkeit zu Aemtern und zum Eintritt in Zünfte die Ehrenrechte eines ehelichen Kindes verliehen werden.

Eine Verwandtschaft mit dem Vater und dessen Familie entsteht hierdurch nicht. [1])

---

1) Das Preuß. Landrecht kennt vier Arten der Legitimation:

1) durch richterlichen Ausspruch, wenn die Mutter gegen ihren Schwängerer mit Erfolg die Rechte einer geschiedenen Ehefrau durch Klage verlangt;
2) durch nachfolgende Ehe;
3) durch gerichtliche Erklärung des Vaters, aber nur in Betreff der mit einer förmlich verlobten Braut erzeugten Kinder;
4) durch Declaration des Gerichtes auf Antrag des Vaters unter Bestätigung des Justizministers, — und wenn das Kind den Adel des Vaters erlangen soll, Bestätigung des Königes. —

Auch Kinder aus der Ehe zur linken Hand können durch landesherrliche Legitimation vollständig ehelich werden. —

Zur Legitimation dieser vierten Art wird Consens des Kindes oder dessen Curators verlangt. —

Die Frage in wie weit die Legitimatio die Successionsfähigkeit in Lehne und Familienfideicommisse giebt, ist Gegenstand des Deutschen Privatrechtes.

3. Durch Adoption.

Instit. lib. 1. tit. 11.; Dig. lib 1. tit. 7.; Cod. lib. 8. tit. 48. de adoptionibus.

§. 38. Adoption im weiteren Sinne ist ein juristischer Act, durch welchen Jemand an Kindesstatt angenommen wird. Man theilt sie in adoptio, im engeren Sinne auch datio in adoptionem genannt, d. i. die Annahme eines homo alieni juris, und arrogatio, d. i. die Annahme eines homo sui juris an Kindesstatt. In Bezug auf Beide gilt der Satz adoptio imitatur naturam. — Deshalb kann nur der adoptiren, welcher väterliche Gewalt haben kann, also nicht z. B. ein Castrat, ein Weib (ein spado kann es). Dem Weibe ist aber, wenn sie Kinder gehabt und durch den Tod verloren hat, seit Diocletian solatii causa erlaubt, mit Genehmigung des Princeps einem Anderen gleichsam als einem Kinde Erbrecht in ihr

---

Die Wirkung der drei ersten Arten der Legitimation ist, daß das Kind vollständig die Rechte eines ehelichen erlangt, die der letzten Art macht es nur mit dem Vater und dessen Kindern verwandt, bringt es aber weder in die anderweite Familie des Vaters noch der Mutter; auch werden die so legitimirten Kinder bei Berechnung des Pflichttheiles der bereits vorhandenen ehelichen nicht mitgezählt. — Die legitimatio minus plena erfolgt mit denselben Wirkungen, welche sie im Gemeinen Rechte hat, durch gerichtliches Attest. —

Vermögen zu verleihen, welchen Act fälschlich die Praxis ebenfalls eine Adoptio nennt.

Aus dem oben angeführten Grundsatze folgt auch, daß der Adoptans eine plena pubertas (18 Jahre) älter sein muß, als der zu Adoptirende. Auch als Enkel kann Jemand adoptirt werden, und zwar entweder als Enkel schlechtweg, oder als Enkel von einem bestimmten Sohne; im letzteren Falle muß aber der Sohn consentiren, weil er nach dem Tode seines Vaters die Gewalt über den Adoptirten erhält.

a. Von der datio in adoptionem.

Ihre Form war in der älteren Zeit die Mancipatio. Der Vater des zu Adoptirenden verkaufte das Kind an den Adoptans durch Mancipation und dieser vindicirte sich das Kind in Form einer in jure cessio. In Rom wurde der Sohn von seinem Vater gewöhnlich drei Mal verkauft, weil die zwölf Tafeln das Gesetz enthielten: licet patrem ter filium vendere. Zwei Mal fiel das aus der Gewalt des neuen Parens befreite Kind in Rom in die Gewalt seines leiblichen Vaters zurück; wollte daher der letztere durch die datio in adoptionem den Sohn für immer entlassen, so mußte er ihn sofort drei Mal verkaufen, nachdem er zwischen den ersten beiden Verkäufen wieder frei gelassen war. Bei der Tochter und in den Provinzen überhaupt genügte der einmalige Verkauf. — Seit Justinian ist diese Form aufgehoben und die Adoptio geschieht durch Erklärung vor dem Richter zu Protocoll.

Der leibliche Vater, der neue Parens und das zu

adoptirende Kind (dieses wenigstens stillschweigend) müssen consentiren.

Ob Jemand adoptiren kann, welcher eheliche Kinder hat, ist bestritten.

Hat der Adoptivvater das Adoptivkind der Gewalt wieder entlassen, so kann er es nicht wieder adoptiren. —

Die Wirkung der datio in adoptionem war vor Justinian stets, daß der Adoptirte in seiner leiblichen Familie die agnatischen Rechte verlor, in der Familie des neuen pater familias die agnatischen Rechte erhielt, dagegen die nur cognatischen Rechte in seiner leiblichen Familie behielt und in der Adoptivfamilie nichterwarb. Der Adoptirte wird also verwandt mit dem Adoptans und dessen Agnaten, nicht aber mit dessen Cognaten (adoptati eorum tantum fiunt cognati, quibus agnascuntur). — Justinian hat aber (in l. 10. Cod. 8, 48.) verfügt, daß wenn der leibliche Vater sein Kind einem Nichtascendenten in Adoption giebt, die Adoptio gar nicht Verwandtschaftsrechte ändern und hervorrufen soll.

Man nennt jetzt eine solche datio in adoptionem: adoptio minus plena. Durch sie erhält das Kind nur ein Intestaterbrecht in das Vermögen des Adoptivvaters; auch mögen wohl die persönlichen Rechte und Pflichten zwischen dem Adoptivvater und dem Adoptivkinde entstehen, wie sie Vater und Kind gegeneinander haben, gewiß ist aber, daß das Kind weder mit dem Adoptivvater noch mit dessen Verwandten verwandt wird, daß es seiner leiblichen Familie agnatischer Verwandter bleibt und daß der Adoptans kein Erbrecht in das Vermögen des Adoptirten erhält. — Justinian hat diese besondere Bestimmung um deshalb getroffen, weil vor ihm der nicht von einem Ascendenten Adoptirte, wenn ihn der Adoptivvater entließ, das Erbrecht eines Kindes weder in das Vermögen des Adoptivvaters noch in das des leiblichen Vaters hatte

(Hiernach ist also eine adoptio plena die, durch welche der Vater sein leibliches Kind einem Ascendenten in Adoption giebt, aber auch eine solche, durch welche der nicht leibliche Vater sein Kind überhaupt in Adoption giebt.) —

Die sogenannte Adoptio einer Frau hat die Wirkung, daß das Kind ein Intestat-, Noth- und Pflichttheils-Erbrecht in das Vermögen der Mutter erhält, die Mutter aber, der richtigen Ansicht nach, kein Erbrecht in das Vermögen des Kindes.[m])

---

m) Das Preuß. Landrecht kennt keine Adoption im Sinne der adoptio plena des Römischen Rechtes, auch keinen Unterschied zwischen Adoption und Arrogation. — Berechtigt zu adoptiren sind Männer und Weiber, auch Castraten, jedoch nicht zum Cölibat Verpflichtete.

Es wird ein Alter von 50 Jahren verlangt und Kinderlosigkeit, jüngeres Alter erfordert Dispens des Justizministers. —

Will eine verheirathete Frau adoptiren, so ist Consens ihres Ehemannes erforderlich. Das Erbrecht des Ehegatten und das Pflichttheilrecht der Verwandten kann durch die Adoption ohne deren Consens nicht geschmälert werden.

Der zu Adoptirende muß jünger sein als der Adoptivparens. — Auch uneheliche Kinder kann deren Vater adoptiren. —

Die Form ist ein schriftlicher, vom Gericht bestätigter Vertrag, und soll das von einer Wittwe adoptirte Kind den Namen des verstorbenen Mannes erhalten, so ist Bestätigung des Justizministers erforderlich. —

b. Die arrogatio.

Wer arrogiren will, darf keine Kinder haben, auch keine Aussicht haben, Kinder zu erhalten, deshalb muß er mindestens 60 Jahre alt sein.

Uneheliche Kinder kann deren Vater nicht arrogiren.

Die ältere Form der Arrogatio war eine Erklärung in den Curiat-Comitien.

Ursprünglich nämlich war die Arrogation das Mittel, das Aussterben der patrizischen Gentes zu verhindern, weshalb sämmtliche Gentes zustimmen mußten. Weiber und Unmündige konnten nicht arrogirt werden, weil sie nicht in den Comitien erscheinen konnten; auch würde die Arrogation dieser Personen nicht den beabsichtigten Zweck erreicht haben. Unter den Imperatoren wurde anstatt durch Erklärung in den Comitien durch ein Rescript des Princeps arrogirt. Eine arrogatio per testamentum giebt es nicht mehr, in früherer Zeit war sie möglich, jedoch mußten die Comitien bestätigen. Cäsar hat den Octavian auf diese Weise arrogirt. — Die

---

Die Wirkung der Adoption ist, daß zwischen dem Kinde und dem Adoptivparens die persönlichen Verhältnisse wie zwischen Parens und Kind entstehen. — Vermögensrechte erhält der Adoptans nicht, der Adoptirte aber erhält die Vermögensrechte eines leiblichen Kindes zum Adoptans, tritt aber nicht in dessen Familie. — Der leibliche Parens des Adoptirten verliert die Rechte des Parens, kann aber für das minderjährige Kind dessen Vermögen als Curator bis zur Großjährigkeit verwalten. — Aenderung dieser Folgen durch den Adoptionsvertrag ist zulässig; auch kann die Wirkung der Adoption durch gerichtlichen Vertrag wieder aufgehoben werden.

Wirkungen der Arrogation sind dieselben, wie die der eigentlichen Adoptio.

Seitdem die Arrogation durch Rescript des Princeps erfolgt, können auch Weiber und Unmündige arrogirt werden.

Für die Arrogation Unmündiger hat Antoninus Pius eine besondere Verordnung erlassen: Es sollen sämmtliche Vormünder und die nächsten Verwandten des Unmündigen zugezogen werden und eine besondere causae cognitio darüber erfolgen, ob nicht das Vermögen des Unmündigen beim Arrogator Gefahr läuft. Der Arrogator muß Caution stellen, daß er dies Vermögen dem Unmündigen bei der Entlassung aus der Gewalt zurück geben werde, und ferner, daß er, wenn der Arrogirte in der Unmündigkeit bei ihm versterben sollte, das Vermögen an diejenigen herausgeben werde, welche ohne die Dazwischenkunft der Arrogation die nächsten Erben des Unmündigen gewesen wären.

Auch muß der Arrogator versprechen, daß er den Unmündigen, wenn dieser, mündig geworden, es verlangen sollte, wiederum der Gewalt entlassen werde, und ferner, daß er ihm den vierten Theil seines Vermögens (quarta divi pii) hinterlassen werde, wenn er ihn entweder während der Unmündigkeit ohne causae cognitio emancipiren würde, oder bis zu seinem eignen Tode in der Gewalt behalten hätte.

Wegen dieser Quarta hat der Unmündige die actio quasi faviana, wenn der Arrogator mit Hinterlassung eines Testamentes, und die actio quasi calvisiana, wenn derselbe ohne Testament gestorben ist, nachgebildet der actio faviana und calvisiana, welche der Patron wegen seines Notherbenrechtes in das Vermögen eines Freigelassenen hatte. —

Wirkungen der väterlichen Gewalt.

a. Persönliche.

§. 39. Vater und Hauskind bilden quasi eine Persönlichkeit. Sie können daher gegeneinander keine Klage haben, für und wider einander kein Zeugniß ablegen. — Der Hausvater hat auch das Recht, mit ganz besonderer Wirkung dem Kinde einen Vormund zu ernennen und für das unmündige Kind ein Testament zu errichten (testamentum pupillare).

Wird das Kind von einem Dritten dem Vater vorenthalten, so hat er das Interdictum de liberis exhibendis und das Interdictum de liberis ducendis. Im älteren Rechte hatte der Vater eine unumschränkte Gewalt über das Hauskind und konnte es sogar tödten oder aussetzen. Constantin der Große gestattet noch dem armen Vater das neugeborne Kind, liber sanguinolentus, zu verkaufen.

b. Vermögensrechtliche Wirkungen.

Zwischen Vater und Hauskind, sowie zwischen zwei Hauskindern in derselben Gewalt, konnte im Römischen Rechte keine civile Obligatio stattfinden, welcher Grundsatz nicht mehr geltend ist, so weit sich die Obligationen auf das eigenthümliche Vermögen der Hauskinder beziehen. — Daß der Grundsatz vollständig aufgehoben sei, läßt sich nicht behaupten; so kann z. B. der Vater, dessen Kind einen Befehl in häuslichen Diensten schlecht ausgeführt hat, auch heut zu Tage keine Schadenersatzklage gegen das Kind anstellen.

Im älteren Römischen Rechte erwarb auch ein Hauskind nichts für sich, weil es kein Vermögen hatte, es erwarb vielmehr Alles dem Vater, es repräsentirte nothwendiger Weise denselben, so daß es dem Vater auch ohne dessen Wissen erwarb.

Nur den Besitz konnte der Vater ohne sein Wissen durch das Kind nicht erwerben, es müßte denn das Kind denselben rücksichtlich des Peculiums (profectitium) erwerben. Im späteren Rechte wurden nach und nach Ausnahmen von dem Satze anerkannt, daß ein Hauskind nicht sich erwerbe.

Wahrscheinlich schon unter August wurde es Gesetz, daß dasjenige, was ein Kind zur Ausrüstung als Soldat erhält und in seiner Eigenschaft als Soldat erwirbt, es für sich erwerbe und darüber wie ein Hausvater verfügen könne. Dies Vermögen nannte man peculium castrense.

Unter Hadrian wurde verfügt, daß wenn ein Vater ein erbschaftliches Fideicommiß, das er dem Kinde später zu restituiren hat, gewissenlos verwaltet, das Kind sofort das Fideicommiß erhalten solle. Unter den späteren Kaisern wurden auch der Erwerb aus öffentlichen Aemtern, Geschenke des Regenten und seiner Gemahlin, die Einkünfte eines Geistlichen als selbstständiges Vermögen des Kindes erachtet und ferner wurde die Erbschaft des Kindes von der Mutter her und noch später von den mütterlichen Verwandten, sowie überhaupt der Regel nach Alles, was ein Kind erwirbt, als dessen eigenes Vermögen betrachtet, welches aber zum größten Theil dem väterlichen Nießbrauch unterworfen bleibt. So hat sich denn zu Justinian's Zeit der Grundsatz so gestaltet, daß Alles, was ein Kind erwirbt, der Regel nach es sich selbst erwirbt; dem Hausvater erwirbt es nur:

a) was es mit dem Vermögen des Vaters (ex re patris) erwirbt;

b) was es auf Befehl des Vaters oder ohne Befehl, in der Absicht es für den Vater zu erwerben, erwirbt;

c) was es in häuslichen Dienstleistungen erwirbt.

Vor Justinian fiel alles Vermögen des Kindes, wenn es ohne Testament verstarb, an den Vater, gleichwie das Peculium, und deshalb nannte man auch das Vermögen des Kindes Peculium. Seit Justinian werden Hauskinder gleich anderen Personen ab intestato beerbt und deswegen ist es richtiger, das Vermögen des Kindes seit dieser Zeit bona zu nennen. Die Practiker brauchen aber den Namen Peculium noch heut zu Tage.

Die bona oder sogenannten Peculien des Hauskindes theilt man in:

bona militaria und bona pagana.

Die bona militaria sind entweder

bona castrensia oder bona quasi castrensia.

Die bona pagana sind:

bona profectitia (peculium),

bona adventitia, und diese wieder:

bona adventitia regularia (ordinaria) oder

bona adventitia irregularia (extraordinaria).

Von den sogenannten Peculien der Hauskinder.

1. Bona profectitia, peculium (sogenanntes peculium profectitium).

Dig. lib. 15. tit. 1.

§. 40. Dies ist alles Vermögen, welches ein Gewalthaber dem seiner Gewalt Unterworfenen zur selbstständigen Bewirthschaftung auf beliebigen Widerruf gegeben hat.

Ein solches Peculium konnten auch Sclaven erhalten. — Eigenthum und Besitz sind des Vaters; wenn das Kind für das Peculium Besitz erwirbt, so erwirbt es denselben für den Vater auch ohne dessen Wissen. Das Kind hat die Verwaltung, die Substanz des Peculiums kann es aber nur veräußern, wenn es vom Vater mit libera administratio betraut ist.

Schenkungen daraus kann es jedoch ohne specielle Bewilligung des Vaters niemals machen, auch kann es nicht von Todes wegen darüber verfügen, nur einen mortis causa donatio kann es mit Bewilligung des Vaters machen.

Der Vater kann das Peculium jederzeit zurücknehmen, stirbt er, so fällt es in seine Erbmasse, wenn er es dem

Kinde nicht im Testamente bestätigt. Emancipirt der Vater das Kind, so behält das Kind das Peculium, wenn es der Vater nicht bei der Emancipation widerruft.

Verkauft der Fiscus Schulden halber das Vermögen des Vaters, so bleibt dem Kinde das Peculium. n)

2. Bona castrensia.

Dig. lib. 49. tit. 17., Cod. lib. 12. tit. 37.

Hierzu gehört:

a) was das Kind an beweglichen Sachen zur Ausrüstung in den Kriegsdienst erhält;

b) was es durch den Kriegsdienst erwirbt (Sold, Beute);

c) Erbschaften von seinen Kameraden;

d) Erbschaften von seiner Ehefrau während des Kriegsdienstes.

Das Kind hat über dieses Vermögen die Rechte eines Hausvaters, es kann inter vivos, sowie mortis causa frei darüber verfügen. Anfänglich konnte es letztwillig nur verfügen, so lange es Soldat war, später auch wenn es Veteran war, d. h. vom Soldatenstande entlassen ist. Stirbt das Kind ohne Testament, so fiel im früheren Rechte das Vermögen an den Vater, seit Justi-

n) Das Preuß. Landrecht kennt die bona profectitia nicht; was der Vater dem Kinde giebt zur selbstständigen Bewirthschaftung ist entweder unfreies oder freies Vermögen des Kindes.

nian fällt es an die Intestaterben des Kindes. Wird das Vermögen des Kindes confiscirt, so fallen die bona castrensia an den Vater.

3. Bona quasi castrensia.

L. 34. Cod. lib. 1. tit. 3., lib. 12. tit. 31.

Zu diesen gehören:

a) Geschenke des Regenten und seiner Gemahlin;

b) Alles, was das Kind durch ein Amt erwirbt;

c) was das Kind durch die Advocatur erwirbt;

d) wenn das Kind Geistlicher ist, Alles, was es für sich erwirbt.

Auch in Betreff dieses Vermögens hat das Kind die Rechte eines pater familias; es kann daher über dasselbe unter Lebenden und von Todes wegen frei verfügen, erhielt jedoch das Recht der letztwilligen Verfügung ebenfalls erst in der späteren Kaiserzeit.

Seit Justinian vererbt sich auch dies Vermögen nach den gewöhnlichen Regeln des Intestaterbrechts; vordem fiel es, wenn das Kind ohne Testament verstarb, jure peculii an den Vater.

4. Bona adventitia.

Cod. lib. 6. tit. 60 und 61.

Zu diesen gehörte anfänglich nur das, was das Kind von seiner Mutter erwarb, später aber Alles, was es von mütterlicher Seite her erwarb und endlich noch später

Alles, was das Hauskind überhaupt erwirbt, so weit es nicht zu andern bona des Kindes gerechnet werden muß, auch nicht für den Vater erworben wird.

Man theilt dies Vermögen in bona adventitia ordinaria sive regularia und bona adventitia extraordinaria sive irregularia.

An Ersterem hat der Vater den Nießbrauch, an Letzterem hat ihn das Kind selbst. Die Verwaltung ist nicht das Entscheidende.

In der Regel hat der Vater über die b. a. ordinaria die Verwaltung, wenn er aber dieselbe schlecht führt, so wird ein Curator gestellt. Ueber die b. a. extraordinaria hat in der Regel das Kind selbst die Verwaltung, wenn es aber noch nicht bei seinen Jahren oder sonst unfähig ist zur Führung der Verwaltung, so wird ebenfalls ein Curator gestellt, welcher gewöhnlich der Vater ist, wenn nicht besondere Gründe vorliegen, diesem die Verwaltung nicht anzuvertrauen.

a) b. a. regularia.

Der Vater kann die Substanz der b. a. regularia nicht veräußern ohne Genehmigung des Vormundschaftsgerichtes oder des großjährigen Kindes, wenn nicht die Veräußerung nothwendig ist, oder das Beste des Kindes sie fordert; z. B. wenn dringende Schulden des Kindes oder ihm auferlegte Legate zu zahlen sind, wenn die Sachen verderben würden, oder ihre Aufbewahrung mehr kostet als sie Nutzen bringen.

Veräußert der Vater ohne triftige Gründe, so steht dem Kinde die Vindication zu, welche erst mit Aufhebung der väterlichen Gewalt zu verjähren beginnt.

Wenn der Vater Processe führt um die Substanz dieses Vermögens, so meinen Einige, daß er das anwesende mündige Kind zuziehen soll, Andere wollen diese Pflicht nur auf Processe über Erbschaften des Kindes beschränken.

Das Kind kann über die b. a. regularia weder inter vivos während der Dauer der Gewalt ohne Einwilligung des Vaters noch mortis causa verfügen. Stirbt das Kind in der Gewalt, so fiel dies Vermögen vor Justinian ebenfalls an den Vater, seitdem fällt es an die Intestaterben des Kindes.

b) b. a. irregularia.

Zu den b. a. irregularia gehört:

1) Alles, was das Kind wider den Willen des Vaters erwirbt; z. B. wenn es eine ihm deferirte Erbschaft antritt, während der Vater sie ausschlagen wollte;
2) Alles, was das Kind eines wahnsinnigen Vaters erwirbt;
3) der Vortheil, welchen die Kinder durch die vom Vater verschuldete Scheidung erhalten;
4) Alles, was dritte Personen dem Kinde zuwenden mit der Bestimmung, daß der Vater nicht den Nießbrauch haben soll;

5) Alles, was das Kind neben dem Vater von seinen Geschwistern erbt;

6) die Erbschaft, welche der Vater den Kindern zu restituiren hat, sobald er dieselbe schlecht verwaltet. (Es ist dies der einzige Fall, in welchem der Nießbrauch durch Mißbrauch erlischt.)

Das Kind kann über dieses Vermögen inter vivos frei verfügen, aber nicht mortis causa. — Bei Führung von Processen soll es nach gewöhnlicher Ansicht den Vater zuziehen, indessen beschränkt auch hier eine andere Ansicht diese Pflicht auf Erbschaftsprocesse. Stirbt das Kind, so fällt auch dies Vermögen seit Justinian an die Intestaterben des Kindes, vordem fiel es an den Vater. [o])

---

o) Das Preußische Landrecht theilt das Vermögen des Kindes in freies und unfreies Vermögen. Ueber beide kann das Kind von Todes wegen verfügen, über das freie auch unter Lebenden. Am unfreien hat der Vater den Nießbrauch, und nur Grundstücke und Grundgerechtigkeiten soll er in ihrer Substanz nicht ohne Consens des großjährigen Kindes oder des Vormundschaftsgerichtes verkleinern oder belasten. —

Zum freien Vermögen gehört: Alles, was das Kind durch seine Thätigkeit für sich erwirbt; remuneratorische Schenkungen, Prämien, Ersparnisse von seinen Unterhaltsgeldern, Lehne und Alles was Dritte ihm als freies Vermögen zuwenden.

Alles andere Erwerb ist unfreies Vermögen. Für den Vater erwirbt das Kind wie im Römischen Rechte auf Befehl, als negotiorum gestor, mit Vermögen des Vaters und in häuslichen Diensten.

Ueber die Fähigkeit der Hauskinder, sich und ihren Vater zu verpflichten.

Instit. lib. 4. tit. 7.: Dig. lib. 14. tit. 5.; Cod. lib. 4. tit. 26.

§. 41. Wegen der Delicte des Kindes konnte nach älterem Rechte der Vater belangt werden, er hatte aber das Recht der noxae deditio. Zu Justinian's Zeit hatte sich dies Recht der noxiae deditio verloren, der Vater haftet aber auch nicht mehr wegen der Delicte des Kindes, vielmehr kann sich der Gläubiger an das Vermögen des Kindes, auch an die b. a. regularia in Ermangelung andern Vermögens, und auch an die Person des Kindes halten. [p])

Ein Hauskind ist nach Römischem Rechte nicht unfähig, Schulden zu contrahiren, der Gläubiger kann sich aber während der Dauer der Gewalt, nur an die bona castrensia, quasi castrensia und adventitia irregularia, nicht aber die b. a. regularia oder an die Person des Kindes halten. Wenn aber die väterliche Gewalt aufgelöst ist, so haftet das gesammte Vermögen und auch die

---

p) Nach Preußischem Landrecht haften, außer dem Kinde, auch die Eltern aus dem Delicte des Kindes, wenn sie Veranlassung dazu gewesen, wenn sie böses Beispiel gegeben, wenn sie es nicht verhütet haben, wo sie es konnten, und subsidiär, wenn sie Unterricht, Erziehung oder Aufsicht gröblich vernachlässigt haben. — Für den Holzdiebstahl des Kindes sollen sie haften, wenn sie nicht beweisen, daß er ohne ihr Wissen geschehen sei.

Person des Kindes dem Gläubiger; es soll aber das Kind eine Zeit lang das beneficium competentiae haben, wenn es bei der Emancipation kein bedeutendes Vermögen aus der Gewalt mitgenommen hat. [q]) Die einem Hauskinde gegebenen Darlehne sollen nach dem S. C. Macedonianum nur eine naturale Obligation erzeugen. (cf. Darlehn im Recht der Obligationen.)

Der Vater ist aus den Geschäften des Kindes nicht verpflichtet, es muß vielmehr für diese Verpflichtung ein besonderer Grund gegenüber dem Vater vorhanden sein. — Solche Gründe sind:

a. Der Befehl des Vaters (actio quod jussu).

Dig. lib. 15. tit. 4.

Wenn der Vater dem Kinde Befehl zur Ausführung des Geschäftes gegeben hat, so kann aus diesem Grunde gegen den Vater die actio quod jussu angestellt werden.

---

q) Das Preußische Landrecht hat hier das deutsche Princip beibehalten, wonach das Hauskind im Mundium des Vaters steht, und deshalb unfähig ist, sich zu verpflichten. — Demgemäß kann ein Hauskind nur aus Delicten, aus der nützlichen Verwendung und aus solchen Contractsschulden verpflichtet werden, welche es auf sein freies Vermögen contrahirt hat. Will aber der Gläubiger wegen letzterer Schulden während der Dauer der väterlichen Gewalt sich an das freie Vermögen halten, so muß er sich Faustpfand oder Hypothek bestellen lassen. —

Andere Schulden des Hauskindes als die genannten sind ungültig, und können nach Aufhebung der väterlichen Gewalt nur durch einen gerichtlichen oder notariellen Anerkenntniß-Vertrag (constitutum debiti) gültig werden.

Als Befehl gilt auch das Schweigen des Vaters, wenn derselbe weiß, daß das Kind für ihn Geschäfte führt.

Befehl, jussus, ist also hier analog dem Mandate unter von einander unabhängigen Personen. Ein Mandat kann aber zwischen Vater und Hauskind wegen des Abhängigkeitsverhältnisses nicht stattfinden. r)

b. Die nützliche Verwendung (actio de in rem verso).

Dig. lib. 15. tit. 3.

Wenn das Hauskind im Interesse des Vaters Geschäfte abgeschlossen hat, so kann der Gläubiger gegen den Vater mit der actio de in rem verso s) klagen, so weit mit seinem Schaden der Vater bereichert worden ist. Es ist in der Regel genügend, daß der Vortheil in das Vermögen des Vaters gekommen ist, sollte er auch kurz darauf durch Zufall wieder verloren gegangen sein. — Die Klage fällt aber fort, wenn der Vater ohne fraus dem Sohne den Vortheil bereits zurückgezahlt hat. —

r) Auch nach Preußischem Rechte kann der Vater aus Geschäften des Kindes belangt werden, welche in Folge seines Auftrages geführt sind. Das Schweigen zur Geschäftsführung des Kindes begründet aber in der Regel keine Verpflichtung des Vaters. —

s) Das Preußische Landrecht hat ähnliche Bestimmungen; es unterscheidet aber noch merkwürdiger Weise dahin: für die nothwendigsten Bedürfnisse des Kindes verpflichtet das Kind den Vater stets, für nothwendige aber nur, wenn der Vater zur Zeit des Creditgebens dem Kinde keine Subsistenzmittel hat zukommen lassen.

c. Wenn der Vater das Kind als magister navis oder als institor eingesetzt hat.

Dig. lib. 14. tit. 1 und 3.; Cod. lib. 4. tit. 25.

In diesem Falle kann der Vater mit der actio exercitoria und der actio institoria belangt werden, aus allen Geschäften des Kindes, welche dasselbe in seiner Eigenschaft als magister navis oder institor abzuschließen befugt war (siehe die Lehre vom Mandat im Obligationen-Rechte).

d. Wenn der Vater dem Kinde ein Peculium anvertraut hatte.

Dig. lib. 15. tit. 1 und 2.

In diesem Falle kann gegen den Vater die actio de peculio angestellt werden, aus allen Rechtsgeschäften des Kindes, gleichviel, ob dieselben rücksichtlich des Peculiums abgeschlossen sind oder nicht.

Für Delicte des Kindes haftet aber der Vater mit dem Peculium nicht, es müßte denn das Kind wegen des Delictes bereits verurtheilt sein, weil dann die Klage nicht mehr aus dem Delicte, sondern aus der res judicata entspringt (l. 3. §. 11. Dig. de peculio 15, 1.).

Der actio de peculio unterliegt der Vater jedoch nur so weit, als das Peculium Ueberschuß gewährt, nach Abzug dessen, was der Vater selbst vom Kinde zu fordern hat. Der Vater kann daher sich auch den Betrag dessen abziehen, was er dem Kinde zum Peculium gegeben hat.

Von dem Ueberschusse müssen die privilegirten Gläubiger, d. h. diejenigen, denen ein privilegium exigendi zur Seite steht, vor den nichtprivilegirten befriedigt werden.

Deshalb kann der Vater von nichtprivilegirten Gläubigern, welche er befriedigt, Caution verlangen, daß sie, falls später sich privilegirte Gläubiger melden sollten, das zuviel Erhaltene herausgeben wollen. Ohne diese Caution hätte er keine condictio indebiti, weil die Gläubiger nur das erhielten, was sie zu fordern hatten.

Unter den privilegirten sowie den nichtprivilegirten Gläubigern entscheidet der Grundsatz: melior est conditio occupantis, d. h. derjenige hat den Vorzug, welcher zuerst res judicata erlangt.

Da die actio de peculio den Gläubigern ein sehr schwaches Recht giebt, so werden sie wohlthuen, mit ihr die actio de in rem verso zu cumuliren, vorausgesetzt, daß die Bedingungen dieser Klage ebenfalls vorliegen.

Die actio de peculio verjährt während der Dauer der väterlichen Gewalt in 30 Jahren, nach Aufhebung derselben in einem Jahre, gerechnet von dieser Aufhebung an.

e. Wenn das Kind mit dem Peculium oder einem Theile desselben unter Mitwissen des Vaters ein Geschäft, sei dies ein Handelsgeschäft oder ein Gewerbe, getrieben hat.

In diesem Falle haben die Geschäftsgläubiger gegen den Vater die actio tributoria. Dig. lib. 14. tit. 4.

Dieser Klage unterliegt aber nur das Geschäftsvermögen, nicht der anderweite Theil des Peculiums. Es kann aber hier der Vater sich seine Forderungen nicht vorweg abziehen, auch haben die privilegirten Gläubiger keinen Vorzug vor den nichtprivilegirten, vielmehr werden der Vater und sämmtliche Gläubiger gleichmäßig nach Verhältniß der Größe ihrer Forderungen befriedigt, so daß auch nicht der Grundsatz gilt: melior est conditio occupantis. Wenn der Vater Gläubiger befriedigt, so ist er befugt, von ihnen Caution zu verlangen, daß sie, wenn später noch andere Gläubiger sich melden sollten, das zuviel Erhaltene herausgeben würden. In der Anstellung der actio tributoria liegt die Geltendmachung eines Separationsrechtes, weil die Klage weniger gegen die Person des Vaters als solchen, als vielmehr gegen ihn als den Inhaber des Geschäftsvermögens gerichtet ist, und deswegen können die Gläubiger mit dieser Klage nicht die actio de in rem verso cumuliren. Es steht natürlich jedem Geschäftsgläubiger auch frei, anstatt der actio tributoria die actio de peculio zu brauchen, so daß er zwischen beiden Klagen die ihm vortheilhaftere wählen kann.

Die actio tributoria verjährt stets in dreißig Jahren.

Hat das Kind mehrere selbstständige Geschäfte betrieben, so haben die Gläubiger jedes Geschäftes die actio tributoria auf Befriedigung aus dem besonderen Geschäftsvermögen, auf welches sie creditirt haben.

Die actio tributoria kann auch gegen den Vater

wiederholt angestellt werden, wenn er in Folge der früheren Klage dolo malo schlecht getheilt hat. [t])

Aufhebung der väterlichen Gewalt.

Quellen: Instit. lib. 1. tit. 12. quibus modis jus potestatis solvitur. — Dig. lib. 1. tit. 7. de emancipationibus et aliis modis, quibus potestas solvitur. — Cod. lib. 8. tit. 49. de emancipationibus liberorum.

§. 42. Die väterliche Gewalt hört auf:

1) durch den Tod des Vaters oder des Kindes (nach Römischem Rechte auch durch capitis deminutio maxima und media);
2) durch Legitimation für den Legitimirten; [u])
3) durch Arrogation für den Arrogirten;
4) durch datio in adoptionem für den, welcher sein Kind in Adoption giebt;
5) durch Erlangung einer hohen Würde. [v])

---

t) Das Preuß. Landrecht kennt, da ihm das Institut des Peculium unbekannt ist, weder die actio de peculio noch die actio tributoria. — Auch die actio exercitoria und institoria sind nichts anderes, als gewöhnliche Klagen aus den Geschäften eines Mandatars gegen den Mandans.

u) Nach Preußischem Landrecht wird der Legitimirte, welcher selbst väterliche Gewalt hat, durch die Legitimatio nicht der Gewalt seines Vaters unterworfen, da der eigne Hausstand ihn davon befreit.

v) Nach Preußischem Rechte befreit nicht die Würde, sondern das mit einem Amte verbundene hinlängliche Auskommen von der Gewalt des Vaters.

Nach altem Römischen Rechte war hohe Würde das Amt eines flamen dialis oder einer Vestalin. Nach dem Rechte Justinian's sind solche Würden z. B. das Patriciat, Consulat, gewisse Präfecturen, auch das Amt eines Bischofs.

6) zur Strafe in drei Fällen: [w])

a) wenn der Vater das Kind aussetzt,

b) wenn er die Tochter zur Unzucht zwingt,

c) wenn er eine blutschänderische Ehe eingeht;

7) durch emancipatio.

Dies ist ein juristischer Act, durch welchen der Vater sein Kind der Gewalt entläßt.

Unter dem Ausdrucke Kind, sind auch Enkel und weitere Descendenten zu verstehen. —

Wird ein Kind der Gewalt entlassen, so bleiben dessen Kinder in der Gewalt des Emancipator zurück, nur wenn ein Arrogirter emancipirt wird, nimmt er seine Kinder mit aus der Gewalt heraus.

Zur Emancipation ist die Einwilligung des Kindes, wenn es die Infantia überschritten hat, nöthig, jedoch gilt Schweigen für Einwilligung; ein adoptirtes Kind kann der Vater auch ohne dessen Einwilligung entlassen.

In einigen Fällen kann die Emancipation erzwungen werden, nämlich:

---

w) Auch das Preuß. Landrecht kennt den Verlust der väterlichen Gewalt als Strafe, z. B. wenn der Vater die Kinder hilflos läßt, oder wenn er zu Zuchthausstrafe oder mehr als zehnjähriger Freiheitsstrafe verurtheilt wird.

a) wenn der Vater das Kind übertrieben hart behandelt;
b) wenn er einen Unmündigen arrogirt hat, und dieser bei der Erlangung der Mündigkeit die Emancipation verlangt;
c) wenn der Vater eine Zuwendung angenommen hat, welche mit dem Modus der Emancipation belastet ist;
d) wenn das Kind eines Verschwenders von seinen Großeltern zum Erben eingesetzt ist unter der Bedingung, daß es emancipirt werde; jedoch kann hier die Emancipation erst erfolgen nach vorhergegangener causae cognitio darüber, ob dem Kinde die Erbschaft oder das Verbleiben in der Gewalt des Vaters vortheilhafter ist.

Die Form der Emancipation war in der ältesten Zeit die Mancipation. Der Vater verkaufte den Sohn in Rom dreimal, in den Provinzen und die Tochter überhaupt nur einmal einem Dritten in das Mancipium.

Der Käufer konnte entweder selbst das gekaufte Kind freilassen und dann gebührte ihm nach strengem Rechte das quasi Patronat, weshalb der Vater sich dasselbe dann per fiduciam vorbehielt. Es konnte aber auch der Vater von dem Dritten das Mancipium über sein Kind zurückkaufen und dann das Kind so frei lassen wie einen Menschen, den er im Mancipium hatte; in diesem Falle hatte der Vater direct das quasi Patronat.

Unter dem Kaiser Anastasius war die Form der Emancipation ein Rescript des Kaisers, man nennt diese Art der Entlassung emancipatio anastasiana. —

Justinian verfügte, daß die Emancipation durch

eine Erklärung vor Gericht zu Protocoll geschehen könne; diese Art der Entlassung heißt emancipatio justinianea. —

Das heutige Recht hat noch eine eigenthümliche deutsche Art der Emancipation, welche emancipatio germanica oder saxonica genannt wird. Sie geschieht dadurch, daß der großjährige Sohn unter der Bewilligung des Vaters einen eigenen Hausstand anlegt, und daß die Tochter, gleichviel ob sie großjährig oder minderjährig ist, sich verheirathet.

Die Erlangung der Großjährigkeit hebt die väterliche Gewalt nicht auf, giebt vielmehr dem Sohne, der sich selbstständig ernähren kann, nur das Recht, die Entlassung aus der Gewalt zu fordern. x)

Folgen der Aufhebung der väterlichen Gewalt.

Mit dem Aufheben der väterlichen Gewalt hört das Nießbrauchsrecht des Vaters an dem Vermögen der Kinder auf, auch erwerben die Kinder von nun ab für sich und nicht für den Vater.

---

x) Nach Preußischem Landrecht ist die Form der Emancipation eine Erklärung zu Protocoll vor dem Vormundschaftsgerichte; doch wird wenigstens ein Alter von 20 Jahren beim Kinde verlangt. — Großjährige Kinder treten ipso jure dadurch aus der Gewalt, daß sie ein selbstständiges Gewerbe treiben, oder ein öffentliches Amt mit ausreichender Besoldung erlangen. — Außerdem hat das Preuß. Landrecht auch die emancipatio saxonica anerkannt. —

Als Belohnung [y]) für die Emancipation soll der Vater an der Hälfte der bona adventitia regularia den Nießbrauch so lange er lebt behalten. (Im früheren Rechte behielt er ein Drittel dieses Vermögens zum Eigenthume.) —

Wenn das Kind seine Mutter oder Großmutter, welche die Ehefrau des Freilassers ist, beerbt, so soll der Vater oder Großvater an einem Kopftheile dessen, was auf die emancipirten Descendenten fällt, den Nießbrauch haben; es ist aber sehr streitig, ob diese Bestimmung in Deutschland noch Geltung hat.

Wenn das entlassene Kind sich undankbar benimmt, so hat der Freilasser das Recht, das Kind in die väterliche Gewalt zurückzurufen. —

Im alten Römischen Rechte hatte der Freilasser als quasi Patron das Recht der Führung der Vormundschaft und ein besonderes Erbrecht.

Von der Verpflichtung der Verwandten zur Alimentation und zum Begräbniß.

§. 43. Eine Hauptverpflichtung unter den Verwandten ist die, sich gegenseitig in Fällen der Armuth zu alimentiren und die Kosten des Begräbnisses zu bestreiten. Diese

---

y) Das Preuß. Landrecht kennt keine Prämien zu Gunsten des Emancipators, und auch nicht das Recht desselben, das Kind wegen Undanks in die Gewalt zurückzurufen.

gegenseitige Pflicht erstreckt sich aber nicht über das Verhältniß der Ascendenten und Descendenten hinaus.

Geschwister [z]) und weitere Verwandte unterliegen dieser Verpflichtung nicht und auch der agnatische Bruder hat seiner Schwester gegenüber keine Alimentationspflicht. Denn wenn auch in l. 1. §. 2. Dig. de tutelae et rationibus distrahendis, 27, 3. erklärt ist, daß der Mündel vom Vormunde wohl verlangen könnte, daß dieser die Schwester des Mündels alimentire, so folgt daraus noch nicht, daß die Schwester befugt sei, vom Vormunde oder Bruder Alimente zu verlangen.

Außer den Descendenten und Ascendenten haben auch Ehegatten die Verpflichtung zur Alimentation gegen einander und zwar vor den Verwandten. — Unter den Verwandten aber sind zunächst verpflichtet die Descendenten, nach diesen der Vater, sodann die Mutter und nach ihr die weiteren väterlichen und mütterlichen Ascendenten nach der Reihefolge, wie sie zum Intestaterbrecht berufen sind. — Der entferntere Verpflichtete hat einzutreten, sobald der nähere nicht vorhanden oder außer Stande ist, seiner Pflicht zu genügen.

Mehrere gleich nahe Verpflichtete tragen nach Verhältniß ihres Vermögens bei, der Beitrag der insolventen ist von den solventen zu übernehmen. —

Die Alimentation ist in der Regel unter Ehegatten,

z) Nach Preußischem Landrecht haben auch Geschwister gegen einander die Pflicht, sich Alimente, jedoch nur nothdürftige, zu gewähren; es steht ihnen aber das Recht zu, das Gewährte bei Verbesserung des Vermögens zurückzufordern.

Descendenten und Ascendenten standesgemäß (civiliter) und nicht blos nothdürftig (naturaliter) zu gewähren, [a]) indeß selbstredend nur so lange, bis der Berechtigte selbst in den Stand gesetzt ist, aus eigenen Mitteln oder durch Arbeit sich zu unterhalten. —

Diejenigen, welche zur Alimentation verpflichtet sind, müssen auch den vermögenslos Verstorbenen begraben lassen. — Sobald jedoch der Verstorbene das zur Bestattung nöthige Vermögen hinterlassen hat, ist das Begräbniß vor Befriedigung der Gläubiger daraus zu bestreiten. Eine eigenthümliche Bestimmung ist es, daß wenn eine verstorbene Ehefrau eine Dos und außerdem noch anderes Vermögen hinterläßt, ihre Erben und der Percipient der Dos, nach Verhältniß der Größe der beiden Vermögensmassen, die Kosten der Bestattung zu tragen haben. —

Ob der, welcher Alimente gewährt hat, solche vom Alimentirten, wenn dieser zu Vermögen gelangt, zurückfordern kann, hängt davon ab, ob die Alimente auf Grund gesetzlicher Verpflichtung oder aus Wohlwollen oder endlich ohne Verpflichtung mit der Absicht der einstigen Rückforderung geleistet sind. Nur im letzten Falle wird die Rückforderung zu gewähren sein. —

Uneheliche Kinder haben das Recht der Alimentation streng genommen nur gegenüber der Mutter und

---

a) Das Preuß. Landrecht bestimmt, daß dem unverschuldet Verarmten standesmäßige, dem durch seine Schuld Verarmten nur nothdürftige Alimentation von Descendenten und Ascendenten zu gewähren sei.

den mütterlichen Ascendenten. — Zu Gunsten der Concubinenkinder hatte Justinian verfügt, daß der Vater derselben vor der Mutter die Pflicht der Alimentation haben solle.

In der deutschen Praxis hat sich aber der Rechtssatz gebildet, daß uneheliche Kinder von demjenigen, welcher mit der Mutter in der Zeit der möglichen Conception den Beischlaf ausgeübt hat, [b]) vor der Mutter zu alimentiren seien.

Ueber den Grund dieser Alimentationspflicht des Vaters herrscht großer Streit. [c]) Die Meisten leiten sie aus einem quasi Delict ab, Andere aus einem quasi Vertrag, noch Andere aus einer quasi Verwandtschaft. — Alle drei Meinungen sind ungegründet. Das Kind ist das zur Alimentation berechtigte Subject, und dieses ist mit dem Schwängerer nicht verwandt, auch kann durch einen Act, welcher demselben erst sein Dasein gab, mit dem noch nicht Existirenden unmöglich ein quasi Vertrag eingegangen sein, und eben so unbegreiflich ist es, in wie fern gegen das Kind in dem Acte seiner Erzeugung ein quasi Delict liegen könne. — Die einzig richtige Ansicht ist, diese Alimentationspflicht aus einer durch Gewohnheit entstandenen gesetzlichen Bestimmung abzuleiten. —

Andere Streitfragen sind:

---

b) Diese Conceptionszeit ist nach dem Preußischen Landrecht der 210. bis 285. Tag vor der Geburt, ungerechnet den Tag des vollzogenen Beischlafes.

c) Derselbe Streit herrscht auch für das Preuß. Landrecht.

Ob der Vater des Schwängerers zur Alimentation verpflichtet sei? Die Praxis ist schwankend. [d]

Ob die exceptio plurium stupratorum die Alimentationspflicht des Vaters aufhebe? [d] Die Praxis verneint es meistens.

Ob der Vater die Erziehung und Verpflegung des Kindes für sich verlangen könne? [e] Auch dies wird in der Praxis wohl meistens verneint, außer wenn besondere Gründe vorliegen, der Mutter die Erziehung zu nehmen.— Die Alimentationspflicht dauert so lange, bis sich das Kind selbst ernähren kann, d. i. nach der Praxis bei gesunden Kindern bis zum vierzehnten Lebensjahre. Geistes- und Körperkranke, die zur Arbeit untauglich sind, müssen fortdauernd alimentirt werden. [f]

Stirbt der Schwängerer vor Ablauf dieser Zeit, so ist die Pflicht von den Erben resp. aus dem Nachlasse zu bestreiten. [f]

Von Pflegekindern (alumni).

§. 44. Pflegekinder, alumni, sind jugendliche und deshalb noch der Ernährung und Erziehung bedürftige Per-

---

d) Nach dem oben citirten Gesetze vom 24. April 1854 hat der Vater des Schwängerers keine Verpflichtung und der Schwängerer selbst ist nicht nur durch concursus plurium stupratorum frei, sondern auch in allen den Fällen, in welchen der Geschwängerten wegen ihrer Unehrbarkeit die Klage auf Abfindung versagt ist. —

e) Das Preußische Landrecht giebt ihm dies Recht vom vierten Lebensjahre des Kindes ab.

f) So auch im Preußischen Landrechte.

sonen, welche Jemand zu sich genommen hat, um aus Liberalität dieselben zu ernähren und zu erziehen.

Durch Annahme eines Pflegekindes entsteht weder Verwandtschaft noch Erbrecht, nur soll das Pflegekind dem Pflegeparens Ehrfurcht bezeugen. — Das Verhältniß kann, wenn nicht auf bestimmte Zeit eine Verpflichtung übernommen worden, jeden Augenblick aufgelöst werden. Wegen Undanks des Pflegekindes pflegt die Praxis dem Parens das Recht zu geben, die Kosten der Verpflegung vom Pflegling zurückzufordern. g)

---

g) Nach dem Preußischen Landrecht sind Pflegekinder nur solche, welche von ihren Eltern verlassen oder sonst hilflos sind. — Die Pflegeeltern erhalten die persönlichen Rechte eines leiblichen Parens. — Diese Rechte gehen verloren, wenn sie vor vollendeter Erziehung ihre Hilfe zurücknehmen. — Pflegekinder von höherem oder gleichem Stande müssen die Eltern nach ihrem eignen Stande erziehen; solche von gemeiner oder unbekannter Herkunft müssen ihren Pflegeeltern nach erlangter Mündigkeit soviel Jahre abdienen, als sie verpflegt worden; doch hebt Tod der Pflegeeltern, Heirath so wie Gefährdung des Lebens, der Gesundheit, Ehre, Sitte oder der Gewissensfreiheit dies Dienstverhältniß auf. — Die leiblichen Eltern können das Kind jederzeit von den Pflegeeltern zurückfordern.

Vormundschaft und cura.

Instit. lib. 1. tit. 13—15.; tit. 17—26. — Dig. lib. 26 und 27. — Cod. lib. 5. tit. 28—75. [a])
Für das ältere Recht: Gajus lib. 1. §§. 142—200; Ulpian tit. 11.

§. 45. Vormundschaft im allgemeinsten Sinne umfaßt sowohl die eigentliche Vormundschaft, tutela genannt, als auch die cura, und ist der vom Staate angeordnete rechtliche Schutz für Personen oder für Vermögensmassen in Fällen, in denen das Bedürfniß eines solchen Schutzes vorhanden ist. Die Verwaltung der eigentlichen Vormundschaft so wie der Cura sind nicht blos von privatrechtlichem Interesse, sondern haben zu gleicher Zeit den Charakter eines Amtes an sich. Deshalb steht die Verwaltung der Tutel und Cura unter der Oberaufsicht des Staates, welche Aufsicht entweder von den gewöhnlichen Gerichten geführt wird oder von besonderen zu diesem Behufe eingesetzten

a) Das Preuß. Landrecht hat der Vormundschaft unter den das öffentliche Recht betreffenden Bestimmungen in Theil 2. Tit. 18. seine Stelle gegeben.

Gerichten, Vormundschaftsgerichte genannt. Die oberaufsehende Gewalt selbst heißt aber Obervormundschaft.

Der Unterschied von tutela und cura wird von dem Römischen Rechte dahin ausgedrückt: tutor personae datur, curator rei. — Hiermit soll nicht gesagt sein, daß für Personen ein Tutor und für Vermögensmassen oder Sachen ein Curator gestellt wird; vielmehr heißt Persona hier die vermögensrechtliche Persönlichkeit, so daß der Satz bedeutet: ein Tutor wird bestellt, um eine juristisch unvollständige Persönlichkeit zu ergänzen, ein Curator aber, um einer Person eine Beihülfe zu gewähren oder behufs Verwaltung einer Vermögensmasse. [b]) —

Die Ergänzung der Persönlichkeit seitens des Tutor zeigte sich besonders in der interpositio auctoritatis. Dieselbe ergänzte den unvollständigen Willen des Bevormundeten und wurde mit diesem Willen zusammen als ein Wille betrachtet. Deswegen mußte die auctoritas einge-

---

b) Das Preuß. Landrecht hat den Unterschied zwischen Tutor und Curator anders als das Römische Recht aufgefaßt. — Ein Vormund wird für Personen in allen ihren Angelegenheiten bestellt, — ein Curator nur für gewisse Zwecke (Aufsicht, Erziehung), gewisse Geschäfte und Angelegenheiten.

Hiernach erhalten Vormünder: Unmündige; Minderjährige; Wahn- und Blödsinnige; Verschwender; Taubstumme, welche so geboren oder es vor dem vierzehnten Jahre geworden, oder ganz unfähig sind, ihre Angelegenheiten zu besorgen; Abwesende, für welche kein Bevollmächtigter vorhanden ist oder von denen seit länger als drei Jahren keine Nachricht an den Bevollmächtigten gelangt ist; nach dem Strafrechte vom Jahre 1851 erhalten auch Zuchthausstrafe Abbüßende einen Vormund.

legt werden im Augenblicke, wo sich der Bevormundete erklärte und zwar persönlich vom Vormund ohne Bedingung, ohne Zeitbestimmung und mündlich.

Die Erklärung des Curators, so weit dieselbe neben dem Willen des der Cura Unterworfenen abgegeben wird, ist ein selbstständiger Wille und hat daher die besonderen Eigenschaften der Auctoritas des Tutors nicht.

Von der Vormundschaft im eigentlichen Sinne (tutela).

§. 46. Das ältere Römische Recht kannte zwei Personen, denen es nur eine unvollständige Persönlichkeit beilegte, nämlich Weiber und Unmündige. Es hatte daher zwei Arten von Tutelen, tutela mulierum und tutela impuberum.

Ueber beide Arten von Personen war aber selbstredend eine Vormundschaft nur nöthig, wenn sie ihres natürlichen Beschützers beraubt waren, d. h. wenn sie nicht in der Gewalt ihres Vaters oder in der Manus ihres Ehemannes waren. Also nur für mündige Weiber und Unmündige sui juris war die Tutela nöthig.

Beide Arten von Vormundschaften konnten auf Grund testamentarischer Anordnungen, auf Grund des Gesetzes oder obrigkeitlicher Verfügung einem Vormunde übertragen werden.

Die Vormundschaft über Weiber ist bereits seit dem vierten Jahrhundert n. Chr. aus dem Römischen Rechte verschwunden, sie hatte aber einige Besonderheiten, welche ihres historischen Interesses halber hier berührt werden mögen.

Das Weib verwaltete ihr Vermögen selbst, und bedurfte nur zu gewissen Acten der Auctoritas ihres Vormundes.

Der Ehemann konnte im Testamente seiner Frau, die er in der Manus hatte, das Recht vermachen, sich einen Tutor zu wählen. Ein solches Vermächtniß hieß optio tutoris.

Hatte der Ehemann seiner Frau dies Recht ohne Beschränkung gegeben, so war die optio eine plena, d. h. die Frau konnte sich, so oft der gewählte Tutor außer Function trat, einen neuen Tutor wählen. Hatte aber der Mann der Frau dies Recht der Wahl nur ein Mal oder eine bestimmte Anzahl Male gegeben, so war die optio eine angusta.

Die Vormundschaft, welche nach dem Gesetze der nächste männliche großjährige Agnat der Frau über sie führte, konnte von diesem durch in jure cessio einem Andern übertragen werden. Eine solche Tutela hieß tutela cessicla; das Recht des Tutor cessicius erlosch aber, sobald das Recht des Tutor cedens sein Ende erreichte.

Schon gegen Ende der Republik gab es ein Mittel, die tutela mulieris zu umgehen, wie z. B. Cicero in seiner Rede für Murena erzählt.

Das Weib gab sich nämlich (freilich war dies nur wieder unter Auctoritas ihres Tutors möglich) durch Coemtio in die Manus eines alten Mannes, ließ sich von diesem emancipiren, so daß nach dem strengen Rechte dem Käufer, welcher Coemtionator genannt wurde, die gesetzliche Vormundschaft über die Frau als quasi Patron zustand.

Durch einen besonderen Nebenvertrag in Form der fiducia entsagte der Coemtionator der Ausübung seiner Rechte. — Es soll in Rom Büreaus gegeben haben, wo solche Coemtionatores, welche spottweise Jünglingsgreise, senes viriles, genannt wurden, zu kaufen waren.

Weiber, welche sui juris waren, konnten Testamente errichten, bedurften aber hierzu der Auctoritas ihres Tutors.

Der nächste Agnat der Frau war zugleich ihr nächster Intestaterbe und wenn er die Vormundschaft über die Frau führte, so verweigerte er gewöhnlich der Frau seine Auctoritas zur Errichtung eines Testamentes, in welchem er nicht zum Erben eingesetzt oder sonst hinlänglich bedacht war.

Ein Zwang seitens des Vormundschaftsgerichtes behufs Einlegung dieser Auctoritas gab es dem gesetzlichen Tutor gegenüber nicht, deswegen verfügte Kaiser Claudius, um den Weibern die Errichtung der Testamente zu erleichtern, daß die gesetzliche Agnatentutel über Weiber aufgehoben sein solle.

Die Art und Weise, wie die Vormundschaft über Weiber im vierten Jahrhundert nach Chr. vollständig beseitigt worden ist, läßt sich mit Sicherheit nicht feststellen. Viel Wahrscheinlichkeit hat die Annahme, daß die Aufhebung dieser Tutela mit dem jus liberorum im Zusammenhange steht.

Das jus liberorum nämlich gab den Weibern mannigfache Vortheile, und entstand für frei geborne dadurch, daß sie drei Mal, für frei gelassene, daß sie vier Mal niedergekommen waren, oder für beide dadurch, daß sie vom Kaiser durch ein Rescript dies Recht verliehen erhalten hatten.

Vor Constantin dem Großen nun hatten Weiber mit dem jus liberorum das Privilegium, daß sie von der Tutel befreit waren. Da nun Constantin allen Weibern, auch wenn sie keine Kinder gehabt hatten, diejenigen Rechte verlieh, welche das jus liberorum gab, so soll damit auch die Vormundschaft über Weiber ganz allgemein fortgefallen sein.

Seit dieser Zeit hat das Römische Recht nur die Vormundschaft über unmündige Personen, welche sui juris sind, und als Bevormundete pupilli, Mündel, heißen.

Vormundschaft über Unmündige.

§. 47. Tutela impuberum ist, wie der Jurist Servius Sulpicius sagt: vis ac potestas in capite libero ad tuendum eum, qui propter aetatem se defendere nequit, jure civili data ac permissa.

Das Römische Recht kannte nur für römische Bürger die römische Tutel.

Zum Amt des Tutors ist nicht jeder befähigt. Gründe, welche von der Uebernahme einer Vormundschaft ausschließen, heißen: excusationes necessariae. — Derjenige aber, welcher befähigt ist, eine Vormundschaft zu führen, kann Gründe haben, die ihn berechtigen, die Uebernahme derselben zu verweigern. — Solche Entschuldigungsgründe heißen: excusationes voluntariae.

1. Excusationes necessariae.

A. **Absolut unfähig** zur Führung einer Vormundschaft sind:

a) Sclaven und Peregrinen; [c])

b) Weiber, mit Ausnahme der Mutter und Großmutter, [d]) welchen seit **Valentian dem Zweiten** die Vormundschaft über Kinder und Enkel übertragen werden kann, während sie früher nur durch Rescript des Princeps die Tutel erlangen konnten;

c) Minores, selbst dann, wenn sie die venia aetatis erhalten haben. Wenn aber einem Minor durch letzten Willen die Tutel deferirt wird, so soll bis zu seiner Großjährigkeit ein interimistischer Tutor bestellt werden. [e]) Im älteren Rechte war dies stets der Fall, wenn dem Minor die Vormundschaft deferirt wurde, er hatte aber auch das Recht der Ablehnung.

d) Bischöfe und Mönche; [f])

---

c) Nach Preußischem Landrechte können Fremde nur aus überwiegenden Gründen zum Besten des Pflegebefohlenen zugelassen werden.

d) Nach Preußischem Landrechte ebenso.

e) Nach Preußischem Landrechte ebenso, wenn der Vater des Mündels den Minor zum Vormunde bestimmte.

f) Nach Preußischem Landrechte nur Mönche; Bischöfe sind fähig.

e) Soldaten [g]) im Dienste, außer wenn ihnen über Kinder von Kameraden im letzten Willen die Tutel deferirt worden.

B. Nicht absolut unfähig zur Tutel, aber doch vom Gerichte zurückzuweisen sind:

a) Wahnsinnige, Blödsinnige, Taube, Stumme, Blinde, durch Krankheit Unfähige; [h])

b) Feinde der Eltern oder des Unmündigen; [i])

c) solche, welche die Eltern ausdrücklich ausgeschlossen haben; [i])

d) jeder, der sich zur Vormundschaft zudrängt; [k])

e) Gläubiger und Schuldner des Pupillen; nur die Mutter und Großmutter können trotz dieses Verhältnisses Vormünder sein. [l])

---

g) Nach Preußischem Landrecht sind Soldaten nicht unfähig.

h) Das Preuß. Landrecht erklärt für unfähig den, welcher seiner eignen Sache vorzustehen unfähig ist.

i) Nach Preußischem Landrechte ebenso, welches auch wegen grober Verbrechen Verurtheilte, ferner ein ruchlos und schändlich Leben Führende, so wie wegen Untreue oder grober Fahrlässigkeit einer Vormundschaft Entsetzte ausschließt.

k) Dem Preußischen Landrechte ist dieser Ausschließungsgrund unbekannt.

l) Das Preuß. Landrecht schließt aus: Gläubiger und Schuldner des Pflegebefohlenen, so wie alle Diejenigen, deren Recht mit dem Rechte oder Interesse der Pflegebefohlenen in Widerspruch steht. — Der Gläubiger, der die Vormundschaft annimmt und dabei die Forderung aus Gefährde verschweigt, verliert dieselbe; der Schuldner verliert in demselben Falle seine Einwendungen und hat eine fiscalische Strafe zum Betrage der Höhe der Schuld verwirkt.

Uebernimmt der Gläubiger die Vormundschaft ohne seine Forderung anzuzeigen, so soll er sie verlieren; übernimmt der Schuldner die Vormundschaft, so kann er während der Dauer derselben nicht gültig an den Mündel zahlen, muß Verzugszinsen entrichten und bei Niederlegung der Tutel, soweit er nicht nachweisen kann, daß das von ihm während der Tutel Geleistete noch in dem Vermögen des Mündels vorhanden ist, die Schuld noch einmal entrichten.

f) nach der Praxis auch Solche, welche eine andere Religion haben als der Mündel, nicht aber Solche, welche anderer Confession sind.[l] —

Väterliche Gewalt[l] ist kein Grund der Ausschließung.[m]

Von den Delationsgründen der Tutel.

§. 48. Die Vormundschaft wird dem Vormund deferirt und er übernimmt sein Amt durch Antretung.

---

m) Nach Preußischem Landrecht bedürfen folgende Personen einer Erlaubniß zur Uebernahme von Vormundschaften:

a. Königliche und Prinzliche Domänen-Pächter und Beamte, sowie Verwalter und Empfänger Königlicher, Prinzlicher oder anderer öffentlicher oder privilegirten Corporationen und milden Stiftungen zugehöriger Gelder, Güter oder Einkünfte die Erlaubniß ihrer vorgesetzten Behörde; — Vormundschaften mit Vermögensadministration sollen diesen Personen auch nur dann übertragen werden, wenn sie eine selbstständige Caution leisten können;

b. Militairpersonen — die Erlaubniß ihres Chefs;

c. Civilbediente — die Erlaubniß ihrer Vorgesetzten, Räthe die ihres Departements;

d. Bürgermeister — die Erlaubniß der Regierung.

Gründe der Delation sind: letzter Wille (Testament oder Codicill), Gesetz und obrigkeitliche Verfügung; es giebt also dem Grunde der Delation nach drei Arten von Tutelen: testamentaria, legitima, dativa.

a. Von der testamentarischen Tutel.

Dieselbe wird im Testamente oder Codicille angeordnet und kann auch unter Zeitbestimmungen und Bedingungen gestellt sein.

Das Römische Recht scheidet sie wiederum in zwei Hauptarten, die man heut zu Tage plena (propria, perfecta) und minus plena (impropria, imperfecta) nennt.

Die plena testamentaria tutela ist eine solche, welche der pater familias einem seiner Gewalt unmittelbar Unterworfenen im Testamente oder in einem durch das Testament bestätigten Codicille anordnet.

Ein so ernannter Vormund bedarf zur Uebernahme seines Amtes nicht der gerichtlichen Bestätigung.

Das Recht des Vaters, in dieser Weise einen Tutor zu wählen, ist schon durch das Gesetz der zwölf Tafeln anerkannt.

Die tutela testamentaria minus plena ist jede andere im letzten Willen angeordnete Vormundschaft und sie kann wiederum zweifacher Art sein.

Entweder nämlich bedarf der Vormund zum Antritt seines Amtes der Bestätigung des Vormundschaftsgerichtes, ohne daß jedoch dem Gerichte freistände, die Tauglichkeit des ernannten Vormundes einer Untersuchung zu unterwerfen, nur vorausgesetzt, daß demselben keine excusatio necessaria im Wege steht. — Dieser Fall tritt ein, wenn der pater familias dem seiner unmittelbaren Gewalt Unterworfenen, aber nicht in der obengedachten Form, oder seinem leiblichen von ihm bedachten Kinde, welches er nicht in der Gewalt hat, einen Tutor ernennt.

Der andere Fall der minus plena ist der, wo die Bestätigung des Tutors von einer Untersuchung über die Tauglichkeit des Vormundes abhängig gemacht ist, oder wo gar noch die Uebernahme der Vormundschaft von der Seitens des Vormundes gestellten Sicherheit (satisdatio) abhängt.

Wenn nämlich der Vater seinem unehelichen Kinde oder die Mutter ihrem Kinde, in beiden Fällen vorausgesetzt, daß das Kind zum Erben eingesetzt ist, einen Vormund ernennen, so hat das Gericht das Recht, die Tauglichkeit des Vormundes zu prüfen, kann aber die Bestätigung nicht von einer Satisdatio abhängig machen. —

In allen anderen bisher nicht erwähnten Fällen, wo Vater, Mutter oder irgend dritte Personen, welche dem Kinde etwas hinterlassen, einen Vormund ernennen, hat das Gericht die Befugniß, die Bestätigung von einer Satisdatio abhängig zu machen. [n])

---

n) Nach Preußischem Landrecht kann der Richter jeden letztwillig ernannten Vormund ausschließen, wenn er findet, daß die Bestellung desselben dem Pflegebefohlenen nachtheilig oder gefährlich sein könnte, dagegen nicht, weil derselbe verschiedener Religion, Gläubiger oder Schuldner des Mündels ist, wenn dem Erblasser diese Umstände nicht etwa unbekannt waren; auch frühere Feindschaft gilt durch die testamentarische Ernennung zum Vormunde für ausgeglichen.

b. Von der gesetzlichen Tutel.

Die gesetzliche Tutel stand im älteren Rechte dem nächsten großjährigen Agnaten oder dem Patronus und quasi Patronus zu, also dem nächsten Intestaterben, soweit derselbe der Führung der Tutel fähig ist. — Seit Justinian (Nov. 118 u. 127.) steht sie ebenfalls dem nächsten männlichen großjährigen Intestaterben zu, doch haben Mutter und Großmutter das Recht, vor dem Intestaterben die Führung der Tutel zu beanspruchen, indessen nur, wenn und so lange sie sich nicht wieder verheirathen; auch können sie in Bezug auf Geschäfte, die sie für ihre Mündel führen, sich auf die Bestimmungen des S. C. vellejanum, auf deren Geltendmachung sie auch in soweit verzichten sollen, nicht berufen. o)

Eine besondere Art der gesetzlichen Vormundschaft des Römischen Rechtes, die heut nicht mehr practisch ist, war die tutela fiduciaria.

Unter diesem Namen kommen zwei verschiedenartige Vormundschaften vor.

Im Rechte vor Justinian hatte die tutela fiduciaria derjenige, der bei der Entlassung des Kindes aus der Gewalt oder der Frau aus der Manus diese Personen kaufte und frei ließ, weil er durch einen fiduciarischen

---

o) Nach Preußischem Landrecht ist dem Richter nur anempfohlen, aus den Verwandten den Vormund zu nehmen. Die Mutter, so lange sie sich nicht wieder verheirathet, ist vorzüglich zu berücksichtigen.

Vertrag zur Freilassung verpflichtet wurde. Im Rechte Justinian's steht die tutela fiduciaria den großjährigen Söhnen des Emancipators oder Manumissors nach dem Tode des Freilassers zu.

c. Tutela dativa. p)

Die lex Atilia in der Mitte des sechsten Jahrhunderts p. u. c. bestimmte für Rom, daß dem eines Tutors Bedürftigen vom Prätor ein Vormund gesetzt werden soll, sobald er keinen Vormund hatte (tutorem habenti tutor non datur).

Durch die lex Julia et Titia wurde dies Recht für die Provinzen dem Präses der Provinzen übertragen, und durch spätere Constitutionen der Kaiser auch den städtischen Magistraten.

Der Tutor dativus heißt daher auch tutor atilianus et is, qui ex lege Julia et Titia dabatur. — Auch

p) Nach Preußischem Landrecht ist streng genommen jeder Vormund ein Dativvormund, da der Richter auch dem im Testament ernannten, nicht blos, wenn er gesetzlich unfähig ist, sondern auch, wenn die Bestallung desselben dem Pflegebefohlenen nachtheilig sein würde, zurückweisen kann. Dagegen hat das Preußische Recht die dem Römischen unbekannte Vorschrift, daß der Erblasser des Pflegebefohlenen, der diesem mehr als den Pflichttheil zuwendet, in einer gerichtlichen Erklärung oder in einem förmlichen gerichtlichen Testamente den Vormund von den Einschränkungen der vormundschaftlichen Administration befreien kann. Indessen steht auch ein solcher Vormund unter der Aufsicht des Gerichtes, und kann wegen unordentlichen, offenbar unbesonnenen oder gar unredlichen Verfahrens zur Rechenschaft gezogen und entfernt werden.

wurde es den Magistraten erlaubt, für einzelne Geschäfte Tutoren zu ernennen; ein solcher Tutor hieß tutor praetorius, z. B. wenn der Tutor verhindert ist durch Gefangenschaft oder weil die im Testamente gestellte Bedingung oder Zeitbestimmung noch nicht eingetreten ist, oder wenn der Tutor mit dem Mündel selbst Rechtsgeschäfte zu führen hatte.

Der Tutor dativus kann nur unter einer resolutiven, niemals unter einer suspensiven Bedingung oder Zeitbestimmung bestellt werden, weil, wenn noch ein Tutor vorhanden ist, ein Dativus nicht gegeben werden kann.

Vom Verhältniß dieser drei Tutelen zu einander.

Die testamentarische Tutel hat den Vorzug vor den beiden anderen; ist kein testamentarischer Vormund ernannt, so tritt der gesetzliche Vormund ein. — Fehlt es auch an diesem, dann hat das Vormundschaftsgericht den Dativ-Tutor zu ernennen.

Wenn der berufene Tutor nicht fehlt, sondern nur einstweilen verhindert wird, so tritt ebenfalls interimistisch ein Dativtutor ein. Ist aber der berechtigte Tutor vorhanden, so muß bei seinem Wegfallen unterschieden werden:

Ereignet sich dieser Wegfall durch seinen Tod, so tritt der nächst berechtigte Tutor ein, geschieht dies aber durch Zurückweisung, Ablehnung oder durch Entfernung seitens des Vormundschaftsgerichtes, so tritt sofort der Dativtutor ein. — Eine ganz unfähige Person gilt als gar nicht berufen und deshalb ist der Unterschied von Wichtigkeit zwischen absoluter Unfähigkeit und solcher, welche die Zurückweisung verlangt.

Eine vertragsmäßige Tutel, tutela pactitia, giebt es nicht, d. h. der Vertrag ist kein Delationsgrund für die Tutel; q) wenn aber Jemand dem Vater oder Mündel durch Vertrag die Uebernahme der Tutel versprochen hat, so ist dadurch dem Rechte der Ablehnung entsagt worden. — Man pflegt wohl einen Vormund, der auf diese Weise dem Rechte der Ablehnung entsagt hat, einen tutor pactitius zu nennen.

Vom Antrage auf Bevormundung.

Seitdem die Vormundschaft unter Umständen die Verpflichtung hat, für die Bevormundung Sorge zu tragen, hat das Gesetz gewissen Personen zur Pflicht gemacht, die Nothwendigkeit einer Tutel zur Anzeige bei Gericht zu bringen, anderen Personen aber das Recht gegeben, diese Anzeige zu machen und zu gleicher Zeit einen Vormund in Vorschlag zu bringen.

Das Recht dieser Anzeige haben Freunde, Verwandte, Gläubiger, Schuldner, Zunftgenossen, die Pflicht aber ist auferlegt der Mutter, Großmutter und den nächsten Intestaterben. r)

---

q) Das Preuß. Landrecht legt einem solchen Vertrage für den Ernennenden keine bindende Wirkung bei; im Uebrigen behandelt es den durch Vertrag ernannten ebenso, wie den durch letzten Willen ernannten Vormund; siehe oben Note n. —

r) Das Preuß. Landrecht erklärt zur Anzeige für verpflichtet: Verwandte, Ehegatten, Prediger, Dorfgerichte, Zunftmitglie-

Die letzteren Personen haben zur Erfüllung dieser Pflicht ein Jahr Zeit und die Versäumung derselben, wenn sie großjährig, auch nicht factisch verhindert sind, nimmt der Mutter und Großmutter das Recht, die Führung der Vormundschaft zu beanspruchen, ihnen aber wie den Intestaterben, falls der Mündel aus der unterlassenen Bevormundung Nachtheil gehabt hat und während der Unmündigkeit verstorben ist, das Intestaterbrecht und das Recht aus der Pupillarsubstitution zu Gunsten der nächst berechtigten Erben.

Personen, welche die Nothwendigkeit eines Vormundes unter Vorschlag eines solchen zur Anzeige bringen, werden jetzt postulatores genannt. Ihnen ähnlich sind die nominatores. — So werden Unterbeamte des Gerichtes oder Communalbeamte genannt, deren Pflicht es ist, in Ermangelung eines Tutors einen solchen in Vorschlag zu bringen. Mit demselben Namen werden aber auch diejenigen bezeichnet, welche die Uebernahme der Vormundschaft dadurch abgelehnt haben, daß sie das jus potioris nominandi brauchten, d. h. eine ihnen gleich geeignete oder geeignetere Person als Vormund in Vorschlag gebracht haben, welche auch bereit ist, die Tutel anzunehmen.

der, Handlungsgenossen. — Die Verwandten sollen für den Schaden aus der Vernachlässigung dieser Pflicht haften, die näheren vor den entfernteren, die Mutter, welche eine sechswöchentliche Frist für die Anzeige hat, ist auch mit Verlust der Vormundschaft bedroht; Personen, die nicht verwandt sind, ist fiscalische Strafe von fünf bis funfzig Thalern angedroht, wenn sie die Pflicht dieser Anzeige vernachlässigen, doch genügt es, daß überhaupt dem Gerichte Anzeige wird.

Eine besondere Art von Personen sind noch die affirmatores, d. h. solche, welche auf Befragen des Vormundschaftsgerichtes versichert haben, daß der Vormund ein tauglicher Mann sei.

Von der Ablehnung der Vormundschaften (excusatio voluntaria).

§. 49. Im alten Rechte war die Führung der Vormundschaft, namentlich für die Verwandten, ein Recht, weil sie durch dieselbe das Vermögen des Mündels sich sicherten.

Als später das Gesetz durch seine Bestimmungen Fürsorge für das Vermögen des Mündels getroffen hatte, auch die Dativtutel eingeführt war, wurde die Führung der Vormundschaft unter Umständen eine Last und deshalb für eine Pflicht erklärt. — Für Mutter und Großmutter ist sie auch heut noch ein reines Recht, d. h. sie können ohne alle Gründe dieselbe ablehnen; für den testamentarischen und gesetzlichen Tutor ist sie ein Recht und eine Pflicht, d. h. sie können sie verlangen, wenn nicht Gründe ihrer Ausschließung vorhanden sind, können aber auch angehalten werden, sie zu übernehmen. — Für den Dativtutor ist sie nur eine Pflicht. s) —

Seitdem die Führung der Tutel eine Pflicht geworden, kann der Vormund dieselbe nur ablehnen aus bestimmten Gründen, welche Gründe excusationes voluntariae genannt werden.

---

s) Nach Preußischem Rechte ebenso.

Der Vormund, welcher die ihm deferirte Vormundschaft ablehnen will, hat bei dem competenten Vormundschaftsgerichte binnen funfzig Tagen, nachdem er von der Delation Kenntniß erlangt, den Ablehnungsgrund anzubringen. [t])

Ist der Vormund über 400 römische Meilen (etwa 80 deutsche) von dem Sitze des Vormundschaftsgerichtes entfernt, so hat er für je 20 römische Meilen einen Tag länger Frist. — In lex 13. §§. 1 bis 3. Dig. de excusationibus 27, 1. wird eine andere Art von Fristberechnung angegeben, wonach für Abwesende über 100 römische Meilen dreißig Tage und für je 20 weitere Meilen ein Tag mehr gegeben ist, dabei aber erklärt, daß das Minimum funfzig Tage sein soll.

Hat der zum Vormund Vorgeschlagene mehrere Ablehnungsgründe, so kann er sie nach einander vorbringen, aber nur innerhalb der ihm gegebenen Frist.

Das Verfahren über die Rechtmäßigkeit der Excusation soll der Regel nach in vier Monaten beendet sein, ist es aber zu weitläufig, so kann vom Gericht eine längere Frist bewilligt werden. — Während des Verfahrens wird ein interimistischer Vormund bestellt. [u]) — Wird die Excu-

t) Das Preuß. Landrecht hat keine Frist für die Anbringung der Excusation; sie wird deshalb in dem Termine, in welchem die Verpflichtung des Vormundes stattfinden soll, spätestens anzubringen sein.

u) Auch hier hat das Preuß. Landrecht keine Frist bestimmt. Der Vormundschaftsrichter hat nach einer kurzen Untersuchung, wenn solche überhaupt nöthig ist, durch Decret über die Recht-

sation verworfen, so hat der Vorgeschlagene die Vormundschaft nicht nur anzunehmen, sondern er haftet auch für den Schaden, welcher aus der Säumniß in der Antretung dem Mündel entstanden ist. v) — Der Vormund kann auch dem Recht der Excusation entsagen, sowohl durch ausdrückliche Erklärung, zu welcher auch zu rechnen ist der Vertrag, durch welchen er dem Vater oder dem Mündel die Uebernahme der Tutel versprochen hat, als auch stillschweigend, z. B. wenn er sich als Vormund verpflichten läßt, ohne die Excusation vorzuschützen, oder wenn er sich zur Vormundschaft anbietet (in welchem Falle man die Vormundschaft eine tutela affectata nennt), oder wenn er eine Zuwendung annimmt, welche in Rücksicht der Uebertragung der Vormundschaft angeordnet ist. w)

Das Recht der Ablehnung haben folgende Personen: x)

---

mäßigkeit der Excusation zu entscheiden. — Die Bestellung eines interimistischen Vormundes findet nicht statt.

v) Nach Preußischem Landrecht soll der mit Unrecht die Annahme der Vormundschaft Weigernde den etwaigen Schaden aus seiner Zögerung tragen, auch durch Geldstrafen zur Annahme der Vormundschaft angehalten werden, und wenn diese Strafen fruchtlos sind, soll ein anderer Vormund bestellt werden, dem aus dem Vermögen des Weigernden ein Honorar ausgesetzt werden kann.

w) Auch nach Preußischem Landrechte kann in gleicher Weise der Excusation entsagt werden. —

x) Nach Preußischem Landrecht steht das Recht der Excusation zu:

1. Personen, welche in wirklichem Königlichen Militairdienst stehen;
2. Räthen, welche im Königlichen Collegium Sitz und Stimme haben;

a) über 70 Jahr alte;
b) Personen, welche in Staatsangelegenheiten abwesend sind, bis zum Ablauf eines Jahres nach ihrer Rückkunft;
c) obrigkeitliche Personen; bei den Römern nur die niederen Magistrate;
d) Jeder, der ein geistliches Amt hat;
e) alle öffentlichen Lehrer der Wissenschaft mit Ausnahme der Poeten und Musiker; heutigen Tags alle Professoren und akademische Docenten, ausgenom-

---

3. Dirigenten und Bürgermeistern in den Städten;
4. Königlichen Domänenpächtern und Beamten;
5. wirklichen Verwaltern Königlicher und anderer öffentlicher nicht unbeträchtlicher Kassen;
6. Denen, welche in öffentlichen Angelegenheiten außer Landes abwesend, oder dahin verschickt zu werden im Begriff sind, oder noch nicht länger als ein Jahr von solcher Versendung zurückgekehrt sind;
7. über 60 Jahr alten Personen;
8. anhaltend Kranken;
9. Denjenigen, welche fünf oder mehr Kinder aus Ehe zur rechten oder linken Hand haben, die noch in ihrer Gewalt stehen oder unversorgt in ihrem Hause leben, inclusive der im Heere dienenden oder im Kriege vor dem Feinde verlorenen;
10. wer zwei mit Vermögensverwaltung verknüpfte, oder auch nur eine mit sehr vielen und wichtigen Geschäften verbundene Vormundschaft über sich hat;
11. ordentlichen Lehrern in Schulen, Gymnasien, Universitäten, sowie Geistlichen, die Seelsorge haben, außer wenn der Mündel mit ihnen verwandt, oder Kind eines Amtsgenossen ist.

men, wenn sie über Kinder ihrer Collegen die Vormundschaft übernehmen sollen;

f) bestallte Aerzte;

g) bei den Römern, aber nicht mehr heut zu Tage, gekrönte Athleten, gewisse Zünfte und Senatoren, wenn sie über Plebejerkinder die Vormundschaft übernehmen sollten;

h) derjenige, welcher bereits drei selbstständige Vormundschaften entweder selbst oder zusammen mit seinen Hauskindern, oder auch nur eine sehr beschwerliche Vormundschaft führt. Hierbei rechnen diejenigen Vormundschaften, zu denen er sich angeboten hat, nicht mit. — Mehrere Mündel, deren Vermögen zusammen verwaltet wird, stellen nur eine Vormundschaft dar;

i) nach Römischem Rechte derjenige, welcher in Rom drei, in Italien vier, in den Provinzen fünf eheliche lebende oder im Kriege gefallene Kinder erzeugt hat.

Diese Excusation war eine Belohnung für das Kinderzeugen und ist deshalb in Deutschland nicht mehr practisch.

Particulargesetze aber befreien den Vater wegen einer großen Anzahl unversorgter, im Hause lebender Kinder. y)

k) Diejenigen, welche Verwalter des Princeps oder des Fiscus sind;

l) Solche, welche in's Consilium des Princeps aufgenommen sind;

m) Soldaten, welche zwanzig Jahr gedient haben und ehrenvoll entlassen sind.

---

y) Siehe Note x sub 9.

Haben sie unter fünf Jahr lang gedient, so steht ihnen gar keine Excusation zu, haben sie bis acht Jahr gedient, so haben sie ein Jahr lang, wenn sie bis zwölf Jahre gedient haben, zwei Jahr lang, wenn sie bis sechzehn Jahre gedient haben, drei Jahr lang, und wenn sie zwischen sechzehn und zwanzig Jahr gedient haben, vier Jahr lang nach der ehrenvollen Entlassung Excusation.

Ueber Kameradenkinder müssen sie aber immer Vormundschaft annehmen, wenn sie aber über zwanzig Jahr gedient haben, nicht mehr als eine.

n) vigiles (Stadtwächter und Polizeisoldaten) während der Dienstzeit und ein Jahr lang nach der Entlassung;

o) ganz Arme;

p) Kranke;

q) Abwesende; auch kann jeder, der über hundert italienische Meilen von dem Orte, wo eine Sache belegen ist, entfernt ist, wenigstens die Verwaltung dieser Sache ablehnen;

r) Solche, welche aus Chikane ernannt worden sind;

s) Lesens- und Schreibensunkundige und ebenso homines rustici (ganz ungebildete Personen). —

Ein Grund, welcher die Ablehnung der Vormundschaft rechtfertigt, ist noch kein Grund, eine bereits übernommene Vormundschaft abzulehnen.

Solcher Gründe, welche man excusationes supervenientes nennt, giebt es nur vier [z]), nämlich:

---

z) Das Preuß. Landrecht kennt nur zwei Fälle der Excusation während der Führung der Vormundschaft:

a) Veränderung des Domicils auf Befehl oder mit Erlaubniß des Regenten, wenn dieser das Dasein der Vormundschaft kannte;

b) Aufnahme in das Consilium des Princeps;

c) Krankheit und vollständige Verarmung;

d) Abwesenheit in Staatsdiensten über See, welche länger als ein Jahr dauert.

Von der Uebernahme der Vormundschaft.

§. 50. Der Vormund hat zwar die Verpflichtung, die Vormundschaft vom Augenblicke der ihm bekannten Delation zu übernehmen [a]), indessen wird die Uebernahme seines Amtes durch einen obrigkeitlichen Act bestätigt.

---

1. wenn der Vormund in ein Amt oder Verhältniß gelangt, welches zur Uebernahme der Vormundschaft Erlaubniß der vorgesetzten Behörde nöthig macht, und diese Erlaubniß zur Fortsetzung der Vormundschaft nicht gegeben wird, oder das Gericht diese Erlaubniß wegen mangelnder selbstständiger Caution nicht annehmen kann (siehe oben Note m);
2. wenn der Vormund in Umstände kommt, wo er der Vormundschaft gehörig ferner vorzustehen mit Recht sich nicht getraut.

a) Nach Preußischem Landrecht beginnt das Amt des Vormundes erst mit der Bestallung, und nur solche Angelegenheiten des Pflegebefohlenen, bei denen Gefahr im Verzuge sein könnte, ist er schon vorher von seiner Ernennung an zu besorgen schuldig und berechtigt. — Caution hat er nur zu leisten, wenn er Vermögen des Pflegebefohlenen hinter sich zur Verwaltung behalten soll. Wird diese Caution durch Hypothek auf Grundstücke bestellt, so genügt es, wenn sie innerhalb der zweiten Hälfte des Werthes der Grundstücke ihre Stelle erhält. Auch

Zu diesem Behufe wird der Vormund vor das Vormundschaftsgericht geladen, es werden ihm hier seine Pflichten summarisch bekannt gemacht, er wird, wenn er keinen triftigen Excusationsgrund vorbringt, durch Eid oder Handschlag an Eidesstatt verpflichtet, worauf ihm eine förmliche Bestallung, welche beim Vormund Tutorium, beim Curator Curatorium heißt, zugefertigt wird.

Soll der Vormund selbstständige Verwaltung des Vermögens erhalten, so muß er Caution (gewöhnlich durch Bürgen) leisten. [a])

Von den Pflichten des Vormundes für die Person des Mündels.

§. 51. Der Vormund hat dafür zu sorgen, daß der Mündel ordentlich ernährt und erzogen werde.

Die Alimentation wird zunächst aus dem Vermögen des Mündels bestritten, wie es der Vater angeordnet hat, oder in Ermangelung einer solchen Anordnung, wie es das Gericht nach Anhörung des Vormundes bestimmt.

Hat der Mündel nicht das zur Alimentation nöthige Vermögen, so hat der Vormund dafür zu sorgen, daß er von seinen alimentationspflichtigen Verwandten, schlimmstenfalls von der Commune erhalten werde. — Auch die Erziehung des Mündels liegt zunächst der Mutter, oder in

---

ein Bürge, welcher innerhalb der ersten zwei Drittel seiner Grundstücke die Bürgschaft eintragen läßt, ist als Cautio anzunehmen.

deren Ermangelung den Verwandten des Mündels ob, eventuell denjenigen, denen das Vormundschaftsgericht die Erziehung anvertraut; der Vormund aber hat stets die Oberaufsicht über diese Erziehung zu führen. [b])

Pflicht des Vormundes in Betreff der Administration des Vermögens.

§. 52. Die erste Pflicht des Vormundes ist die der Aufnahme eines öffentlichen Inventars. — Wenn aber der Vater im Testamente die Aufnahme eines öffentlichen Inventars verboten hat, oder wenn aus dieser Aufnahme dem Mündel Nachtheil entstehen könnte, wie dies z. B. der Fall sein würde, wenn ein vom Erblasser übernommenes kaufmännisches Geschäft fortgeführt werden soll, so hat der Vormund nur die Verpflichtung, eine Privatspecification aufzunehmen. [c])

In Bezug auf das Vermögen des Mündels ist die Hauptpflicht des Vormundes die Erhaltung desselben, erst

---

b) Das Preuß. Landrecht hat hier nichts vom Römischen Rechte Abweichendes; es bestimmt nur noch, daß der Mündel ohne Zustimmung des Vormundes und des Gerichtes sich nicht verheirathen darf.

c) Nach Preußischem Landrecht ist die Aufnahme des öffentlichen Inventars Sache des Vormundschaftsrichters, sie soll aber ebenfalls in den oben angegebenen Fällen unterbleiben, außerdem auch, wenn das Vermögen ganz unbedeutend ist. Ein Privat-Verzeichniß soll stets aufgenommen, und solches auch von den im Sterbehause Anwesenden, namentlich von der zur zweiten Ehe schreitenden Mutter beeidigt werden. —

in zweiter Reihe steht die Pflicht der Vermehrung; wenn daher die Vermehrung des Vermögens nicht mit vollständiger Sicherheit für die Erhaltung desselben sich bewirken läßt, so muß die Erhaltung des Vermögens genügen. [d])

Was aber die Einzelheiten der Administration anlangt, so ist hier namentlich von vier Verhältnissen zu sprechen, nämlich:

a) über die Art und Weise, wie die Geschäfte des Mündels abgeschlossen werden,

b) von der Anlegung der Mündelgelder,

c) von der Veräußerung der Mündelsachen und

d) von der Einziehung der Forderungen des Mündels.

a. Ueber die Art und Weise, wie die Geschäfte des Mündels abgeschlossen werden.

§. 53. Das ältere Römische Recht, welches durch einen Procurator kein Verhältniß zwischen dem Principal und demjenigen entstehen ließ, mit welchem der Procurator Geschäfte abgeschlossen hatte, erkannte auch nicht an, daß der Mündel durch die Geschäfte, die der Vormund führt, berechtigt und verpflichtet werde. —

Deshalb war es Regel, daß der Mündel selbst seine Geschäfte führte, der Vormund aber bei Abschluß derselben seine Auctoritas interponirte.

Daß diese Interposition der Auctoritas mündlich, persönlich, sofort beim Abschlusse des Geschäftes, ohne Zeitbe-

d) Dasselbe Princip befolgt auch das Preußische Landrecht.

stimmung und ohne Bedingung erfolgen mußte, und weshalb alles dieses nöthig war, ist oben bereits erwähnt worden. Diese Art der Geschäftsführung setzt aber voraus, daß der Mündel willensfähig, also über sieben Jahre alt ist. — Hatte der Mündel die Infantia noch nicht überschritten, so mußte der Vormund im Interesse des Mündels die Geschäfte in eigenem Namen abschließen.

Hierdurch berechtigte und verpflichtete der Vormund sich selbst, war aber dem Mündel gegenüber gehalten, diesem den Erwerb auszuhändigen und befugt, von diesem die Auslagen ersetzt zu verlangen. — Wenn aber für den Infans ein Geschäft vorzunehmen war, welches keine Stellvertretung duldete, so mußte dasselbe liegen bleiben, bis der Mündel über sieben Jahr alt war, wo er es dann selbst unter Auctoritas seines Tutors vornahm. — In einigen Fällen, z. B. wenn eine Erbschaft angetreten werden sollte, konnte das Geschäft auch durch einen dem Infans zugehörigen Sclaven vorgenommen werden, nach dem Grundsatze: aquiritur nobis per personas in nostra potestate. —

Seit Theodosius dem Zweiten war es dem Vormund gestattet, für den Infans Erbschaften anzutreten.

Im neuesten Römischen Rechte contrahirt der Vormund im Namen des Mündels analog wie ein Mandatar und berechtigt und verpflichtet den Mündel direct gegenüber dem Dritten. —

Verfährt der Vormund hierbei gegenüber dem Dritten doloser Weise, so kann der Mündel aus diesem Dolus weder Vortheil noch Nachtheil haben; dolus tutoris pupillo neque nocet neque prodest. [e]) —

Seit der Reichspolizeiordnung vom Jahre 1577 ist die Cura über Minores und die Tutel über Unmündige in der Art eins geworden, daß der Vormund berechtigt ist, die Geschäfte des Curanden bis zur Großjährigkeit statt dessen zu führen, nur wird der Vormund wohlthun, wenn der Curande der Großjährigkeit nahe ist, denselben zur Geschäftsführung zuzuziehen, damit derselbe lernt, sein Vermögen zu verwalten; eine Verpflichtung, dies zu thun, hat allerdings der Vormund nicht. [f]) —

e) Nach Preußischem Landrecht ist es streitig, ob der Pflegebefohlene für den Schaden aus dem Dolus oder der Culpa des Vormundes aufkommen müsse. — Es macht den Pflegebefohlenen allgemein aus den Handlungen des Vormundes, welche dieser in seiner Eigenschaft als solcher vorgenommen hat, verbindlich, und man interpretirt zu Gunsten des Pflegebefohlenen dahin, daß derselbe in soweit auch für den Dolus und die Culpa des Vormundes haften müsse, weil sonst Niemand leicht mit dem Vormunde als solchen sich in Geschäfte einlassen möchte.

f) Nach Preußischem Landrecht kann der Pflegebefohlene, welcher das achtzehnte Jahr zurückgelegt hat, verlangen, daß der Vormund ihn von erheblichen Vorfällen und Hauptveränderungen in Betreff des Vermögens unterrichte, auch seine Meinung, an welche jedoch der Vormund nicht gebunden ist, darüber vernehme. — Uebrigens ist der Vormund selbst in einer solchen Weise bei der Geschäftsführung von der Genehmigung des Vormundschaftsgerichtes abhängig, daß er fast jeder Selbstständigkeit entbehrt; so bedürfen z. B. fast alle Rechtsgeschäfte der Bestätigung des Gerichtes zu ihrer Gültigkeit und auch Klagen darf der Vormund ohne die Genehmigung des Gerichtes nicht anstellen, außer solche auf Zahlung rückständiger Zinsen.

Dadurch, daß der Vormund jetzt allein die Geschäfte des Mündels zu führen berechtigt ist, folgt noch nicht, daß es ihm benommen sei, durch den Mündel selbst, der die Infantia überschritten hat, die Geschäfte unter seiner, des Vormundes Auctoritas vornehmen zu lassen.

b. Ueber die Anlegung der Mündelgelder.

§. 54. Der Vormund hat die Verpflichtung, die Gelder des Mündels anzulegen.

Hierzu ist ihm in Betreff der Gelder, die er bei Uebernahme der Vormundschaft vorfindet, sechs Monate, in Betreff der Gelder, die während der Vormundschaft eingehen, zwei Monate Zeit gegeben. g)

Nach Römischem Rechte war seine nächste Verpflichtung, die Gelder zum Ankauf von Grundstücken zu verwenden, und erst, wenn sich dazu keine Gelegenheit fand, oder die Gelder nicht hinreichend waren, konnte er sie zinsbar anlegen.

Nach heutigem Rechte, wo es leichter ist als bei den Römern es der Fall war, Gelder mit vollkommener Sicherheit anzulegen, während der Ankauf von Grundstücken für ein Geschäft angesehen werden muß, bei welchem Uebervortheilung sehr leicht eintreten kann, wird der Vormund nicht befugt erachtet werden können, Grundstücke anzukau-

g) Das Preußische Landrecht giebt dem Vormunde sechs Wochen Zeit, überschüssige Revenüen der Pflegebefohlenen zinsbar anzulegen, bei Vermeidung der Zahlung landesüblicher Zinsen.

fen, wenn nicht der Vortheil bei einem solchen Ankaufe klar auf der Hand liegt; er wird vielmehr die Gelder zinsbar anlegen müssen.

Justinian hatte mit Rücksicht auf die römischen Verhältnisse den Vormund von der Ausleihung der Gelder befreit, wenn der Mündel noch anderweitige Revenüen zu seinem Unterhalte hatte, weil es besser sei, das Kapital zu erhalten, als des Zinsgenusses wegen es unsicher auszuleihen.

Hatte der Vormund in diesem Falle es dennoch ausgeliehen, so sollte er auch für zehnmonatliche Zinsen haften.

Wenn aber der Mündel außer den Geldern keine andere Subsistenzmittel hatte, so sollte der Vormund allenfalls gegen Zinsen das Geld unsicher unterbringen, weil dies besser wäre, als die Gewißheit, das Kapital aufzuzehren.

Da aber nach jetzigen Verkehrsverhältnissen stets Gelegenheit vorhanden ist, Geld mit vollständiger Sicherheit unterzubringen, so muß der Vormund unter allen Umständen für verpflichtet gehalten werden, die Gelder des Mündels zinsbar auszuleihen. h) — Versäumt der Vormund diese Pflicht über die oben angegebene Zeit hinaus, so hat er landesübliche Zinsen zu bezahlen.

Uebrigens steht nach Römischem Recht dem Vormund

---

h) Nach Preußischem Landrecht sollen die Gelder in der Regel zinsbar angelegt und Grundstücke von ihnen nur dann angeschafft werden, wenn besondere Vortheile mit überwiegender Wahrscheinlichkeit davon zu hoffen sind.

auch frei, die Gelder auf eigenen Namen auszuleihen, oder von seinem Contutor aus den Geldern des Mündels sich selbst ein verzinsliches Darlehn geben zu lassen; [i]) nur hängt es im ersteren Falle von der späteren Genehmigung des Mündels ab, ob er das Darlehn als auf seine eigene Rechnung gegeben, anerkennen, die Zinsen fordern und damit die Gefahr des Darlehns übernehmen, oder ob er dem Darlehn seine Genehmigung verweigern will, wo er dann vom Vormund das Geld mit den gesetzlichen Zinsen fordert.

Hat der Vormund das Geld des Mündels heimlich (dolo malo) in seinem Nutzen verwendet, so muß er dasselbe nebst usurae legitimae oder maximae zurückerstatten, wobei streitig ist, ob der Ausdruck usurae legitimae und maximae im Justinianischen Rechte noch zwölf Procent wie im älteren Rechte bezeichnet oder nur sechs Procent. [k])

c. Von der Veräußerung der Mündelsachen.

§. 55. In der ältesten Zeit war dem Vormunde keine Beschränkung in Bezug auf die Veräußerung der

---

i) Nach Preußischem Landrechte soll dem Vormunde kein Darlehn aus dem Vermögen des Pflegebefohlenen gegeben werden; Schulden, die der Vormund bei Antretung der Vormundschaft gegenüber dem Pflegebefohlenen hatte, können, wenn sie angezeigt worden und vollständig sicher gestellt werden, stehen bleiben.

k) Nach Preußischem Landrechte kann in diesem Falle das Geld durch wechselmäßige Execution nebst acht Procent Zinsen vom Vormunde beigetrieben werden.

Mündelsachen auferlegt, nur war es ihm nicht erlaubt, Sachen zu verschenken oder heimlicher Weise an sich zu bringen.

Seit Septimius Severus, 195 n. Chr., wird eine Reihe von Gesetzen erlassen, durch welche dem Vormunde das Recht der Veräußerung beschränkt wird.

Durch eine Oratio des Septimius Severus nämlich wurde dem Vormunde verboten, ohne decretum de alienando des Vormundschaftsgerichtes praedia rustica und suburbana zu veräußern. — Das Decretum der Obrigkeit sollte aber nur erlassen werden, wenn eine justa causa der Veräußerung vorlag. —

Eine solche justa causa war es aber, wenn die Veräußerung nothwendig war, z. B. wenn die Sache bei längerer Aufbewahrung verderben würde. — Es bedurfte aber eines solchen Decrets nicht, wenn der Vater die Veräußerung im Testamente angeordnet hatte; wenn der Regent sie erlaubte; wenn sie auf Andringen eines Gläubigers geschehen mußte, oder wenn die Sache verpfändet wurde, um einen bereits vorhandenen Pfandgläubiger des Mündels zu befriedigen. — Analog den bezeichneten Grundstücken, wurden auch dingliche Rechte an solchen Grundstücken, z. B. der Ususfructus, behandelt, und auch die Ausschlagung eines Legates, sowie der durch Nichtgebrauch (non usus) herbeigeführte Verlust, wurden den Veräußerungen beigezählt.

Constantin der Große dehnte das Verbot auf alle Sachen des Mündels aus, nur nicht auf alte Kleider und überflüssige Thiere.

Justinian erweiterte wiederum die Befugniß des Vormundes dahin, daß derselbe ohne Decret auch gewonnene Früchte veräußern und mit Sachen des Mündels gerichtliche Caution in Processen des Mündels bestellen konnte.

Eine nach diesen Gesetzen ungültige Veräußerung kann aber nachträglich gültig werden, wenn der Mündel nach erlangter Großjährigkeit die Veräußerung genehmigt, oder eine bestimmte Zeit nach erlangter Großjährigkeit verstreichen läßt, ohne das Recht der Rückforderung geltend zu machen.

Diese Zeit ist, wenn die Veräußerung ex justa causa, jedoch ohne Decret geschehen, fünf Jahre, wenn sie aber ohne justa causa geschehen, gleichviel ob mit oder ohne Decret, zehn Jahre wenn der großjährig Gewordene anwesend, zwanzig Jahre, wenn derselbe abwesend ist. —

Das Decret der Obrigkeit ist also nicht im Stande, den Mangel der justa causa zu heben.

Auf Grund der authentica: sacramenta puberum (Cod. 2, 28.) behaupten Viele, daß die Veräußerung gültig wird, wenn der mündig Gewordene sie eidlich genehmigt. — Auch soll die Veräußerung gültig werden, wenn der Vormund den Mündel oder der Mündel den Vormund beerbt, im letzteren Falle jedoch nur auf Höhe des Erbtheiles. [1]) —

---

1) Nach Preußischem Landrechte wird die ungültige Veräußerung gültig: durch ausdrückliche oder stillschweigende Genehmigung nach beendigter Vormundschaft; stillschweigende Genehmigung ist es z. B., wenn vom früheren Pflegebefohlenen Zahlung von Kaufgelderrückstand angenommen, oder die verkaufte

Wenn der Mündel die veräußerte Sache zurückfordert, so giebt er dem Gegner nur das heraus, um was er durch die Veräußerung bereichert ist. —

Gleiche Grundsätze treten ein, wenn ein mündiger Minor seine Grundstücke ohne Zuziehung eines Curators verkauft hatte; es ist aber bereits erwähnt, daß im heutigen Rechte ein solcher Minor eben so unter Vormundschaft steht, also auch in derselben rechtlichen Lage ist wie ein Unmündiger.[m])

Sache gepachtet wird, und bei Sachen, welche durch lästigen Vertrag veräußert werden, zehnjähriges Schweigen, von Aufhebung der Vormundschaft an gerechnet. — Daß der Pflegebefohlene den Vormund beerbt, hebt das Recht der Rückforderung nicht auf, sondern verpflichtet nur zur Schadloshaltung, soweit der Vormund dazu verpflichtet war.

m) Das Preuß. Landrecht bestimmt, daß alle entbehrlichen Mobilien des Pflegebefohlenen veräußert werden sollen und zwar entweder im Wege der Auction oder unter der Hand, nach vorheriger gerichtlicher Taxirung, an die Mutter oder an majorenne Miterben für die volle Taxe, an Andere nur unter vortheilhafteren Bedingungen. Grundstücke sollen nicht ohne wichtige Ursache, d. h. nur aus Nothwendigkeit oder wegen erheblichen Nutzens unter Genehmigung des Vormundschaftsgerichtes und zwar in der Regel im Wege der Subhastation nach vorhergegangener Aufnahme einer Taxe veräußert werden. — Ist der Pflegebefohlene über achtzehn Jahr, so kann er die Veräußerung des Grundstückes um des bloßen Nutzens halber durch Einspruch verhindern. — Der Subhastation bedarf es ausnahmsweise nicht: wenn der Vater die Veräußerung an eine bestimmte Person für einen gewissen Preis angeordnet hat, oder die Subhastation verboten hat; wenn der Pflegebefohlene selbst bei der Theilung das Grundstück annimmt, falls nicht andere Pflegebefohlene Mitberechtigte sind; wenn es einem Mitberech-

d. Von der Einziehung der Forderungen des Mündels.

§. 56. Der Vormund muß sofort nach Uebernahme der Vormundschaft die Sicherheit der ausstehenden Forderungen des Mündels prüfen und wenn er sie unsicher erfindet, für deren Einziehung sorgen.

Versäumt er, die Zinsen der ausstehenden Forderungen einzutreiben, so hat er von den nicht erhobenen Zinsen dem Mündel wiederum Zinsen zu erstatten, außer wenn er selbst der säumige Schuldner und Zinszahler ist.

Vor Justinian konnte der Vormund die Forderungen des Mündels unbeschränkt einziehen, seit Justinian bedarf er auch hierzu in der Regel eines Decrets der Obrigkeit. — Nur laufende Zinsen, Pachtgelder und Gefälle, so wie Rückstände dieser Art, wenn sie nicht länger als zwei Jahr anstehen und den Betrag von Hundert Solidi nicht übersteigen, kann er ohne Decret der Obrigkeit einziehen. —

Hat der Schuldner des Mündels ohne Decret mit Unrecht an den Vormund Zahlung geleistet, so ist er, soweit nicht das Geleistete in das Vermögen des Mündels gekommen ist, von der Schuld nicht befreit und muß deshalb noch einmal zahlen. n)

---

tigten für die Taxe, oder sonst gegen besondere Vortheile oder nach Beschluß der übrigen majorennen Mitberechtigten zugeschlagen werden soll; endlich überhaupt, wenn auf Grund besonderer Vortheile Dispens des Justiz-Ministers ertheilt wird.

n) Nach Preußischem Landrechte sind die gesetzlichen Be-

Von dem Verhältniß mehrerer Vormünder derselben Tutel.

§. 57. Es können für ein und dieselbe Tutel mehrere Vormünder bestellt werden und dies kann wiederum mit verschiedenen Modificationen geschehen.

Es kann nämlich die Verwaltung den Vormündern gemeinsam übertragen worden sein, und dann haben alle Mitvormünder gleiches Recht und gleiche Pflicht.

Es kann daher jeder gegenüber den Anderen verlangen, daß er zur Verwaltung zugezogen werde, es hat aber jeder Dritten gegenüber die Rechte eines selbstständigen Vormundes. — Daneben ist es solchen Mitvormündern nicht verboten, unter sich durch ein Privatabkommen die Verwaltung zu theilen, nur können sie dadurch die gemeinsame Haft nicht von sich ablehnen, haben vielmehr nur das Recht zu verlangen, daß der Tutor, welcher die Geschäfte geführt hat, principaliter von dem Mündel in Anspruch genommen werde; sie haben also die exceptio excussionis.

In allen Fällen, auch wenn die Mitvormünder die Verwaltung nicht getheilt haben, können sie verlangen, daß

---

stimmungen ähnlicher Art in Betreff der Ueberwachung der Sicherheit der ausstehenden Forderungen.

In wieweit der Vormund Gelder für den Mündel einkassiren kann, hängt von dem Inhalt seines Tutorium ab, auf Höhe welcher Summe aber dem Vormunde dies Recht eingeräumt werden könne, richtet sich nach der von ihm bestellten Caution.

jeder von ihnen, soweit er solvent ist, principaliter für seinen Antheil ausgeklagt werde, sie haben also auch die exceptio divisionis. o) —

Jeder von ihnen, der mit für den Antheil des Anderen hat zahlen müssen, hat gegen denjenigen, für den er bezahlt hat, seinen Regreß.

Es läßt sich aber auch der Fall denken, daß vom Gerichte oder vom Erblasser die Verwaltung der Vormundschaft in ganz bestimmter Weise getheilt ist. — In einem solchen Falle haftet jeder Vormund selbstständig für den Kreis seiner Verwaltung; in Betreff der anderen hat er nur die Verpflichtung, Pflichtwidrigkeiten derselben, so weit sie ihm ohne culpa lata nicht entgehen konnten, dem Gericht zur Anzeige zu bringen, und in soweit ist jeder über die anderen aufsehender Vormund, tutor honorarius. — Es können auch Tutoren nur zur Oberaufsicht als honorarii bestellt werden. — Bei den Römern gab es noch eine besondere Art von Vormündern, tutores notitiae causa dati genannt.

Sie wurden bestellt, um über dunkle Verhältnisse der Familie Auskunft zu ertheilen und hatten außerdem ebenfalls die Pflicht der Oberaufsicht. — Man pflegte alte

---

o) Nach Preußischem Landrecht steht den Vormündern in diesem Falle weder das beneficium excussionis noch das beneficium divisionis zu. Stimmen sie über die Art der Geschäftsführung nicht überein, so entscheidet nicht die Majorität, sondern das Vormundschaftsgericht, und es hat nicht jeder von ihnen Dritten gegenüber die Rechte eines selbstständigen Vormundes, vielmehr bilden sie zusammen eine juristische Person.

Freunde oder Freigelassene der Familie zu solchen Vormündern zu wählen, und sie waren für die römischen Verhältnisse, wo die Ehen durch bloßen Consens eingegangen wurden und die Familienverhältnisse nicht wie heut zu Tage unter polizeilicher und obrigkeitlicher Controlle standen, von ganz besonderer Wichtigkeit.

Eine Eigenthümlichkeit des Römischen Rechtes war es, daß Vormünder, welche nur honorarii, oder notitiae causa dati waren, doch die Befugniß hatten, bei Antretung von Erbschaften und Annahme rückständiger Zahlungen Auctoritas einzulegen.

Ende der Tutel.

§. 58. Die Vormundschaft über Unmündige hört auf:

A. In der Person des Tutors:

1) durch den Tod des Tutors. (Nach Römischem Rechte auch durch capitis deminutio maxima und media, durch minima hörte aber der Regel nach die Tutel nicht auf, weil auch ein Hauskind Vormundschaft führen kann, mit Ausnahme der alten Agnatentutel, weil durch eine solche deminutio das Agnatenverhältniß aufhörte.) Die Erben des Vormundes haben, analog den Erben eines Mandatars, die Pflicht, dem Gerichte den Tod anzuzeigen, und die angefangenen Geschäfte in soweit fortzusetzen, daß dem Mündel kein Schade entsteht, bis das Vormundschaftsgericht anderweit zu bestimmen im Stande ist; —

2) durch excusatio superveniens;

3) durch Eintritt eines resolutiven Dies oder einer resolutiven Conditio;

4) dadurch, daß der Vormund unfähig wird, z. B. wenn die Mutter, die die Vormundschaft führt, sich wieder verheirathet.

(Wahnsinn des Vormundes hebt die Vormundschaft nicht auf, es wird vielmehr ein interimistischer Vormund ernannt, bis dahin, daß der wirkliche Vormund wieder genesen ist.) —

5) durch Entfernung (remotio) des Vormundes seitens der Obrigkeit. — Diese Entfernung kann mit Infamie und ohne Infamie verbunden sein. Ersteres tritt ein, wenn dem Vormunde ein Dolus zur Last zu legen ist, letzteres, wenn der Vormund überhaupt sich als untauglich erweist. —

Die Remotio kann vom Vormundschaftsgerichte ex officio bewirkt werden, sie kann aber auch in Folge einer accusatio suspecti geschehen. — Zur Erhebung dieser Anklage sind verpflichtet: die Mitvormünder, die Affirmatoren, Postulatoren, Nominatoren und der Vormundschaftsrichter. Jeder Andere aus dem Volke hat das Recht, die Anklage zu erheben, nur dem Mündel selbst ist dies versagt. p) —

---

p) Auch das Preuß. Landrecht unterscheidet die einfache Entlassung des Vormundes und die Remotio desselben wegen Unredlichkeit, und verpflichtet zur Anzeige solcher Unredlichkeit ebenfalls die Mit- und Ehrenvormünder und die Verwandten, welche auf Bevormundung antragen müssen. — Jeder aus dem Volke, aber auch der Pflegebefohlene selbst hat das Recht zu dieser Anzeige. — Die Remotio erfolgt durch Urtheil und Recht, die Entlassung durch Decret.

Während das Verfahren über die Reomtio schwebt, wird ein interimistischer Tutor ernannt.

B. In der Person des Mündels:

1) durch Tod (nach Römischem Rechte auch durch capitis deminutio maxima und media);

2) durch Arrogation des Mündels; [q])

3) durch Erreichung des mündigen Alters.

Von den Klagen aus der Vormundschaft.

§. 59. Der Mündel hat gegen den Vormund die actio tutelae directa. — Mit derselben fordert er: Rechnungslegung, Herausgabe des Vermögens, welches der Tutor in Händen hat, Cession der für den Mündel erworbenen Klagen und Schadenersatz aus der culpa in concreto des Vormundes. [r]) —

Die Rechnungslegung erfolgte nach Römischem Rechte

---

q) Nach Preußischem Landrecht hebt die Adoption des Pflegebefohlenen die Vormundschaft in Betreff der Vermögensverwaltung nicht auf, was sich hinlänglich aus dem Character der landrechtlichen Adoption erklärt.

r) Nach Preußischem Landrecht haftet der Vormund dem Mündel für mäßiges Versehen der Regel nach, für geringes Versehen aber dann, wenn er seine Unfähigkeit verschwiegen oder ein Geschäft, welches besondere Sachkenntniß erfordert, in seiner Eigenschaft als Sachverständiger oder ohne Zuziehung von Sachverständigen geführt, endlich, wenn er Geschäfte ohne Anfrage bei dem Vormundschaftsgerichte, soweit solche Anfrage vorgeschrieben ist, geführt hat. — Für den Schaden aus der Einleitung der nur zur Fortsetzung übernommenen Geschäfte haftet er nur, wenn er ihn aus grobem Versehen nicht abgewendet hat.

erst, wenn der Vormund die Vormundschaft niederlegte, nach jetzigem Rechte muß der Vormund alljährlich dem Gerichte Rechnung legen und außerdem generaliter nach geendigter Tutel dem Mündel.

Die Pflicht der Rechnungslegung kann dem Vormund vor beendigter Tutel nicht erlassen werden, auch nicht vom Vater des Mündels; es giebt also keinen tutor aneclogistus. [s]) —

Wohl aber kann der Mündel nach beendigter Tutel dem Vormunde die Rechnungslegung erlassen.

Von dem Rechtssatze, daß der Vormund nur für diligentia, quam suis rebus adhibet, haftet, macht eine Ausnahme, daß er beim Ankauf von Grundstücken nur für culpa lata verantwortlich ist, und für omnis culpa, wenn er sich zur Vormundschaft oder als Mitvormund zur Führung eines Geschäftes zugedrängt hat.

---

s) Nach Preußischem Landrecht kann der Erblasser des Pflegebefohlenen dem Vormund auch die Rechnungslegung vollständig erlassen, und dann muß sich der Pflegebefohlene mit einer allgemeinen Nachweisung der Substanz begnügen, außer wenn der Vormund einer Unredlichkeit auch nur in Bezug eines einzelnen Geschäftes überführt wird, in welchem Falle vollständige Rechnung über die gesammte Verwaltung gelegt werden muß. — Ist die Unredlichkeit bei einem einzelnen Geschäfte nur bescheinigt, so hat ein solch befreiter Vormund zunächst die Pflicht, über dies Geschäft Rechenschaft zu geben. — Hat der Erblasser dem Vormunde nur in allgemeinen Ausdrücken die Rechnungslegung erlassen, so soll angenommen werden, daß dieser Erlaß sich nur auf die jährliche Rechnungslegung gegenüber dem Gerichte bezieht, nicht aber auf die dem Pflegebefohlenen zu legende Schlußrechnung.

Hat der Vormund dolos gehandelt, so infamirt ihn die Klage, auch kann der Mündel beim Vorliegen von dolus und culpa lata des Vormundes zum Würderungseide gelangen.

Ist der Vormund todt, so haften dessen Erben, aber nur soweit der Mündel durch die culpa lata des Vormundes Schaden hat; nur wenn mit dem Vormunde bereits Lis contestirt war, haften sie für die culpa in concreto des Vormundes. [t]) —

Ist der Vormund insolvent, so haften die für ihn gestellten Bürgen, und zwar mehrere, ohne daß sie das beneficium divisionis geltend machen können, jedoch haften sie ebenfalls nur für die culpa lata des Vormundes. [u]) —

Ist von den Bürgen nichts zu erlangen, so haften die Affirmatoren, Postulatoren und Nominatoren für den Schaden, welchen der Vormund dem Mündel zugefügt hat, aber nur, wenn ihnen beim Vorschlage oder bei der Aufsicht eine culpa lata zur Last zu legen ist.

Fällt diesen zuletzt genannten Personen keine Schuld zur Last, oder ist von ihnen nichts zu erlangen, so haften die Vormundschaftsrichter in demselben Umfange, also ebenfalls nur dann, wenn ihnen eine culpa lata zur Last fällt.

---

t) Auch nach Preußischem Landrecht haften die Erben nur wegen groben Versehens des Vormundes, außer wenn der Vormund die gegen ihn angestellte Klage bereits beantwortet hatte.

u) Nach Preußischem Landrecht haben die Bürgen für das mäßige Versehen des Vormundes aufzukommen.

Die Klage gegen die Richter wird actio subsidiaria genannt. [v])

Trifft endlich die Vormundschaftsrichter keine Schuld, oder ist von ihnen nichts zu erlangen, so haften die tutores honorarii [v]) et notitiae causa dati, aber ebenfalls nur soweit, als ihnen eine culpa lata in der Aufsicht zur Last fällt.

Hat ein Hauskind mit Bewilligung seines Vaters die Vormundschaft geführt, so unterliegt der Vater der actio quod jussu; hat der Vater nicht seine Einwilligung gegeben, so kann er nur de peculio, de in rem verso, oder ex dolo belangt werden. [w])

Außer der actio tutelae directa hat der Mündel, wenn der Vormund Gelder oder Sachen unterschlagen hat, neben der actio tutelae electiv noch die:

---

v) Das Preuß. Landrecht bestimmt im Allgemeinen die Haft der Postulatoren rc. und des Richters in ähnlicher Art; jedoch macht es den Richter selbst für mäßiges Versehen aber erst nach den Ehrenvormündern verantwortlich, und nur dessen Erben für grobes Versehen ihres Erblassers. — Für die Fehler seiner Vorgänger haftet der Richter nur, wenn er den Schaden aus ihrer Verwaltung durch grobes Versehen abzuwenden unterlassen hat.

w) Für das Preuß. Landrecht bestimmt sich das Verhältniß des Vaters ebenfalls nach den über die Schulden der Hauskinder gegebenen Bestimmungen in Verbindung mit der Vorschrift, daß ihnen Vormundschaften nur mit Einwilligung ihres Hausvaters übertragen werden dürfen.

Actio de rationibus distrahendis.[x])

§. 60. Den Namen hat diese Klage davon, weil sie auf Untersuchung der vom Vormund gelegten Rechnung gerichtet ist, um festzustellen, was unterschlagen worden ist; die Klage ist also, modern bezeichnet, eine Defectatorienklage. Sie steht dem Mündel und seinen Erben zu, aber nur gegen den Vormund, nicht gegen dessen Erben, verjährt in dreißig Jahren und war nach Römischem Rechte auf doppelten Ersatz gerichtet. — Natürlich ist es dem Mündel und dessen Erben nicht benommen, gegen den Vormund mit der actio tutelae, oder wenn die Umstände es rechtfertigen, mit der condictio furtiva und actio furti zu klagen; wenn sie aber mit einer dieser Klagen das Unterschlagene erlangt haben, so ist die actio de rationibus distrahendis nicht mehr möglich, weil ihnen nunmehr nichts mehr fehlt (nihil iis abest), und daher eine Defectatorienklage undenkbar ist.

Zur Sicherheit hat der Mündel auch wegen seiner Ansprüche aus der Verwaltung der Tutel am gesammten Vermögen des Vormundes ein gesetzliches Pfandrecht [y]) (cf. Lehre vom Pfandrecht). —

---

x) Diese besondere Klage ist dem Preußischen Landrecht unbekannt.

y) Nach Preußischem Landrecht hat der Pflegebefohlene einen gesetzlichen Titel zum Pfandrecht gegenüber dem Vormunde; und nach der Concursordnung von 1855 unter den privilegirten Gläubigern die letzte Stelle wegen seines gesetzlich in

Der Vormund hat gegen den Mündel die

Actio tutelae contraria.

§. 61. Mit derselben verlangt er Ersatz der nothwendigen und nützlichen Ausgaben, Befreiung von übernommenen Verbindlichkeiten, und nach gelegter Rechnung Generalquittung (Decharge), auch Ersatz des Schadens, den er durch Schuld des Mündels erlitten hat, so wie das ihm vom Vater oder vom Gerichte für die Führung der Verwaltung der Vormundschaft ausgesetzte Honorar. z) —

Ist kein Honorar ausgesetzt, so wollen viele Practiker dennoch dem Vormund ein billiges Honorar zugestehen.

Von der Cura.

§. 62. Der Unterschied zwischen Tutela und Cura ist bereits oben erwähnt worden.

dessen Verwaltung gekommenen Vermögens, wenn er binnen zwei Jahren nach Beendigung der gesetzlichen Verwaltung des Vormundes Klage erhoben und die Beitreibung bis zur Concurseröffnung ununterbrochen fortgesetzt hat.

z) Das Preußische Landrecht billigt ein vom Erblasser des Unmündigen und Minderjährigen nicht ausgesetztes Honorar nur bei weitläufiger und beschwerlicher Verwaltung oder wegen Vermehrung des Vermögens durch besondere Mühewaltung zu. — Vormündern anderer Personen als unmündiger und minderjähriger kann stets, wenn deren Vermögen reinen Ueberschuß gewährt, ein Honorar bewilligt werden und zwar in der Regel von Verwaltung der Güter 1 bis 3 Procent, der Capitalien 1 Procent.

Der Curator hat entweder eine bloße Custodia ohne Verwaltung, wie dies z. B. bei der Cura über Vermögensmassen der Fall ist, oder er wird behufs Führung einzelner Geschäfte bestellt, z. B. für bereits Bevormundete oder für Kinder in väterlicher Gewalt; es giebt aber auch Curatoren, welche gleich einem Vormunde die Administration eines Vermögens haben, z. B. über Wahnsinnige, Blödsinnige und Verschwender. —

Eine ganz eigenthümliche Stellung hatte im Römischen Rechte der Curator eines Minor, wovon sofort unten gesprochen werden wird. [a])

Man theilt die Cura in eine cura bonorum und cura personarum.

1) Eine cura bonorum tritt ein: [b])

a) für das Vermögen eines Abwesenden, cura absentis,

---

a) Der Unterschied zwischen Vormund und Curator nach Preußischem Landrecht ist oben angegeben. — Curatoren haben im Allgemeinen in Betreff der Verwaltung des Vermögens gleiche Pflichten wie die Vormünder. — Es giebt indessen auch Curatoren ohne Vermögensverwaltung für einzelne Rechtsgeschäfte.

b) Das Preuß. Landrecht kennt als cura bonorum.

1. die Cura über eine Erbschaft, wenn ein Posthumus erwartet wird, welcher alleiniger Erbe sein würde;
2. die Cura über eine hereditas jacens, wenn gar nicht bekannt ist, wer Erbe sei;
3. die Cura im Concurse, welche nach der Concursordnung vom 8. Mai 1855 die Gläubigerschaft führt, vertreten durch einen Verwalter (und, zulässiger aber nicht nothwendiger Weise, durch einen Verwaltungsrath) unter Controlle des gerichtlichen Concurscommissarius.

wenn derselbe seinem Aufenthalte nach unbekannt ist und keinen Stellvertreter hinterlassen hat. Sie endet mit der Auffindung oder Todeserklärung des Abwesenden;

b) über eine Erbschaft, zu welcher der Erbe unbekannt ist, oder deren Antretung wegen obwaltender Hindernisse nicht sofort geschieht (cura hereditatis jacentis);

c) für eine Erbschaft, zu welcher ein Posthumus berechtigt ist (cura ventris nomine);

d) über eine dem unmündigen Notherben angefallene Erbschaft, dessen legitime Geburt bestritten wird, cura ex edicto Carboniano;

(Ueber die Cura ad c und d siehe das Erbrecht.)

e) über eine Erbschaft, welche einem minorennen Hauskinde angefallen ist, wenn der Vater seinen Consens zur Antretung oder die Uebernahme der Verwaltung derselben verweigert;

f) Cura über eine Concursmasse.

2) Die Cura für Personen tritt ein: [c])

---

c) Nach Preußischem Landrecht tritt eine Cura für Personen ein:

1. wenn ein Posthumus als Erbe erwartet wird;
2. wenn Kinder in väterlicher Gewalt, die ohne solche eines Vormundes bedürften, mit dem Vater in Rechtsgeschäfte gerathen, oder eigenes dem väterlichen Nießbrauch entzogenes Vermögen haben, oder wenn die Eltern in Ehescheidung liegen, oder wenn die Kinder vom väterlichen Hause entfernt in ihrer gewerblichen Stellung einen Proceß zu führen haben;

a) über einen Wahnsinnigen und Blödsinnigen.

Hier führte nach dem Gesetz der zwölf Tafeln der nächste Agnat als tutor legitimus die Curatel und selbst der Sohn konnte sie über seinen wahnsinnigen Vater führen. — Nach dem neueren Rechte ist diese Cura stets eine Dativa. — Sie endet mit dem Tode oder mit der Genesung des Curanden. —

b) über einen Verschwender, cura prodigi.

Auch sie ist bereits im Gesetz der zwölf Tafeln angeordnet. Diese kann der Sohn nicht über seinen Vater führen.

c) über mündige Minderjährige, cura minoris.

Der Begriff der minor aetas ist für das Römische Recht erst durch lex plaetoria in der Mitte des sechsten Jahrhunderts p. u. c. entstanden. Dieses Gesetz zwang die Minderjährigen nicht zur Annahme eines Curators, verfügte aber, daß derjenige, welcher mit einem Minor zu dessen Nachtheil ohne Zuziehung eines Curators contrahirte, präsumtiv als ein Betrüger angesehen und infam werden sollte.

---

3. wenn eine Ehefrau ihrem Ehemanne den nöthigen Consens zur Verfügung über ihr eingebrachtes Vermögen ertheilen will;
4. wenn Bevormundete mit ihrem Vormunde in Rechtsgeschäfte gerathen oder wenn zwischen Bevormundeten derselben Tutel eine Collision eintritt, in welchem Falle Jedem ein besonderer Curator gestellt wird, oder wenn ein einzelnes Geschäft, dessen sich der Vormund nicht unterziehen kann, geführt werden soll;
5. für unbekannte Interessenten und in schleunigen Fällen für abwesende Interessenten, z. B. bei Eröffnung eines letzten Willens.

Deshalb contrahirte nicht leicht Jemand mit einem solchen Minor ohne Curator.

Es war aber dem Minor ursprünglich gestattet, sich für jedes Geschäft einen neuen Curator von der Obrigkeit zu erbitten. —

Unter den Imperatoren, namentlich seit Antoninus Philosophus, wurde der Grundsatz anerkannt, daß zu gewissen Geschäften des Minor ein Curator nothwendig sei, namentlich zur Veräußerung von Grundstücken, Einziehung ausstehender Forderungen, Führung von Processen, Rechnungsabnahme vom Tutor und wenn der Minderjährige sich arrogiren lassen wollte. — Zugleich wurde bestimmt, daß der Minor den einmal erbetenen Curator auch fortdauernd behalten sollte.

Neben dieser, für einzelne Geschäfte gegebenen Bestimmung blieb aber der Rechtsgrundsatz herrschend, inviti juvenes non accipiunt curatorem, welcher selbst im Justinianischen Rechte noch Geltung hat. — In Deutschland aber ist durch die Reichspolizeiordnung vom Jahre 1577 es Gesetz geworden, daß der Minor nothwendig einen Curator haben muß, und daß diese Cura über Minorenne denselben Character hat, wie die Tutel über Unmündige.

Sie unterliegt daher heute auch analog denselben Regeln und endet selbstredend mit der Erlangung der major aetas, kann aber auch durch Großjährigkeitserklärung, venia, aetatis ihr Ende erreichen.

Die Erlangung dieser venia aetatis erfolgt durch Rescript des Regenten nach vorheriger Untersuchung über den guten Lebenswandel des Minorennen, erfordert auch bei Männern mindestens ein Alter von zwanzig Jahren, bei Weibern von achtzehn Jahren. — Der großjährig Erklärte bleibt noch darin beschränkt, daß er Grundstücke ohne Zuziehung eines Curators nicht veräußern darf. [d]) —

Nach Römischem Rechte hatte der bisherige Tutor das Recht, die Fortführung der Cura des Minorennen abzulehnen, welche excusatio voluntaria seit der Reichspolizeiordnung, obwohl dies streitig ist, als weggefallen angesehen werden muß.

d) über Kranke und Gebrechliche, welche außer Stande sind, ihren Geschäften vorzustehen;

e) über ein minorennes Hauskind, wenn es selbstständiges Vermögen erwirbt, das dem väterlichen Nießbrauche nicht unterworfen ist, oder wenn es mit dem

---

d) Auch nach Preußischem Landrecht wird behufs Erlangung der venia aetatis für männliche Minderjährige mindestens ein Alter von zwanzig, für weibliche von achtzehn Jahren erfordert. — Sie erfolgt durch Decret des Vormundschaftsgerichtes nach sorgfältiger causae cognitio über die Dringlichkeit derselben und den Character des Minderjährigen. — Die Beschränkung des Gemeinen Rechtes in Bezug auf Veräußerung der Grundstücke ist nicht gesetzlich, kann aber bei der Erklärung der venia hinzugefügt werden. — Außer dieser venia kennt das Preußische Landrecht noch eine unvollständige Befreiung des über 20 Jahr alten Minor von der Vormundschaft, dahin, daß demselben bei vorhandener gehöriger Reife des Characters die selbstständige Verwaltung und Verwendung seiner Einkünfte, sowie der Substanz seines Vermögens unter Aufsicht des Vormundes übertragen werden kann, ohne daß er jedoch befugt ist, Grundstücke, Capitalien, Kostbarkeiten zu veräußern und den Forstnutzungsetat übersteigende Holzverkäufe zu unternehmen.

Hausvater selbst in Bezug auf sein Vermögen Geschäfte abzumachen hat;

f) für einen unmündigen Bevormundeten in Betreff einzelner Geschäfte oder einzelner Vermögensmassen, z. B. wenn der Vormund mit seinem Mündel selbst in Geschäfte geräth, oder wenn der Vormund zu einem einzelnen Geschäfte, z. B. Führung eines Processes, nicht die nöthige Kenntniß hat, oder für auswärts belegene Güter. e)

In Bezug auf sämmtliche Arten der Cura ist noch zu bemerken, daß die Cura stets eine Dativa ist, wiewohl der Richter nicht leicht einen im Testamente ernannten Curator ohne triftigen Grund zurückweisen wird; daß der Mann über seine Frau und der Bräutigam über seine Braut die Cura nicht führen können; daß ferner der Curande seinen Curator selbst als verdächtig anklagen kann; daß ferner die Klage, analog der Klage aus der Tutela

e) Das Preuß. Landrecht kennt außer der Vormundschaft und Cura noch eine Beistandschaft. — Beistände werden nämlich bestellt zur Vornahme einzelner Geschäfte:

1. Lesens oder Schreibens Unkundigen;
2. Blinden oder beständig Kranken;
3. Taubstummen, welche keines Vormundes bedürfen;
4. unverheiratheten volljährigen vaterlosen Frauenspersonen, wenn sie ein förmliches Verlöbniß eingehen;
5. verheiratheten Frauen, welche weder eines Vormundes noch Curators bedürfen, wenn sie für ihren Ehemann intercediren, oder mit ihm contrahiren und Verpflichtungen, welche nicht bereits gesetzlich bestehen, übernehmen wollen, oder wenn während der Ehe das eingebrachte Vermögen in vorbehaltenes umgewandelt werden soll.

gestaltet ist und actio tutelae utilis directa und contraria, auch wohl actio curatelae directa und contraria genannt wird, und endlich daß der Curator bonorum, wenn er zur Uebernahme der Cura nicht gezwungen wird, was regelmäßig der Fall ist, für jede Culpa haftet, während der Curator personarum dieselbe Culpa wie der Vormund zu vertreten hat. —

Daß dem Minor und Furiosus das gesetzlich generelle Pfandrecht in das Vermögen des Curators zusteht, ist zweifellos, in Betreff des Verschwenders ist es, obgleich die meisten Practiker gleicher Ansicht sind, bestritten; gegen den Curator im Concurse existirt dies gesetzliche Pfandrecht nicht. [f])

Vom Protutor und Procurator (falsus tutor, falsus curator).

§. 63. Wenn Jemand ohne Tutor oder ohne Curator zu sein (sei es, weil er diese Functionen verloren oder sie niemals gehabt hat) die Geschäfte eines solchen führt, so wird er dem Mündel und Curanden gegenüber Protutor, Procurator genannt, und demjenigen gegenüber, mit dem er für den Pflegebefohlenen contrahirt, falsus tutor, falsus curator. —

Die rechtliche Stellung eines solchen dem Pflegebefohlenen gegenüber würde wie die eines negotiorum gestor

---

f) Nach der Preußischen Concursordnung vom 8. Mai 1855 haben Pflegebefohlene im Concurse ihres Vormundes oder Curators das oben Note y erwähnte Vorrecht. —

Gegen andere Curatoren und wegen anderer Forderungen an Vormünder und Curatoren als die erwähnten, giebt es daher nach Preußischem Rechte kein besonderes Vorrecht im Concurse.

aufzufassen sein, wenn nicht das prätorische Edict dieselbe ähnlich der Tutel und Cura behandelt hätte, jedoch mit der Modification, daß der Protutor und Procurator dem Pflegebefohlenen wie ein tutor affectatus für jede Culpa haftet, außer wenn er sich bona fide für den Tutor oder Curator hielt, in welchem Falle er nur gleich einem wirklichen Vormunde oder Curator einzustehen hat. [g]) — Ob die von ihm geführten Geschäfte für den Pflegebefohlenen bindende Kraft erlangen, hängt von der Genehmigung des wahren Tutors oder wahren Curators ab. [h]) — Die Klagen zwischen dem Pflegebefohlenen und dem Protutor und Procurator werden actio protutelae (procuratelae) directa und contraria genannt. — Ob das gesetzliche Pfandrecht in das Vermögen der Protutoren und Procuratoren in soweit zu gestatten ist, als es gegen den Vormund und Curator existirt, ist streitig; auch hier bejahen die meisten Practiker. —

Eine eigenthümliche Bestimmung des Römischen Rechtes war es, daß wenn Jemand aus Irrthum mit einem falsus tutor einen Proceß gegen den Mündel geführt hatte, zur Aufhebung des in diesem Processe ergangenen Erkenntnisses es einer in integrum restitutio bedurfte.

---

g) Nach Preußischem Landrecht haftet der Protutor gerade so wie der wirkliche Vormund, doch wird ihm bei Vermeidung der Vertretung jedes geringen Versehens und Ersatz alles Schadens, welcher aus der Unterlassung dieser Pflicht entsteht, auferlegt, dem Vormundschaftsgerichte sofort Anzeige von seiner Thätigkeit als Protutor zu machen.

h) Nach Preußischem Landrecht hängt die Gültigkeit dieser Geschäfte zufolge der Stellung des Vormundschaftsgerichtes von dessen Genehmigung ab.

Das Erbrecht.

Einleitung.

§. 1. Das Gesetz kennt zwei Arten von Rechtsnachfolge (von successiones), die successio in singulas res (Singularsuccession) und die successio per universitatem (Universalsuccession).

Die Singularsuccession ist die Nachfolge in einzelne Rechte eines Rechtssubjectes, gleichviel ob diese Nachfolge in ein einzelnes Recht oder in mehrere Rechte zu gleicher Zeit stattfindet. — Ihrer Natur nach ist sie beschränkt auf Rechte; in Verpflichtungen kennt das Römische Recht keine Singularsuccession, weil eine Veränderung des verpflichteten Subjectes ohne Genehmigung des Berechtigten als willkürliche Beeinträchtigung des Rechtes erscheint. [a])

---

a) In neuerer Zeit ist die Ansicht vertreten, daß nach Gemeinem Rechte unserer Tage die Unmöglichkeit der Succession in Verpflichtungen nicht fernerhin aufrecht zu erhalten sei, und daß schon bei den Römern im Erbschaftskaufe und der Schenkung eines ganzen Vermögens die Anfänge einer solchen Succession gegeben seien. Für das Preuß. Landrecht läßt sich die

Die Universalsuccession ist die Nachfolge in die vermögensrechtliche Persönlichkeit eines Anderen. Gegenstand dieser Art Nachfolge ist das Vermögen, als ein Ganzes gedacht, nicht als ein Complexus einzelner Rechte und Pflichten, und deshalb eben die Persönlichkeit, soweit von ihr das Dasein eines Vermögens abhängig ist — Nothwendige Folge davon ist, daß eine Person in ihrer vermögensrechtlichen Stellung zu Grunde gehen oder gegangen sein muß, wenn eine successio per universitatem stattfinden soll. — Der Begriff der Universalsuccession läßt es indessen zu, daß einzelne Arten von Vermögensrechten auf den Successor nicht übergehen, z. B. gewisse obligatorische Rechte so wie das dingliche Recht des Ususfructus, des Usus, und er ist durchaus nicht durch den Uebergang der vermögensrechtlichen Verpflichtungen bedingt. Wir finden daher z. B. in der Arrogatio des älteren Römischen Rechtes eine Universalsuccession des Arrogators in die vermögensrechtliche Persönlichkeit des Arrogirten, bei welcher die Passiva des Arrogatus zu Grunde gehen, so daß der Prätor dessen Gläubigern durch eine in integrum restitutio zu Hülfe kommen mußte.

Bei anderen Fällen einer successio per universitatem gehen die Passiva nur zu einem aliquoten Theile auf den Nachfolger über, z. B. bei der emtio et venditio bonorum des älteren römischen Concurses, und in noch anderen Fällen sind gewisse Arten vermögensrechtlicher

---

rechtliche Möglichkeit einer solchen Nachfolge nicht in Abrede stellen, so finden wir sie z. B. in der Expromission. Allgemeines Landrecht Th. 1. Tit. 14. §. 399ff.

Verpflichtungen von dem Uebergange ausgeschlossen, namentlich die aus Vergehen entsprungenen. —

Der Begriff der Universalsuccession verlangt andererseits auch nicht, daß die vermögensrechtliche Persönlichkeit nur durch ein einziges Rechtssubject fortgesetzt werde, vielmehr ist es mit diesem Begriffe sehr wohl verträglich, daß mehrere Personen neben einander per universitatem succediren, so daß jeder zu einem aliquoten Theile, aber für diesen Theil in die gesammte vermögensrechtliche Persönlichkeit eintritt. —

Arten von successiones per universitatem kommen in das Vermögen sowohl eines Lebenden, als eines Verstorbenen vor.

Solche in das eines Lebenden sind: die Confiscation des Vermögens durch den Fiscus;[b]) die Succession in Folge der Ehescheidungsstrafen zu Gunsten des Ehegatten, in Folge der Eingehung verbotener Ehe so wie des Ehebruches zu Gunsten der Descendenten, Ascendenten und des Klosters (s. Familienrecht).

Andere Arten solcher Successionen des älteren Römischen Rechtes waren: die in jure cessio einer Erbschaft, der Uebergang des Vermögens in Folge der conventio in manum, der Arrogation, der emtio venditio bonorum im Concurse, und ex S. C. Claudiano, wenn eine freie Römerin trotz dreimaliger Abmahnung seitens des

b) Das Preuß. Recht kennt die Confiscation des Vermögens nicht mehr. Verfassungsurkunde vom 31. Januar 1850 Art. 10.; Strafgesetzbuch vom 14. April 1851. §. 19.

Herrn des Sclaven sich zum vierten Male in fleischlichem Umgange mit dem Sclaven des Herrn betreffen ließ.

Successionen per universitatem in das Vermögen eines Verstorbenen sind: der Uebergang des Vermögens an den Erben, geschehe er nach civilem Erbrechte oder auf Grund der bonorum possessio, oder im Wege des Erbschaftsfideicommisses, ferner die dem Erbgange analog zu behandelnden Fälle des fiscalischen Rechtes auf Erbschaften, deren Erbberechtigter ein Unwürdiger ist, oder zu denen ein anderweitiger Erbe sich nicht findet, und endlich das Recht des unmündig Arrogirten auf die quarta divi Pii. —

Der hauptsächlichste Fall der successio per universitatem ist der des Erbganges, an dessen Darstellung sich noch besondere Gesetze anschließen, welche die sonstigen das Vermögen eines Verstorbenen betreffenden Rechtsverhältnisse bestimmen.

Allgemeine das Erbrecht angehende Begriffe.

§. 2. Das Erbrecht, jus hereditarium, ist die Lehre von dem Schicksale des Vermögens eines Menschen nach dessen Tode. — Den wesentlichen Inhalt des Erbrechtes bilden die Grundsätze über die Art und Weise, wie in das Vermögen eines Verstorbenen per universitatem succedirt wird; an diese schließen sich eine Reihe von Bestimmungen über die nach dem Willen des Verstorbenen eintretenden Singularsuccessionen in einzelne Rechte seines Vermögens. — Der, welcher dem Verstorbenen per universitatem succedirt, heißt Erbe, heres. Der Verstorbene heißt Erblasser, das Römische Recht hat für ihn keinen technischen Ausdruck. Das Recht des Erben, auf diese Nachfolge Anspruch machen zu können, heißt Erbrecht, hereditas; das Vermögen des Verstorbenen, in welches der Erbe einzutreten das Recht hat, ist die Erbschaft, ebenfalls hereditas genannt. [c]) Dem Verstorbenen gegenüber bezeichnen wir die hereditas mit dem Worte „Nachlaß, Verlassenschaft". —

Der römische Ausdruck hereditas hat demnach verschiedene Bedeutungen:

a) hereditas als Erbschaft, Nachlaß ist „universum jus defuncti", d. i. das gesammte Vermögen eines Verstorbenen in Rechten und Pflichten, soweit solches auf den Erben übergehen kann;

b) hereditas als Erbrecht, ist „successio in universum jus defuncti", d. i. das Recht des Erben, in die vermögensrechtliche Persönlichkeit des Verstorbenen einzutreten.

c) Außerdem heißt hereditas nicht selten das Erbrecht des civilen Römischen Rechtes, im Gegensatz zu dem Erbrechte des prätorischen Rechtes (zur bonorum possessio). —

c) Das Preuß. Landrecht nennt die hereditas „den Inbegriff von Sachen und Rechten eines Verstorbenen" und bezeichnet denselben dem Verstorbenen gegenüber mit dem Ausdrucke Verlassenschaft; in Beziehung auf denjenigen, welcher dergleichen Inbegriff überkommt, aber mit „Erbschaft". Allgemeines Landrecht Th. 1. Tit. 2. §§. 34 u. 35.

Damit von einer Erbschaft und von einem Erbrechte die Rede sein könne, ist folgerichtig nöthig, daß ein Rechtssubject gestorben sei, oder, was dem Tode gleichsteht, daß es durch Fiction für verstorben erachtet werde, jetzt durch Todeserklärung. — Nulla viventis est hereditas. — Auch eine juristische Person kann hiernach nicht beerbt werden, denn sie stirbt nicht. — Da die hereditas der Eintritt in die vermögensrechtliche Persönlichkeit ist, so folgt endlich aus dem Begriffe, daß ein Mensch, welcher unfähig ist, Vermögen zu haben, unmöglich beerbt werden kann. Dagegen ist nicht nöthig, daß der Verstorbene actives Vermögen hinterlassen müsse, um beerbt werden zu können, und wenn der Fall denkbar wäre, daß Jemand ohne jegliches actives Vermögen und ohne Schulden versterbe, so ist er dennoch fähig, beerbt zu werden, falls er nur bei seinem Tode die Fähigkeit hatte, Vermögen zu haben. —

Fragt es sich aber, wer das Recht habe, als Erbe einem Verstorbenen zu succediren, so ergiebt sich als das Natürlichste, daß vor Allem der Wille, welchen der Verstorbene darüber vor seinem Tode kund gegeben, entscheide; hat aber der Verstorbene seinen Willen, welcher „letzter Wille“ genannt wird, hierüber nicht kund gegeben, so hat das Gesetz die Personen bestimmt, welche als Erben einzutreten berechtigt sind. Hierbei ist Rücksicht genommen auf das Band, welches durch Verwandtschaft, Ehe und Abhängigkeit im bürgerlichen Leben Menschen unter einander vereinigt. — Es ist diese Rücksicht so naturgemäß, daß die Erörterung der Frage, ob es überhaupt gerechtfertigt werden könne, daß das Vermögen eines Verstorbenen einzelnen Privaten als Erben zufalle und nicht vielmehr stets als bonum vacans an den Fiscus fallen sollte, nur als Curiosum zu betrachten ist.

Derjenige, welcher das Recht hat, als Erbe des Verstorbenen einzutreten, wird hiernach entweder durch den Willen des Verstorbenen zur Erbfolge berufen, oder durch das Gesetz. — Bei den Römern hieß die Berufung delatio hereditas, d. h. die Antragung der Erbschaft, so daß es der Regel nach nunmehr bei dem berufenen Erben stand, ob er die Erbschaft annehmen wollte oder nicht. — Als Aeußerung des Willens des Erblassers, durch welchen der Erbe berufen wird, kennt das Römische Recht nur die einseitige Erklärung des Verstorbenen, welche er bis zu seinem Tode beliebig widerrufen kann, und nennt eine solche Erklärung Testamentum. Daß der Erblasser sich durch Vertrag unwiderruflich binde, so daß einer bestimmten Person seine künftige Erbschaft deferirt werden müsse, galt den Römern für ein Rechtsgeschäft gegen die guten Sitten, und hatte, wenn es geschehen war, keine juristische Gültigkeit. — So gab es nach Römischem Rechte zwei Gründe der Delation einer Erbschaft, das Testament und das Gesetz, und somit eine doppelte Erbfolge, die ex testamento und die ab intestato (die gesetzliche). In Deutschland ist jedoch der Grundsatz, daß es den guten Sitten widerspräche, wenn der Erblasser durch Vertrag unwiderruflich Jemandem die Erbfolge in seinem künftigen Nachlaß deferire, nicht practisch geworden, vielmehr ist gegen das Ankämpfen der romanistischen Rechtsgelehrten auch der Erbvertrag als Grund der Delation einer Erbschaft zur Geltung gekommen, so daß jetzt drei Gründe solcher Delation existiren: Vertrag, Testament und Gesetz.[d]) —

In Betreff des Verhältnisses zwischen der Delation aus dem Testamente und dem Gesetze hat das Römische Recht den Grundsatz: nemo pro parte testatus pro parte intestatus decedere potest. Dieser Rechtssatz bedeutet aber nicht, daß es überhaupt unmöglich sei, daß Jemand zu gleicher Zeit von testamentarischen und Intestat-Erben beerbt werde, sondern nur, daß der Erblasser es nicht durch seinen Willen so bestimmen könne. Eine Ausnahme von diesem Rechtssatze ist nur zu Gunsten des Soldaten gemacht. Ein miles kann demnach, was einem paganus verwehrt ist, nur über einen Theil seines Vermögens testiren mit der Wirkung, daß der übrige Theil seinen Intestaterben zufällt. — Während diese Ausnahme die einzige ist, welche aus dem Willen des Erblassers fließt, erkennt das Römische Recht mehrere Fälle an, in denen dies Resultat nach dem Gesetze herbeigeführt wird. Solche Fälle sind für das Recht Justinian's:

a) Wenn ein Pflichttheilsberechtigter im Wege der querela inofficiosi testamenti sein Recht gegen das Testament mit Erfolg durchgesetzt hat, so wird dasselbe um so weit rescindirt, als es nöthig ist, den Pflichttheilsberechtigten zu befriedigen, im Uebrigen bleibt es bei der testamentarischen Erbfolge (s. Lehre vom Pflichttheile).

---

d) Auch nach Preußischem Landrechte haben wir diese drei Gründe der Delation einer Erbschaft.

b) Gleiches Resultat tritt ein, wenn die arme Wittwe ihr gesetzliches Erbrecht neben einem Testamente zur Geltung gebracht hat (s. Intestaterbrecht).

c) In das Vermögen eines unmündig Arrogirten kann möglicher Weise zum Theil aus einer Pupillarsubstitution, zum Theil ab intestato geerbt werden (s. Lehre von der Pupillarsubstitution).

Nach dem älteren Römischen Rechte konnte auch ein servus publicus populi romani über die Hälfte dessen, was er als seinen Erwerb hatte, ein Testament machen, ein Privilegium, über dessen Grund nichts Näheres constirt (Ulpian frag. tit. 20. §. 16.).

Nach dem heute in Deutschland geltenden Rechte kann der Rechtssatz nemo pro parte testatus, pro parte intestatus decedere potest nicht mehr auf volle Gültigkeit Anspruch machen. [e])

Es wird aber verlangt, daß der Erblasser durch irgend eine Willensäußerung zu erkennen gegeben habe, er wolle nur über einen Theil seines Vermögens testiren, sei es, daß er dies ausdrücklich erklärt, oder daß er z. B. unter seinen testamentarischen Erben das Recht der Anwachsung verbietet. — Hat der Erblasser nur über einen

e) Auch nach Preußischem Landrechte kann der Erblasser in irgend einer Weise gültig seinen Willen dahin zu erkennen geben, daß er nur über einen Theil seines Vermögens die testamentarische Erbfolge eintreten lassen wolle, so daß zu gleicher Zeit in einen Theil des Vermögens ex pacto, in einen anderen ex testamento und in einen dritten Theil ab intestato geerbt werden kann.

Theil seines Vermögens testirt, ohne in irgend einer Weise die Anwendung des Rechtssatzes auszuschließen, so fällt sein ganzes Vermögen an die im Testamente ernannten Erben. In sofern kann man sagen, daß der Rechtssatz in Deutschland nicht mehr Geltung habe, daß aber die Präsumtion für seine Anwendung spreche. —

Eine wichtige Frage ist es aber: in welchem Augenblicke dem Erben die Erbschaft deferirt werde. Nach dem Zeitpunkte der Delation nämlich ist die Frage zu beantworten, wer der nächst berechtigte Erbe sei, auch muß der zu berufende Erbe in diesem Augenblicke die Fähigkeit haben, Erbe zu sein.

Die allgemeine Regel ist nun:

Der Moment des Todes des Erblassers ist der Augenblick der Delation der Erbschaft.

Von dieser Regel giebt es aber drei Ausnahmen: [f])

a) Dem in einem Testamente unter einer Bedingung eingesetzten Erben ist die Erbschaft erst im Augenblicke deferirt, wo die Bedingung erfüllt wird.

b) Wenn zur Zeit des Todes ein gültiges Testament vorhanden ist, dasselbe aber nach dem Tode ungültig wird, so ist den Intestaterben die Erbschaft erst

---

f) Das Preuß. Landrecht deferirt dem Erben unter allen Umständen die Erbschaft mit dem Tode des Erblassers, auch dem bedingt ernannten Erben, obgleich es bei diesem die Erbfähigkeit nur im Augenblicke des Eintrittes der Bedingung verlangt. (Von diesem Unterschiede zwischen dem Preußischen Landrecht und dem Gemeinen Rechte wird unten häufig Anwendung gemacht werden.)

in dem Augenblicke deferirt, in welchem das Testament ungültig wird.

c) Wenn die zunächst berufenen Intestaterben sämmtlich die Erbschaft nicht erwerben, sei es, daß sie vor dem Erwerbe unfähig werden oder sterben oder daß sie die Erbschaft ablehnen, so ist sie den Nächstberechtigten erst in dem Augenblicke deferirt, in welchem der Letzte der Vorberechtigten fortgefallen ist.

Damit aber der berufene Erbe in die Erbschaft eintrete, d. h. Erbe werde, ist erforderlich, daß er sich dahin ausdrücklich oder stillschweigend erkläre, daß er Erbe sein wolle, er muß die Erbschaft antreten. [g]) Diese Antretung, wenn sie durch ausdrückliche Erklärung erfolgt, heißt aditio hereditatis, geschieht sie stillschweigend, d. h. durch Vornahme concludenter Handlungen, so wird sie pro herede gestio genannt (s. unten die Antretung der Erbschaft). Es giebt aber auch von dieser Regel zwei Ausnahmen:

a) Die sui des Erblassers, d. h. die seiner Gewalt unmittelbar unterworfenen freien Personen, seien sie ex testamento oder ab intestato berufen, erwerben die Erbschaft ipso jure ohne Antretung im Augenblicke der

---

g) Nach Preußischem Landrecht gilt hier das Princip des altdeutschen Rechtes, daß der Erbe die Erbschaft, selbst die bedingte, mit dem Augenblicke der Delation erwirbt, die bedingte natürlich nur als ein bedingtes Recht. — Während also nach Römischem und Gemeinem Rechte der Erbe, der sich nicht erklärt, die Erbschaft verliert, und sich erklären muß, wenn er sie erwerben will, tritt nach Preußischem Landrecht das Umgekehrte ein, daß der Erbe sich erklären muß, wenn er die Erbschaft nicht haben will, und sie erhält, wenn er sich nicht erklärt.

Delation; sie heißen deshalb heredes sui et necessarii, im Gegensatz zu solchen Erben, welche erst durch Antretung die Erbschaft erwerben und heredes voluntarii oder extranei genannt werden. — Es steht aber dem Erblasser frei, den suus in seinem Testamente dadurch zu einem heres voluntarius zu machen, daß er ihn unter der Bedingung zum Erben einsetzt, „wenn er die Erbschaft haben will", „si volet". —

b) Wenn der Erblasser in seinem Testamente eigne Sclaven zu Erben eingesetzt hatte, so wurden sie ohne Antretung ipso jure Erben und frei. Es konnte dies aus Wohlwollen gegen den Sclaven geschehen, oft geschah es aber, um sich bei vorhandener Insolvenz des Vermögens vor der Infamie zu bewahren, welche den Erblasser nach seinem Tode traf, wenn seine Erbschaft Schulden halber von sämmtlichen berufenen Erben abgelehnt wurde. — Solche zu Erben ernannte Sclaven hießen heredes necessarii tantum.

Zu Gunsten der sui, aber nicht der Sclaven, hat das prätorische Recht die Befugniß eingeführt, der Erbschaft zu entsagen. Dies Recht der sui ist das beneficium abstinendi. Es steht ihnen ohne alle Frist so lange zu, als sie nicht auf irgend eine Weise durch eine concludente Handlung ihren Willen, Erben sein zu wollen, zu erkennen gegeben haben, oder wie es in den Quellen heißt, so lange sie sich in die Erbschaft nicht immiscirt haben. — Macht aber ein suus von diesem Rechte der

Entsagung Gebrauch, so bleibt er nach civilem Rechte dennoch Erbe, und hört nur nach prätorischem Rechte auf, es zu sein, was die wichtige Folge hat, daß die Erbfolge nicht nach civilem Erbrechte, sondern nur nach prätorischem (d. h. im Wege der bonorum possessio) weiter deferirt wird. —

Der Erwerb (acquisitio) der Erbschaft hat die wichtige Folge, daß der Erbe die erworbene Erbschaft auf seine Erben transferirt, während, wenn der Erbe vor diesem Erwerbe stirbt, die Erbschaft der Regel nach seinen Erben verloren geht, denn: hereditas non acquisita non transmittitur ad heredes heredis. — Indessen auch von der Strenge dieses Grundsatzes wird ausnahmsweise unter gewissen Voraussetzungen abgewichen, welche Ausnahmen man sog. Transmissionsfälle nennt und über welche das Nähere weiter unten gesagt werden wird. —

So lange die berufenen Erben die Erbschaft noch nicht erworben haben, heißt sie hereditas jacens, zum Unterschiede von hereditas acquisita. Die hereditas jacens kann delata oder nondum delata sein. —

Sind sui oder Sclaven zu Erben berufen, so giebt es keine jacens hereditas.

Mehrere Erben, welche zusammen, sei es durch Testament oder durch das Gesetz, zu einer Erbschaft berufen sind, heißen Miterben, coheredes. Die Erbschaft, zu welcher sie zusammen berufen sind, gebührt ihnen in der Art als ein Ganzes, daß wenn einer oder einige von ihnen ihre Erbtheile nicht erwerben, dieselben denjenigen von ihnen zufallen, welche die Erbschaft erworben haben. Dies

Recht wird Anwachsungsrecht, jus accrescendi, genannt, und konnte nach Römischem Rechte vom Erblasser nicht verboten werden. Daß heute dem Erblasser das Recht dieses Verbotes zusteht, ist bereits oben angegeben.[h]) —

Die Klage, welche der Erbe auf Anerkennung seines Erbrechtes hat, heißt hereditatis petitio; die Klage der Miterben aus ihrem Verhältniß gegeneinander auf Theilung der Erbschaft ist die actio familiae herciscundae. —

Nicht jeder letzte Wille hat nothwendig zum Inhalte, daß Jemandem die Erbschaft als einem Erben deferirt sein solle. Es giebt vielmehr zwei Arten letztwilliger Erklärungen: Testamente und Codicille.

Testament ist eine in bestimmter vom Gesetze vorgeschriebener Form abgegebene letztwillige Erklärung, in welcher eine Erbeseinsetzung enthalten ist. Fehlt es der Erklärung an einer gültigen Erbeseinsetzung, so kann dieselbe nicht als Testament gelten.

Codicill ist eine ebenfalls in bestimmter, aber weniger strengen Form, als die für das Testament erforderliche, abgegebene letztwillige Erklärung, welche eine Erbeseinsetzung nicht enthält, auch nicht enthalten kann. —

Wenn Jemand ein Testament errichtet, so ist es ihm gestattet, in demselben zu erklären, daß, wenn sein Wille nicht als Testament bestehen könnte, derselbe doch als Codicill gültig bleiben sollte. Eine solche convertirende Erklärung heißt clausula codicillaris.

---

h) Auch nach Preußischem Landrecht ist dies Verbot zulässig. Allgemeines Landrecht Th. 1. Tit. 12. §. 285.

Der Inhalt eines letzten Willens kann sehr verschiedenartig sein; die hauptsächlichsten Arten der Erklärung sind folgende:

a) Die Erbeseinsetzung, institutio heredis. Dies ist die letztwillige Erklärung, daß Jemand Erbe sein solle, [i]) oder mit anderen Worten, die letztwillige Anordnung einer Universalsuccession. — Sie kann, wie bereits erwähnt, nur in einem gültigen Testamente angeordnet werden. — Der Testator kann sowohl eine Person als auch mehrere Personen zu Erben ernennen. —

Im Allgemeinen nun steht es in der Willkür des Testators, wen er als Universalsuccessor berufen will. Zu Gunsten gewisser nahen Verwandten ist jedoch das Gesetz gegeben, daß der Erblasser sie unter gewissen Formen ent-

i) Während nach Römischem Rechte die Erbesqualität davon abhängt, daß der Berufene „als Erbe" in irgend einer Weise designirt sei, d. h. daß der Erblasser zu erkennen gegeben habe, der Berufene solle ihm per universitatem succediren, hat das Preußische Landrecht die Sache anders und zwar so geordnet, daß jeder als Erbe anzusehen ist, welchem der Erblasser den Inbegriff seines Nachlasses ganz oder zu einem aliquoten Theile zugewendet hat, wenn er denselben auch in Form eines Vermächtnisses ausgesetzt hätte, und ferner, daß derjenige ein Vermächtnißnehmer sein soll, welchem einzelne bestimmte Sachen oder Summen vom Erblasser beschieden worden sind, sollte er auch Erbe genannt sein. — Hierdurch ist aber nicht ausgeschlossen, daß Jemand als Erbe fungiren kann, dem auf sein Erbtheil, welches ihm beschieden ist, bestimmte Sachen oder Summen ausgesetzt worden sind. Allgemeines Landrecht Th. 1. Tit. 12. §§. 4, 6 und 263.

weder zu Erben berufen müsse, oder zu erklären habe, daß sie ausgeschlossen sein sollten. Solche Verwandte nennt man Notherben, heredes necessarii. — Dieselben und noch andere bestimmte Verwandte sind daneben unter gewissen gesetzlichen Voraussetzungen befugt, zu verlangen, daß der Erblasser ihnen in irgend einer Weise einen Theil seines Vermögens zuwende, und in dieser Beziehung heißen diese berechtigten Personen Pflichttheilsberechtigte. —

b) Die Exheredatio, die ausdrückliche Enterbung. Es ist dies die ausdrückliche Erklärung, daß Jemand nicht Erbe sein solle. Nicht jede Enterbung ist eine Exheredation, vielmehr kann Jemand auch durch Präterition enterbt werden. Die praeteritio besteht nämlich in einem Nichtthun dadurch, daß der Testator in Betreff einer Person weder erklärt, daß dieselbe sein Erbe sein, noch daß sie enterbt sein solle. — Der Erblasser kann die Person genannt, und sie dennoch präterirt haben, z. B. wenn er sagt: „Weil mein Sohn Gajus ein Hochverräther ist, soll Sejus Erbe sein", so hat er den Sohn präterirt, weil er weder gesagt hat, daß derselbe Erbe sein, noch daß er nicht Erbe sein soll.

c) Das Vermächtniß. Dies ist die letztwillige Erklärung, daß Jemand ein einzelnes Vermögensrecht oder mehrere einzelne solcher Rechte erhalten soll, oder mit anderen Worten: die letztwillig angeordnete Singularsuccession. [k]) Belastet werden mit einem

---

k) Siehe vorige Note.

Vermächtniß kann nicht nur der Erbe, sondern auch derjenige, welchem der Erblasser selbst nur ein Vermächtniß beschieden hat.

Der Erblasser kann mehrere solcher Vermächtnisse anordnen, zu Gunsten derselben Person oder verschiedener Personen, er kann auch umgekehrt zu einem und demselben Vermächtniß mehrere Personen zusammen berufen, in welchem Falle unter den Berufenen das Anwachsungsrecht stattfindet. Auch dem als Erben Berufenen kann ein Vermächtniß beschieden sein; soll ihm das Vermächtniß von der Erbschaft vorweg gegeben werden, so heißt es Vorvermächtniß, praelegatum. Ein solches Vorvermächtniß ist aber nur denkbar, wenn der Erbe, dem es zugewandt ist, Miterben hat, weil er selbst nicht sein Schuldner werden kann. Ein Vermächtniß anderer Art kann auch derjenige Erbe erhalten, der alleiniger Erbe ist, nämlich dann, wenn das ihm beschiedene Vermächtniß von einem Vermächtnißnehmer an ihn zurück geleistet werden soll.

Es giebt drei verschiedene Arten von Vermächtnissen:

1. Das legatum im eigentlichen Sinne. Dies hatte im älteren Römischen Rechte die Eigenthümlichkeit, daß es in befehlenden Worten, also in Form einer quasi lex vom Testator angeordnet werden mußte.

2. Das Fideicommiß. Dies war ein in bittender Form angeordnetes Vermächtniß, und deshalb im ältesten Rechte nicht klagbar. — Ueber die näheren Unterschiede zwischen den Legaten und Fideicommissen wird das Genauere bei der Lehre von den Vermächtnissen zur Sprache kommen, und ist für jetzt nur zu bemerken, daß Justinian

den Unterschied zwischen diesen beiden Arten von Vermächtnissen aufgehoben hat. — Es gab aber wiederum zwei Arten von Fideicommissen, das Singular- und das Universalfideicommiß (fideicommissum hereditatis). Ersteres war das Fideicommiß, durch welches einzelne Rechte vermacht waren, letzteres dagegen ist die Auflage an den Bedachten, die ganze Erbschaft oder eine Quote derselben einem Anderen herauszugeben. — Dies Universalfideicommiß wird auch fideicommissarische Substitution genannt, und obgleich in Betreff der speciellen Vermächtnisse der Name Fideicommiß jetzt nicht mehr gebraucht wird, sondern jedes solches Vermächtniß mit dem Namen Legat oder Vermächtniß bezeichnet wird, hat sich doch für das fideicommissum hereditatis der Name Universalfideicommiß oder fideicommissarische Substitution erhalten.

3. Mortis causa capio.[1]) Unter diesen Namen fallen zweierlei Arten von Rechten. Einmal ist Alles, was Jemand durch den Tod eines Anderen, aber nicht durch dessen Willen erwirbt, eine mortis causa capio. Hierher gehören z. B. unsere Lehne, Familienfideicommisse, und auch im Römischen Rechte konnte man das Familienfideicommiß, mit Rücksicht auf den vorhergehenden Inhaber desselben, mit diesem Namen bezeichnen. — Der andere Begriff geht dahin, daß es jede Zuwendung eines Verstorbenen ist, welche sich nicht unter die Begriffe eines Le-

1) Das Preuß. Landrecht erwähnt nirgends speciell der mortis causa capio, der Sache nach kann sie sehr wohl vorkommen.

gates oder Fideicommisses unterordnen läßt. Dieser Art ist namentlich das conditionis implendae causa Gegebene, d. h. was der Verstorbene in der Art Jemandem zugewendet hat, daß ein Anderer es als Erfüllung einer Bedingung leisten solle. Wenn der Verstorbene z. B. bestimmt hat: Gajus soll mein Erbe sein, wenn er dem Sejus Tausend Thaler giebt, so sind für Sejus die Tausend Thaler eine mortis causa capio, weil er sie dadurch erhält, daß Gajus die ihm auferlegte Bedingung erfüllt. Ein solches conditionis implendae causa datum unterscheidet sich von dem Vermächtnisse besonders dadurch, daß es nicht durch Klage geltend gemacht werden kann, da es vom Willen des bedingt Bedachten abhängt, ob er die Bedingung erfüllen wolle (l. 8. Dig. 29, 4.).

Eine besondere Art von Zuwendung unter der Bedingung des Todes ist die mortis causa donatio. Ihrem Wesen nach ist sie eine Schenkung, also ein negotium inter vivos, es werden jedoch einzelne Grundsätze der Vermächtnisse vom Gesetze auf sie in der Art angewendet, daß sie ihrer Wirkung nach mitten innen steht, zwischen den Schenkungen und den Vermächtnissen, weshalb sie am besten am Schlusse des Erbrechtes abzuhandeln ist.[m])

Wenn dem Erblasser die unbeschränkte Freiheit gegeben wird, soviel von seinem Vermögen zu Vermächtnissen

---

m) Das Preuß. Landrecht handelt über die Schenkung von Todes wegen in dem Abschnitte von den Schenkungen, Th. 1. Tit. 11. §§. 1134 bis 1139.; das Nähere darüber siehe unter mortis c. donatio.

zu verwenden, als ihm beliebt, so liegt die Gefahr nahe, daß dem Erben Nichts von der Erbschaft übrig bleibt. — Man kann diesen Umstand für die nächsten Verwandten durch die Gesetze über den Pflichttheil als hinlänglich berücksichtigt halten, und anderen Erben eine weitere Vorsorge nicht zu Theil werden lassen. [n]) das Römische Recht will aber, daß der einmal zum Erben Berufene auch jedenfalls von dem vorhandenen Vermögen des Erblassers ein lucrum habe, und bestimmt deshalb, daß jeder Erbe von seiner Erbportion höchstens Dreiviertel auf Befriedigung der Vermächtnißnehmer zu verwenden gehalten sein, ein Viertel seiner Erbportion hiernach frei von Vermächtnissen haben solle; diese Befugniß der Erben ist das Recht auf die Quarta, welche in Bezug auf Legate im engern Sinne Quarta falcidia (ex lege falcidia), in Bezug auf Fideicommisse schlechtweg Quarta oder Quarta trebelliana (ex S. C. Trebelliano) heißt.

d) Ademtio legati. So wie der Erblasser in seinem letzten Willen Vermächnisse zuwenden kann, so steht ihm auch bis zu seinem Tode das Recht zu, angeordnete Vermächtnisse wieder aufzuheben. Eine solche Vermächtnisse aufhebende Erklärung ist eine ademtio legati. Dieser Ausdruck hat jedoch auch eine weitere Bedeutung und umfaßt zugleich den durch concludente Handlungen stillschweigend erklärten Widerruf eines Vermächtnisses.

---

n) So hat das Preuß. Landrecht die Sache geordnet; es kennt daher nicht das Recht des Erben auf die Quarta.

e) Anordnungen von Vormundschaften, Bestimmungen über das Begräbniß und sonstige Wünsche des Erblassers. — Will derselbe sich aber dahin sichern, daß Wünsche, welche Dritten kein klagbares Interesse gewähren, nach seinem Tode nicht ohne Nachtheil für den Ungehorsamen unausgeführt bleiben, so muß er sie in Form von Bedingungen für gegebene Zuwendungen aussprechen.

f) Eine besondere Art von letztwilligen Dispositionen waren nach Römischem Rechte die Freilassungen von Sclaven. Waren dieselben direct in befehlenden Worten ausgesprochen, so trat die Freiheit des Sclaven ipso jure ein, war die Freilassung einem Bedachten auferlegt, so trat sie erst mit dem Augenblicke ein, in welchem der Bedachte der Auflage nachkam. Solche Freilassungen wurden im ersten Falle als Legate im engern Sinne, im letzten Falle als Fideicommisse aufgefaßt. (Siehe hierüber die Lehre vom status.)

Es sind bisher eine Reihe von Begriffen erklärt worden, ohne deren vorläufige, wenn auch nur oberflächliche Kenntniß das Verständniß des Weiteren sehr erschwert wird. Zum Schluß dieses Abschnittes soll noch angegeben werden, wo in den Quellen des Römischen Rechtes die Vorschriften über das Erbrecht enthalten sind. [o])

---

o) Das Preuß. Landrecht, welches die Titel nach der Unterscheidung in Sachenrecht und Personenrecht, und für das Sachenrecht mit Rücksicht auf die Annahme eines titulus und modus acquirendi ordnet, bringt das Erbrecht in folgender Ordnung:

Für das ältere Römische Recht sind besonders Gajus und Ulpian wichtig. Gajus hat das Erbrecht systematisch abgehandelt und zwar im zweiten Buche der Institutionen von §. 99. bis zum Ende das Recht der Testamente und Vermächtnisse, im dritten Buche von §. 1. bis §. 87 das Intestaterbrecht. — Ulpian giebt in seinen Fragmenten vom Titel 20 bis 29. einen kleinen Ab-

---

Theil 1. Titel 9. §§. 350 bis 499. von der Erwerbung der Erbschaft (als modus acquirendi);
" Titel 11. §§. 445 bis 510. vom Erbschaftskaufe (unter den Verträgen als titulus acquirendi);
" Titel 12. von den Testamenten, Vermächtnissen und Erbverträgen (als tituli acquirendi);
" Titel 17. §§. 115 bis 168. von dem Verhältniß der Miterben (in der Lehre vom gemeinschaftlichen Eigenthume);
Theil 2. Titel 1. §§. 438 bis 667. das Erbrecht der Ehegatten (in der Lehre von der Ehe);
" Titel 2. §. 271 ff. das gesetzliche Erbrecht der Eltern und Kinder gegen einander, das Pflichttheilsrecht, die Lehre von der Collation, die dispositio parentum inter liberos, die Pupillar- und Quasipupillarsubstitution (in der Lehre von den Rechten der Eltern und Kinder zu einander);
" Titel 3. das gesetzliche Erbrecht der anderweiten Verwandten;
" Titel 4. die Familienstiftungen und Familienfideicommisse;
" Titel 16. §§. 16 bis 29. das Recht des Staates auf erblose Verlassenschaften (in der Lehre von den Regalien);
" Titel 19. §§. 50 bis 75. das Erbrecht der Armenanstalten.

riß des Erbrechtes, und über die Capacitas einige Bemerkungen in Tit. 13 bis 18. —

Die Institutionen Justinian's behandeln gleich Gajus das Erbrecht in einem kurzen System, und zwar im zweiten Buche von Titel 10 bis 25., Ende dieses Buches die Lehre von den Testamenten und Vermächtnissen, im dritten Buche von Titel 1 bis 13. das Intestaterbrecht und einige besondere das Erbrecht berührende Nebenverhältnisse. —

In den Pandecten und dem Codex ist das Erbrecht nicht zusammengestellt, die Ordnung dieser Gesetzbücher hat es vielmehr veranlaßt, daß die Titel über Gegenstände des Erbrechtes zerstreut in den verschiedenen Büchern sich finden. — Der Hauptbestandtheil des Erbrechtes ist enthalten in den Digesten Buch 28 bis 38 incl. und Codex Buch 6.; — das testamentarische Erbrecht bildet den Hauptheil; über Testamente, deren Form, Erbeseinsetzung, Erwerb der Erbschaft und Eröffnung der Testamente handeln Buch 28 und 29. der Pandecten und Titel 21 bis 34. Buch 6. des Codex; über Vermächtnisse Buch 30 bis 36. der Pandecten und Titel 36 bis 54. Buch 6. des Codex (über Bedingungen bei letztwilligen Erklärungen sprechen Pandecten Buch 35. Titel 1. und Codex Buch 6. Titel 46.; ad legem falcidiam Pandecten Buch 35. Titel 2.); — die bonorum possessio wird im Buch 37. und das Intestaterbrecht in Buch 38. der Pandecten und Buch 6. des Codex Titel 11, 12, 55 bis Ende des Buches behandelt. — Außerdem finden wir die Pflichttheilsklage und die hereditatis petitio Pandecten Buch 5. Titel 2,

3 und 4.; Codex Buch 3. Titel 28, 29, 30 und 31.; die Lehre vom Accrescenzrecht und von der Delation des Ususfructus legatus Pandecten Buch 7. Titel 2 und 3. und Codex Buch 3. Tit. 33. lex 14, 15 und 17.; — die actio familiae herciscundae unter den Theilungsklagen Pandecten Buch 10. Titel 2. und Codex Buch 3. Titel 38.; — den Erbschaftskauf in der Lehre vom Kaufe Pandecten Buch 18. Titel 4. und Codex Buch 4. Titel 39.; endlich das Recht des Fiscus auf die bona vacantia Codex Buch 10. Tit. 10. —

In den Novellen findet sich das Erbrecht überall zerstreut, die wichtigsten sind: Novelle 18. über die Größe des Pflichttheiles; 115. über das Notherbenrecht; 118 und 127. über das Intestaterbrecht; 53 und 117. über das Erbrecht der armen Wittwe; 107. über das testamentum parentum inter liberos; 89 und 18. über das Erbrecht der Concubinenkinder.

Ueber die hereditas jacens, und was zur Erbschaft gehört.

§. 3. In zahlreichen Stellen der römischen Rechtsquellen wird die Erbschaft vor dem Erwerbe durch den Erben als eine juristische Person betrachtet, und bald ganz allgemein von ihr gesagt, daß sie vice personae fungire, bald dies nur mit den einschränkenden Zusätzen „in quibusdam, in plenisque, in multis partibus juris“ angeführt. [p]) — Die meisten dieser Stellen beziehen sich auf den für unser Recht bedeutungslosen Rechtssatz, daß für eine hereditas jacens durch Erbschaftssclaven Rechte erworben werden könnten. — Aber auch unabhängig vom Erwerbe durch Sclaven lehren einige Stellen, daß eine hereditas jacens berechtigt und verpflichtet werden könne, z. B. durch negotiorum gestio eines Dritten, durch Delicte eines Dritten, durch Verwirkung einer Conventionalstrafe, durch Eintritt einer Bedingung; nur ist der Erwerb für die hereditas jacens überall da unmöglich, wo die Thätigkeit menschlichen Willens zum Erwerbe nöthig ist, z. B. Erwerb einer Erbschaft durch Antretung, oder wo Entstehung des Rechtes ohne physische Person nicht gedacht werden kann, z. B. beim Ususfructus. — Wenn die Erbschaft unter Cura gestellt ist, so läßt die Praxis auch den Besitz für sie durch den Curator erwerben. Eine besondere Bestimmung ist es, daß die Usucapion fortgesetzt wird, während die Erbschaft ruht, so daß sie sogar vor der Erbschaftsantretung vollendet werden kann. —

Neben dem Satze, daß die hereditas jacens eine juristische Person sei, findet sich aber auch der Ausspruch,

---

p) Da nach Preuß. Landrecht der Erbe ipso jure mit dem Tode des Erblassers die Erbschaft erwirbt, so kann es darnach eine hereditas jacens im eigentlichen Sinne nicht geben; dennoch wird dieser Begriff insofern zur Anwendung gebracht, als beim Streite zwischen zwei Erbschaftsprätendenten (Allgemeines Landrecht Th. 1. Tit. 17. §. 159.) oder wenn der Erbe unbekannt ist (Allgemeines Landrecht Th. 1. Tit. 9. §. 471.) dem Nachlasse (nicht dem Erben) ein Curator bestellt wird.

sowohl daß sie die Person des Erblassers darstelle, als auch daß sie an Stelle des Erben fungire. —

In Folge dessen sind die Meinungen der Rechtsgelehrten über die rechtliche Stellung der hereditas jacens getheilt. — v. Savigny meint, die Römer hätten dieselbe niemals als eine juristische Person betrachtet, sondern nur für den einzelnen besonderen Zweck die Fiction der juristischen Persönlichkeit für sie aufgestellt, damit gewisse Erwerbungen für die Erbschaft durch die zu ihr gehörigen Sclaven erleichtert würden. — Herr der ruhenden Erbschaft sei der künftige Erbe.

Puchta dagegen legt der ruhenden Erbschaft auch für das jetzige Recht juristische Persönlichkeit bei, zu gleicher Zeit aber soll, nach seiner Ansicht, die Person des Erblassers in der Erbschaft noch fortgedacht werden, und zwar selbst nachdem der Erbe die Erbschaft angetreten habe, da dieser immer die Person des Erblassers repräsentire. Die Erbschaft gehe demnach durch die Antretung nicht zu Grunde in dem Vermögen des Erben, wie es sich zeige, wenn der Erbe Sachen in der Erbschaft zum Eigenthume erwirbt, welche er sonst zu erwerben unfähig sei. — Auf diese Weise sei es vollkommen klar, daß die hereditas jacens juristische Person sei und zugleich den Erblasser so wie die Erben repräsentire. —

Für die Praxis hat der berührte Streit keinen besonderen Effect, da die Zulässigkeit des Erwerbes zu Gunsten des Erben, der den Erblasser vom Tode ab zu vertreten hat, anerkannt ist, soweit ein solcher Erwerb ohne Erbschaftscurator und mit solchem möglich gedacht werden kann. —

Die hereditas hat zu ihrem Inhalte nur vermögensrechtliche Befugnisse und Pflichten, — denn nur die vermögensrechtliche Seite der Persönlichkeit ist der Gegenstand der Erbfolge. — Von den Rechten, welche dem Erblasser zustanden, und den Pflichten, die ihm oblagen, gehen mit seinem Tode darnach zu Grunde:

alle, die nicht eine vermögensrechtliche Natur haben, z. B. Rang, Stand, Würden, Amtspflichten, Familienrechte 2c. Bereits aus solchen Verhältnissen entstandene Rechte und Pflichten mit vermögensrechtlicher Natur gehören aber zur Erbschaft, z. B. die Pflicht den aus schlechter Amtsführung entstandenen Schaden zu ersetzen.

Aber auch von den Rechten und Pflichten vermögensrechtlicher Natur gehen nicht über auf den Erben: q)

1. Höchst persönliche Privilegien, z. B. die Rechtswohlthat der Competenz.

q) Nach Preußischem Landrecht gelten dieselben Grundsätze; als Modificationen und Besonderheiten sind zu bemerken: das Societätsverhältniß ist an sich nicht an die Person gebunden; ebenso nicht der Compromißvertrag; das ohne Zeitbestimmung durch Willkür constituirte Vorkaufs- und Wiederkaufsrecht ist höchst persönlich; verwirkte Strafgelder hat der Nachlaß zu tragen, wenn sie vor dem Tode des Peccanten bereits rechtskräftig festgesetzt sind; über die Ansprüche auf Schadensersatz siehe den allgemeinen Theil; die Kosten eines Criminalverfahrens treffen den Nachlaß, wenn der Erblasser durch Versehen oder Unvorsichtigkeit Anlaß zu dem Verfahren gegeben hat. —

Das Gnadenquartal und der Gnadenmonat der Beamten gehört nicht zum Nachlasse, sondern der Wittwe, den Kindern und Enkeln des Verstorbenen.

2. Ansprüche, welche ihrer Natur nach nur auf Lebenszeit zustehen, z. B. der Alimentationsanspruch; das Recht, rückständige Leistungen aus solchen Ansprüchen zu fordern, gehört zur Erbschaft.

Ebenso verhält es sich mit dergleichen Pflichten, die Alimentationspflicht, welche auf Verwandtschaft beruht, erlischt mit dem Tode, diejenige aber, welche aus einem speciellen Rechtstitel entspringt, wie die des Erzeugers eines unehelichen Kindes, hat die Erbschaft zu prästiren.

3. Von dinglichen Rechten, die an die Person gebundenen, als: Usufructus, Usus und das dingliche Wohnungsrecht.

4. Von Contractsverhältnissen das aus dem Mandate, der Societät, dem Compromiß, so lange der Schiedsrichter sein laudum nicht endgültig gefällt hat, das receptum arbitrii wenn der Schiedsrichter stirbt, die locatio operarum wenn der Arbeiter stirbt. — (Bereits entstandene specielle Forderungen aus diesen Verhältnissen gehören zur Erbschaft.) — Das Recht, das dem Erblasser geschehene Angebot einer Schenkung zu acceptiren, steht den Erben nicht zu, weil die Offerte einer Schenkung auf höchst persönlicher Rücksicht beruht.

5. Nach positiver Vorschrift des Römischen Rechtes gehen in der Regel nicht ad heredes über die actiones vindictam spirantes und nicht in heredes die actiones ex delicto, wenn nicht bereits lis contestirt ist. (Das Nähere und die Modificationen so

wie Ausnahmen von dieser Regel siehe allgemeinen Theil vom Uebergange der Klagen auf und gegen die Erben.)

6. Alle Rechte, welche dem Verstorbenen nur bis zum Tode verliehen worden, und alle Verpflichtungen, für welche er nur bis zu seinem Tode die Haft übernommen hat.

Allgemeines über die bonorum possessio. [r]

§. 4. Das römische Erbrecht hat zwei selbstständig neben einander bestehende Erbrechte, das des civilen Rechtes, hereditas im engern Sinne genannt, und das Erbrecht des Prätors, die bonorum possessio. —

Beide Arten von Erbrecht bestehen noch im Justinianischen Rechte neben einander, denn wenn auch durch die Gesetzgebung Justinian's die meisten Classen und Arten der bonorum possessio, so weit sie ein Erbrecht gaben, aufgehoben worden sind, so hat dieser Kaiser doch nirgends erklärt, daß die noch stehengebliebenen Fälle der bonorum possessio gleich dem civilen Erbrechte behandelt werden sollen und nirgends den Unterschied zwischen ihr und der civilen hereditas ausdrücklich aufgehoben. — Aus diesem Grunde, und weil sonst ein Verständniß des römischen Erbrechtes schwerlich zu erlangen ist, muß die Lehre von

r) Für das Preuß. Landrecht ist von dem Unterschiede zwischen der hereditas und der bonorum possessio kein Gebrauch mehr zu machen.

der bonorum possessio zur Kenntniß gebracht werden. — Hier soll das Allgemeine darüber vorgetragen werden, das Speciellere folgt bei den einzelnen Erbfolgearten. —

Die historische Entstehung der bonorum possessio ist vollkommen dunkel, es sind darüber die verschiedensten Conjecturen zu Tage gefördert worden. Im Grunde haben dieselben für den Lehrzweck nur das Interesse, die Gestaltung des Instituts selbst so klar wie möglich zur Darstellung zu bringen; und mit Rücksicht hierauf ist besonders die Conjectur von Fabricius, welcher auch Mühlenbruch und v. Vangerow beitreten, hier ausführlicher als die übrigen Ansichten behandelt. —

Einige Rechtsgelehrten halten dafür, daß der Prätor die bonorum possessio von Anfang an eingeführt habe, um die engen Grenzen des civilen Erbrechtes zu erweitern, indem er die Formen des Testamentes nicht in der Strenge des civilen Rechtes verlangte, und auch der Cognation so wie dem Ehegatten Rechte auf die Erbschaft einräumte. — v. Savigny läßt den Prätor dies Resultat für die in der Erbschaft befindlichen Obligationen im Wege der Ertheilung von actiones utiles und fictitiae erreichen, für die körperlichen Sachen durch besondere Bevorzugung in der Occupation während die hereditas jacens war und in der usucapio pro herede vermittels des interdictum quorum bonorum gegen frühere Occupanten. —

Huschke meint, die bonorum possessio habe der usucapio lucrativa pro herede, als solche nicht mehr zum Zwecke der sacra und Befriedigung der Gläubiger, sondern niederer Gewinnsucht diente, entgegentreten sollen, und deshalb habe der Prätor das civile Erbrecht erweitert. —

Eine andere ältere Conjectur nimmt an, daß die bonorum possessio ein Institut des jus gentium und des praetor peregrinus sei, welches später in das civile Recht vom praetor urbanus aufgenommen worden.

Eine dritte Ansicht will die bonorum possessio in ihren Anfängen als subsidiäres Institut betrachtet wissen, um in Ermangelung eines Erben dem Nachlaß gegen die zum Verkauf desselben berechtigten Gläubiger des Erblassers in den Cognaten und Ehegatten einen Vertreter zu schaffen. (s. Ulpian tit. 28. §. 12. und l. 1. pr. Dig. de successorio edicto lib. 38. tit. 9.)

Eine vierte Ansicht geht davon aus, daß die bonorum possessio sich zunächst an das civile Recht angeschlossen und nur den civilen Erben dieselbe gegeben, später aber zur Erweiterung des Erbrechtes benutzt worden sei. Von einer Seite wird dies dadurch erklärt, daß der Prätor anfangs keine andere Absicht gehabt habe, als den civilen Erben die Proceßführung zu erleichtern (Löhr), von anderer Seite (Fabricius, Mühlenbruch, von Vangerow) aus dem Bedürfniß einer interimistischen Besitzregulirung für die Dauer der hereditatis petitio. — Diese letztere Ansicht entwickelt dies im Allgemeinen in folgender Art:

So wie für die Dauer der rei vindicatio der Prätor gegen cautio einer der proceßführenden Parteien den interimistischen Besitz der streitigen Sache gegeben (Gajus Buch 4. §§. 16 und 17.), ebenso habe er für die Dauer der hereditatis petitio eine Partei in die Erbschaft eingewiesen. Diese Einweisung sei die ursprüngliche bonorum possessio. — Wenn nun zwischen dem Testamentserben und dem Intestaterben der Proceß geführt wurde, so hätte der Prätor den in einem äußerlich formell gültigen Testamente eingesetzten Erben in die Erbschaft interimistisch eingewiesen, also nach Inhalt des Testamentes; dies sei die bonorum possessio secundum tabulas gewesen (tabulae heißt nämlich das Testament). Hätte ein solches Testament nicht producirt werden können, oder stritten Zwei um das Intestaterbrecht, so hätte der Prätor denjenigen eingewiesen, welcher als Intestaterbe berechtigt erschienen wäre; dies sei die bonor. poss. unde legitimi (legitimus heres heißt nämlich der civile Intestaterbe). — Es kann mit Wahrscheinlichkeit weiter gefolgert werden, daß wenn der übergangene Notherbe gegen den testamentarischen Erben klagte, der Prätor den Notherben gegen den Inhalt des Testamentes in die Erbschaft eingewiesen habe; dies ist die bonor. possessio contra tabulas. — Der bonor. possessor war hiernach ursprünglich nur interimistischer Verwalter der Erbschaft, und hatte keine Erbschaftsklagen. Da solche ihm aber nöthig waren, um mit Erfolg die Erbschaft zusammen zu schaffen und zu halten, gab ihm der Prätor diese Klagen als actiones fictitiae und ein besonderes interdictum adipiscendae possessionis, das interdictum quorum bonorum, um die körperlichen Erbschaftssachen zur Erbschaft zu bringen, welche in Händen unbefugter Besitzer waren. — Ob aber der bonorum possessor die Erbschaft als Erbe behalten konnte, darüber entschied der Ausgang des Erbschaftsprocesses. Wenn aber nach regulirter Einweisung der Proceß gar nicht fortgesetzt wurde oder der begonnene Proceß liegen blieb, so behielt der bonorum possessor factisch die Erbschaft und konnte an den körperlichen Sachen auch durch Usucapion Eigenthum erwerben. — In soweit war die bonor. possessio eine bloße Bestätigung des civilen Rechtes vom processualischen Standpunkte aus betrachtet, sie war juris civilis confirmandi gratia. —

Die erste Erweiterung des Erbrechtes durch sie erfolgte ohne Beeinträchtigung der civilen Erben. Nach der eigenthümlichen Strenge des civilen Rechtes nämlich ereignete es sich nicht selten, daß die Erbschaft ohne civilen Erben blieb, und deshalb berief der Prätor für einen solchen Fall, ehe die Erbschaft bonum vacans wurde, gewisse cognatische Verwandten (bonor. possessio unde cognati) und den Ehegatten (bonor. poss. unde vir et uxor), um in die Erbschaft eingewiesen zu werden. Dies ist die bonor. poss. supplendi juris civilis gratia. —

Der weitere Schritt war, das civile Recht zu corrigiren, unter Verletzung der Rechte der civilen Erben. Dies geschah indessen nur in zwei Punkten:

a) Gewisse Descendenten (die emancipati und in adoptionem dati) erhielten gleiches Recht wie es die sui hatten, als Intestaterben (bonorum possessio unde liberi) und als Notherben (Erweiterung der bonor. poss. contra tabulas).

b) Wenn das Testament nicht die vollen Förmlichkeiten hatte, welche das civile Recht verlangte, jedoch gewisse vom Prätor desiderirte, so wie wenn ein suus postumus, durch den als Notherbe das Testament ungültig geworden war, vor dem Tode des Testators wieder fortgefallen war, gab der Prätor eine bonor. poss. secundum tabulas.

Dies war die bonor. poss. juris civilis corrigendi gratia; und das ganze Institut der bonor. poss. ist demnach tam confirmandi, quam supplendi, quam corrigendi juris civilis gratia.

Nach dieser Ausbildung wurde dem bonorum possessor auch eine hereditatis petitio gewährt, als utilis, als possessoria; quiritarisches Eigenthum konnte er freilich an den Erbschaftssachen nicht erlangen, vielmehr nur in bonis, welches durch Usucapion zum quiritarischen Eigenthum werden konnte.

Frist zur Nachsuchung der bonorum possessio.

Derjenige, welcher der Wohlthat der bonor. poss. theilhaftig werden wollte, mußte sie aber beim Prätor nachsuchen, und darin lag ein bedeutender Unterschied zwischen ihr und dem civilen Erbrechte, welches ohne Nachsuchung deferirt wurde, so daß auch tacite die Antretung der civilen Erbschaft erfolgen konnte. — Die Frist zur Nachsuchung, welche agnitio oder petitio hieß (bonor. poss. agnoscere oder petere), war für Ascendenten und Descendenten ein annus utilis, für andere Personen hundert dies utiles.

War aber Jemand wegen seines Verhältnisses zum Verstorbenen in verschiedenen Klassen (z. B. wie der suus als liber, als civiler Erbe und als Cognat) berufen, so hatte er für jede Klasse eine neue Frist. — Diese Pflicht der Nachsuchung ist unter den Söhnen Constantin des Großen dahin modificirt worden, daß jede Erklärung vor jedem Richter, die Erbschaft haben zu wollen, anstatt der Nachsuchung gelten sollte, während vordem die Nachsuchung für eine bestimmte Klasse und vor dem Prätor in Rom, vor dem Präses der Provinz in den Provinzen erfolgen mußte.

Klassen der bonorum possessio.

Wie eben angedeutet, hat der Prätor in seinem Edict eine bestimmte Klassenordnung für die bonor. poss. vorgeschrieben. — Den Vorrang hatte die bon. poss. contra tabulas; wurde diese in der bestimmten Frist nicht nachgesucht, so ertheilte der Prätor auf Verlangen die bon. poss. secundum tabulas, wenn ein geeignetes Testament producirt wurde, und erst wenn innerhalb der bestimmten Frist auch sie nicht gesucht wurde, gab er die bon. poss. intestati.

Innerhalb der letzteren war wiederum eine bestimmte Reihenfolge aufgestellt, z. B. unde liberi, unde legitimi, unde cognati etc. (worüber das Intestaterbrecht nachzusehen ist). Hiernach würde es aber möglich gewesen sein, daß die Erbschaft Jahre lang ohne bonorum possessor geblieben und deshalb ein Gegenstand beliebiger Expilation gewesen wäre, denn wenn z. B. die Cognaten zu derselben berechtigt waren, so hätten sie erst nach Ablauf der Fristen, welche allen in den vorgehenden Ordnungen Berufenen zu Gute kamen, die bonor. poss. nachsuchen können. Die Vermeidung dieses Uebelstandes konnte dadurch erfolgen, daß die Erbschaft vorläufig unter Cura gestellt wurde. Es gab aber auch ein bequemeres Mittel.

Jeder, welcher in irgend einer Ordo berufen war, konnte vorläufig die bonor. possessio agnosciren und erlangen (in alienam vicem, vice aliena), nur mußte er, wenn innerhalb gestatteter Frist ein besser Berechtigter später sie nachsuchte und erlangte, diesem die Erbschaft aushändigen, so daß er, bis er zur definitiven Berufung gelangte, als Verwalter der Erbschaft zu fungiren hatte. Auch hatte er die Pflicht, wenn die Berufung an ihn gelangte, die Nachsuchung als eine definitive für seine ihm bestimmte Klasse zu wiederholen, bis Constantius (l. 9. Cod. lib. 6. tit. 9.) verfügte, daß die Nachsuchung in vicem alienam auch die definitive Nachsuchung vertrete und die Wiederholung der petitio nicht nöthig sei. —

Es könnte endlich auffallend erscheinen, daß der Prätor drei Arten von Successionen in die Erbschaft aufstellte, contra tabulas, secundum tabulas und intestati, während das civile Recht nur zwei, die ex testamento und ab intestato kennt. Dieser Umstand findet seine Erklärung darin, daß wenn Notherben präterirt waren, nach civilem Rechte das Testament ipso jure nichtig war, und deshalb die Intestaterbfolge eintrat. Nach dem prätorischen Rechte ist aber in diesem Falle das Testament nur anfechtbar, das Mittel der Anfechtung ist die bonor. poss. contra tabulas, und da dieselbe innerhalb einer bestimmten Frist nachgesucht werden mußte, so erscheint nothwendig im System der bonor. possessio das Recht der Notherben als eine besondere Folgeordnung.

Arten der bonorum possessio.

Arten der bon. poss. sind:

1) b. p. necessaria im Gegensatze zur voluntaria (utilis);
2) b. p. ordinaria im Gegensatze zur extraordinaria;
3) b. p. edictalis im Gegensatze zur decretalis;
4) b. p. cum re oder cum effectu im Gegensatze zu der sine re, sine effectu.

1. B. p. necessaria ist diejenige, welche der nur nach prätorischem Rechte Berufene nachzusuchen hat, voluntaria dagegen die, welche der civile Erbe nachsucht. — Das System der bonor. poss. hat nämlich die civilen Erben aufgenommen und nur noch andere Personen außerdem berufen. Der civile Erbe hat deshalb die Wahl, ob er sich auf sein civiles Recht stützen oder die bon. poss. nachsuchen will, diese ist deshalb für ihn eine freiwillige, voluntaria, auch utilis genannt, weil sie ihm unter Umständen größere Vortheile bietet, als das civile Erbrecht. — Diejenigen Personen, welche nur durch die bon. poss. zur Erbschaft kommen können, müssen dieselbe nachsuchen, wenn sie die Erbschaft nicht verlieren wollen, für diese ist daher die bon. poss. eine necessaria.

2. Die Ausdrücke b. p. ordinaria und extraordinaria haben drei verschiedene Bedeutungen:

a) ordinaria ist diejenige, welche auf dem ursprünglichen Edicte des Prätors beruht; extraordinaria die, welche durch spätere Gesetze der Kaiser in das ursprüngliche System eingeführt wurde, wie z. B. die b. p. in Folge des S. C. Tertullianum und S. C. Orphitianum.

b) ordinaria heißt auch diejenige, welche nach der für gewöhnliche Fälle aufgestellten Reihenfolge ertheilt wird; extraordinaria, die für außergewöhnliche Fälle bestimmte, z. B. die bonor. poss. unde decem personae in die Erbschaft eines Freigelassenen (s. Intestaterbrecht).

c) ordinaria heißt endlich diejenige, welche eingeführt ist, um ein wirkliches Erbrecht zu gewähren; extraordinaria, die zu anderen Zwecken dient. Zu dieser letzteren gehören die bloßen missiones in bona, als: die b. p. ex edicto Carboniano für den unmündigen Notherben, dem seine legitime Geburt bestritten wird; die b. p. ventris nomine im Interesse eines zu erwartenden Postumus; die b. p. furiosi nomine, wenn die Erbschaft einem Wahnsinnigen deferirt wird. Unter diesen Begriff fällt auch die b. p. litis ordinandae gratia, welche nur zum Zwecke der Legitimation für einen Erbschaftsproceß gegeben wird. Um nämlich in gewissen Rechtsstreitigkeiten solcher Art, z. B. mit der querela inofficiosi testamenti oder dem Antrag auf missio ex edicto Carboniano auftreten zu können, mußte der Kläger sein Erbrecht darthun. Der civile Erbe berief sich hier auf das Gesetz, welches ihm die Erbschaft deferirte. Der prätorische Erbe aber konnte als solcher nicht eher gelten, ehe er nicht bon. poss. agnoscirt und erhalten hatte, und doch sollte erst der bevorstehende Proceß über sein Recht entscheiden. Dies Dilemma wurde dadurch gelöst, daß ihm der Prätor nur behufs Legitimation zum Processe eine bon. poss. gab, was so zu denken ist, daß ihn der Prätor für den Fall des Sieges als prätorischen bonorum possessor anerkannte.

Unter den Begriff der bon. poss. extraordinaria fällt in gewissem Sinne auch die addictio bonorum libertatum conservandarum causa. Wenn nämlich der Verstorbene Freilassungen von Sclaven letztwillig angeordnet hatte, und sich zur Erbschaft kein Erbe fand, so wurde nach einer Verfügung des Marcus Aurelius die Erbschaft auf Antrag Jedem zugeschlagen, welcher sich erbot, die Erbschaftsschulden zu bezahlen und die angeordneten Freilassungen ins Werk zu setzen. Der Antragende konnte auch einer der Sclaven sein, deren Freilassung der Verstorbene angeordnet hatte. Von mehreren Petenten hatte der den Vorzug, welcher die meisten Freilassungen aufrecht zu erhalten sich erbot. — (Ausführlicheres über diesen heute unpractischen Gegenstand Inst. Buch 3. Tit. 11.; l. 4. Dig. Buch 40. Tit. 5. und l. 15. Cod. Buch 7. Tit. 2.)

3. Bonor. possessio edictalis ist diejenige, welche durch die Bestimmungen des Edictes des Prätors ipso jure eröffnet war, so daß es nur der Nachsuchung, die

nöthigen Eigenschaften des Petenten vorausgesetzt, bedurfte, um sie zu erlangen. Diese bon. poss. konnte auch de plano nachgesucht und ertheilt werden, d. h. nicht in ordentlicher Gerichtssitzung, sondern überall, wo der Magistrat in seiner amtlichen Eigenschaft sich gerade befand. Bei der Berechnung der Frist für ihre Nachsuchung zählten aber auch alle Tage, an welchen der Magistrat anzutreffen war. —

Die bonor. poss. decretalis dagegen ist diejenige, welche im Edict in der Art verheißen ist, daß der Prätor sich über die Eröffnung derselben in jedem einzelnen Falle eine causae cognitio vorbehalten hatte, so daß er die Ertheilung den auch sonst Legitimirten wegen besonderer Umstände verweigern konnte. Zu ihr gehörten z. B. die bloßen missiones in bona, ferner die bonor. poss. secundum tabulas, welche ein bedingt eingesetzter Erbe gegen Caution verlangen konnte, auch unter Umständen die bonor. poss. contra tabulas. — Sie konnte auch nur pro tribunali, d. h. in ordentlicher Gerichtssitzung petirt und ertheilt werden (wenn der Magistrat auf seinem Richtersitz, tribunal, saß); dagegen zählten für sie bei Berechnung der Frist nur diejenigen Tage, an denen der Prätor zu Gericht saß und nicht selbst die Vornahme einer solchen Verhandlung für einen oder den andern Tag abgelehnt hatte (s. l. 2. §. 1. Dig. 38, 15.).

4. Bon. possessio cum re et sine re. Mit diesem Unterschiede hat es folgende Bewandtniß: — Der Prätor ertheilte die bonor. poss. den Nachsuchenden auf Grund seines Edictes ohne Rücksicht darauf, ob civile

Erben, welche von dem Rechte der bon. poss. keinen Gebrauch machen wollten oder konnten, vorhanden waren. Deshalb war es gewöhnlich, daß andere Personen nach civilem Rechte, andere nach prätorischem die Erbschaft in Anspruch nahmen. Gegen dritte unbefugte Inhaber von Erbschaftssachen und Erbschaftsrechten waren beide zur Klage legitimirt. Es konnte indeß nicht fehlen, daß beide gegen einander die Erbschaft als allein Berechtigte ansprachen. Wenn nun in diesem Processe der bonorum possessor über den civilen Erben siegte, so war die bonor. possessio cum re, cum effectu und die civile hereditas sine re, sine effectu; unterlag der bon. possessor, so war die bon. possessio sine re, sine effectu und die hereditas cum re, cum effectu; endlich war auch der Fall denkbar, daß beide neben einander für berechtigt erachtet wurden, dann waren sowohl die bon. possessio als die hereditas theilweise cum theilweise sine re. —

Gewiß ist es, daß anfangs die bon. possessio stets sine re war, und erst, als sie ein wirkliches Erbrecht gewährte, wurde sie in einzelnen Fällen cum re. So haben wir z. B. Nachricht, daß durch Rescripte von Hadrian und Marcus Aurelius die bonor. possessio secundum tabulas in einzelnen Fällen für eine cum re erklärt wurde. Darüber aber, wie das Verhältniß im Justinianischen Rechte steht, giebt es zwei Ansichten. — Die eine, welche bis jetzt noch als die herrschende betrachtet werden muß, stellt als Regel auf, daß die Rangordnung des prätorischen Edictes entscheidend sei. Darnach ist die bon. poss. cum re, wenn der civile Erbe nicht befugt gewesen wäre, vor dem bon. possessor die bon. poss. zu agnosciren; sine re, wenn der civile Erbe diese Befugniß gehabt hätte. Wenn er aber neben dem bon. possessor diese Befugniß gehabt hätte, so seien hereditas und bon. possessio theils cum theils sine re, wo dann die Theilung der Erbschaft nach Maßgabe des prätorischen Edictes erfolgt. — Die andere Ansicht deducirt, mit Rücksicht auf Gajus Buch 2. §§. 119 bis 121., daß die bon. poss. in der Regel sine re sei, mit Ausnahme der bon. poss. unde liberi und contra tabulas für die Emancipirten, und der bon. poss. secundum tabulas, wenn das Testament gegen die Agnation eines wieder fortgefallenen postumus aufrecht erhalten wird, sowie wenn dem Testamente zwar die Förmlichkeiten des civilen Rechtes fehlten, dasselbe aber die nach dem Edicte des Prätors nöthigen Formen hätte.

Von der Fähigkeit zu erben und beerbt zu werden; testamenti factio activa und passiva; Capacitas.

§. 5. Die Fähigkeit, zu erben und beerbt zu werden kommt sowohl für die Intestaterbfolge als für die testamentarische zur Sprache. — In Bezug auf die testamentarische Erbfolge wird diese Fähigkeit gewöhnlich mit dem Ausdrucke testamenti factio bezeichnet. In den Quellen des Römischen Rechtes wird dieser Ausdruck theils gebraucht, um damit die Befugniß zu bezeichnen, einen letzten Willen errichten zu dürfen, theils in dem weiteren

Sinne als „die rechtliche Fähigkeit, zu einem römischen letzten Willen in Beziehung zu treten“. Diese Beziehung kann eine dreifache sein: die Fähigkeit, einen letzten Willen zu errichten, — in einem solchen bedacht zu werden, — als Zeuge bei Errichtung eines solchen zu fungiren. — Die Neuern nennen die erstere Fähigkeit testamenti factio activa, die beiden anderen testamenti factio passiva. In streng juristischem Sinne kann unter test. factio nur die aus dem commercium entspringende Fähigkeit in den angegebenen drei Beziehungen verstanden werden; so daß noch aus anderen Gründen als dem Mangel der test. factio dergleichen Unfähigkeit bestehen kann, z. B. wegen Unmündigkeit, Wahnsinn rc. — Die Fähigkeit, in einem letzten Willen bedacht zu werden, bezieht sich sowohl auf die Ernennung zum Erben als auch auf die zum Legatar, jedoch mit dem Unterschiede, daß in Betreff des Legats weniger Gründe der Unfähigkeit existiren, als in Betreff der Erbeseinsetzung. Verschieden von der sog. testamenti factio passiva ist die Capacitas, d. h. die Fähigkeit, eine letztwillige Zuwendung zu erwerben. Ein incapax, welcher die sog. testam. fact. pass. hatte, konnte bedacht werden, er war aber unfähig, das ihm Zugewandte zu erwerben.

Die Fähigkeit, ab intestato beerbt zu werden muß im Augenblicke des Todes des Erblassers vorhanden sein; die Fähigkeit aber, ein Testament oder Codicill zu errichten, im Augenblicke der Errichtung desselben. Daß der Testator später diese Fähigkeit verloren und selbst im Augenblicke seines Todes nicht mehr hat, schadet im Allgemeinen der Gültigkeit des letzten Willens nicht, nur darf keine capitis deminutio des Erblassers inzwischen eingetreten sein; durch eine solche wird der letzte Wille ungültig (irritum) und bleibt es nach civilem Rechte auch, wenn der Erblasser vor seinem Tode in den früheren Status zurücktrat, während der Prätor für diesen Fall durch eine bon. poss. secundum tabulas das Testament aufrecht erhielt. s)

Die Fähigkeit, ab intestato zu erben muß vom Augenblicke der Delation ununterbrochen bis zum Erwerbe der Erbschaft beim Erben sein.

Die Fähigkeit, testamentarischer Erbe zu sein muß vorhanden sein im Augenblicke der Berufung durch den Erblasser, d. h. der Errichtung des Testamentes, ferner im Augenblicke der Delation und von da ab ununterbrochen bis zum Erwerbe der Erbschaft.

Die Fähigkeit, Legatar zu sein muß vorhanden sein im Augenblicke der Errichtung des letzten Willens, im

---

s) Nach Preußischem Landrecht wird die Fähigkeit, ab intestato beerbt zu werden nach dem Augenblicke des Todes beurtheilt; die Fähigkeit aber, einen letzten Willen zu errichten nach dem Zeitpunkte der Errichtung, mit zwei Modificationen:

1. Ein Verbot des positiven Rechtes (z. B. daß Verschwender nicht vollständige Testirfähigkeit haben) läßt den letzten Willen bestehen, wenn es dem Erblasser im Augenblicke seines Todes nicht mehr entgegensteht.
2. Umgekehrt, wird der letzte Wille ungültig, wenn dem Erblasser später zur Strafe die Fähigkeit zu dessen Errichtung entzogen ist (Hochverräther und Landesverräther, welche zum Tode oder zu lebenslänglichem Zuchthaus verurtheilt sind). Strafgesetzbuch §. 73.; Allgemeines Landrecht Th. 1. Tit. 12. §. 14.

Augenblicke der Delation und im Augenblicke des Erwerbes des Legates. Daß sie zwischen Delation und Erwerb gefehlt hat, schadet dem Legatar nicht. t) —

Die Capacitas des Erben und Legatars ist nicht nöthig im Augenblicke der Errichtung des letzten Willens, es genügt vielmehr, wenn sie im Augenblicke der Delation vorhanden ist. —

Die speciellen Fälle sind:

1. Unfähig, überhaupt beerbt zu werden sind:

a) Rechtsunfähige, also Sclaven. Haben wir auch in Deutschland keine Sclaven, so dürfte doch die gewöhnlich vorgebrachte Meinung, jeder Sclave, welcher deutschen Boden betrete, werde frei, durch kein Gesetz unterstützt sein. u) Eigne Sclaven konnte nach Römischem Rechte der Herr nur unter Voraussetzung der Freilassung bedenken; hatte er fremde Sclaven bedacht, so galt deren Herr als der Bedachte.

b) Vermögensunfähige, also Mönche, Nonnen, Hochverräther, weil ihr Vermögen confiscirt wird. v) —

---

t) Nach Preußischem Landrecht kommt es auf die Fähigkeit des Erben und Legatars zur Zeit des Erbanfalles, d. h. des Todes des Erblassers, an, nur bei bedingten Zuwendungen auf die zur Zeit des Eintrittes der Bedingung. §§. 43 u. 460. Th. 1. Tit. 12.

u) Das Preuß. Landrecht erkennt auch Sclaven eines Ausländers als solche an. Th. 2. Tit. 5. §. 198 ff.

v) Mönche und Nonnen sollen nach Preuß. Landrecht in Ansehung aller weltlichen Geschäfte nach abgelegtem Klosterge-

Vor Justinian konnten aus diesem Grunde auch freie in der Gewalt eines Anderen stehende Personen nicht beerbt werden (cf. Familienrecht, Lehre von den Peculien).

Außer diesen Personen ist jetzt Jedermann fähig, ab intestato beerbt zu werden; bei den Römern waren hierzu noch unfähig:

c) Peregrinen. (Sie haben in Deutschland seit der Auth. omnes peregrini von Kaiser Friedrich dem Zweiten [Cod. Buch 6. Tit. 59. ad leg. 10.] die Fähigkeit, beerbt zu werden.)

d) Alle zum Tode Verurtheilten, weil sie aufhörten, Cives zu sein.

e) Latini Juniani und solche dediticii, welche, falls sie nicht dediticii geworden wären, den Stand der latini Juniani erlangt hätten (Gajus Buch 3. §§. 55 ff., 74, 75.).

2. Unfähig, einen letzten Willen zu errichten sind:

a) Alle, welche überhaupt unfähig sind, beerbt zu werden; Hauskinder auch noch nach heutigem Rechte,[w]) ausgenommen über ihre bona militaria; (servi publici konnten über die Hälfte ihres sog. Vermögens testiren);

---

lübde für verstorben angesehen werden; Th. 2. Tit. 11. §. 1199. Vermögensconfiscation findet nicht mehr statt, daher werden auch Hochverräther ab intestato beerbt. Wann sie unfähig werden, einen letzten Willen zu errichten, siehe Note s, 2.

w) Nach Preuß. Landrecht können Hauskinder letztwillig verfügen, auch über ihr unfreies Vermögen. §. 18. Th. 1. Tit. 12.

b) Verschwender; [x])

c) aus physischen Gründen: Wahnsinnige, außer in lichten Augenblicken; Blödsinnige; Unmündige (nach altem Römischen Rechte konnte die unmündige Vestalin testiren); Taubstummgeborene, Stumme, welche schreibensunkundig sind. Nach jetzigem Rechte müssen auch Taubstumme und Stumme, wenn sie durch eine anerkannt verständliche Zeichensprache ihren Willen kund geben können, zur Errichtung eines letzten Willens wohl zugelassen werden, da ein strenges Festhalten an den römischen Vorschriften mit Rücksicht auf den Grund derselben nicht mehr gerechtfertigt erscheint. [y])

d) Zweifelhaft ist die heutige Anwendbarkeit des römischen Verbotes für Pasquillanten, Apostaten, gewisse Arten von Ketzern, und gewiß zu verwerfen ist das den Usurarii auferlegt gewesene Verbot des Canonischen Rechtes. [z]) — Die Pasquillanten, Ketzer, Apo-

---

x) Verschwender können nach Preußischem Landrechte durch letzten Willen ihren Verwandten bis zum sechsten Grade incl. und ihrem Ehegatten nicht über die Hälfte des gesetzlichen Erbtheils entziehen; Th. 1. Tit. 12. §§. 27 bis 34.

y) Wahnsinnige und Blödsinnige können nach Preuß. Landrecht, sobald sie unter Vormundschaft gestellt sind, nicht letztwillig verfügen; vorher können sie es in lichten Zwischenräumen; §§. 20 bis 24. Th. 1. Tit. 12. — Unmündige sind unfähig, Mündige bis zum 18. Jahre nur fähig, gerichtlich ihren letzten Willen zu erklären; §§. 16 u. 17. l. c. Taube, Stumme und Taubstumme können, letztere beide zufolge erlassener Hofrescripte auch durch Zeichensprache, testiren.

z) Das Preußische Landrecht kennt diese Fälle der Ausschließung nicht.

staten und Usurarii werden lege intestabiles genannt, d. h. unfähig, Zeugniß bei einem letzten Willen abzulegen, und daß zu ihren Gunsten Zeugniß abgelegt werde. —

Auch sind die Verbote des älteren Römischen Rechtes unpractisch, welche bestanden für Stumme und Taube, wegen der Mancipationsform bei Testaments und für Weiber in Betreff des Testamentes in den Comitien, vor denen sie nicht erscheinen konnten. (Bis Hadrian war den Weibern, so lange sie noch in der angebornen Familie agnatisch verwandt waren, die Errichtung von Testamenten jeder Art untersagt.)

3. Unfähig, ab intestato zu erben sind:

a) Rechtsunfähige, also Sclaven;

b) Vermögensunfähige; [a])

c) Söhne und Töchter von Hochverräthern, doch können die Töchter ein Viertel vom Vermögen ihrer Mutter erben. [b])

Unpractisch ist das Verbot für

d) Peregrinen;

e) zum Tode Verurtheilte.

Streitig ist das Verbot für

f) Alle, welche beim Tode des Erblassers noch nicht concipirt sind. [c])

---

a) Siehe Note v und Preußisches Landrecht Th. 2. Tit. 11. §§. 1201 bis 1204.

b) Auch dies Verbot kennt das Preußische Recht nicht.

c) Nach Preußischem Landrecht muß wohl nach §. 371. Th. 1. Tit. 9. angenommen werden, daß ein beim Tode des

Daß es im Rechte vor Justinian bestand, ist unzweifelhaft, und der Streit wird nur darüber geführt, ob dies Verbot dadurch aufgehoben sei oder nicht, daß Justinian alle Descendenten zur Erbfolge berufen habe (l. 34. Cod. Buch 3. Tit. 28. und Nov. 118.). — Die älteren Rechtsgelehrten halten es für aufgehoben, die meisten neueren für fortbestehend.

4. Unfähig, ex testamento zu erben sind:

a) Alle ad 3 genannten Personen. — In Betreff der noch nicht Concipirten [c]) dreht sich der Streit um die Frage, in wie weit hier die Grundsätze von der Einsetzung einer persona incerta zur Anwendung kommen können. Die, welche auch hier das Verbot für fortbestehend halten, geben dem Testator den Rath, den noch nicht Concipirten als Universalfideicommissar zu bedenken, was nicht verwehrt ist. —

Streitig ist die Geltung des Verbotes für

b) die Wittwe, welche im Trauerjahr heirathet. [d]) — Die Meisten halten die Strafen der Verletzung des Trauerjahres für unpractisch.

c) die lege intestabiles (siehe oben Nr. 2, d.).

5. Unfähig, zum Legatar ernannt zu werden sind nur:

Erblassers noch nicht Concipirter nicht ab intestato zur Erbschaft berufen werden kann, womit freilich noch nicht ausgeschlossen ist, daß er als Erbe eines Erben des Verstorbenen auf die Erbschaft Anspruch machen kann. Daß auch ein solcher zum Erben in einem Testamente ernannt werden kann, ist unbedenklich.

d) Dem Preußischen Landrechte unbekanntes Verbot.

a) Rechts- und Vermögensunfähige.

Streitig ist das Verbot für

b) lege intestabiles (siehe Lehre von den Vermächtnissen).

6. Es giebt einige Vorschriften, nach welchen die Unfähigkeit, zu erben und bedacht zu werden, keine absolute, sondern nur eine beschränkte ist, entweder in Rücksicht auf gewisse Personen oder auf eine gewisse quantitative Höhe. Solche Fälle sind:

a) Der conjux binubus darf, wenn Kinder erster Ehe vorhanden sind, dem zweiten Ehegatten nicht mehr zuwenden, als dem mindest bedachten Kinde erster Ehe; das zuviel Zugewandte fällt an die Kinder erster Ehe. [e])

b) Die Wittwe, welche im Trauerjahre geheirathet hat, soll ihrem Ehemanne, auch wenn sie keine Kinder erster Ehe hat, also niemals mehr zuwenden können, als ein Drittel ihres Vermögens. Sie selbst kann ab intestato nur von Verwandten des ersten, zweiten und dritten Grades erben. — Diese Bestimmung wird von den Meisten als durch das Canonische Recht abolirt erachtet. [f])

c) Personen, welche wissentlich in blutschänderischer Ehe

---

e) Das Preuß. Landrecht beschränkt den conjux binubus nicht, bestimmt aber, daß so lange er das Vermögen der Kinder früherer Ehe nicht sicher gestellt hat, der neue Ehegatte zum Nachtheil dieses Vermögens der Kinder in den Gütern des binubus keine Rechte erlangen könne.

f) Siehe Note d.

leben, sollen von einander nichts erben, und nur testiren können zu Gunsten ihrer legitimen Descendenten bis zum dritten, ihrer Ascendenten bis zum zweiten Grade, des Bruders, der Schwester, und des Vaters Bruder und Schwester. Auch sollen von ihnen diejenigen Verwandten nicht erben, welche zu solcher Verbindung wissentlich gerathen haben. — Streitig ist, ob nicht dies (aus l. 6. Cod. de incestis nuptiis Buch 5. Tit. 5. stammende) Verbot durch Novelle 12, wonach das bei Eingehung der blutschänderischen Ehe vorhandene Vermögen der Peccanten an ihre Descendenten eventuell an den Fiscus fallen soll, aufgehoben ist. — Ebenso streitig ist, ob das Verbot auch auf Blutschande, bei welcher die Absicht der Ehe fehlt, auszudehnen. [g])

d) Kinder aus Blutschande, wenn sie nicht aus putativer Ehe sind, sollen von ihren Eltern weder ab intestato noch ex testamento Etwas von Todes wegen erhalten. — Auch hier ist der Zweifel, ob sich das Verbot auf s. g. außereheliche Blutschande bezieht. — Nicht minder streitig ist, ob auch adulterini demselben Nachtheil unterliegen. [h])

g) Nach Preußischem Landrecht können Personen, welche Ehebruch oder Blutschande mit einander getrieben haben, einander durch letztwillige Verordnung nichts hinterlassen, wenn entweder um dieses verbotenen Umgangs willen eine Ehe getrennt, oder der Erblasser sonst des Ehebruches oder der Blutschande mit der begünstigten Person gerichtlich überführt worden. — Durch Ehelichung nach erlangtem Dispens cessirt dies Verbot.

h) Dies Verbot kennt das Preuß. Landrecht nicht.

e) Concubinenkinder und die Concubine sollen aus dem Testamente des Concumbens, wenn dieser legitime Descendenten hinterläßt, zusammen nie mehr als ein Zwölftel erhalten können, die Kinder allein auch ein Zwölftel, die Concubine allein nur ein Vierundzwanzigstel. Hinterläßt der Concumbens keine legitime Descendenten, so können diese Personen, unter Berücksichtigung des Pflichttheilsrechtes der Verwandten, aus dem Testamente des Concumbens ohne Beschränkung erben. — Die Praxis hat diese Bestimmung auf alle uneheliche Kinder ausgedehnt. [i])

Veraltet ist:

f) Das Verbot ex lege Voconia (585 p. u. c.). — Ratione voconiana, wie Paulus sagt, wahrscheinlich schon nach dem Gesetze der zwölf Tafeln, sollten Weiber in der Klasse der Agnaten ab intestato nur als Verwandte des zweiten Grades erben; im dritten und folgenden Grade erbten in der Klasse der Agnaten hiernach nur Männer. — Außerdem konnte ex lege Voconia eine in der ersten Vermögensklasse eingeschätzte Person keine Frauensperson zum Erben einsetzen, als Legat ihr aber höchstens die Hälfte des Vermögens zuwenden. Vestalinnen waren von diesem Verbote eximirt.

7. Capacitas. Für das Recht Justinian's sind Fälle der Incapacität nur:

---

i) Nach Preußischem Rechte ist der Vater unehelicher Kinder diesen und der Mutter derselben gegenüber nicht besonders beschränkt.

a) das Verbot, daß mulieres, welche zur Zeit der Delation probrosae sind, weder Legate noch Erbschaften nehmen sollen; doch konnten sie die Erbschaft ihrer Kinder ab intestato erhalten; [k])

b) die Fälle, in denen der berufene Erbe oder Vermächtnißnehmer wegen Unwürdigkeit den Erwerb nicht machen kann (s. Indignitätsfälle).

c) Die oben, unter Nr. 6. e angegebene Beschränkung der Concubinenkinder kann als Incapacitas gelten.

Bereits für das Justinianische Recht unpractisch war:

d) die Incapacitas der latini Juniani für Erbeseinsetzungen und Legate; für Fideicommisse waren sie capaces;

e) die Incapacitas ex lege Julia et Papia Poppaea (9 nach Christo) für Coelibes und orbi.

Ein coelebs, d. h. ein Ehe- und Kinderloser, war vollständig incapax; ein orbus, d. h. ein verheiratheter Kinderloser, konnte nur die Hälfte seines Erbtheils oder des ihm Zugewandten nehmen. — Jugendliches und allzu hohes Alter, Impotenz, nahe Verwandtschaft mit dem Verstorbenen setzten das Verbot außer Kraft. — Auch war dem coelebs eine Frist von 100 Tagen gegeben nach der Delation, um sich durch Heirath die Capacität zu erwerben. — Kinderlose Ehegatten hatten gegen einander die Capacitas nur auf Höhe eines Zehntels. (Ein näheres Eingehen auf dies durch die christliche Zeit total beseitigte, allerdings wunderbare Gesetz liegt außerhalb unseres Zweckes.) —

k) Nach Preußischem Landrecht sind mulieres probrosae nicht beschränkt.

Ein ganz besonderer noch heute practischer Fall der Incapacität ist der in Bezug auf einzelne Sachen und Rechte vorkommende, wenn der Bedachte unfähig ist, die ihm zugefallene Sache oder ein dergleichen Recht zu seinem Eigenthum zu haben. In Betreff der Erben entscheidet l. 62. Dig. de acquir. rer. dominio Buch 41. Tit. 1., daß das Eigenthum auch dem Erben an solchen Sachen zufalle, die er zu haben unfähig sei. — Der Erbe wird solche Sachen an einen Fähigen veräußern müssen. —

In Betreff des Legates meinen Einige, daß der Erbe dem Legatar den Werth der Sache zu gewähren habe, Andere dagegen unterscheiden, ob der Erblasser das Hinderniß gekannt habe oder nicht, und halten im ersten Falle den Belasteten zur Leistung des Werthes für verpflichtet im zweiten Falle das Legat für ungültig. Eine dritte Ansicht unterscheidet: Betrifft die Frage zugleich das Vermächtniß an Sachen und Rechten eines Dritten, so sei der Mangel der Fähigkeit des Legatars gleichgültig; betrifft sie die Sache des Testators oder des Belasteten, so sei das Legat ungültig, wenn der Mangel der Fähigkeit ex lege entspringe, dagegen gültig und der Werth zu gewähren, wenn ein factisches Hinderniß den Mangel herbeiführe (l. 49. §. 2. Dig. de legat. II. Buch 31.; l. 114. §. 5. Dig. de legat. I. Buch 30.). — Ist eine militia einem solchen vermacht, welcher sie nicht bekleiden kann, so soll stets der Werth bezahlt werden. [1])

---

1) Der Erbe oder Legatar, welcher unfähig ist, gewisse Sachen oder Güter zu besitzen, soll nach Preußischem Landrecht,

Nachdem bis jetzt die hauptsächlichsten allgemeinen Lehren des Erbrechts berührt worden, ist das Folgende in der Art angeordnet, daß zuerst von der Intestaterbfolge, sodann von der testamentarischen Erbfolge nebst dem Noth- erben- und Pflichttheilsrecht, ferner vom Erwerbe der Erb- schaft, den Rechtsmitteln des Erben, dem Verhältniß unter Miterben nebst Collation und Accrescenzrecht, vom Verlust der Erbschaft, dem Erbschaftskaufe, von den Codicillen und Vermächtnissen und zum Schluß vom Caducum und Erep- torium gehandelt wird.

---

wenn ihm solche von Todes wegen zufallen, binnen Jahresfrist nach dem Tode des Erblassers sich entweder die nöthige Fähig- keit erwerben, oder sein Recht einem Fähigen abtreten. — Der Legatar erhält während dieser Frist die Rechte an der Sache und Nutzungen, zu deren Besitz er fähig ist; ist er aber auch dessen nicht fähig, so hat der Erbe die Wahl, die Sache für den gemeinen Werth zu behalten, oder sie für Rechnung des Lega- tars an einen Fähigen gerichtlich verkaufen zu lassen. Th. 1. Tit. 12. §§. 41, 42, 452 bis 455.

Von der Intestaterbfolge.

§. 6. In wie fern die Intestaterbfolge nur subsidiar ist, wurde oben erwähnt. Regel ist, daß sie nur stattfindet, wenn gar kein Testament, oder kein gültiges Testament beim Tode vorhanden, oder wenn das vorhandene gültige Testament nach dem Tode ungültig geworden ist. — Ueber die Personen, welche unfähig sind, ab intestato beerbt zu werden, oder zu erben, siehe den vorigen Abschnitt. —

Das Gesetz beruft die Intestaterben nach einer gewissen Reihenfolge zur Erbschaft in der Art, daß es Personen, welche zu dem Verstorbenen in einer gewissen Weise näher als andere Personen stehen, vor diesen zur Erbschaft beruft, gewisse Personen aber für gleich nahe berechtigt zur Succession erachtet. — Die einzelnen Abstufungen, welche hiernach bei der Berufung gemacht werden, nennt man Erbfolgeklassen, ordines. —

Innerhalb einer Klasse können wiederum möglicher Weise die einen von den zu ihr berufenen Personen, obgleich alle Personen dieser Klasse im Allgemeinen in dem für diese Klasse erforderlichen Verhältnisse zu dem Verstorbenen stehen, vor anderen Personen derselben Klasse berufen sein, so daß innerhalb einer Klasse wiederum Abstufungen entstehen. Diese Abstufungen innerhalb einer Klasse heißen gradus. Die Bedeutung des gradus in diesem Sinne ist nicht durchweg identisch mit dem Verwandtschaftsgrade. Es ist möglich, daß der gradus der Erbberechtigung mit dem Verwandtschaftsgrade zusammenfällt, z. B. in der Klasse der cognatischen Verwandten; daß aber dies Zusammentreffen kein nothwendiges ist, zeigt sich z. B. in der Klasse der Descendenten, in welcher der Enkel, dessen Parens bereits verstorben oder erbunfähig ist, in einem näheren Grade der Erbfolge steht, als der Enkel, dessen Parens noch lebt und erbfähig ist. —

Wer nun zur Erbfolge ab intestato berufen ist, darüber entscheidet der Augenblick, in welchem die Erbschaft dem Intestaterben deferirt wird, und es ist bereits früher erwähnt, daß für die entfernter Berufenen durch Fortfallen der früher Berufenen eine wiederholte Delation eintreten kann. —

Diejenigen erbfähigen Personen, welche der ordo und dem gradus nach im Augenblicke der Delation als die nächst Berufenen vorhanden sind, haben zusammen das Recht auf die Erbschaft.

Wenn nun sämmtliche im Augenblicke der Delation vorhandene Berechtigte oder einer oder einige derselben nach der Delation fortfallen, ohne die Erbschaft erworben zu haben, sei es, daß sie vor dem Erwerbe sterben, oder erbunfähig werden, sei es, daß sie die Erbschaft ablehnen, so entsteht die Frage, wer zur Erbschaft oder zum Erbtheil des Wegfallenden berufen ist.

Wenn von mehreren zusammen berufenen Miterben einer oder einige wegfallen, ohne ihre Erbschaft erworben zu haben, so fällt deren Antheil jure accrescendi an gewisse oder alle gleichzeitig mitberufenen Erben. Fallen aber sämmtliche zunächst berufenen Erben fort, so rückte nach dem ältesten Civilerbrechte weder der nächstfolgende gradus noch die nächstfolgende Klasse der Erben ein, sondern die Erbschaft fiel an das Aerar (in legitimis hereditatibus successio ordinum et graduum non est).

Das prätorische Recht in seiner bonorum possessio hatte die successio ordinum unter allen Klassen anerkannt, dagegen eine successio graduum nur in der Klasse der cognatischen, nicht aber in der Klasse der agnatischen Verwandten. Erst Justinian hat unter allen Klassen eine successio ordinum, und in allen Klassen eine successio graduum zugelassen. —

Wenn aber nicht sämmtliche zuerst berufene Erben, sondern nur einer oder einige derselben vor dem Erwerbe der Erbschaft fortfallen, so herrscht Streit darüber, ob die successio graduum oder das jus accrescendi den Vorzug habe. — Wird festgehalten, daß, so lange Personen, welchen die Erbschaft einmal deferirt worden ist, noch vorhanden sind, kein Raum für eine neue Delation gegeben ist, und daß in der Berufung des nächsten gradus die Eröffnung einer neuen Delation liegt, so kann es nicht bedenklich erscheinen, dem jus accrescendi vor der successio graduum den Vorzug zu geben, und die letztere nur dann eintreten zu lassen, wenn sämmtliche zusammenberufene Personen zwischen der Delation und dem Erwerbe der Erbschaft fortgefallen sind. —

Viele Juristen jedoch sind der entgegengesetzten Ansicht, namentlich auch Franke in Göttingen, und eine ältere Theorie hat eine Mittelmeinung dahin aufgestellt, daß beim Wegfall eines Erben durch Tod die successio graduum, beim Wegfall eines Erben durch Ablehnung das jus accrescendi den Vorzug haben soll.

Es läßt sich nicht in Abrede stellen, daß die von uns für richtig anerkannte Ansicht, namentlich für die Descendenten als eine Härte erscheint; indessen darf deshalb ein richtiges Princip nicht aufgegeben werden, auch hat das Gesetz selbst in dem Rechte der Transmission gerade für die Descendenten als Erben des Weggefallenen ein Aushilfemittel gegen diese Härte gegeben.

Nach dem Gesagten definiren wir dahin:

> successio graduum ist das Recht der in einem später berufenen Grade stehenden Personen, in die Erbschaft einzurücken, wenn sämmtliche berufene Personen des früheren Grades zwischen Delation und Erwerb der Erbschaft fortgefallen sind;
>
> successio ordinum ist das Recht der in einer späteren Klasse berufenen Personen, in die Erbschaft einzutreten, wenn sämmtliche berufenen Personen

der früheren Klasse zwischen Delation und Erwerb der Erbschaft fortgefallen sind. m)

Wenn mehrere Intestaterben zu gleicher Zeit concurriren, so kann die Theilung der Erbschaft entweder in capita oder in stirpes oder in lineas erfolgen.

In capita, nach Kopftheilen, theilen heißt, einem Miterben so viel von der Erbschaft geben, als jeder andere gleich nahe stehende Miterbe erhält.

In stirpes, nach Stämmen, theilen heißt, den Descendenten eines vor der Delation Weggefallenen zusammen so viel von der Erbschaft geben, als ihr weggefallener Ascendent erhalten haben würde, wenn er zur Concurrenz gekommen wäre.

In lineas, nach Linien, theilen heißt, den Ascendenten eines vor der Delation Weggefallenen zusammen so viel von der Erbschaft geben, als ihr weggefallener Descendent erhalten haben würde, wenn er zur Concurrenz gekommen wäre.

Das Intestaterbrecht des heutigen Rechtes beruht auf

---

m) Nach Preuß. Landrecht tritt stets successio graduum ein, denn es ist Gesetz, daß, wenn ein Miterbe seine Intestaterbschaft nicht erwirbt, diejenigen an seine Stelle treten, welche nach dem Gesetze berechtigt gewesen sein würden, wenn der wegfallende Erbe von Anfang an gar nicht vorhanden gewesen wäre. Ein Anwachsungsrecht bei der ordinären Intestaterbfolge giebt es daher eigentlich gar nicht, da auch die Miterben nur aus dem Rechte der Nachrückung in den Antheil des ausfallenden Miterben eintreten; nur für solche, welche ex speciali titulo berufen sind, z. B. für die Kinder aus einer Ehe zur linken Hand, kann von einem jus accrescendi gesprochen werden.

den von Justinian erlassenen Novellen 118 und 127, und den vor diesen Gesetzen geltenden Bestimmungen, so weit dieselben nicht durch diese Novellen aufgehoben worden sind.

Theils im Interesse des historischen Zusammenhanges, theils zur Erlangung eines wahren Verständnisses ist es zunächst nöthig, in einer kurzen Uebersicht das vor den Novellen 118 und 127 geltende Intestaterbrecht des Römischen Rechtes vorzuführen. Die nachfolgende Darstellung wird demzufolge in 4 Abtheilungen zerfallen:

1) das Intestaterbrecht des älteren römischen Civilrechtes;
2) das Intestaterbrecht des prätorischen Rechtes oder die bonorum possessio intestati;
3) die Gesetzgebung über das Intestaterbrecht unter den Imperatoren von Hadrian bis zu den Novellen 118 und 127;
4) die Novellen 118 und 127 und das seitdem geltende römische Intestaterbrecht.

1. Das Intestaterbrecht des älteren römischen Civilrechtes.

Institut. lib. 3. tit. 1, 2 und 7.: Dig. lib. 38. tit. 16.; Cod. lib. 6. tit. 55 und 58.; Gajus lib. 3. §§. 1 bis 24 und 40 bis 76.: Ulpian tit. 26 und 27.; Paulus recept. sent. lib. 4. tit. 8.

§. 7. Nach dem älteren römischen civilen Rechte konnte nur ein homo sui juris beerbt werden, da ein homo alieni juris anfänglich kein Vermögen haben konnte, und als er später die Fähigkeit des Vermögenserwerbes erlangte bei seinem Tode sein etwa vorhandenes Vermögen jure peculii an seinen Gewalthaber fiel.

Es beruhte aber dies ältere Intestaterbrecht allein auf Agnation, Patronat und Gentilität, so daß die bloße cognatische Verwandtschaft, selbst die nächste, kein Anrecht auf die gesetzliche Erbfolge verlieh. —

Ein homo sui juris konnte aber auf zweierlei Weise selbstständig geworden sein, entweder ohne Freilassung, z. B. durch den Tod seines Gewalthabers, durch Erlangung der Civität, oder er konnte es durch Freilassung geworden sein, d. h. durch Emancipation, wenn er ein freier Mensch, durch Manumission, wenn er ein Sclave gewesen war.

In das Vermögen eines homo sui juris non emancipatus sive non manumissus war die Erbfolge in drei Klassen gegeben:

Erste Klasse: sui und sui postumi;
Zweite Klasse: agnati proximi;
Dritte Klasse: gentiles.

Erste Klasse: sui und sui postumi.

Unter einem suus ist hier Jeder zu verstehen, welcher im Augenblicke des Todes des Erblassers in dessen unmittelbarer Gewalt sich befand, d. h. in der Art dieser Gewalt unterworfen war, daß zwischen ihm und dem Verstorbenen keine Mittelsperson stand. —

Ein suus postumus ist aber ein durch Geburt oder durch jus postliminii nach dem Tode des Erblassers zur Welt oder zum Vorschein Gekommener, welcher suus gewesen wäre, wenn er bereits im Augenblicke des Todes des Erblassers erschienen.

Solche sui und sui postumi können Söhne, Töchter, Enkel, Enkelinnen und weitere Abkömmlinge sein. Auch die Ehefrau, wenn sie beim Tode des Mannes in dessen Manus stand, hatte das Erbrecht einer filia sua. —

Getheilt wurde die Erbschaft unter diesen Berechtigten so, daß Söhne und Töchter Kopftheile, Enkel, Enkelinnen und weitere Descendenten Stammtheile nahmen. —

Waren solche sui und sui postumi vorhanden, so mußte die Erbfolge nothwendig für vollständig erledigt gelten, da diese Personen die Erbschaft ohne Antretung im Augenblicke der Delation ipso jure erwarben, und nach civilem Rechte nicht die Befugniß hatten, dieselbe abzulehnen. Machten sie von dem beneficium abstinendi Gebrauch, so blieben sie trotzdem nach civilem Rechte Erben, hörten nur nach prätorischem Rechte auf, es zu sein; die Erbschaft konnte daher nicht nach civilem Rechte, sondern nur durch eine bonorum possessio weiter vererbt werden.

Waren aber im Augenblicke der Delation keine sui vorhanden (und sui postumi auch nicht später nachgekommen), so berief das civile Recht

Zweite Klasse: agnati proximi, d. h. die im Augenblicke der Delation mit dem Verstorbenen im nächsten Grade verwandten vorhandenen agnatischen Seitenverwandten. — Die Agnaten des näheren Grades schlossen daher die des entfernteren Grades absolut aus. Waren mehrere Agnaten gleich nahen Grades vorhanden, so theilten sie die Erbschaft nothwendig nach Köpfen. —

Weibliche Agnaten waren ratione voconiana nur berufen, wenn sie mit dem Verstorbenen im zweiten Grade verwandt waren; sie erbten nur als agnatische Schwestern (usque ad consanguineam); im dritten und folgenden Grade erbten also nur agnatische Männer (s. oben §. 5. Nr. 6. f).

Fiel einer von mehreren Mitberufenen nach der Delation fort, ohne die Erbschaft angetreten zu haben, so trat das jus accrescendi zu Gunsten seiner Miterben ein. — Fielen sämmtliche zunächst berufene Agnaten nach der Delation und vor dem Erwerbe der Erbschaft fort, so wurde weder der nächstfolgende Grad der Agnaten, noch die nächstfolgende Klasse berufen, die Erbschaft fiel vielmehr als bonum vacans an das Aerar des Staates, denn das civile Recht kennt keine successio ordinum et graduum.

Wenn im Augenblicke der Delation gar keine agnatische Verwandte vorhanden waren, oder doch nicht solche, welche ihren Verwandtschaftsgrad nachweisen konnten, so berief das civile Recht

Dritte Klasse: gentiles, d. h. das Vermögen fiel an die gens, zu welcher der Verstorbene gehörte, und wurde nicht, wie Einige meinen, an die einzelnen Hausväter der gens nach Kopftheilen vertheilt, sondern floß zur Kasse der gens. — Die gentes nämlich waren politisch-religiöse Familienverbindungen mit juristischer Persönlichkeit, kenntlich an dem Familiennamen und den gemeinschaftlichen Hausgöttern, welche in gemeinschaftlichen Sacra ihre Vereinigung fanden. —

In das Vermögen eines homo sui juris emancipatus oder manumissus (civis) war die Erbfolge ebenfalls in drei Klassen gegeben:

sui und sui postumi;

patronus, quasi patronus und dessen sui (patrona);

gentiles, d. h. die gens, zu welcher der Freigelassene zählte.

Da der Verstorbene durch die Emancipatio aus seiner agnatischen Familienverbindung ausgeschieden war, ein freigelassener Sclave ebenfalls keine agnatische Seitenverwandte haben konnte, in beiden Fällen der Verstorbene also initium novae familiae war, so erbten in der zweiten Klasse der Manumissor des Sclaven (patronus oder patrona) oder der Emancipator Parens (quasi patronus), und wenn der patronus oder quasi patronus bereits weggefallen war, deren sui. — Waren aber der Patron oder quasi Patron als Berechtigte im Augenblicke der Delation vorhanden, und erwarben die Erbschaft nicht, so rückten deren sui nicht nach, aus demselben Grunde, aus welchem unter den Agnaten kein Nachrücken stattfand, sondern die Erbschaft fiel an das Aerar als bonum vacans. — Der Patron konnte auch letztwillig, anfänglich nur im Testamente, später in jeder Form die Beerbung des Freigelassenen einzelnen seiner Descendenten zuwenden. Ueber diese assignatio liberti cf. l. 107. Dig. 50, 16.; Instit. Buch 3. Tit. 8.; Dig. Buch 38. Tit. 4.

Starb ein Latinus Junianus, so war von einem eigentlichen Erbrechte keine Rede, er starb nämlich wie ein Sclave, d. h. sein Vermögen fiel an den patronus und dessen Erben. —

Außerdem ist noch als besondere Antiquität zu bemerken, daß eine virgo vestalis weder ab intestato erbte, noch ab intestato beerbt wurde, ihr Vermögen vielmehr, wenn sie nicht testirt hatte, an das Aerar fiel. —

Da nach diesem Erbrechtssystem des älteren civilen Rechtes die bloße cognatische Verwandtschaft kein Successionsrecht ab intestato gab, so beerbte das emancipirte Kind seinen Vater nicht, ebenso wenig beerbten Enkel ihren mütterlichen Großvater; auch Mutter und Kinder hatten kein Erbrecht gegen einander, wenn nicht die Mutter in der Manus ihres Ehemannes gewesen und deshalb sie und ihre Kinder in der Stellung der agnatischen Geschwister waren. — Auch der Vater als solcher beerbte seine Kinder nicht; hatte er sie nämlich bei ihrem Tode in seiner Gewalt, so fand ein wirkliches Erbrecht in deren Vermögen nicht statt, der Vater erhielt dies Vermögen vielmehr jure peculii; hatte er das Kind emancipirt, so erbte er nicht als Vater, sondern als quasi Patron, und hatte er endlich das Kind weder in der Gewalt, noch selbst emancipirt, z. B. wenn er selbst emancipirt oder in Adoption gegeben, sein Kind jedoch in der Gewalt des Großvaters zurückgeblieben war, so hatte er keinen Anspruch auf das Vermögen des verstorbenen Kindes. — Eine Aushülfe für die Verwandten, dem Fiscus die Erbschaft zu entziehen, gewährte die usucapio pro herede, durch welche in der ältesten Zeit nicht nur körperliche Erbschaftssachen, sondern das Erbrecht selbst ersessen werden konnte. Zu Gajus

Zeiten konnte die Erbschaft selbst nicht mehr Gegenstand der Ersitzung sein; Gajus Buch 2. §. 54. — (Siehe Lehre von den dinglichen Rechten, Ersitzung des Eigenthums.)

Dieses beschränkte Erbrecht wurde einigermaßen erweitert durch die prätorische bonorum possessio.

2. Das prätorische Intestaterbrecht, bonorum possessio intestati.

Gajus Buch 3. §. 25 ff.; Ulpian Tit. 28., Dig. Buch 38. Tit. 6, 7, 8, 11 u. 16.; Cod. Buch 6. Tit. 14, 15 u. 18.

§. 8. Auch nach prätorischem Rechte konnte nur ein homo sui juris beerbt werden, und es wurde ebenfalls unterschieden, ob der Verstorbene ein non emancipatus, non manumissus war, oder ein emancipatus, ein manumissus.

In das Vermögen eines homo sui juris non emancipatus vel non manumissus berief der Prätor vier Klassen:

unde liberi,
unde legitimi,
unde cognati,
unde vir et uxor.

Erste Klasse: unde liberi. Hier beruft der Prätor die sui, ingleichen diejenigen leiblichen emancipati und in adoptionem dati, welche ohne Dazwischenkunft der emancipatio und in adoptionem datio sui gewesen wären, die in adoptionem dati jedoch in der Regel nur dann, wenn sie aus der Adoptivfamilie wiederum entlassen waren, mit Ausnahme der einem leiblichen Ascendenten in Adoption Gegebenen. — Natürlich waren auch liberi postumi in dieser Klasse berufen.

Getheilt wurde die Erbschaft so, daß liberi des ersten Grades, also Söhne und Töchter, Kopftheile, die des entfernteren Grades, also Enkel 2c., Stammtheile erhielten. Von einer successio graduum konnte keine Rede sein, da der Augenblick der Delation allein darüber entschied, wer zu den liberi zu rechnen war.

Es konnte sich aber in dieser Klasse ereignen, daß der Sohn emancipirt oder in Adoption gegeben war, während dessen Kinder in der Gewalt ihres Großvaters zurückgeblieben waren. In diesem Falle hatten letztere als sui, ihr Vater aber als emancipatus auf die Erbfolge Anspruch. Dieser Conflict wurde so ausgeglichen, daß der Vater die eine Hälfte des Stammtheiles, seine Kinder die andere Hälfte desselben zur Theilung in capita erhielten; diese Succession heißt: successio ex nova clausula Juliani oder ex edicto de conjungendis cum emancipato liberis.

Wollten aber die liberi zu der Erbschaft gelangen, so mußten sie die bonor. poss. nachsuchen. Thaten sie dies nicht innerhalb der gesetzlichen Frist, so berief der Prätor, wenn auch liberi vorhanden waren,

Zweite Klasse: unde legitimi. Hier waren berufen sämmtliche civile Erben, nach demselben Rechte, wie es ihnen das civile Recht gewährte, nur mit dem Unterschiede, daß unter den einzelnen Klassen eine successio ordinum stattfand. In dieser Klasse konnten also zunächst die bon. poss. nachsuchen die sui und sui postumi; diese hatten also den Vorzug vor den Emancipirten, daß sie, wenn sie für die erste Klasse die Frist der Nachsuchung versäumt, und auch keine andere liberi von ihrem Rechte Gebrauch gemacht hatten, hier das Versäumte nachholen konnten, und sogar mit dem Vortheile, daß sie dann allein mit Ausschluß der Emancipirten die Erbschaft erhielten.

Suchten die sui die bon. poss. nicht nach, so waren hierzu die agnati proximi berechtigt, aber nur die proximi, so daß, wenn diese die Nachsuchung versäumten, keine successio graduum stattfand, d. h. nicht die nächstfolgenden Agnaten, sondern die gens, und als diese weggefallen oder wenn sie nicht vorhanden war, die nächstfolgende Klasse der Cognaten zur bon. poss. berufen war.

Da der Prätor in der Klasse unde legitimi alle diejenigen berief, welche nach civilem Rechte das Intestaterbrecht beanspruchen konnten, so war durch diese Klasse von vornherein das Mittel gegeben, wodurch die bon. poss., wenn das civile Recht Aenderungen traf, welche das Intestaterbrecht erweiterten, zu gleicher Zeit mit fortgebildet wurde. Hieraus erklärt sich, daß das prätorische Intestaterbrecht bei der ursprünglich aufgestellten Klassenfolge verblieben ist, da bereits von Hadrian ab durch Gesetze des civilen Rechtes Hand angelegt wurde, das Recht der Verwandten auf die Intestaterbschaft zu erweitern. So konnten z. B. Mutter und Kinder auf Grund des S. C. Tertullianum und S. C. Orphitianum, so wie cognatische Descendenten und Geschwister seit Valentinian dem

Zweiten und Anastasius auch in der Klasse unde legitimi die bon. poss. beanspruchen.

Suchten aber keine legitimi innerhalb der gesetzlichen Frist die bon. poss. nach, so berief der Prätor

Dritte Klasse: unde cognati. Hier waren berufen sämmtliche cognatische Verwandten des Verstorbenen bis zum sechsten Grade, und die Kinder von Sobrinen in das Vermögen eines sobrinus oder einer sobrina (d. i. eines Kindes von einem Geschwisterkind) ihres Vaters oder ihrer Mutter, obgleich sie mit ihnen im siebenten Grade verwandt sind.

Andere Cognaten des siebenten Grades, und Cognaten des achten und weiteren Grades der Verwandtschaft waren nicht berufen. In dieser Klasse standen also auch die liberi, die agnati wenn sie nicht über den berechtigten Grad hinaus verwandt waren, ebenso Vater, Mutter und weitere Ascendenten des Verstorbenen.

Unter allen den berufenen Personen waren zunächst nur die cognatischen Verwandten des nächsten Grades zur bon. poss. berechtigt; gleich nahe Verwandte, welche die bon. poss. nachsuchten, theilten die Erbschaft nach Kopftheilen. Es war aber eine successio graduum gegeben, d. h. wenn sämmtliche Cognaten des früheren Grades innerhalb der gesetzlichen Frist die bon. poss. nicht nachsuchten, so hatten die Cognaten des nächstfolgenden Grades dieses Recht, bis zu den Cognaten des sechsten Grades inclusive, und in dem einen angegebenen Falle des siebenten Grades.

Suchte aber keiner der berechtigten Cognaten die bon. poss. nach, so berief der Prätor

Vierte Klasse: unde vir et uxor, d. h. es war der Ehegatte, welcher zur Zeit des Todes mit dem Verstorbenen in einer gültigen Ehe lebte, zur Nachsuchung der bon. poss. berechtigt.

Erst wenn auch kein Ehegatte die bon. poss. nachsuchte, fiel die Erbschaft als bonum vacans an das Aerar.

In das Vermögen eines homo sui juris manumissus oder emancipatus berief der Prätor sieben Klassen:

Erste Klasse: unde liberi, wie oben.

Zweite Klasse: unde legitimi. Hier waren zunächst berufen die sui, nach diesen der patronus (die patrona) oder der quasi patronus und deren sui.

Dritte Klasse: unde cognati, wie oben; doch wurde die cognatio servilis nicht berücksichtigt.

Vierte Klasse: tum quem (tamquam) ex familia patroni, d. i. die Agnaten des Patrons.

Fünfte Klasse: patronus, patrona, liberi et parentes patroni patronaeve, d. i. der Patron (oder die Patrona) des Patrons und wenn er nicht zur bon. poss. kam, seine Descendenten und Ascendenten.

Sechste Klasse: unde vir et uxor, wie oben.

Siebente Klasse: unde cognati patroni, d. i. die cognatischen Verwandten des Patrons bis zum sechsten Grade und in dem oben angegebenen Falle des siebenten Grades.

Da der Patronus und quasi Patronus in der Klasse unde legitimi dem cognatischen Verwandten vorging, und dies hart erschien, so wich der Prätor von der aufgestellten Succession in dem Falle ab, wenn der Manumissor oder Emancipator des Verstorbenen nicht der leibliche Vater desselben war. Ein solcher wurde manumissor extraneus genannt, und vor ihm wurden zehn Personen aus der Klasse der Cognaten zur bon. poss. berufen, nämlich zunächst pater, mater, filius, filia, dies sind die Cognaten des ersten Grades, und wenn diese die bon. poss. nicht nachsuchten, avus, avia, frater, soror, nepos, neptis, das sind die Cognaten des zweiten Grades. Diese zehn Personen waren also berufen zwischen den suis und dem patronus in der Klasse unde legitimi, und diese extraordinäre Succession ist die bonorum possessio unde decem personae.

Nach diesem prätorischen Erbrechte hatten zwar die cognatischen Verwandten, z. B. Vater, Mutter und ihre Kinder, die cognatischen Geschwister rc., gegeneinander ein Intestaterbrecht, aber ein sehr schwaches nach den entferntesten Agnaten, ausgenommen die emancipati und in adoptionem dati in das Vermögen ihres leiblichen Vaters respective väterlichen Ascendenten, da sie den Agnaten vorgingen.

Seit Hadrian aber treten eine Reihe von Gesetzen auf, deren Princip es ist, cognatischen Verwandten vor und neben agnatischen ein Erbrecht einzuräumen.

3. Die Gesetzgebung unter den Imperatoren und Kaisern von Hadrian bis zur Novelle 118 und 127.

§. 9. A. S. C. Tertullianum und Orphitianum.

Instit. Buch 3. Tit. 3 und 4.; Dig. Buch 38. Tit. 17.; Cod. Buch 6. Tit. 56 und 57.

Zunächst wurde zwischen Mutter und Kindern ein besseres Erbrecht statuirt durch die beiden genannten Senatsschlüsse.

a. S. C. Tertullianum. Die Zeit desselben ist die Hadrian's oder des Antoninus Philosophus. Es verfügte, daß wenn liberi, der leibliche Vater oder agnatische Brüder des Verstorbenen die Erbschaft erwarben, das S. C. keine Anwendung finden sollte. — Erwarben nur agnatische Schwestern die Erbschaft, so sollte die Mutter nach dem S. C. die Hälfte der Erbschaft, waren aber andere Personen zur Erbfolge berufen, die ganze Erbschaft erhalten. Es sollte aber das S. C. nur derjenigen Mutter zu statten kommen, welche das jus liberorum hatte, d. h. welche als Freigeborne ter, als Freigelassene quater enixa erat, oder vom Princeps dies Recht verliehen erhalten hatte.

Später wurde das S. C. vielfach modificirt. Ein Rescript von Antoninus Pius erklärte, daß nicht blos liberi, sondern auch Kinder, welche in der Klasse der Cognaten erbten, das S. C. ausschließen sollten. — Constantin und die Kaiser nach ihm beschränkten das Recht der Mutter aus dem S. C., wenn ein agnatischer Onkel oder dessen agnatische Descendenten erbten, und erweiterten es anderseits dahin, daß die Mutter auch ohne das jus liberorum neben den Agnaten einen Theil der Erbschaft erhalten sollte. Justinian aber stellte die alten Bestimmungen mit der Modification wieder her, daß das Recht das S. C. überhaupt nicht vom jus liberorum abhängig sein sollte, daß ferner alle Agnaten des dritten und ferneren Grades durch das Recht der Mutter aus dem S. C. ausgeschlossen sein sollten, und daß die Mutter auch neben agnatischen Brüdern oder solchen Brüdern und Schwestern des Verstorbenen einen Kopftheil der Erbschaft erhalten sollte.

Wenn aber nur agnatische Schwestern erbten, so bestimmte er anfänglich der Mutter die Hälfte, später aber, in Nov. 22. cap. 47. §. 2., ebenfalls nur einen Kopftheil.

Wenn endlich Vater, Mutter und Geschwister des Verstorbenen vorhanden seien, so sollte die Erbschaft selbst an die Geschwister fallen, Vater und Mutter aber jeder an einem Drittel der Erbschaft den Nießbrauch haben. —

Das S. C. war aber beschränkt auf die Mutter, so daß die Großmutter und weitere weibliche Ascendenten sich auf die Bestimmungen desselben nicht berufen konnten. —

Zum Verständniß des S. C. muß hervorgehoben werden, daß dasselbe der Mutter nicht in einer bestimmten Klasse Erbrecht verlieh, vielmehr ihr Recht von dem zufälligen Umstände abhängig machte, ob solche Personen, durch welche das S. C. ausgeschlossen wird oder neben welchen die Mutter zur Concurrenz kömmt, als Erben eintreten, — oder ob solche Personen, welche nach dem S. C. von der Mutter ausgeschlossen werden, zur Erbfolge berufen sind. Daher konnte die Mutter z. B. legitimi ausschließen, während cognati das S. C. außer Anwendung setzten, obschon die Mutter dann ihr eignes cognatisches Erbrecht mit geltend machen konnte.

Zwei Beispiele, welche dies Verhältniß besonders klar machen, sind aufgezeichnet in l. 2. §§. 17 u. 18. Dig. ad S. C. Tert. et Orph. Buch 38. Tit. 17.

b. Das S. C. Orphitianum um das Jahr 178 nach Chr. unter Marcus Aurelius. Dasselbe verfügt, daß die Kinder (also nicht die Enkel) vor allen Seitenverwandten in das Vermögen ihrer verstorbenen Mutter ein Erbrecht haben sollten. Erbte aber der Vater der Mutter, so konnten die Kinder auf das S. C. sich nicht berufen, dagegen schlossen sie die Mutter ihrer Mutter aus, d. h. das S. C. Orphitianum hatte den Vorzug vor dem S. C. Tertullianum. —

Unter Valentinian dem Zweiten (389 n. Chr.) wurde auch Enkeln das Recht aus dem S. C. in das Vermögen ihrer Großmutter verliehen, jedoch unter Abzug eines Viertels für die Agnaten der Verstorbenen, welche Verkürzung indessen Justinian aufhob. — Auch hier hängt das Recht aus dem S. C. von dem zufälligen Umstande ab, ob der Vater zur Erbschaft kommt.

Endlich ist in Betreff beider Senatsschlüsse zu bemerken, daß ein Unterschied zwischen ehelicher und unehelicher Geburt nicht stattfand; nur wenn eine mater illustris eheliche und uneheliche Kinder hinterläßt, so sollten nach einer Vorschrift Justinian's die unehelichen im Interesse des Rufes der Mutter ausgeschlossen sein.

B. Verbesserung des Erbrechtes aller Descendenten fand statt durch denselben Valentinian den Zweiten. Während nämlich Enkel durch eine Tochter in das Vermögen des mütterlichen Großvaters seither nur in der Klasse unde cognati erbten, gab dieser Kaiser ihnen das Erbrecht der sui, jedoch unter Verkürzung ihres Erbtheiles um ein Drittel zu Gunsten der concurrirenden sui und um ein Viertel zu Gunsten der von ihnen ausgeschlossenen Agnaten. Justinian hat aber auch diese Verkürzung aufgehoben (l. 4. des Theodosianischen Codex Buch 5. Titel 1. und l. 9 und 12. Cod. Buch 6. Titel 55.; Novelle 18. cap. 4.).

C. Eine Verbesserung des Erbrechts der cognatischen Geschwister und solcher Neffen und Nichten wurde durch Anastasius und Justinian eingeführt. Emancipirte Geschwister beerbten die in der Gewalt zurückgebliebenen Geschwister nach dem bisherigen Rechte nur in der Klasse unde cognati. Anastasius gab ihnen neben den agnatischen Geschwistern ein Erbrecht, jedoch nur auf die Hälfte dessen, als diese erhielten, bis Justinian sie ganz gleichstellte. (§. 1. Institut. Buch 3. Tit. 5.; l. 4. Cod. Buch 5. Tit. 30.; l. 15. §. 1. Cod. Buch 6. Tit. 58.)

Justinian setzte ferner die uterini in die Klasse der Agnaten, gab aber den vollbürtigen Geschwistern den Vorzug vor den halbbürtigen (l. 15. §. 2. Cod. Buch 6. Tit. 58. und Novelle 84.) und verfügte außerdem, daß die Kinder von Schwestern, so wie die von emancipirten Geschwistern, gleich den Agnaten erben sollten (l. 14. §. 1. und l. 15. §. 3. Cod. Buch 6. Tit. 58.). —

In das Vermögen eines Emancipirten erbte der Vater als quasi patronus vor den Geschwistern. — Nachdem schon Valentinian der Zweite und Theodos der Große den Kindern der emancipirten Tochter den Vorzug vor dem quasi patronus verliehen und Anastas gestattet hatte, bei der Emancipation die agnatischen Familienrechte durch Vorbehalt zu reserviren, bestimmte Justinian, daß Geschwister des Emancipirten dem Vater vorgehen, der Vater aber den Nießbrauch von der Erbschaft erhalten sollte (l. 13. Cod. Buch 6. Tit. 58.). Ueber die Concurrenz von Vater, Mutter und Geschwistern siehe oben S. C. Tertullianum. —

D. Anderweitige Aenderungen sind:

a) Justinian hebt die Beschränkung der Weiber ratione voconiana auf.

b) Er führt unter den Agnaten eine successio graduum ein.

c) Für die sogen. Peculien der Hauskinder hatten die Kaiser Theodos der Zweite, Valentinian der Dritte, Leo, Anthemius und Justinian durch verschiedene Verordnungen den Descendenten und Geschwistern vor dem Vater jedoch mit Erhaltung des Nießbrauchs für den letzteren den Vorzug gegeben. Durch die Novellen 118 u. 127 ist das Intestaterbrecht in die Peculien das gewöhnliche geworden.

d) In das Vermögen eines Freigelassenen hatte die lex

Julia et Papia Poppaea dem Patron selbst neben leiblichen Kindern, wenn es weniger als drei waren, einen Kopftheil gegeben (Gajus Buch 3. §. 42 ff.); Justinian verfügte, daß leibliche Descendenten dem Freilasser stets vorgehen, dagegen Seitenverwandte des Verstorbenen dem Freilasser und dessen Descendenten nachstehen sollen. —

(Das Successionsrecht in das Vermögen des Freigelassenen ist für uns von keinem practischen Interesse. — Es mag deshalb hier gleich, da wir nicht wieder darauf zurückkommen, nebenbei bemerkt werden, daß der Freilasser auch ein Recht hatte, im Testamente des Freigelassenen bedacht zu werden, wenn derselbe centenario major war, d. h. mehr als Hunderttausend Sesterzien hinterließ, nach der lex Julia et Pap. Popp. sogar neben Kindern, wenn es weniger als drei waren, seit Justinian nur in Ermangelung von Kindern. Früher konnte der Patron die Hälfte, seit Justinian ein Drittel des Vermögens beanspruchen. Wegen Verletzung dieses Rechtes hat der Patron die actio faviana, wenn der Freigelassene mit Testament, die actio calvisiana, wenn er ohne Testament verstorben war und nach dem Rechte des Prätors gegen das Testament eine bon. poss. contra tabulas. — Auch der Vater als quasi patronus hatte gegen das Testament seines emancipirten Kindes eine bonor. poss. contra tabulas auf die Hälfte und wenn nur turpes personae eingesetzt waren, auf die ganze Erbschaft, außer wenn er sich vom Kinde für die Emancipation eine Vergütigung hatte geben lassen, wenn er gezwungen war zu emancipiren und wenn der Sohn Soldat war.

Indessen auch dies Recht des Vaters ist von Justinian aufgehoben durch den Inhalt der Nov. 118 u. 115.

4. Die Novellen 118 und 127 und das heute geltende Justinianische Intestaterbrecht.

§. 10. In der Novelle 118 hat Justinian das Erbrecht der Verwandten neu geordnet, und ohne Bevorzugung der Agnation vor der Cognation eine neue Folgeordnung aufgestellt. Nichtsdestoweniger behaupten einige Rechtsgelehrte, daß die Novelle zwar den Cognaten gleiche Rechte wie sie die Agnaten haben gebe, jedoch nicht die besonderen Rechte der Agnaten, welche sie als Cognaten nicht beanspruchen könnten, aufgehoben habe. So wird z. B. behauptet, daß die bon. poss. ex nova clausula Juliani zu Gunsten der Enkel neben ihrem emancipirten Vater noch practisch sei. Diese Ansicht ist indessen mit Recht in die Praxis nicht übergegangen, da die Novelle eine totale Revision des Intestaterbrechtes der Verwandten enthält, welche Revision zur unumgänglichen Nothwendigkeit geworden, weil man sich aus dem Gewirre der Constitutionen vor den Novellen kaum herausfinden konnte. Die Reform der Novelle bezieht sich aber nur auf das Erbrecht der Verwandten, so daß die früheren Gesetze, soweit sie das Erbrecht anderer Personen betreffen, durch die Novelle nicht aufgehoben worden sind. So erbt in Ermangelung aller Verwandten der Ehegatte, d. h. die bon. poss. unde vir et uxor ist noch practisch, desgleichen verhält es sich mit dem Erbrechte der Concubinenkinder in das Vermögen ihres Vaters, dem sie ja juristisch nicht verwandt sind, und mit den Intestatfolgeansprüchen aus speciellen Rechtstiteln, z. B. mit denen des Verpflegers eines Wahnsinnigen, denen der armen Wittwe. —

Ob der Verstorbene in der väterlichen Gewalt stand, ob er ein Emancipirter oder ein ohne Entlassung sui juris geworden war, ist seit der Novelle ohne Einfluß auf das Erbrecht der Verwandten. —

Leider bedient sich die Novelle nicht immer der klarsten Festsetzung, so daß auch über ihren Inhalt Controversen entstanden sind.

Die Novelle 118 macht drei Hauptklassen:

Descendenten,

Ascendenten und neben ihnen die vollbürtigen Geschwister,

die Collateralen. —

Für die Ordnung der Collateralen bestimmte sie, daß vollbürtige Geschwister vor den halbbürtigen den Vorzug haben, und daß Söhne und Töchter verstorbener Geschwister in die Stelle ihres Parens treten sollen. — Weitere Collateralen sollen erst nach den Geschwistern succediren. — Während aber die Novelle 118 ausdrücklich feststellte, daß die Söhne und Töchter von vollbürtigen Geschwistern nicht neben den Ascendenten zur Erbfolge kommen sollten, ist in der Novelle 127 verfügt, daß dieselben auch neben Ascendenten und Geschwistern concurriren sollen.

Hieraus sind folgende Streitfragen entstanden:

a) ob vollbürtiger Geschwister Söhne und Töchter, wenn

sie allein vorhanden sind, auch den halbbürtigen Geschwistern vorgehen;

b) ob vollbürtiger Geschwister Söhne und Töchter auch neben Ascendenten concurriren, wenn keine Geschwister vorhanden wären.

Die Praxis in Deutschland hat sich aber, besonders seit dem Anfange des achtzehnten Jahrhunderts und dem berühmten Buche von Koch in Halle über die successio ab intestato civilis, dahin entschieden, daß sie auf Grund der Novellen 118 und 127 vier Ordnungen aufgestellt hat:

Erste Klasse: Descendenten;

Zweite Klasse: Ascendenten, vollbürtige Geschwister und Söhne und Töchter vorverstorbener oder erbunfähiger vollbürtiger Geschwister;

Dritte Klasse: halbbürtige Geschwister und Söhne und Töchter vorverstorbener oder erbunfähiger halbbürtiger Geschwister;

Vierte Klasse: alle anderen cognatischen Verwandten.

Nach der Novelle 118 würde hiernach die zweite Klasse in zwei Unterklassen zerfallen sein:

2 a. Ascendenten und vollbürtige Geschwister;

2 b. vollbürtige Geschwister und Söhne und Töchter vorverstorbener oder erbunfähiger vollbürtiger Geschwister.

Man hat einen Memorialvers über die Erbfolgeordnung der Verwandten und der Theilung der Erbschaft unter sie von einem unbekannten Verfasser, lautend:

descendens omnis succedit in ordine primo,

ascendens propior, germanus, filius ejus,
tunc latere ex uno frater, quoque filius ejus,
(hi cuncti in stirpes succedunt, in capita autem
juncti ascendentes, fratrum proles quoque sola)
denique proximior reliquorum quisque superstes.

Unter allen Klassen findet successio ordinum und in allen successio graduum statt.

In den ersten drei Klassen wird nach der Art der Verwandtschaft geerbt, daher kann mehrfache Verwandtschaft in ihnen mehrfache Erbportionen geben, in der Klasse der Cognaten wird nach Gradesnähe geerbt, und daher giebt mehrfache Verwandtschaft in ihr nicht mehrfache Erbportionen.

Von selbst versteht es sich, daß nur erbfähige Personen berufen werden können (s. oben §. 5.), und daß nur juristische Verwandtschaft Successionsrecht giebt. In dieser letzten Beziehung muß auf das Familienrecht verwiesen werden, wo gelehrt ist, in wie weit uneheliche Geburt, Adoption und Arrogation verwandt machen.[n]) Einzelnes wird bei den einzelnen Klassen erwähnt werden.

Erste Klasse: Descendenten (auch postumi selbstverständlich).

Das Erbfolgerecht haben hier eheliche, legitimirte Kinder, Kinder aus einer putativen Ehe in das Vermögen

---

n) Es mag hier auch noch einmal darauf aufmerksam gemacht werden, wie verschieden vom Gemeinen Rechte nach Preußischem Landrecht das Erbrecht der unehelichen Kinder, der

beider Eltern und deren Ascendenten. Uneheliche Kinder haben es nur in das Vermögen ihrer Mutter und deren Ascendenten.

Ein Arrogirter und plene Adoptirter hat es in das Vermögen seines Arrogators und Adoptans, daneben aber auch in das Vermögen seiner leiblichen Ascendenten, also auch des leiblichen Vaters, weil Justinian in den Novellen die Cognaten durchweg zur Erbfolge beruft, weshalb auch die entgegengesetzte Ansicht, wonach ein solcher seinen leiblichen Vater nicht beerben soll, von der herrschenden Ansicht und der Praxis zurückgewiesen wird. Ein minus plene und ein von einer Frau Adoptirter beerben unbestritten den Adoptivparens und sämmtliche leibliche Ascendenten. —

Nicht sämmtliche Descendenten, welche das Erbfolgerecht haben, gelangen im einzelnen Falle zur Succession; es erben vielmehr nur diejenigen Descendenten, welche im Augenblicke der Delation zwischen sich und dem verstorbenen Ascendenten keine erbfähige Mittelsperson haben.

Deshalb erben z. B. Enkel, deren Parens noch lebt und erbfähig ist, nicht, während solche, deren Parens verstorben oder erbunfähig ist, zur Erbfolge gelangen. Eine successio graduum findet, wie bereits erwähnt, nur dann statt, wenn sämmtliche zunächst berufene Descendenten nach der Delation und vor dem Erwerbe weggefallen sind.

Kinder aus putativer Ehe so wie der Adoptirten gestaltet ist, da die Verwandtschaftsverhältnisse derselben nach Preußischem Landrecht vollständig andere als nach Gemeinem Rechte sind.

Das Anwachsungsrecht hat also auch hier den Vorzug vor der successio graduum.

Die Theilung der Erbschaft erfolgt so, daß Söhne und Töchter Kopftheile, Enkel, Enkelinnen und weitere Descendenten Stammtheile nehmen.

Hinterläßt der Verstorbene Descendenten aus verschiedenen Ehen, so fallen die lucra nuptialia aus jeder Ehe ausschließlich auf die aus dieser Ehe herstammenden Descendenten. —

Hatte der Vater des Verstorbenen am Vermögen desselben oder an einem Theile entweder als Hausvater oder als Emancipator ein Nießbrauchsrecht, so behält er dasselbe bis zu seinem Tode. Außerdem hatte das Römische Recht noch die Besonderheit, daß der Emancipator und der Großvater an einem Kopftheile dessen den Nießbrauch erhielten, was die emancipirten Kinder und die nicht in der Gewalt des Großvaters stehenden Enkel von der Mutter und Großmutter, welche die Ehefrau des Vaters und Großvaters ist, ab intestato erben (l. 3. Cod. Buch 6. Tit. 60.). Für den Emancipator wurde der Kopftheil so berechnet, daß er und die emancipirten Kinder gezählt wurden. Wenn z. B. von fünf Kindern zwei emancipirt waren, so erhielt der Vater von den Zweifünfteln, welche auf die emancipirten Kinder fielen, an einem Drittel den Nießbrauch. — Ebenso wurde der Kopftheil für den Großvater berechnet nach der Anzahl der nicht in seiner Gewalt befindlichen Enkel. Wenn aber nur solche Enkel erbten, so herrscht Streit, ob die Berechnung nach der Anzahl der Stämme oder nach der Anzahl der Enkel oder für jeden Stamm besonders nach der Anzahl der in jedem Stamme stehenden Enkel anzulegen ist. — Es kann dies auch heutzutage von Wichtigkeit sein, weil, obschon die meisten Rechtsgelehrten dies besondere Nießbrauchsrecht für unanwendbar halten, doch nicht Wenige es noch aufrecht erhalten wollen. o)

Zweite Klasse: Ascendenten, vollbürtige Geschwister und Söhne und Töchter vorverstorbener oder erbunfähiger vollbürtiger Geschwister. p)

In Betreff der Erbfolge ist zu bemerken:

a) Für die Ascendenten: Der minus plene adoptans

---

o) Das Preuß. Landrecht beruft in der ersten Klasse zur Intestaterbfolge wie das Gemeine Recht die Descendenten des Verstorbenen, welche juristisch verwandt sind. So erben z. B. die unehelichen Kinder zwar in das Vermögen ihrer Mutter, jedoch nicht in das der mütterlichen Ascendenten. Das Recht der unehelichen Kinder ist auch noch dahin modificirt, daß wenn sie neben ehelichen erben, letztere allein das von ihrem Vater auf die Mutter vererbte Vermögen erhalten. —

Fast sämmtliche Abweichungen des Preuß. Rechtes vom Gemeinen für diese erste Klasse, deren allerdings zahlreiche sind, können nicht als Besonderheiten der Klasse angesehen werden, sondern folgen aus der Verschiedenheit der Grundprincipe beider Rechte, z. B. über den Zeitpunkt der Delation, über die successio graduum und über die Wirkung der außerehelichen Geburt, der Geburt in putativer Ehe, der Adoption rc.

p) Das Preuß. Landrecht beruft in der zweiten Klasse nur Vater und Mutter; in der dritten aber nur vollbürtige Geschwister und deren Descendenten in infinitum, also nicht blos Söhne und Töchter.

hat kein Erbfolgerecht. Der Arrogator, welcher einen arrogatus impubes beerbt, muß das Vermögen, welches der Arrogirte mit in die Gewalt hineinbrachte, ex cautione divi Pii an diejenigen restituiren, welche den Unmündigen ohne Dazwischenkunft der Arrogation beerbt hätten. — Ob neben dem pleno Adoptans auch der leibliche Vater in dieser Klasse berechtigt sei, ist ebenso streitig, wie das Erbrecht des plene Adoptirten für die erste Klasse; nach unserer Ansicht ist dem leiblichen Vater das Erbrecht neben dem Adoptivvater zu gewähren. — Unehelich Geborne werden nur von der Mutter und deren Ascendenten beerbt; in putativer Ehe Geborne nur von den Ascendenten, welche die Ungültigkeit der Ehe nicht kannten. —

Unter den erbfähigen Ascendenten erben aber in dem concreten Falle nur diejenigen, welche im Augenblicke der Delation mit dem Verstorbenen im nächsten Grade verwandt sind, der nähere Grad schließt also den entfernteren absolut aus, z. B. der Vater die mütterlichen Großeltern und die Mutter die väterlichen Großeltern.

b) Für die vollbürtigen Geschwister: Vollbürtige Geburt kann nur auf natürliche Weise entstehen; wenn daher z. B. Jemand die ihm von seiner Frau zugebrachten Kinder adoptirt, so sind diese Kinder mit denen, welche aus der Ehe nachgeboren werden, nicht vollbürtig, sondern nur doppelt halbbürtig verwandt; sie sind ihnen sowohl consanguinei als uterini.

c) Für die Söhne und Töchter der Geschwister: Auch

sie müssen mit dem Verstorbenen juristisch verwandt sein. So erben z. B. uneheliche Kinder eines Bruders nicht, wohl aber uneheliche Kinder einer Schwester; die von einer Schwester adoptirten und die von einem Bruder minus plene Adoptirten erben nicht, und die von einem Bruder plene Adoptirten nur, wenn der Verstorbene ein agnatischer Oheim oder eine agnatische Tante war. —

Die Theilung der Erbschaft in dieser Klasse erfolgt so: q)

a) Ascendenten, wenn sie mit anderen concurriren, nehmen Kopftheile; wenn aber nur Ascendenten erben, so theilen sie die Erbschaft einmal in lineas, daß die eine Hälfte der Erbschaft auf die väterlichen, die andere Hälfte auf die mütterlichen Ascendenten fällt, in jeder dieser Linien aber nicht wieder nach Linien, sondern nach Kopftheilen, welcher letztere Fall übrigens nur dann vorkommen kann, wenn nur Urgroßeltern oder gar weitere Ascendenten allein zur Erbfolge gelangen sollten.

b) Geschwister nehmen stets Kopftheile.

c) Geschwisterkinder, wenn ihnen neben anderen Personen deferirt wird, nehmen Stammtheile, wenn sie aber allein zur Erbfolge berufen sind, Kopftheile. Der Glossator Accursius wollte sie auch in diesem Falle Stammtheile nehmen lassen, während der Glossator

q) Nach dem Preußischen Landrecht theilen in der zweiten Klasse Vater und Mutter nach Kopftheilen; in der dritten nehmen vollbürtige Geschwister Kopftheile, deren Abkömmlinge stets Stammtheile.

Azo die Theilung in capita vertheidigte. Der Reichsabschied zu Speier vom Jahre 1529 im §. 31. hat diese Controverse zu Gunsten der Ansicht des Azo erledigt.

Es können hiernach in dieser Klasse sieben verschiedene Fälle der Theilung vorkommen, nämlich es können berufen sein:

1) Ascendenten allein: es wird einmal in lineas und in der Linie in capita getheilt;
2) Geschwister allein: es wird in capita getheilt;
3) Geschwister-Söhne und Töchter allein: es wird in capita getheilt;
4) Ascendenten und Geschwister: es wird in capita getheilt;
5) Ascendenten und Geschwisterkinder: erstere nehmen Kopftheile, letztere Stammtheile;
6) Geschwister und Geschwisterkinder: erstere nehmen Kopftheile, letztere Stammtheile;
7) Ascendenten, Geschwister und Geschwisterkinder: erstere Beiden nehmen Kopftheile, letztere Stammtheile.

Aenderungen nach der Delation durch Ausfallen Mitberufener ändern das Princip der Theilung nicht.

Ein Nießbrauchsrecht kann der Vater an den Erbtheilen der concurrirenden Miterben in dieser Klasse nicht mehr beanspruchen; deshalb gehört das Erbtheil der Geschwister, welches sie neben dem Vater, in dessen Gewalt sie stehen, erben, zu den bona adventitia irregularia.

Dritte Klasse: Halbbürtige Geschwister und Söhne und Töchter vorverstorbener oder erbunfähiger halbbürtiger Geschwister. [r])

Zu den halbbürtigen Geschwistern gehören auch die durch plena adoptio Geschwister Gewordenen, jedoch nur, wenn sie dem Verstorbenen agnatisch verwandt waren. — Von den Söhnen und Töchtern der halbbürtigen Geschwister gilt dasselbe, was für die vorige Klasse von denen der vollbürtigen Geschwister gesagt worden. —

Die Theilung erfolgt in dieser Klasse so, daß Geschwister stets Kopftheile, Geschwisterkinder, wenn sie neben Geschwistern erben, Stammtheile, wenn sie allein erben, Kopftheile (ebenfalls auf Grund des Reichsabschiedes zu Speier) nehmen.

Wenn consanguinei und uterini zusammen berufen sind, so ändert dies nach der jetzt herrschenden Ansicht in der Erbtheilung nichts. Nach einer älteren, auch nicht selten früher in der Praxis befolgten, Meinung sollte dann

r) Die vierte Klasse nach Preußischem Landrecht beruft: weitere Ascendenten, halbbürtige Geschwister und deren Abkömmlinge in infinitum. — Unter den Ascendenten schließt der nähere Grad den entfernteren absolut aus. Die Theilung erfolgt so, daß die Ascendenten in Concurrenz mit Anderen zusammen die Hälfte der Erbschaft erhalten, und diese unter sich nach Kopftheilen theilen; sind sie allein vorhanden, so theilen sie die ganze Erbschaft nach Kopftheilen. Geschwister und deren Abkömmlinge theilen so, daß erstere Kopftheile, letztere stets Stammtheile nehmen.

die Theilung so angelegt werden, daß das Vermögen, welches der Verstorbene vom Vater her hatte, ausschließlich auf die consanguinei, das Vermögen, welches er von der Mutter her erworben hat, ausschließlich auf die uterini, und sein anderweites Vermögen auf beide Arten von Geschwistern zur Theilung kommen sollte.

Vierte Klasse: Alle andere Verwandte. [s])

In dieser Klasse werden die Verwandten nicht nur, wie dies in der bon. poss. unde cognati der Fall war, bis zum sechsten oder siebenten Grade berufen, sondern bis zum entferntesten Grade. — Im concreten Falle erben aber nur die Verwandten des nächsten Grades, der nähere Grad schließt also den entfernteren absolut aus.

Mehrere Verwandte gleich nahen Grades theilen in capita; es findet aber successio graduum statt, so daß erst dann, wenn gar keine erbfähigen Verwandten des Verstorbenen vorhanden sind, oder die vorhandenen die Erbschaft ablehnen, die bon. poss. unde vir et uxor eintritt.

In dieser vierten Klasse stehen auch der Oheim und die Tante, während der Neffe und die Nichte bereits in der zweiten und dritten Klasse berufen sind, woraus sich zeigt, daß Verwandte nicht durchweg gleiche Erbberechtigung gegen einander haben, und daher der Satz jura

s) Nach Preußischem Landrecht bilden diese Verwandten die fünfte Klasse; auch hier schließt der nähere Grad den entfernteren absolut aus, und Mehrere gleich nahen Grades theilen nach Köpfen.

successionis sunt reciproca keineswegs als richtig anzuerkennen ist. —

An die vier Klassen nach der Novelle 118 und 127 schließt sich als fünfte Klasse die bon. poss. unde vir et uxor an. [t])

In Ermangelung eines Ehegatten fällt die Erbschaft als bonum vacans an den Fiscus, wenn demselben nicht einzelne privilegirte Corporationen vorgehen, z. B. die Curie (d. h. das Magistratscollegium einer Stadt), wenn der Verstorbene ein Mitglied der Curie war; die navicularii (Schifferinnung), die fabricenses (Waffenschmiedinnung), wenn er ein Mitglied der Innung war; die Corporation der Cohortales (Unterbeamten einer Provinz), wenn er ein solcher Beamter war; die legio, wenn er Fußsoldat, die vexillatio, wenn er Reitersoldat; die Kirche, wenn er Geistlicher in derselben war.

---

t) Das Preuß. Landrecht giebt dem Ehegatten (dem Manne so wie der Frau) neben allen Klassen ein Erbrecht, und zwar:

a. neben Descendenten Kopftheil, doch nie mehr als ein Viertel;
b. von dem Erbtheile der Ascendenten, Geschwister und deren Söhne und Töchter ein Drittel;
c. von dem Erbtheile anderer Verwandten bis zum sechsten Grade inclusive die Hälfte;
d. das Erbtheil entfernterer Verwandten ganz, so daß wenn nur solche Entferntere vorhanden sind, sämmtliche vom Ehegatten ausgeschlossen werden.

Im Falle der Gütergemeinschaft ist dies Erbrecht der Ehegatten etwas modificirt. Ueberdem hat der Ehegatte, außer neben Descendenten, Möbeln, Hausrath, Bett und Tischzeug zum Voraus. — Das Preuß. Landrecht hat hier Römisches und Deutsches Recht gemischt zur Anwendung gebracht. (Th. 2. Tit. 1. §. 621 ff.)

Von allen diesen Fällen möchte wohl nur noch das Erbrecht der Kirche und des Soldatenregimentes als practisch anzuerkennen sein, zu welchen die Praxis noch das Erbrecht der Armenhäuser hinzugefügt hat, wenn der Verstorbene ein in demselben bis zu seinem Tode Verpflegter war. [u])

Ob Fiscus erbt, oder ob er das Vermögen als bonum vacans an sich nimmt, ist streitig. [v]) Von Wichtigkeit ist die Beantwortung dieser Frage, wenn es sich darum handelt, ob Fiscus durch Unterlassung der Aufnahme

---

u) Nach Preußischem Landrecht haben öffentliche Armenanstalten ein, nicht durch letzten Willen entziehbares, Intestaterbrecht in das Vermögen eines unentgeltlich und wohlthatsweise Aufgenommenen, wenn derselbe nicht vor seinem Tode freiwillig die Anstalt verlassen hat unter der Voraussetzung, daß bei der Aufnahme dem Pflegling dies Recht der Anstalt in einer aufgenommenen Verhandlung bekannt gemacht worden, oder falls derselbe nicht über sein Vermögen disponiren kann diese Bekanntmachung an seine Eltern eventuell seine nächste Verwandten und seinen Vormund geschehen ist und keiner der Verwandten die Verpflegung übernommen hat und der ferneren Voraussetzung, daß der Verstorbene nicht eheliche Nachkommen oder eine Ehefrau hinterläßt, denen dolose Verweigerung der Verpflegung nicht zur Last fällt. — Waisenhäuser haben noch das besondere Privilegium, daß sie in das Vermögen, welches das Kind in das Waisenhaus mitgebracht hat, auch dann erben, wenn das Waisenkind nach der Entlassung aus dem Waisenhause vor seinem 24. Jahre stirbt, und die weibliche Waise sich nicht verheirathet hat. (Allgemeines Landrecht Th. 2. Tit. 19. §§. 50 bis 75.)

v) Nach Preußischem Landrecht ist Fiscus als Erbe zu betrachten (Allgemeines Landrecht Th. 2. Tit. 16. §§. 25—29.).

eines Inventars den Erbschaftsgläubigern über die Kräfte der Erbschaft hinaus verpflichtet werde, ob er den Legataren gegenüber eine Quarta beanspruchen könne, und wie das Vermögen zu theilen sei, wenn es unter der Herrschaft verschiedener Fisci liegt. — Nach der herrschenden Ansicht ist Fiscus nicht Erbe, er haftet daher niemals über die Kräfte der Erbschaft hinaus, hat die Legate stets voll auszuzahlen, soweit das Vermögen dazu ausreicht, hat aber auch keine Quarta. Wenn das Vermögen unter der Herrschaft verschiedener Fisci liegt, so nimmt jeder Fiscus das seiner Herrschaft unterworfene Vermögen. Das Recht des Fiscus erlischt durch vierjährige Verjährung, doch wird diese Verjährung so wie die Ersitzung durch die Anzeige des Anfalles an den Fiscus verhindert.

Concurrenz gewisser Personen neben den gewöhnlichen Klassen.

§. 11. In einzelnen Fällen concurriren neben den gewöhnlichen Klassen besondere Berechtigte, und man pflegt das Recht derselben ein außerordentliches Intestaterbrecht zu nennen, weil sie es extra ordinem geltend machen. Solcher Fälle sind vier zu bemerken:

1. Das Recht des socius liberalitatis imperialis.[w])

Wenn Mehrere vom Regenten zusammen ein Geschenk erhalten haben, und in der Gemeinschaft bis zum Tode

w) Auch im Preuß. Landrecht beibehalten (ebendaselbst §. 23.).

des Einen verblieben sind, so soll, wenn dieser Verstorbene ohne erbfähige Verwandten und Ehegatten intestatus ist, sein Antheil an dem Geschenke an die Mitbeschenkten fallen, während sein anderweitiges Vermögen dem Fiscus zufällt (Cod. Buch 10. Tit. 14.).

2. Das Erbrecht des Verpflegers. x)

Wenn ein Wahnsinniger von seinen Verwandten trotz geschehener Aufforderung, und obgleich sie solche zu gewähren im Stande waren, ohne Hilfe gelassen ist, so soll derjenige, welcher den Wahnsinnigen aufgenommen und bis zu dessen Tode auf eigne Kosten verpflegt hat, an Stelle der lieblosen Verwandten erben, wenn der Wahnsinnige im Wahnsinn intestatus verstirbt. Der Verpfleger kann also nur dann eintreten, wenn die lieblosen Verwandten wirklich zur Erbfolge berufen werden. — Sterben sie also z. B. vor dem Wahnsinnigen, und werden deshalb andere Verwandte, denen solche Lieblosigkeit nicht zur Last fällt, zur Erbfolge berufen, so hat der Verpfleger kein Erbrecht (Novelle 115. c. 3. §. 12. und c. 4. §. 6.).

3. Das Erbrecht der Concubinenkinder.

Gegen den Rechtssatz, daß uneheliche Kinder in das Vermögen ihres Erzeugers kein Intestaterbrecht haben, hat Justinian für die Concubinenkinder, wenn der Concumbens sie als seine Kinder anerkannt hatte (in den Novellen

x) Dies Recht ist allgemein dem Verpfleger eines Hilflosen im Preuß. Landrechte gegeben (Th. 2. Tit. 2. §. 762.; Tit. 3. §§. 23 bis 29.).

18. c. 5. und 89. c. 12 und 13.) ausnahmsweise bestimmt: Wenn der Concumbens legitime Kinder oder eine Ehefrau zu Erben hinterläßt, sollen die Concubinenkinder nichts ab intestato erhalten, neben anderen Erben aber sollen sie zusammen ein Sechstel der Erbschaft nehmen. Mehrere Concubinenkinder theilen dies Sechstel in capita, gleichviel ob sie von einer Concubine oder von mehreren Concubinen herstammen. Lebt die Concubine noch, so erhält sie von dem, was auf ihre eigenen Kinder fällt, einen Kopftheil. Ob aber die Concubine, wenn sie kinderlos ist, ein Erbrecht haben soll, hat Justinian nicht bestimmt; einige Rechtslehrer wollen ihr ein Zwölftel geben, der richtigen Ansicht nach hat sie kein selbstständiges Erbrecht. — Adoptirte und per rescriptum principis legitimirte Kinder nehmen den Concubinenkindern ihr Recht nicht. — Anderseits ist dies Recht der Concubinenkinder kein nothwendiges, d. h. wenn der Erzeuger ein Testament errichtet und sie nicht bedacht hat, so können sie kein Erbtheil fordern. — Es wird viel darüber gestritten, in wie weit dies Recht noch heute anwendbar sei, die Praxis hat es als unzweifelhaft angewendet, und sogar oft auf alle uneheliche Kinder übertragen. y) —

---

y) Nach Preuß. Landrecht haben sowohl uneheliche Kinder als auch Kinder aus einer Ehe zur linken Hand ein besonderes Erbrecht in das Vermögen ihres Vaters.

Uneheliche, wenn der Erzeuger seine Vaterschaft in einer öffentlichen Urkunde anerkannt hat, oder durch Erkenntniß als Vater erachtet worden ist (und deren eheliche Descendenten) haben, wenn der Vater keine Abkömmlinge aus einer Ehe zur rechten oder linken Hand hinterläßt, neben allen Erben, auch

Justinian hat auch für den Concumbens bestimmt, daß er, wenn die von ihm anerkannten Concubinenkinder keine legitime Descendenten und keinen Ehegatten als Erben hinterlassen, ein Sechstel erben solle; diese Bestimmung ist jedoch in die deutsche Praxis nicht übergegangen.

4. Das Erbrecht der armen Wittwe

Bei dem schwachen Erbrechte, welches die bon. poss. unde vir et uxor nach allen Verwandten gewährt, kann der arme Ehegatte durch den Tod seines wohlhabenden Ehegatten in eine plötzliche Dürftigkeit kommen, und des-

---

neben der Ehefrau, ein Sechstel als Erbtheil zu fordern, welches unter mehrere Kinder stets nach Köpfen getheilt wird, unter deren Abkömmlingen nach Stämmen. Concurriren sie neben der Ehefrau und anderen Erben, so wird ihr Erbtheil nach Abzug des der Ehefrau gebührenden Theiles berechnet. Solche Kinder, welche beim Tode des Vaters noch alimentationsberechtigt ihm gegenüber sind, haben die Wahl zwischen weiterer Alimentation oder ihrem Erbtheile. (Allgemeines Landrecht Th. 2. Tit. 2. §. 647. ff.)

Kinder aus der Ehe zur linken Hand beerben ihren Vater, wenn keine Descendenten aus rechter Ehe vorhanden sind, neben allen Verwandten bis zum sechsten Grade incl. und der Ehefrau so, daß sie, wenn sie beim Tode des Vaters drei und weniger sind ein Drittel, wenn sie vier und mehr sind die Hälfte der Erbschaft nehmen; Verwandte über den sechsten Grad werden von ihnen ausgeschlossen. Auch hier wird bei Mitconcurrenz der Ehefrau das Erbtheil dieser vorweg abgesetzt. (Allgemeines Landrecht Th. 2. Tit. 2. §. 570 ff.). — Ein Pflichttheils- und Notherbenrecht haben gegenüber dem Vater weder die unehelichen noch die Kinder aus einer Ehe zur linken Hand in Betreff des ihnen vom Gesetz zugewiesenen Erbtheils.

wegen hatte Justinian in der Novelle 53 sowohl dem armen Ehemanne als auch der armen Ehefrau in das Vermögen des wohlhabenden Ehegatten ein besonderes Erbrecht gewährt. In der Novelle 117. cap. 5. hat er aber dem Ehemanne dieses Erbrecht wiederum entzogen.

Eine arme Wittwe, uxor inops et indotata ist eine solche, welche kein so großes Vermögen auch keine so große Dos hat, daß sie von den Einkünften dieses Vermögens sich standesgemäß unterhalten könnte.

Ein wohlhabender Mann ist ein solcher, dessen Nachlaß zum Unterhalt seiner hinterlassenen Familie ausreicht. —

Die arme Wittwe hat nun in das Vermögen ihres wohlhabenden Mannes ein Erbrecht neben allen Verwandten, und zwar wenn sie mit drei und weniger Descendentenstämmen concurrirt auf Höhe von ein Viertel, wenn sie mit mehr als drei solcher Stämme concurrirt, auf Höhe von einem Kopftheile. — Concurrirt sie neben anderen Verwandten als Descendenten, so erhält sie nach der einen Ansicht stets ein Viertel, nach einer anderen sollen dieselben Quoten eintreten, wie bei der Concurrenz mit Descendenten. — In keinem Falle aber soll ihr Erbtheil mehr als Hundert Pfund Gold betragen. Concurrirt sie mit ihren eignen Descendenten, so soll sie das Eigenthum denselben bewahren. Einige Juristen meinen, sie habe zwar das Eigenthum, könne aber zum Nachtheil der sie etwa überlebenden Descendenten darüber nicht verfügen, dagegen hätten diese Descendenten auch nicht das Recht, schon bei Lebzeiten der Mutter über die Substanz als ihr Eigenthum zu disponiren. — Die herrschende Ansicht erklärt aber die Bestimmung einfach dahin, daß die Wittwe den Nießbrauch habe, die Substanz aber ihren Descendenten zufalle. — Concurriren Stiefkinder und eigne Kinder der Wittwe, so fällt die Substanz ihres Erbtheiles nur an ihre eigne Kinder. —

Der Mann darf der armen Frau ihren Erbtheil nicht entziehen, nur muß sie sich auf denselben Alles anrechnen lassen, was sie aus irgend einem anderen lucrativen Grunde aus dem Nachlasse ihres Mannes erhält, z. B. Vermächtnisse.

Ob die arme Wittwe in Betreff ihrer Quote als Erbin oder als Legatarin anzusehen sei, ist ebenfalls streitig. Nach der herrschenden Ansicht wird sie als Erbin angesehen, es steht ihr darnach auch, wenn sie mit mehr als drei Descendentenstämmen concurrirt, das Accrescenzrecht zu, jedoch darf ihr Erbtheil dadurch nicht über ein Viertel und über Hundert Pfund Goldes wachsen; auch steht ihr die hereditatis petitio zu, und, so weit sie ihren Erbtheil nicht durch Anrechnung erhält, muß sie den Erbschaftsgläubigern als Erbin haften. z)

z) Das Preuß. Landrecht kennt das besondere Erbrecht der armen Wittwe nicht, da für dasselbe neben dem mit allen Klassen der Verwandten concurrirenden Erbrechte des Ehegatten kein Raum ist.

Vom letzten Willen.

Allgemeine Regeln über letztwillige Erklärungen.

§. 12. Die Willensäußerung eines Erblassers kann eine ausdrückliche oder stillschweigende sein, wenn auch gerade beim letzten Willen stillschweigende Erklärungen öfter ausgeschlossen sind, als bei anderen Rechtsgeschäften. —

Beispiele stillschweigender Erklärungen sind unter andern die Aufhebung eines Testamentes durch Vernichtung der Testamentsurkunde, des Vermächtnisses durch Veräußerung der vermachten Sache. — Die ausdrückliche Erklärung kann in mündlicher oder schriftlicher Form erfolgen. In letztem Falle muß zwar der Erklärende in der Regel die Schrift selbst unterzeichnen, dagegen ist es nicht nöthig, daß er den Text selbst schreibe. —

Jeder letzte Wille muß frei, ernstlich gemeint, nicht aus verbotenen Motiven entsprungen, selbstständig und verständlich sein. — In Betreff dieser Erfordernisse ist speciell Folgendes zu bemerken:

1. Metus und dolus vernichten auch letztwillige Erklärungen nicht ipso jure, sondern nur per exceptionem,

und zwar nicht den ganzen letzten Willen, sondern nur die erzwungene und erschlichene Erklärung in demselben. Hierbei kann allerdings die Möglichkeit eintreten, daß der ganze letzte Wille dadurch ungültig wird, weil ein wesentlicher Theil, z. B. die ganze Erbeseinsetzung eines Testamentes für ungültig erachtet wird. — Der Ansicht, daß die metus letztwillige Erklärungen ipso jure vernichte, steht schon entgegen, daß der Zwingende als Unwürdiger das ihm Zugewandte verliert, auch hat diese Ansicht kein directes Gesetz für sich. — Ist der Zwang nicht auf den Willen des Erklärenden gerichtet, so können die Regeln über metus überhaupt nicht zur Anwendung kommen. Wenn daher z. B. einer der Testamentszeugen zum Zeugniß gezwungen worden, so ist das ganze Testament nichtig, aber nicht wegen metus und Mangel freier Einwilligung des Erklärenden, sondern wegen Mangel der nöthigen gültigen Zeugen.

2. Error vernichtet die letztwillige Erklärung wie andere Willensäußerungen dann, wenn der Erklärende in Folge des Irrthums etwas Anderes erklärt hat, als er erklären wollte (siehe den allgemeinen Theil über error). Eine falsche Bezeichnung schadet daher der letztwilligen Erklärung nicht, so lange nur gewiß ist, was der Erklärende gewollt hat. — Ein irrthümliches Motiv des Erklärenden ist deshalb in der Regel gleichfalls ohne Einfluß, jedoch liegt es in der Natur der letztwilligen Dispositionen, daß wenn festgestellt wird, daß das vorhandene Motiv das einzige war, um deswillen der Erblasser die Erklärung abgegeben, der error im Motive die letztwillige Disposition ungültig macht. — Auf diese Regel sind folgende Fälle

zurückzuführen: Wenn der Erblasser andere Personen zu seinen Erben ernannt hat, weil er irrthümlich glaubte, daß die in einem früheren Testamente von ihm ernannten Erben fortgefallen seien, so gelten diese früheren Erbeseinsetzungen, und nicht die späteren; wenn der Erblasser Jemand irrthümlich als seinen Sohn zum Erben eingesetzt hat, welcher nicht sein Sohn ist, so gilt die Erbeseinsetzung nicht; das Legat an einer fremden Sache ist ungültig, welche der Erblasser irrthümlich für die seine hielt.

Mit dem error des Erblassers ist nicht der Fall zu verwechseln, wenn aus Irrthum etwas Anderes niedergeschrieben worden, als der Erblasser gewollt hatte. Hier gilt der Regel nach das Geschriebene nicht, weil es nicht das Gewollte ist, und das Gewollte nicht, weil es nicht erklärt ist. — Wenn also etwas niedergeschrieben ist, was der Erblasser nicht gewollt hat, z. B. eine Bedingung, so gilt das geschriebene Nichtgewollte für nicht geschrieben.

Eine merkwürdige Ausnahme findet sich in l. 9 §. 2. Dig. Buch 28 Tit 5. und l. 15. pr. Dig. Buch 30 in Betreff der Quantität. Hiernach soll, wenn ein geringeres Quantum niedergeschrieben ist, als der Erblasser gewollt hat, das höher gewollte Quantum gelten. [a])

3. Auf die Sittlichkeit des Motives lassen sich die Bestimmungen zurückführen über die captatorischen Zuwendungen, über das zur Strafe Auferlegte und über die Einsetzung des Regenten, um seinem Proceßgegner einen po-

---

a) Für das Preuß. Landrecht möchte sich diese Besonderheit nicht vertheidigen lassen.

tentior gegenüber zu stellen, welche letztere für ungültig Gsetzen von den erklärt ist. b)

Captatorische Zuwendungen sind solche, welche der Erblasser unter der Bedingung angeordnet hat, daß von Seiten des Bedachten her zu Gunsten der Seite seiner, des Bedenkers, wiederum eine letztwillige Zuwendung angeordnet wird. — Daß die Zuwendung von der Seite, von welcher die Captatio ausgeht, ungültig ist, unterliegt keinem Zweifel, streitig ist dagegen, ob die in Folge der Captatio geschehene Zuwendung gültig bleibe, was von den Meisten in Ermangelung einer positiven Vorschrift bejaht wird. —

Poenae nomine relicta sind Zuwendungen, welche gemacht sind, nicht um den Bedachten zu bedenken, sondern um den Belasteten zu bestrafen. Solche Zuwendungen waren vor Justinian ungültig; Justinian hob das Verbot auf, und erklärte sie für zulässig und gültig (cf. Dig. Buch 34 Tit. 6 und Cod. Buch 6 Tit. 41.).

4. Auf das Requisit der Selbstständigkeit des Willens bezieht sich die Vorschrift, daß der Erblasser die Existenz der Erbeseinsetzung oder des Vermächtnisses nicht direct in die Willkür eines Dritten setzen kann. Eine Erbeseinsetzung der Art: Titius soll mein Erbe sein, wenn Sejus will, ist ungültig; ebenso die Verfügung: Titius soll mein Haus haben, wenn Sejus will. — Was aber dem Erblasser direct nicht erlaubt ist, kann er nach dem Rechtssatze, expressa nocent, non expressa non nocent, indirect dadurch

b) Das Preuß. Landrecht verbietet keinen dieser drei Fälle der Verfügung.

erreichen, daß er die Gültigkeit der Zuwendung von einer einem Dritten auferlegten Potestativbedingung abhängig macht, z. B. Titius soll mein Erbe sein, wenn Sejus auf das Capitol steigt (cf. l. 68. Dig. Buch 28 Tit. 5 und l. 52. Dig. Buch 35 Tit. 1, mit Rücksicht auf welche auch l. 1. pr. Dig. Buch 31 und l. 43 §. 2. Dig. Buch 30 zu erklären sind). Vor der Gleichstellung der Legate und Fideicommisse konnte bei letzteren die Bedingung auf die bloße Willkür eines Dritten gestellt werden (cf. l. 46 §. 2. Dig. Buch 40 Tit. 5.). In die reine Willkür des Belasteten selbst konnte aber kein Vermächtniß gestellt werden.

Vollständig erlaubt ist es, den Gegenstand des Vermächtnisses generell oder alternativ zu bezeichnen, und die Wahl irgend Jemand, auch dem Belasteten zu überlassen, oder das unbestimmte Quantum des Vermächtnisses dem arbitrium boni viri Jemandes zur Bestimmung anheim zu geben, ferner die Zeit der Leistung des Vermächtnisses dem Belasteten zu überlassen, in welchem Falle dessen Erben spätestens es erfüllen müssen. Auch das ist erlaubt, Mehrere so mit einem Vermächtnisse zu bedenken, daß der Belastete oder ein Dritter unter ihnen den Empfänger bestimmen soll, in welchem Falle aber, wenn keine Wahl getroffen wird, alle Genannten zu gleichen Theilen das Vermächtniß erhalten sollen. [c])

---

c) Das Allgemeine Landrecht Th. 1. Tit. 12. §. 49. bestimmt: Der Willkür eines Dritten kann die Ernennung eines Erben oder Legatars nicht überlassen werden. Hierdurch ist es nicht ausgeschlossen, von einer dem Dritten auferlegten Potestativbedingung die Erbesqualität oder das Vermächtniß abhängig zu

Es wird von Einigen auf Grund des corp. jur. Canonici cap. 13. liber extra de testamentis Buch 3 Tit. 26, einer Stelle von Innocenz dem Dritten, behauptet, daß jetzt der letzte Wille allgemein in die Willkür eines Dritten gestellt werden dürfe; jedoch mit Unrecht, da diese Stelle nur den Bescheid enthält, daß wenn ein Geistlicher von dem ihm damals zustehenden Privilegium Gebrauch gemacht hatte, einem Anderen (als Treuhänder, manufidelis) die Ordnung seines Nachlasses zu übertragen, um deshalb nicht als ein ohne Testament Verstorbener gelten, und daher der ihm vorgesetzte Bischof nicht von dem ihm damals gleichfalls zustehenden Privilegium (jus spolii genannt) Gebrauch machen könne, über den Nachlaß, als den eines ab intestato verstorbenen Geistlichen, nach seinem Belieben zu verfügen.

5. Auf das Erforderniß der Verständlichkeit des letzten Willens bezieht sich der Grundsatz, daß jeder unvollständig construirte Satz des letzten Willens keine Gültigkeit hat, sobald nicht zu ermitteln ist, was der Erklärende gewollt hat. — Wenn aber der Erklärende nur Nachträge machen zu wollen sich vorbehalten, und solche nicht gegeben hat, so wird angenommen, er habe seine Absicht aufgegeben. So bestimmt l. 9 §. 5. Dig. Buch 28 Tit. 5, wenn der Testator eine beabsichtigte Bedingung nicht hin-

machen. — Ist die Zeit der Leistung eines Vermächtnisses in die Willkür des Belasteten gesetzt, so muß wohl in Ermangelung einer gesetzlichen Bestimmung die Analogie der Verträge dahin eintreten, daß spätestens der Erbe des Belasteten erfüllen muß. Allgemeines Landrecht Th. 1. Tit. 5. §§. 237 und 238.

zugefügt habe, so sei die Disposition ungültig, d. h. wenn er etwa so verfügt hat: „Titius soll mein Erbe sein, wenn er sich". — Dagegen sagt l. 8. Cod. Buch 6 Tit. 25, wenn der Erblasser gesagt hat, daß Jemand sein Erbe unter einer noch zu nennenden Bedingung sein solle, und dann diese Bedingung nicht nennt, so soll die Einsetzung eine unbedingte sein, offenbar weil anzunehmen, daß der Erblasser die Absicht die Bedingung hinzuzufügen aufgegeben habe. —

Was ganz unverständlich ist, kann, wenn auch der Satzbau vollständig ist, selbstredend nicht gelten, daher eine sich widersprechende (eine perplexe) Erklärung ungültig ist (l. 16. Dig. Buch 28 Tit. 7; l. 65. Dig. Buch 35 Tit. 2.).

6. Eine eigenthümliche Vorschrift ist es, daß der Erblasser Niemand, außer seinen Sohn unter Zufügung von beschimpfenden Bezeichnungen bedenken kann.

7. Von besonderer Wichtigkeit für das ältere Römische Recht war noch das Verbot, eine persona incerta zu bedenken, welchem, was besonders hervorgehoben wird, sogar die doch sonst só stark privilegirten milites unterworfen wären. (Gajus Buch 2 §. 238 ff.; Ulpian Tit. 22 §§. 4 bis 6, Tit. 24 §. 18, Tit. 25 §. 18; Instit. Buch 2 Tit. 20 §§. 25 und 26; Cod. Buch 6 Tit. 48.)

Persona incerta est persona, quam incerta opinione animo suo testator subjiciebat, d. h. eine unbestimmte Person ist solche, von welcher der Testator in seinem Geiste keine bestimmte Vorstellung sich machte. — Zu dieser Art von Personen wurden gerechnet:

a) Die postumi. Indessen schon jure civili konnten postumi sui zu Erben und Legataren ernannt werden, zu Erben eingesetzte postumi alieni hatten aber das Recht der bon. poss. secundum tabulas. Seit Justinian kann jeder Postumus zum Erben und Legatar ernannt werden, nur soll nicht die Schicklichkeit verletzt werden, z. B. wenn man einen Postumus bedenken wollte, welchen man aus einer verbotenen Ehe zu erzielen gedenkt.

b) Die juristischen Personen. Die erste Ausnahme wurde dahin gemacht, daß Stadtgemeinden von ihren Freigelassenen zu Erben eingesetzt werden und von Jedem ein Vermächtniß erhalten konnten. — Seit Constantin kann die Kirche zum Erben eingesetzt werden. — Nach der jetzt herrschenden Ansicht kann jede juristische Person zum Erben oder Vermächtnißnehmer gültig ernannt werden, wiewohl Einige diese Fähigkeit nur auf Grund besonders ertheilten Privilegs ihnen zubilligen wollen.

c) Auch die Götter nach älterem Römischen Rechte. Es waren jedoch gewisse Götter privilegirt. So konnten z. B. zu Erben eingesetzt werden: Jupiter Tarpejus, Apollo Didymäus, Mars in Gallia, Minerva Iliensis, Diana Efesia und einige andere. In l. 26. Cod. Buch 1 Tit. 2 bestimmt Justinian, daß wenn Christus bedacht ist, die Kirche des Domicils des Verstorbenen als Bedachte gelten sollte. — Aehnliche Bestimmungen sind erlassen, wenn Engel oder Märtyrer bedacht sind.

d) **Eine unbegränzte Mehrzahl von Personen, durch ein gemeinschaftliches Merkmal bezeichnet**, z. B. alle Lahmen. — Zu Gunsten der Armen und Gefangenen wurde zuerst die Ausnahme gemacht, daß wenn sie bedacht waren, der Betrag der Zuwendung unter die Armen vertheilt oder zum Loskauf von Gefangenen verwendet werden soll. Executor des letzten Willens war in Ermangelung eines vom Verstorbenen ernannten der Bischof oder Armenpfleger des Domicils des Verstorbenen. — Jetzt muß die Bedenkung Hilfsbedürftiger, z. B. der Blinden, Kranken, Armen ꝛc., erlaubt erscheinen, sobald der Erblasser über die Art der Verwendung Genaueres bestimmt hat, oder im Orte oder Bezirke Anstalten wie z. B. Armencommission, Krankenhäuser, Blindenanstalten vorhanden sind, durch welche das Zugewandte zur Verwendung nach der Absicht des Verstorbenen kommen kann.

e) **Wenn der Bedachte ganz allgemein durch den Eintritt eines Umstandes bestimmt werden soll**, z. B. wenn gesagt ist: „Wer meine Tochter heirathet", — oder „wer zuerst zu meinem Begräbniß kommt" soll mein Erbe sein. Aus einer bestimmten Anzahl von Personen konnte aber schon nach älterem Römischen Rechte auf diese Weise Jemand bedacht werden, z. B. so: wer von meinen jetzt lebenden Verwandten zuerst zu meinem Begräbniß kommt, soll mein Erbe sein. — Heutigen Tages ist es wohl unbedenklich, ganz allgemein so den

Bedachten zu bestimmen, wobei freilich es quaestio facti ist, ob die bedachte Person wird ermittelt werden können.

Vom S. C. Libonianum.

Dig. Buch 48 Tit. 10; Cod. Buch 9 Tit. 23.

§. 13. Wenn der Erblasser seinen letzten Willen schriftlich hinterläßt, so kann er den Text desselben auch von einem Anderen (testamentarius) schreiben lassen.

Das S. C. Libonianum (16 n. Chr.), ein Nachtrag zur lex Cornelia de falsis, und ein Edict des Kaisers Claudius verfügten, daß, wenn der testamentarius sich, oder einer Person in seiner Gewalt, so daß er selbst dadurch erwirbt, oder seinem Gewalthaber direct oder einer ebenfalls diesem unterworfenen Person etwas zugeschrieben hat, der Schreiber als Fälscher gestraft werden, und daß er selbst keinen Vortheil davon haben solle. [d]) Hat sich daher der Schreiber selbst bedacht, so ist die Zuwendung ungültig, jedoch muß der, welcher dadurch den

---

d) Das Preuß. Landrecht kennt die Bestimmung des S. C. Libonianum im Allgemeinen nicht; jedoch kann der Richter oder eine andere bei der Handlung von Amts wegen betheiligte Person in einem mündlich zu Protocoll gegebenen letzten Willen nicht gültig zum Erben ernannt werden, wohl aber zum Legatar, wenn der Testator am Rande des Protocolles oder bei der Unterschrift seine Absicht eigenhändig bezeugt; für einen schreibensunfähigen Testator sollen den bestätigenden Vermerk zwei Zeugen eigenhändig schreiben. Allgemeines Landrecht Th. 1. Tit. 12. §. 134 ff.

Vortheil erhält, die darauf gelegten Lasten erfüllen. Hat der Schreiber die Ademtio eines Vermächtnisses, welches er zu leisten hatte, selbst niedergeschrieben, so bleibt die Ademtio gültig, der Vortheil fällt aber dem Fiscus zu. Hat er sich selbst zum Vormunde ernannt, so trifft ihn zwar keine Strafe, es hängt aber von der Bestimmung des Gerichtes ab, ob er zur Vormundschaft zugelassen werden soll. Auch Irrthum befreite von der Strafe, und Mutter, Tochter des Testators, so wie Soldaten unterlagen derselben gleichfalls nicht. —

Jetzt kann das bloße Zuschreiben ohne erwiesene Fälschung nicht mehr als Verbrechen gelten. —

Es giebt aber auch mehrere Fälle, in denen gegen die Regel das Geschriebene selbst giltig bleibt, nämlich:

a) wenn der Schreiber ein Unmündiger ist;
b) wenn der Erblasser das Geschriebene eigenhändig bestätigt;
c) wenn der Schreiber ein Hauskind des Erblassers ist, und der Letztere allgemein bemerkt hat, daß Alles mit seiner Bewilligung geschrieben sei;
d) wenn der Schreiber der einzige Intestaterbe des Erblassers ist;
e) wenn der Schreiber den Namen des Bedachten nicht selbst geschrieben hat.

Von der Conjunctio mehrerer Bedachten.

§. 14. Unter Conjunctio mehrerer Bedachten versteht man die Verbindung Mehrerer in Bezug auf dieselbe

Zuwendung. Sie kann mehrere Erben oder mehrere Legatare betreffen. Man unterscheidet drei Arten von Conjunctio:

a) verbis conjunctio ist eine solche, welche mehrere Erben oder Legatare in demselben Satze auf verschiedene Antheile so bedenkt, daß jeder derselben eine selbstständige Zuwendung erhalten hat, z. B. Gajus und Sejus sollen jeder zur Hälfte meine Erben sein; — Gajus und Sejus sollen jeder die Hälfte meines Hauses haben.

b) re tantum conjunctio ist eine solche, welche mehrere Erben oder Legatare in verschiedenen Sätzen zusammen auf denselben Erbtheil oder dieselbe Sache bedenkt, z. B. Gajus soll zur Hälfte mein Erbe sein. In dieselbe Hälfte soll Sejus mein Erbe sein; — Gajus soll mein Haus haben, dem Sejus vermache ich dasselbe Haus.

c) re et verbis conjunctio ist eine solche, welche mehrere Erben oder Legatare in demselben Satze auf denselben Antheil oder dieselbe Sache zusammen bedenkt, z. B. Gajus und Sejus sollen die Hälfte meiner Erbschaft haben; — dem Gajus und Sejus vermache ich mein Haus.

Dadurch, daß verbis conjuncti zusammen mit einem Dritten re conjungirt werden, werden sie unter sich auch re conjuncti; z. B. ich vermache dem Gajus die Hälfte, dem Sejus die Hälfte meines Hauses, dasselbe Haus dem Titius. Hier sind G. und S. verbis conjuncti, T. beiden re conjunctus, und dadurch werden nun auch G. und S. re conjuncti (cf. l. 41. pr. Dig. de leg. II. Buch 31.).

Die in den Quellen gebrauchten Ausdrücke disjunctio, disjuncti kommen in zweifacher Bedeutung vor, einmal als Gegensatz zur Conjunctio, oft aber auch um die re conjunctio im Gegensatze zur re et verbis conjunctio zu bezeichnen.

So werden heredes disjuncti oft die gar nicht conjungirten Erben; disjuncti legatarii oft die re tantum conjungirten Vermächtnißnehmer benannt.

Die Lehre von der conjunctio ist von besonderer Wichtigkeit für die Art der Vertheilung einer Zuwendung unter mehrere Bedachte und für die Art der Accrescenz. [e])

Von Conditio und dies.

Dig. Buch 28 Tit. 7; Buch 35 Tit. 1; Cod. Buch 6 Tit. 25 und 46.

§. 15. Ueber Begriff, Eintheilung und allgemeine Regeln siehe den allgemeinen Theil. —

Vermächtnisse können unter suspensiven so wie resolutiven Bedingungen und Zeitbestimmungen zugewandt

---

e) Nach Preußischem Landrecht ist die conjunctio fast ganz und der Unterschied zwischen re tantum und re et verbis conjuncti gänzlich bedeutungslos. Nur die re conjunctio ist in dem einen Falle von Bedeutung für die Accrescenz, wenn Sachen und Rechte mehreren Erben ungetheilt zusammen auf ihre Erbportion angewiesen sind, oder ein Vermächtniß mehreren Legataren zugleich und ungetheilt beschieden ist. Allgemeines Landrecht Th. 1. Tit. 12. §§. 284 und 368.

werden. Die Erbeseinsetzung aber ist unter einem reinen dies nicht mit Erfolg möglich, und ebensowenig unter einer resolutiven Bedingung. Da nämlich der Erbe den Erblasser von dessen Tode ab repräsentirt, so ist ein dies certus suspensiv gestellt wirkungslos, d. h. da es gewiß ist, daß der Berufene Erbe wird, so ist er es sofort vom Tode ab, und deshalb kann er die Erbschaft sofort durch Antretung erwerben. Da ferner der einmal Erbe Gewordene nicht aufhören kann, Erbe zu sein (semel heres, semper heres, und nemo pro parte testatus pro parte intestatus decedere potest, welcher Satz sich auch auf die Zeit bezieht), so haben ein resolutiver dies und eine resolutive Bedingung keine Wirkung, der Erbe bleibt Erbe trotz einer solchen Bedingung und Zeitbestimmung, welche für nicht geschrieben gelten. Die Ansicht einiger Rechtsgelehrten, daß die einer Erbeseinsetzung hinzugefügte resolutive Bedingung als die entsprechende suspensive gedeutet werden müsse, ist entschieden eine irrige; nach dieser Ansicht ist z. B. die Bedingung: „bis Gajus heirathet" zu deuten: „wenn Gajus nicht heirathet."

Dagegen kann der Erbe mit Wirkung unter einer suspensiven Bedingung eingesetzt werden. So lange es ungewiß ist, ob die Bedingung erfüllt werden wird, ist die hereditas jacens, erst mit Eintritt der Bedingung wird sie dem Erben deferirt, wenn er sie aber erwirbt, so ist er nunmehr ebenfalls Erbe vom Tode des Erblassers ab. —

Da unter einer Suspensivbedingung zustehende Erbschaften und Vermächtnisse erst mit Eintritt der Bedingung deferirt werden, so können sie, wenn der Berufene vor

Erfüllung der Bedingung stirbt, auch nicht auf dessen Erben transmittirt werden. —

Eine Zeitbestimmung, von welcher es zwar gewiß ist, daß sie eintreten wird, aber ungewiß, wann dies geschieht (dies certus an et incertus quando), bewirkt, daß die Zuwendung erst mit dem Eintritt des dies dem Berufenen deferirt wird, und deshalb wirkt sie wie die conditio, wenn es ungewiß ist, ob der Berufene den dies erleben wird, während sie als dies wirkt, wenn dies (ein allerdings seltener Fall) gewiß ist. — Der dies certus an et certus quando ist stets ein reiner dies. —

Zuwendungen unter einem reinen dies gegeben, sind wie unbedingte mit dem Tode des Erblassers deferirt. f)

Conditiones intrinsecae und necessariae sind auch hier keine wahren Bedingungen, eben so wenig wie solche in praesens oder in praeteritum collatae.

Ueber unmögliche Bedingungen, einer letztwilligen Zu-

---

f) Da das Preuß. Landrecht den Satz semel heres semper heres ebenso wenig wie den nemo pro parte testatus pro parte intestatus decedere potest aufgenommen hat, so kann der Erbe sub die, ad diem, sub conditione, ad conditionem eingesetzt werden. Ist er sub die oder sub conditione eingesetzt, so sind die Intestaterben die ersten Erben, der eingesetzte aber ist der fideicommissarische Erbe; ist er ad diem oder ad conditionem eingesetzt, so ist er der erste Erbe, und die Intestaterben sind die fideicommissarischen Erben (Allgemeines Landrecht Th. 1. Tit. 12. §§. 478 und 489.). Da ferner bedingte Zuwendungen mit dem Tode des Erblassers deferirt werden, so gehen sie auch auf die Erben des Bedachten über, wenn derselbe vor Erfüllung der Bedingung stirbt, natürlich nur, wenn der Bedachte den Erblasser überlebt hat und die Bedingung zur Erfüllung kommt.

wendung hinzugefügt, waren Sabinianer und Proculejaner im Streit, ob die Bedingung die Zuwendung vernichte oder bestehen lasse (Gaj. Buch 3 §. 98.), im Justinianischen Rechte ist die unmögliche Bedingung wirkungslos und die Zuwendung bleibt bestehen, gleichviel ob sie eine factisch, oder moralisch oder juristisch unmögliche Bedingung ist g). — Beispiele juristisch unmöglicher Bedingungen sind: die Bedingung, nicht zu heirathen, oder nach der Wahl eines Anderen zu heirathen; die Bedingung, sich von seinem Ehegatten zu scheiden; die Bedingung, seinen Aufenthaltsort nicht zu verändern; die Bedingung, die Religion zu ändern, oder nicht zu ändern. Die Ansicht, daß die Bedingung, die Religion nicht zu ändern, gestattet werden müsse, weil es löblich sei bei seiner Religion zu verharren, übersieht, daß dem Bedachten dadurch ein Gewissenszwang auferlegt wird. — Ist die eidliche Versicherung einer Handlung oder Unterlassung zur Bedingung gemacht, so ist die Ableistung des Eides nicht nöthig; ein Sclave aber, dem unter dieser Bedingung die Freiheit vermacht war, sollte den Eid leisten müssen. — Erlaubt sind: die Bedingung, eine bestimmte ehrbare Person zu heirathen oder nicht zu heirathen, so wie die Bedingung, nicht wieder zu heirathen. Bei der letztgenannten soll der Bedachte ein Jahr lang warten, erst nach dieser Zeit darf er die Zuwendung be-

g) Nach Preußischem Landrecht gelten hier juristisch und moralisch unmögliche Bedingungen für nicht geschrieben; factisch unmögliche vernichten dagegen die bedingte Erklärung. Allgemeines Landrecht Th. 1. Tit. 4. §. 127 ff.; Tit. 12. §. 63.

ansprucheu gegen eidliche Caution, im Fall des Bruches der Bedingung das Erhaltene nebst allen Früchten zu restituiren. [h])

Ist einem Bedachten eine Last auferlegt (z. B. daß er durch einen Miterben beschränkt werden, oder ein Vermächtniß leisten solle) unter der Bedingung, daß er etwas thue, was factisch, moralisch oder juristisch unmöglich ist, oder etwas unterlasse, dessen Unterlassung in dieser Art unmöglich ist, so fällt die Last fort, z. B. wenn mein Erbe heirathet, soll er dem Gajus mein Haus geben; hier ist das Vermächtniß an Gajus ungültig. —

Hat der Testator eine Bedingung gestellt, welche zwar an sich möglich ist, aber für den Bedachten bereits zur Zeit der Errichtung des letzten Willens unmöglich war, so gilt die Bedingung für eine unmögliche, und die Zuwendung bleibt bestehen. Viele Juristen nehmen dies nur an, wenn die Unmöglichkeit dem Erblasser bekannt war, und halten, wenn er sie nicht kannte, die Zuwendung für ungültig.

Ist die Unmöglichkeit erst nach Errichtung des letzten Willens eingetreten, so fällt die Zuwendung, weil der Bedachte die mögliche Bedingung nicht erfüllen kann. [i])

h) Nach Preußischem Landrecht behält er die gezogenen Früchte und giebt nur die Substanz des Erhaltenen heraus. Allgemeines Landrecht Th. 1. Tit. 4. §. 120. — Eidliche Caution wird nicht gefordert.

i) Das Preußische Landrecht unterscheidet hier: War dem Erblasser die Unmöglichkeit bekannt geworden, so gilt die Bedingung für erlassen, sonst fällt die Zuwendung. Allgemeines Landrecht Th. 1. Tit. 12. §§. 505, 506.

Ist eine Bedingung gestellt, welche schon bei Lebzeiten des Erblassers erfüllt worden, so ist zu unterscheiden: war dies schon zur Zeit der Errichtung der Zuwendung geschehen, so gilt die Bedingung für erfüllt, wenn nicht die Absicht des Erblassers dahin ging, daß sie nach der Errichtung des letzten Willens erfüllt werde, was anzunehmen ist, wenn er es wußte, daß sie bereits erfüllt sei, war dies erst nach Errichtung des letzten Willens, aber schon bei Lebzeiten des Erblassers geschehen, so gilt die Bedingung für erfüllt, wenn nicht die Absicht des Erblassers dahin ging, daß sie erst nach seinem Tode erfüllt werde, was bei potestativen Bedingungen zu vermuthen ist. —

Im Uebrigen ist es gleichgültig, ob die gestellte Bedingung schon bei Lebzeiten oder nach dem Tode des Erblassers erfüllt wird, soweit nicht aus der Natur der Bedingung oder der Erklärung ein Anderes sich ergiebt. — Der Bedachte muß aber die Erfüllung der Bedingung erleben, weil ihm andernfalls die Zuwendung nicht deferirt wird. — Bei Potestativbedingungen hat er demnach das Recht, so lange er lebt, mit der Erfüllung zu warten, [k]) obschon die Erbschaftsgläubiger, wenn er nicht sofort erfüllt, durch Beschlagnahme ihre Befriedigung erzwingen können.

---

k) Nach Preußischem Landrecht ist für potestative Bedingungen nur dreißig Jahre Frist gegeben, auch steht den Interessenten frei, schon vorher dem Bedachten eine Frist durch den Richter setzen zu lassen. Allgemeines Landrecht Th. 1. Tit. 12. §§. 495 und 496.

Ist eine untheilbare Handlung als Bedingung mehreren Bedachten zusammen auferlegt, so erhalten diejenigen, welche sich bei der Erfüllung nicht betheiligen, ihre Zuwendung nicht; an wen dieselbe fällt, richtet sich nach den gesetzlichen Regeln; die Erfüllenden erhalten sie demnach nur, wenn sie auf das jus accrescendi auch abgesehen von der Bedingung Anspruch haben. — Lag dem Testator erweislich nur daran, daß die Handlung überhaupt geschehe, so kommt die Erfüllung derselben auch denen zu statten, welche sich nicht dabei betheiligt haben. —

Ist mehreren Bedachten zusammen eine theilbare Handlung als Bedingung auferlegt, so erfüllt jeder seine Rate. —

Wird bei einer theilbaren Handlung die Erfüllung zum Theil unmöglich, so soll der Bedachte doch gegen Erfüllung des möglichen einen verhältnißmäßigen Theil der Zuwendung erhalten. [1])

Ueber die Fälle, in denen eine nicht erfüllte Bedingung für erfüllt gilt, siehe den allgemeinen Theil. —

Ueber die Bedingungen bei letztwilligen Zuwendungen findet sich in den Quellen eine Fülle von Casuistik, deren specielle Erwähnung außerhalb unseres Zweckes liegt; einige der bekanntesten Interpretationsregeln sind:

---

1) Das Preuß. Landrecht enthält die umgekehrte Satzung, daß der Bedachte einen verhältnißmäßigen Erlaß der auferlegten Last beanspruchen darf, wenn seine Zuwendung durch Zufall zum Theil vermindert wird. Allgemeines Landrecht Th. 1. Tit. 12. §. 493.

a) Ist ein Erbe zu derselben Quote pure und bedingt eingesetzt, so ist er unbedingter Erbe; es kann ihm also die Bedingung nicht getrennt von der ohne Vorbehalt geschehenen Einsetzung auferlegt werden.

b) Ist ein Erbe unter verschiedenen Bedingungen eingesetzt, so wird im Zweifel angenommen, daß die Bedingungen ihm alternativ auferlegt seien.

c) Ist ein Legatar pure und unter einer Bedingung, oder unter mehreren Bedingungen bedacht, so gilt im Zweifel die letzte Willenserklärung; ebenso war es bei fideicommissarischen Freilassungen; bei directen galten die in Bezug auf die Erbeseinsetzung ad a u. b gegebenen Regeln.

d) Unter mehreren alternativen Bedingungen hat der Bedachte die Wahl, auf welche er sich berufen will; ist daher die eine derselben unmöglich, so daß sie seine Zuwendung nicht ungültig machen würde, so kann er sich auf die unmögliche berufen, und braucht keine zu erfüllen.

e) Ist Jemand unter einer Bedingung zum Erben eingesetzt, so soll nach der herrschenden Ansicht auch ein außerdem ihm gegebenes Vermächtniß unter derselben Bedingung stehen, dagegen darf nicht umgekehrt die dem letzteren zugefügte Bedingung auf die Erbeseinsetzung übertragen werden.

f) Wenn mehrere Vermächtnisse demselben Bedachten ausgesetzt sind, und eines davon unter eine Bedingung gestellt ist, so ist bei alternativ gegebenen Vermächtnissen die Bedingung auf alle, bei copulativ verliehenen nur auf das Vermächtniß zu beziehen, bei welchem sie genannt ist.

g) Wenn der Erblasser sein kinderloses Kind zum Erben eingesetzt hat, und ihm die Herausgabe der Erbschaft an einen Anderen auferlegt hat, so soll als stillschweigende Bedingung ergänzt werden: „wenn das Kind kinderlos bleibt". —

h) Die Bedingung, Kinder zu erzeugen, wird durch Ablegung des Keuschheitsgelübdes für erfüllt erachtet. —

Ein in Bezug auf Bedingungen bemerkenswerthes Institut ist

Die cautio Muciana.

l. 7, 18, 67, 72 pr. §§. 1 u. 2; l. 73, 101 §. 3, 106. Dig. Buch 35 Tit. 1; l. 4 §. 1. Dig. Buch 28 Tit. 7; Novelle 22 c. 44.

Die cautio Muciana ist eingeführt, um es möglich zu machen, daß Zuwendungen im letzten Willen, welche unter einer negativen Potestativbedingung vermacht sind, vom Bedachten erworben werden können. War nämlich Jemand unter einer solchen Bedingung bedacht, so konnte es sich erst nach seinem Tode entschieden haben, ob die Bedingung von ihm erfüllt sei, oder nicht. So wurde demnach die Zuwendung erst nach dem Tode des Bedachten, also überhaupt nicht, deferirt, und da nicht deferirte Zuwendungen auch nicht auf die Erben des Bedachten transferirt werden, so war die Zuwendung unter einer solchen Bedingung ohne alle Wirkung. — Quintus Mucius Scaevola führte deshalb zuerst zu Gunsten der Legatare ein, daß sie gegen Caution, die Zuwendung zu restituiren, falls sie die Bedingung nicht erfüllen sollten, das Legat erwerben konnten. Später wurde dasselbe Recht auch den Fideicommissaren und Erben gegeben, und die Cautionsleistung auch für solche negative Potestativbedingungen zugelassen, welche zwar allenfalls auch vor dem Tode des Bedachten in Erfüllung gehen konnten, jedoch durch ein Ereigniß, dessen Eintreten zweifelhaft oder nicht wünschenswerth war, z. B. durch den Tod eines Dritten.

Die Caution wird dafür geleistet, daß im Fall der Nichterfüllung der Bedingung der Bedachte die Zuwendung nebst allen davon gezogenen Früchten, und bei Zuwendungen von Geldsummen Zinsen davon zurückerstatten werde. — Die Leistung der Caution vertritt die Erfüllung der Bedingung, und mit ihr ist das Vermächtniß so wie die Erbschaft erworben. Erfüllt der Bedachte später die Bedingung nicht, so bleibt er, da er die Bedingung durch Leistung der Caution erfüllt hat, Vermächtnißnehmer respective Erbe, was besondere Wirkungen hat bezüglich der ihm obliegenden Verpflichtungen; er ist aber daneben obligatorisch aus der Caution gehalten, die Zuwendung zu restituiren. —

Der Vermächtnißnehmer leistet die Caution dem Belasteten; der Erbe seinem Substituten oder in Ermanglung eines solchen, seinen Miterben, und ist er heres ex asse (alleiniger Erbe) denjenigen, welche beim Ausfallen der Bedingung die nächsten Intestaterben sein würden, zu Händen eines ihnen zu bestellenden Curators, da es noch nicht gewiß ist, welche Personen dann die nächsten gesetzlichen Erben sein würden. — Die Ansicht, daß der heres ex asse ohne Cautionsleistung die Erbschaft erwerben könne, weil die Cautionsleistung an ungewisse Berechtigte, und somit auch die Erfüllung der Bedingung, unmöglich sei, wird durch Justinian's Vorschrift, daß der sub conditione viduitatis eingesetzte Erbe den Intestaterben Sicherheit leisten solle, so wie durch die Analogie der Caution, welche der Arrogator eines Unmündigen zu stellen hat, widerlegt. Auch die Annahme, daß Justinian nur für die conditio viduitatis eine Ausnahme gemacht habe, ist unlogisch, da, wo eine Ausnahme möglich ist, keine Unmöglichkeit vorliegen kann. —

Die Form der cautio Muciana ist die Bürgschaft; nur für die conditio viduitatis hat Justinian verordnet, daß nicht unvermögende Bedachte eidlich caviren können.[m])

Zu bemerken ist noch, daß wenn einem Sclaven die Freiheit unter der Bedingung vermacht war, daß er bis zu seinem Tode etwas nicht thun werde, das Vermächtniß ungültig war, weil angenommen wurde, der Erblasser habe ihn nicht als Lebenden freilassen wollen. —

Der unter einer Bedingung eingesetzte Erbe konnte auch gegen Caution, die Erbschaft im Fall der Nichterfüllung der Bedingung restituiren zu wollen, eine bonorum possessio secundum tabulas fordern. Diese war

---

m) Das Preuß. Landrecht kennt die cautio Muciana nicht, und bedarf ihrer auch nicht, weil bedingte Zuwendungen mit dem Tode des Erblassers deferirt werden, die Erben eines unter einer negativen Potestativbedingung Bedachten deshalb die Zuwendung nach dem Tode des Bedachten erhalten, wenn er durch seinen Tod die Bedingung erfüllt hat.

aber eine decretalis, und konnte deshalb vom Prätor verweigert werden, z. B. wenn die Bedingung eine potestative war, oder in nächster Zeit zur Entscheidung stand. — Der Unterschied zwischen dieser bon. poss. sec. tabulas und dem Rechte die cautio Muciana zu leisten ist:

a) daß der bonor. possessor nicht civiler Erbe wird, wie der die cautio Muciana leistende Erbe,

b) daß die bonor. possessio denegirt werden kann, dagegen die Leistung der cautio Muciana ein Recht des Erben ist;

c) daß die bonor. poss. für jede Bedingung angeboten, die Mucianische Caution auf gewisse Bedingungen beschränkt ist;

d) daß die bonor. poss. nur dem zum Erben Ernannten offen steht, die Mucianische Caution auch dem Legatar.

Vom Modus.

Dig. Buch 35 Tit. 1; Cod. Buch 6 Tit. 45.

Ueber den Begriff des modus und den Unterschied zwischen ihm und der Bedingung siehe den allgemeinen Theil. —

Der modus, welcher letztwilligen Zuwendungen hinzugefügt ist, soll erfüllt werden. Deshalb kann der Belastete Caution für die Erfüllung fordern, auch wegen Nichterfüllung desselben die geleistete Zuwendung condiciren; Miterben können gegeneinander bei Gelegenheit der actio familiae herciscundae auf Erfüllung des Modus dringen.

Schlimmsten Falles kann der Richter die Erfüllung desselben von Amts wegen erzwingen (l. 7 Dig. Buch 33 Tit. 1.). — Gereicht die Erfüllung des Modus einem Dritten zum Vortheil, so hat dieser die Rechte eines Vermächtnißnehmers. —

Der Bedachte behält seine Zuwendung trotz Nichterfüllung, wenn der Modus etwas Ungesetzliches verlangt, wenn er ohne Schuld des Bedachten unmöglich wird, wenn er ausschließlich zum Besten des Bedachten selbst gereicht. [n])

Interpretation, Eröffnung und Vollziehung des letzten Willens.

§. 16. a. Interpretation.

Dig. Buch 34 Tit. 5; Cod. Buch 6 Tit. 38.

Auch für die Auslegung letztwilliger Erklärungen entscheidet vor Allem die Absicht des Erklärenden, welche übrigens nicht gerade in einem Testamente oder Codicille deponirt werden muß, sondern aus jedweder Erklärung und Handlung erhellen kann. Hat der Verstorbene seine Absicht nicht geäußert, so wird mit Rücksicht auf dessen Lebensgewohnheiten, Verhältnisse und ähnliche persönliche Beziehungen

n) Nach Preußischem Landrecht, welches im Allgemeinen hier vom Römischen Rechte nicht abweicht, soll, wenn der Modus ohne Schuld des Bedachten unmöglich wird, etwas Aehnliches erfüllt werden; geht dies nicht an, so gilt er, falls er nicht der einzige Zweck der Zuwendung war, für nicht hinzugefügt. Allgemeines Landrecht Th. 1. Tit. 12. §§. 508 bis 513.

auf seine Absicht geschlossen werden müssen. Fehlt es an solchen Anhaltspunkten, so wird das anzunehmen sein, was dem Rechtsverhältnisse nach seiner Beschaffenheit am meisten entspricht, eventuell das, was der Aufrechthaltung des letzten Willens am zuträglichsten ist und zum Vortheil des Bedachten gereicht. o) — Läßt sich gar nicht herausfinden, was der Erklärende gewollt hat, so ist die dunkle Erklärung als nicht vorhanden zu betrachten. — Ueber die besondere Interpretation der Bedingungen siehe oben. — Die Quellen des Römischen Rechtes sind überreich an Beispielen und scharfsinnigen so wie willkürlichen Entscheidungen derselben betreffend die Auslegung letztwilliger Anordnungen.

b. Eröffnung.

Dig. Buch 29 Tit. 3 u. 5; Cod. Buch 6 Tit. 32 u. 35.

Wenn der letzte Wille nur mündlich errichtet worden, so werden behufs Feststellung seines Inhaltes die Zeugen, vor denen die Erklärung abgegeben ist, vernommen; es ist aber streitig, ob es genügt, wenn nur zwei Zeugen vernommen werden können, oder ob die für die Gültigkeit der Erklärung nöthigen Zeugen sämmtlich vorhanden sein und ihre Aussage abgeben müssen, oder ob die Aussage der noch vorhandenen, mindestens aber von zwei Zeugen erfor-

---

o) Auslegungsregeln des letzten Willens nach Preußischem Landrecht siehe Th. 1. Tit. 12. §. 519 ff. Bemerkenswerth ist die Abweichung vom Römischen Rechte, das im Zweifel für den Belasteten zu interpretiren ist. §. 520.

derlich ist. — Letztere Annahme wird meistens für die richtige gehalten.

Ist der letzte Wille zwar mündlich errichtet, aber zum besseren Beweise schriftlich aufgezeichnet, so kann der Beweis auch ohne Zeugen durch die Urkunde geschehen.

Von der Eröffnung des letzten Willens kann nur bei schriftlicher Form desselben gesprochen werden. —

Nach der lex Julia de vicesima hereditatum (6 n. Chr.) war bestimmt, daß der Staatsschatz fünf Procent von Erbschaften und Vermächtnissen erhalten sollte, und daß, um diese Abgabe schleunigst zu erhalten, der letzte Wille zwischen dem dritten und dem fünften Tage nach dem Tode des Erblassers eröffnet werden solle. — Für den Fall, daß der Erblasser eines unnatürlichen Todes gestorben, wurde 10 n. Chr. durch das S. C. Silanianum und später als besondere Nachträge durch die SS. CC. Claudianum, Piconianum, so wie durch das Edict des Prätors und Rescripte der Imperatoren bestimmt, daß, ehe nicht über die Sclaven und Freigelassenen des Verstorbenen die Untersuchung geführt, auch die der That Schuldigen oder in der Rettung des Verstorbenen Säumigen bestraft seien, das Testament nicht eröffnet werden dürfe. — Alle diese Gesetze sind jetzt unpractisch. —

Die Eröffnung, welche heutigen Rechtes nach dem Tode des Erblassers zu jeder Zeit erfolgen darf, kann gerichtlich oder außergerichtlich geschehen. Befindet sich der letzte Wille in den Händen des Richters, so geschieht die Eröffnung gerichtlich. — Das Verlangen auf Eröffnung und Bekanntmachung desselben steht Jedem zu, welcher ein

Interesse wahrscheinlich machen kann. — Zur Eröffnung werden die bei Errichtung des Willens gegenwärtigen Solennitätszeugen, und in Abwesenheit solcher andere Zeugen zugezogen; es wird der gehörige Verschluß der Urkunde constatirt, dieselbe ohne Verletzung der Siegel geöffnet, und der Inhalt verlesen. Wir nennen die Veröffentlichung des letzten Willens Publication, bei den Römern hieß publicatio testamenti die mündliche Erklärung des Testators, durch welche er den letzten Willen errichtete. — Nicht veröffentlicht wird: was der Erblasser zu veröffentlichen untersagt hat; das Pupillartestament, welches erst beim Tode des Unmündigen bekannt gemacht wird; Schimpfreden, deren der Verstorbene sich bedient hat; das Datum, damit Fälschungen nicht erleichtert würden. — Jeder Interessent kann Abschrift von dem Inhalte des letzten Willens nehmen, und falls die Urkunde in Händen einer Privatperson sich befindet, die Vorlegung erzwingen. Wird der Besitz der Urkunde vom Dritten geleugnet, so steht dem Interessenten das interdictum de tabulis exhibendis gegen diesen zu, falls er wirklich besitzt oder dolo den Besitz aufgegeben hat, gerichtet auf Exhibition eventuell Schadensersatz, welcher im Falle des dolus auch durch Würderungseid festgestellt werden kann. p)

---

p) Nach Preußischem Landrecht erfolgt die Eröffnung und Veröffentlichung des letzten Willens stets durch den Richter, und zwar in drei Fällen: 1) auf begründeten Antrag; 2) sechs Wochen nach dem notorischen Ableben des Testators von Amts wegen; 3) im Interesse etwaiger Zuwendungen an milde Stif-

Ist die Urkunde verloren gegangen, so daß die Veröffentlichung ihres Inhaltes unmöglich wird, so steht doch der Beweis ihres Inhaltes und dessen Gültigkeit frei, nur soll die Eideszuschiebung ausgeschlossen sein. Wenn aber der Erblasser dem Erben ein Vermächtniß mündlich auferlegt hatte, so soll gerade die Eideszuschiebung das einzig zulässige Beweismittel sein. q)

c. Vollziehung. Den Inhalt des letzten Willens zur Ausführung zu bringen, liegt im Allgemeinen dem Privatinteresse ob. — Nicht selten werden zum Zwecke der Ausführung des letzten Willens Einer oder Mehrere als besondere Testamentsexecutoren ernannt. Sie sind als Mandatare anzusehen, haben in der Regel nur den Inhalt des letzten Willens auszuführen, dagegen das Recht der Verwaltung und Veräußerung nur, wenn sie besonders damit betraut worden sind, in welchem Falle sie mixti executores testamenti genannt werden. — Der Auftrag kann

---

tungen oder zum gemeinen Besten nachdem 56 Jahre seit der Niederlegung des letzten Willens bei Gericht verflossen sind. Zum Termine für die Eröffnung werden die bekannten Interessenten vorgeladen, den unbekannten aber ein Curator bestellt. — Nach der Veröffentlichung kann jeder Interessent, so weit ihn der letzte Wille etwas angeht, Abschrift verlangen; Erben und Legataren, welche abwesend sind, muß von Amts wegen von ihrer Bedenkung Nachricht gegeben werden. — Außergerichtlich errichtete letztwillige Erklärungen müssen dem Richter zur Publication ausgehändigt werden. — Allgemeines Landrecht Th. 1. Tit. 12. §§. 208 bis 241.

q) Das Preuß. Landrecht schließt hier die Eideszuschiebung nicht aus, wohl aber den Erfüllungseid, da es einen vollständigen Beweis verlangt. §§. 602 und 603 ebendaselbst.

ihnen durch das Testament, durch Vertrag, durch den Richter oder durch das Gesetz gegeben sein, daher die Namen exec. testamentarii, conventionales, dativi, legitimi. Letztere sind z. B. der Bischof und sein Armenpfleger, wenn die Armen bedacht sind. — Man theilt die Testamentsexecutoren wohl auch noch in generales (universales), wenn ihnen die Ausführung des ganzen letzten Willens und in speciales (particulares), wenn ihnen die Ausführung einzelner Bestimmungen übertragen ist. —

Im Römischen Rechte war das Institut der Testamentsexecutoren weniger ausgebildet, als in der deutschen Praxis, indessen hat die herrschende Rechtsansicht es doch den Regeln des Mandates unterworfen, obschon in neuerer Zeit (besonders von Beseler) es als ein eigenthümlich deutsches Rechtsinstitut und namentlich als ein der Vormundschaft analoges Amt aufgefaßt worden ist, welches sein Ende weder durch beliebigen Widerruf der Erben noch durch den Tod des Auftragsgebers findet. [r]) — Der eigenthümlich deutsche Name für Testamentsexecutor ist Treuhänder oder Salmann.

Form der Testamente.

Geschichte der Testamentsform.

Gajus Buch 2 §§. 101 bis 108 und 119; Ulpian Tit. 20.

§. 17. In der ältesten Zeit gab es zwei Arten von

r) Nach Preußischem Landrecht sind die Testamentsexecutoren Mandatare, §. 557. ebendaselbst.

Testamenten, die in der Volksversammlung und die vor dem Heere (in procinctu) errichteten. —

In der Volksversammlung wurde das Testament gleichsam wie eine lex laut vom Testator erklärt. Anfänglich geschah dies vor den Curiatcomitien, später vor den Centuriatcomitien. Diese Comitien wurden zweimal jährlich zum Zwecke der Testamentserrichtung versammelt, und hießen comitia calata. —

Das Testament in procinctu, d. h. vor dem gerüsteten Heere, wurde im Kriege kurz vor der Schlacht errichtet; ein besonderes Privilegium hatte es nicht. Form und Inhalt waren gleich dem in den Comitien errichteten, das Heer vertrat nur die Comitien, welche Befugniß sich hinreichend daraus erklärt, daß die Comitialverfassung sich ursprünglich an die Heeresverfassung anschloß. —

Hatte Jemand wegen plötzlicher Todesgefahr keine Gelegenheit, in einer dieser beiden Formen zu testiren, so wurde als Aushilfe erlaubt, das Testament in Form der Mancipation zu errichten, und nachdem jene beide Formen außer Gebrauch gekommen waren, blieb das Testament per mancipationem, auch per aes et libram genannt, bis Theodos den Zweiten als civiles Privattestament in Gebrauch. — Anfänglich wurde das Vermögen dem Erben selbst durch Mancipation verkauft, und diesem mündlich auferlegt, in welcher Weise er mit dem Nachlaß verfahren solle. Da hiernach der Erbe selbst der emtor familiae war, so enthielten Testamente solcher Art keine Erbeseinsetzung.

Später, zu Zeiten Gajus, war der emtor familiae

nicht mehr der designirte Erbe, sondern ein Dritter fungirte dicis gratia als Käufer, so daß der ganze Act der Mancipation nur eine Form wurde für die Errichtung des Testamentes, ohne daß der emtor familiae aus dem Acte selbst Rechte erwarb. – Die Mancipation selbst erfolgte in der gewöhnlichen Form vor fünf Zeugen und einem libripens. Der emtor familiae sprach die Worte, durch welche er erklärte, daß ihm das Vermögen des Testators zur Mandatela und Custodela verkauft sei, schlug mit dem raudusculum (dem Stückchen Erz, welches als Tauschscheinpreis gebraucht wurde) an die Wage, und gab es dem Testator. Der Testator erklärte hierauf entweder mündlich seinen letzten Willen, oder er hatte denselben schriftlich aufgezeichnet mit zur Stelle gebracht, nahm die Urkunde in die Hand und sagte: haec ita ut in his tabulis cerisque scripta sunt, ita do ita lego ita testor, itaque vos Quirites testimonium mihi perhibetote. Diese mündliche Erklärung des Testators wurde nuncupatio genannt, und das ganze Testament auch testamentum mancipatum et nuncupatum. — Die schriftliche vom Testator mitgebrachte Testamentsurkunde wurde von dem emtor, dem libripens und jedem der fünf Zeugen mit einem Siegel verschlossen, und bei jedem Siegel der Name des Siegelnden von diesem beigesetzt. Dieses Daraufschreiben des Namens wurde superscriptio genannt. — Consequenz dieser Testamentsform war, daß Stumme oder Taube kein Testament errichten konnten. —

Die Zeugen mußten auf ausdrückliche Aufforderung (rogatio) als solche fungiren, sie durften nicht mit dem

Testator oder dem emtor familiae durch die potestas verbunden sein, nur mündige willensfähige Männer, sowohl cives als Latinen, konnten Zeugen sein, jedoch nicht Stumme und Taube. — Der ganze Act der Testamentserrichtung mußte ein ununterbrochener sein. —

Das Prätorische Recht verlangte die mancipatio und nuncupatio nicht, und gab demjenigen, welcher in einem von sieben Zeugen besiegelten Testamente zum Erben ernannt war, bonorum poss. secundum tabulas, indem höchst wahrscheinlich der Prätor den emtor familiae, den libripens und die fünf Mancipationszeugen als gewöhnliche Solennitätszeugen ansah; und in späterer Zeit konnte auch der, welcher nur mündlich vor sieben Zeugen zum Erben ernannt war, diese b. p. sec. tab. fordern und erlangen. —

Nachdem seit Theodos dem Zweiten das Mancipationstestament außer Gebrauch gekommen war, entwickelte sich aus dem prätorischen Testamente das seit diesem Kaiser practisch gewordene Privattestament vor sieben Zeugen, in mündlicher oder schriftlicher Form, für welche letztere von Theodos die Vorschrift erlassen wurde, daß die Zeugen ihre Namen unter das Testament, also als subscriptio, zu setzen haben.

Neben diesem Privattestament bildeten sich unter den christlichen Kaisern zwei öffentliche Formen des Testamentes aus, nämlich die Ueberreichung desselben an den Kaiser (testamentum principi oblatum) und die Erklärung desselben zu Protocoll vor dem Richter. — Außerdem aber entstanden für besondere Fälle entweder in Rücksicht auf die Person des Testators oder die Verhältnisse, unter denen das Testament errichtet wurde, auch Testamente mit vermehrten, verminderten und veränderten Förmlichkeiten, namentlich das Testament des Blinden, des Soldaten, das testamentum ruri conditum, das tempore pestis errichtete Testament, das der Ascendenten gegenüber ihren Descendenten.

Durch den Einfluß des Canonischen Rechtes entstand außerdem als eine besondere Art des öffentlichen das Testament vor dem Pfarrer unter Zuziehung von Zeugen, so wie als besonders privilegirtes Testament das zu Gunsten einer pia causa. Endlich hat die Notariatsordnung vom Jahr 1512 auf die Form der Testamente in gewisser Art eingewirkt. —

Hiernach werden die Testamente ihrer Form nach eingetheilt in: [s])

---

s) Das Preußische Recht theilt die Testamente der Form nach ein in:

1) gerichtliche (vor dem ordentlichen Gerichte und vor dem Dorfgerichte);
2) privilegirte:
   a. dem Landesherrn übergebene,
   b. militärische Testamente,
   c. andere privilegirte Testamente (wegen ansteckender Krankheit, wegen Kriegsgefahr, zur See errichtete und nach dem Gesetze vom 3. April 1823 das Testament der Gesandten und der zur Gesandtschaft gehörigen Personen). Dieses letztere wird in der Art errichtet, daß der Testator sein eigenhändig geschriebenes und datirtes Testament nebst einem eigenhändig geschriebenen und datirten Annahmegesuch durch die Post oder einen

1. testamenta ordinaria:

a) test. publica:

α) test. principi oblatum,

β) test. judiciale oder curiae oblatum,

γ) test. coram parocho;

b) testamenta privata;

2. testamenta extraordinaria:

a) mit vermehrten Förmlichkeiten (das Testament der Blinden);

b) mit verminderten Förmlichkeiten (das Test. der Soldaten; test. ruri conditum; test. tempore pestis conditum; test. ad pias causas);

c) mit veränderten Förmlichkeiten (test. parentum inter liberos).

Justinianisches und heutiges Recht.

Instit. Buch 2 Tit. 10; Dig. Buch 28 Tit. 1; Cod. Buch 6 Tit. 23.

Testamenta ordinaria publica.

§. 18. 1. Testamentum principi oblatum. [t]) Es ist

Courier oder einen Reisenden, durch welchen gesandtschaftliche Berichte übersandt werden, dem Ministerium der auswärtigen Angelegenheiten einsendet, welches letztere beide Schriftstücke bei dem Kammergerichte niederlegt. — Die Gültigkeit beginnt mit dem Tage der gehörig geschehenen Absendung, und erlischt nach Ablauf eines Jahres seit der auf geschehene Rückberufung erfolgten Rückkehr des Testators.

t) Nach Preußischem Landrechte können Mitglieder der Fa-

20 *

von den Kaisern Honorius und Theodosius dem Zweiten eingeführt. Das Testament wurde nach Römischem Rechte in der Art errichtet, daß der Testator dasselbe dem Princeps schriftlich überreichte mit der schriftlichen Bitte, es anzunehmen und im Archive aufbewahren zu lassen. Nahm es der Princeps an, so wurde das Gesuch und das Testament im Auditorium des Princeps vorgelesen und im Archive desselben deponirt. Einer Antwort des Regenten an den Bittsteller bedurfte es nicht. — Ob dies Testament auch mündlich zu Protocoll oder gar blos mündlich vor dem Regenten (testamentum auribus principis oblatum) errichtet werden konnte, ist streitig. Jetzt hält man dies gewöhnlich für zulässig, und verlangt auch bei dem schriftlich dem Regenten überreichten Testament weder die Vorlesung noch die Deponirung im Archive als wesentliche Förmlichkeiten.

2. Testamentum judiciale, oder curiae oblatum. [u])

---

milie des Landesherrn ihr Testament in der Art errichten, daß sie ihre Disposition schriftlich dem Landesherrn einreichen; gültig ist es dann, wenn es dem Cabinetsarchive oder einem Gerichte zur ferneren Aufbewahrung zugefertigt worden ist. — Andere Personen können dies Testament nur so errichten, daß sie dasselbe in die Hände des Landesherrn übergeben; gültig ist es, wenn die geschehene persönliche Uebergabe glaubhaft bezeugt ist; — auch den erstgedachten Personen ist diese Art der Errichtung gestattet. Th. 1. Tit. 12. §§. 175 u. 176.

u) Auch das Preuß. Landrecht kennt gerichtlich zu Protocoll gegebene und gerichtlich überreichte Testamente. Die Form ist im Allgemeinen die oben für das Gemeine Recht angegebene; competent ist jedes Gericht, auch in einem fremden Gerichtssprengel. Das Gericht gilt für gehörig besetzt, wenn es aus einem

Nach Römischem Rechte wurde es so errichtet, daß der Testator vor dem Gerichte mündlich seinen letzten Willen zu Protocoll erklärte und dies Protocoll in dem Gerichtsarchive aufbewahrt wurde. Dagegen kannte man dies Testament nicht in der Form, daß der Testator dasselbe dem Gerichte schriftlich zur Aufbewahrung überreichen konnte mit der Erklärung, daß dieses Schriftstück seinen letzten Willen enthalte.

Nach der heutigen Praxis kann aber das Testament entweder mündlich zu Protocoll vor dem Gerichte erklärt oder dem Gerichte schriftlich überreicht werden. — Das Verfahren ist hierbei folgendes:

Der Testator kann sich auf das Gericht begeben, oder eine Deputation des Gerichtes zu sich kommen lassen; er kann das Testament mündlich zu Protocoll erklären oder persönlich schriftlich (auch verschlossen) dem Gerichte mit der Erklärung, daß dies sein Testament sei, überreichen. —

---

vom Dirigenten des Gerichtes zum Deputirten ernannten Mitgliede und einem vereideten Protocollführer besteht; der Dirigent kann sich selbst zum Deputirten ernennen. — Versiegelung und Deponirung der Urkunde im Gerichtsarchive ist vorgeschrieben, doch nicht wesentlich. — Kann der Testator nicht schreiben, so müssen zwei Männer, glaubwürdige Zeugen, zugezogen werden und das Handzeichen des Testators bezeugen, auch können Schreibensunfähige, so wie Blinde nur mündlich zu Protocoll testiren. — Verstehen die Gerichtspersonen nicht die Sprache des Testators, so sind zwei vereidete Dolmetscher oder zu vereidende dieser Sprache kundige Zeugen zuzuziehen; ist eine der Gerichtspersonen dieser Sprache mächtig, so genügt die Zuziehung eines solchen Zeugen oder Dolmetschers. Th. 1. Tit. 12. §. 66 ff.

Versiegelung und Deponirung ist bei dem mündlich zu Protocoll erklärten Testamente zwar gewöhnlich und rathsam, aber nicht wesentlich. Bei dem schriftlich überreichten wird über den Act der Uebergabe ein Protocoll aufgenommen; Versiegelung des Testamentes ist auch bei ihm nicht wesentlich, wohl aber ist es die Aufbewahrung durch das Gericht. Durch Stellvertreter kann das gerichtliche Testament nicht errichtet werden, doch ist diese Frage streitig; competent zur Aufnahme oder Annahme ist jedes Gericht; ob auch außerhalb seines Sprengels, ist streitig.

Nach der Praxis in einigen Gegenden Deutschlands kann anstatt vor Gericht auch vor drei oder zwei Mitgliedern des Stadt-Magistrates das Testament mündlich erklärt werden, wenn es sofort schriftlich aufgezeichnet wird. —

Ob das test. judiciale durch Rücknahme aus dem Archive des Gerichtes seine Kraft verliert, ist streitig; für das schriftlich überreichte möchte die Frage zu bejahen sein.

3. Testamentum coram competente parocho et tribus vel duobus testibus. Dies Testament ist durch das Canonische Recht eingeführt, und wird durch eine bloße Erklärung vor dem competenten Pfarrer in Gegenwart von drei, allenfalls auch von zwei Zeugen errichtet; es ist in Deutschland nicht für practisch zu erachten. [v]).

Testamenta ordinaria privata. [w])

Das ordinäre Privattestament kann mündlich oder

v) Auch dem Preußischen Landrecht ist diese Testamentsform unbekannt.

w) Das Preuß. Landrecht hat als ordentliche Form der

schriftlich errichtet werden. In beiden Formen erfordert es aber unitas actus, d. h. Einheit der Handlung und Zuziehung von sieben Zeugen, welche rogati, voluntarii und gehörig qualificirt sind.

a. Unitas actus, Einheit der Handlung, erfordert, daß der Act der Testamentserrichtung ein einziger ununterbrochener sei; man pflegt auch zu sagen, es müsse unitas loci et temporis vorhanden sein. — Folgen dieses Erfordernisses sind z. B., daß die Zeugen gleichzeitig anwesend sein müssen, daß sie sich mit dem Testator in ein und demselben Raume befinden müssen, d. h. in einem solchen örtlichen Verhältnisse, daß sie jeden Augenblick die Handlungen des Testators wahrnehmen können. — Es darf ferner der Act der Testamentserrichtung durch kein fremdartiges Geschäft unterbrochen werden, auch nicht längere Zeit ausgesetzt und später wieder als Fortsetzung des früheren aufgenommen werden.

Man hat sich hier in der Aufstellung zahlreicher Beispiele ergangen und weitläuftig disputirt, ob durch diese oder jene Handlung die Unitas actus aufgehoben werde. — Dergleichen Discussionen haben kein Resultat, da nur das Arbitrium des Richters für jeden einzelnen Fall unter Berücksichtigung der näheren Umstände entscheiden kann, ob unitas actus vorhanden war. Zur Notiz sei bemerkt, daß das Herbeischaffen und Ankaufen von Material zur Errichtung des Testamentes, z. B. von Papier, Siegellack,

---

Testamente die außergerichtliche nicht anerkannt, es kennt daher keine testamenta ordinaria privata.

Bindfaden, nicht als Unterbrechung des Actes angesehen werden soll, eben so wenig die Befriedigung physischer Bedürfnisse seitens des Testators oder der Zeugen; ja sogar soll es erlaubt sein, für Zeugen, welche während des Actes an ihrer Function gehindert werden, andere zuzuziehen, und die Errichtung des Testamentes nach kurzer Mittheilung dessen, was bisher geschehen, fortzusetzen. In keinem Falle kann die Ansicht für richtig gehalten werden, daß das Testament an einem und demselben Tage errichtet sein müsse, da es komisch erscheinen muß, zu verbieten, ein Testament kurz vor zwölf Uhr Mitternacht zu beginnen und nach zwölf Uhr zu beendigen.

b. Sieben Zeugen. — Dieselben müssen testes rogati sein, d. h. der Testator muß vor Beginn der Testamentserrichtung sie bitten, ihm bei Errichtung des gegenwärtig von ihm zu errichtenden Testamentes Zeugniß gewähren zu wollen. — Im Uebrigen ist es nicht nöthig, daß die Zeugen zur Handlung ausdrücklich zusammengeladen sind, sie können sich auch zufällig beim Testator befinden. — Es müssen die testes ferner voluntarii sein, d. h. sie müssen der rogatio freiwillig Folge leisten; ist auch nur ein Zeuge gezwungen worden, Zeuge zu sein, so ist das Testament ungültig errichtet. — Endlich müssen die Zeugen fähig (qualificirt) sein, doch ist das Testament gültig, wenn die Unfähigkeit eines Zeugen allgemein unbekannt war. —

Die Unfähigkeit der Zeugen kann eine absolute, d. h. für alle Testamente, oder eine relative, d. h. für die Testamente gewisser Personen sein. Die absolute Unfähigkeit kann aus natürlichen oder aus juristischen Gründen entspringen.

Absolut unfähig zum Zeugniß sind aus juristischen Gründen:

Sclaven; Weiber, da sie überhaupt unfähig sind, Solennitätszeugen zu sein; prodigi; Alle, welche wegen Verbrechen oder Infamie unfähig zum Proceßzeugniß sind; die lege intestabiles, d. h. Pasquillanten und nach Canonischem Rechte Apostaten, Ketzer, Usurarii (siehe oben Seite 221 und 222.).

Aus physischen Gründen sind unfähig:

Blödsinnige, Wahnsinnige (in lichten Augenblicken sind sie fähig); Unmündige; Taube; Stumme; der richtigen Ansicht nach auch Blinde, weil sie nicht sich vollkommen von der Identität des Testators und von dem, was er bei Errichtung des Testamentes vornimmt, überzeugen können (die Quellen des Römischen Rechtes zählen sie unter den unfähigen Zeugen nicht auf).

Relativ unfähig sind zum Zeugniß:

Alle, welche mit dem Testator oder einem der Erben durch die väterliche Gewalt noch verbunden sind; ferner der zum Erben im Testament Ernannte.

Der mit einem Vermächtnisse Bedachte kann beim Testamente Zeuge sein, nicht aber beim Codicill, weil er beim Testamente dem Erben und nicht sich selbst Zeugniß gewährt. Daß die Zeugen sämmtlich durch dieselbe väterliche Gewalt verbunden sind, ist kein Hinderniß. —

Ob die väterliche Gewalt für das Zeugniß ein Hinderniß ist, wenn das Hauskind über seine bona castrensia und quasi castrensia testirt, ist streitig. Gajus Buch 2 §. 106 schließt den Hausvater als Zeugen aus, wenn nicht der Sohn jure militari testirte. §. 9. Instit. Buch 2 Tit. 10 lehren, daß der Vater nicht Zeuge sein könne, wenn der Sohn testirt, nachdem er aus dem Kriegsdienst entlassen ist. — In l. 20 §. 2. Dig. Buch 28 Tit. 1 wird der Vater zugelassen. — Letztere Stelle verdient den Vorzug, weil, wenn der Sohn jure militari testirt, nach Römischem Rechte Zeugen überhaupt nicht erfordert wurden und rücksichtlich der bona militaria das Hauskind einem Hausvater gleichsteht. — In gleicher Weise können bei diesem Testamente die Zeugen mit dem Hauskinde in derselben Gewalt sich befinden. —

Bei Errichtung des schriftlichen Privattestamentes ist folgender Art zu verfahren:

Der Testator kann das Testament vor den Zeugen, welche hier die Sprache des Testators nicht zu verstehen brauchen, erklären und niederschreiben lassen, oder er kann dasselbe bereits niedergeschrieben den Zeugen vorlegen mit der Erklärung, daß dies sein Testament sei, in welchem Falle es nicht nöthig ist, daß die Zeugen den Inhalt desselben zu ihrer Kenntniß nehmen. —

In beiden Fällen muß der Testator vor den Zeugen das Testament mit seinem Namen unterschreiben, und die Zeugen müssen ihre Namen nach Römischem Rechte unter das Testament setzen (subscriptio); nach heutiger Praxis ist es ihnen auch gestattet, ihren Namen außen auf die

Urkunde zu setzen (superscriptio). Neben seinen Namen hat jeder Zeuge ein Siegel zu drucken (signatio). —

Kann der Testator nicht schreiben, so muß eine achte Person zugezogen werden, welche für ihn das Testament unterschreibt als subscriptor in der Art, daß er seinem Namen Worte zufügt, aus denen hervorgeht, daß er im Namen des Testators unterschrieben hat. — Hat der Testator das Testament ganz selbst geschrieben und in demselben erklärt, daß er dies gethan (es heißt dann testamentum holographum im Gegensatze zu dem allographum), so ist es nicht nöthig, daß er es vor den Zeugen unterschreibt. —

Nach Römischem Rechte mußten die Zeugen ihrem Namen die Angabe hinzufügen, wessen Testament sie unterschrieben, dies ist nach heutiger Praxis nicht mehr nöthig. — Nach einer Bestimmung Justinian's mußte der Testator den Namen des Erben eigenhändig im Testamente vermerken, oder von den Zeugen neben ihrer Unterschrift vermerken lassen; dies hat Justinian selbst wieder aufgehoben. — Das Siegel, dessen sich die Zeugen bedienten, konnte nach Römischem Rechte jedes beliebige Siegel, auch das des Testators sein, es konnten auch sämmtliche Zeugen sich desselben Siegels bedienen.

Nach der Notariatsordnung sollen die Zeugen sich ihres Siegels bedienen, wenn sie dasselbe besitzen oder bei sich haben, andernfalls können sie auch ein fremdes gebrauchen. —

Die Errichtung eines mündlichen Testamentes, welches in den Quellen testamentum sine scriptis oder per nuncupationem, jetzt auch nuncupativum, genannt wird, erfolgt in der Art, daß der Testator vor den sieben Zeugen, welche hier natürlich die Sprache des Testators verstehen müssen, seinen letzten Willen vollständig erklärt. — Es kann auch dies Testament des besseren Beweises halber schriftlich aufgezeichnet werden, indessen bedarf diese Aufzeichnung keiner besonderen Förmlichkeiten.

Man nennt jetzt ein mündlich errichtetes und daneben aufgezeichnetes Testament test. nuncupativum in scripturam redactum.

Testamenta extraordinaria.

§. 19. 1. Testament der Blinden.

l. 8. Cod. Buch 6 Tit. 22.

Nach Vorschrift des Kaisers Justinus soll ein Blinder nicht blos schriftlich und nicht blos mündlich testiren, sondern stets mündlich und schriftlich. — Der Blinde muß daher sein Testament entweder vor den Zeugen erklären und aufschreiben lassen, oder wenn er dasselbe bereits schriftlich den Zeugen vorlegt, dasselbe ihnen vorlesen lassen und seinen Inhalt als sein Testament anerkennen. — Außer den sieben Zeugen muß ein tabularius (jetzt ein Notar) zugezogen werden, welcher das Testament niederschreibt oder das bereits aufgeschriebene den Zeugen vorliest, und in beiden Fällen gleich den Zeugen das Testament unterschreibt und untersiegelt. x)

x) Nach Preußischem Landrecht können Blinde nur mündlich zu Protocoll testiren, also ebenfalls nur mündlich und schrift-

2. Testament des Soldaten.

Instit. Buch 2 Tit. 11; Dig. Buch 29 Tit. 1; Cod. Buch 6 Tit. 21.

Das Testament in procinctu der älteren Zeit war, wie bereits erwähnt, kein privilegirtes.

Das privilegirte Soldatentestament stammt in seinen Anfängen aus der Zeit Cäsar's; zur Zeit Gordian's (239 n. Chr.) war es vollständig ausgebildet. —

Vor Justinian konnte der Soldat sowohl auf dem Feldzuge als im Standquartier zur Zeit des Friedens in privilegirter Form testiren. Justinian beschränkte sein Privilegium auf die Zeit, während welcher er in expeditione occupatus est, d. h. wenn er auf dem Heereszuge ist.

Das Privilegium steht sowohl den Landsoldaten zu, als denen, welche dem Staate zur See dienen (Seesoldaten und Matrosen im Dienste des Staates auf Kriegsschiffen).

Das Privilegium erstreckt sich sowohl auf die Form als auch auf den materiellen Inhalt des Testamentes. —

Formell ist nach Römischem Rechte jede Erklärung, welche der Soldat in der Absicht zu testiren abgegeben hat, mündlich oder schriftlich, hinreichend. Etwaige Zeugen sind keine Solennitätszeugen, sondern Beweiszeugen, daher auch Weiber als solche nicht ausgeschlossen sind.

---

lich zu gleicher Zeit, auch bedarf es, da sie als Schreibensunfähige angesehen werden müssen, der Zuziehung zweier Zeugen. Th. 1. Tit. 12. §§. 113 u. 115.

Nach der Notariatsordnung von 1512 kann der Soldat nur in der Uebung des Streites (d. h. wenn er bereits in Schlachtordnung steht oder im Gefechte ist) in jeglicher Form testiren; in expeditione occupatus muß er zwei Zeugen (auch hier nur Beweiszeugen) zuziehen.

Die materiellen Privilegien des Soldaten sind folgende:

a) er kann testiren auch wenn er über seinen Status im Zweifel ist;

b) er kann nur über einen Theil seines Vermögens testiren, das jus accrescendi verbieten, aus zwei zu verschiedenen Zeiten errichteten Testamenten beerbt werden, er kann den Erben ex die certo, ad diem, ad conditionem ernennen, was alles sich daraus erklärt, daß er pro parte testatus pro parte intestatus kraft seines Willens beerbt werden kann;

c) er kann zwei Erben ernennen, von denen der eine nach dem andern Erbe sein soll;

d) er kann Personen bedenken, denen die testamenti factio fehlt;

e) er ist an die Regeln des Notherbenrechtes und Pflichttheilsrechtes nicht gebunden;

f) er kann für den Theil seines Vermögens, welchen er seinem suus als Erben zuwendet, auch über die Jahre der Unmündigkeit hinaus einen Pupillarsubstituten stellen, auch ohne sich selbst ein Testament zu machen, pupillariter substituiren;

g) sein Erbe kann sich auf die lex Falcidia nicht berufen;

h) er kann ein früheres Testament durch einfache Willenserklärung aufheben (ein jure militari errichtetes kann er auch im Frieden durch bloßen Willen aufheben, ein anderes Testament nur in expeditione).

Das von dem Soldaten jure militari errichtete Testament behält seine Gültigkeit so lange er Soldat ist, und noch ein Jahr lang nach seiner ehrenvollen Entlassung. Im Fall schimpflicher Entlassung verliert es im Augenblicke der Entlassung seine Gültigkeit.

Nicht nur Soldaten haben das Privilegium des Militärtestamentes, sondern Alle, welche in hosticulo (hostico) deprehendantur, d. h. welche sich mit vor dem Feinde oder im feindlichen Lande befinden. Nach der herrschenden Ansicht ist dies Privilegium nicht auf die Form zu beschränken, da die Gesetze solcher Beschränkung nicht erwähnen. Geltung hat dies Testament aber nur, wenn der Nichtsoldat in hosticulo stirbt. [y])

---

y) Das Preuß. Landrecht giebt dem Soldaten kein materielles Privilegium, sondern nur ein formelles, im Gefechte und auf dem Heereszuge (von der Mobilmachung an).

Kurz vor und im Sturm, Treffen oder Gefechte genügt eine mündliche Erklärung vor zwei Zeugen oder einem Oberofficier; ein solches Testament bleibt gültig bis zum Einrücken in die Standquartiere nach beendigtem Kriege. — Auf dem Heereszuge genügt ein Schriftsatz, welchen der Soldat eigenhändig ge- und unterschrieben hat, und im Lager vor dem Feinde oder in einer belagerten Festung ein Schriftsatz, welchen der Testator und ein Solennitätszeuge unterschrieben haben; in beiden Fällen muß aber das Testament sich im Feldnachlasse oder in der Kriegskasse vor-

3. Testamentum ruri conditum.

Lex ultima Cod. Buch 6 Tit. 23.

Da auf dem Lande die Anzahl von sieben oder schreibenskundige Zeugen leicht fehlen können, so hat Justinian bestimmt, daß bei Testamenten, welche auf dem Lande errichtet werden, fünf Zeugen genügen sollen, daß dieselben schreibensunkundig sein dürfen, daß diejenigen von den Zeugen, welche schreiben können, für die schreibensunkundigen das Testament mit unterzeichnen sollen, daß der Erblasser den schreibensunkundigen den Inhalt seines Testamentes mündlich mittheilen soll, über welche Mittheilung die Zeugen später eidlich vernommen werden sollen. —

Das Recht, in dieser Form zu testiren, steht Allen zu, welche dauernd auf dem Lande wohnen oder plötzlich in die Nothwendigkeit kommen, auf dem Lande testiren zu müssen. z)

---

finden. — Außerdem ist es den Soldaten gestattet, vor einem Officier oder Auditeur unter Zuziehung von zwei Zeugen mündlich zu testiren, so daß darüber ein Vermerk schriftlich aufgenommen oder von dem Officier oder Auditeur und den Zeugen unterschrieben ist. Alle diese Testamente gelten bis ein Jahr nach geschlossenem Frieden. — Desertion des Testators vernichtet das Testament. — Von Nichtsoldaten haben das Privileg nur die Personen, welche dem Heere zu folgen verpflichtet sind. Th. 1. Tit. 12. §. 177 ff.

z) Nach Preußischem Landrechte kann nur im Falle der Noth vor dem Dorfgerichte, d. h. vor dem Schulzen, zwei Schöppen und einem als Schreiber fungirenden Rechtsanwalt oder Notar oder Prediger oder vereideten Gerichtsschreiber, das

4. Testamentum tempore pestis conditum.

l. 8 Cod. Buch 6 Tit. 23.

Das Privilegium besteht darin, daß die Zeugen nicht gleichzeitig gegenwärtig zu sein brauchen. Manche meinen, die Zeugen könnten auch getrennt vom Testator bleiben, es ist aber nicht ersichtlich, wie dies schon den Römern möglich geschienen habe, da sie unser durchsichtiges Glas nicht kannten, und die Zeugen doch sehen müssen, was der Testator vornimmt. —

Streitig ist, wenn dies Privilegium eintritt, ob, wenn am Orte eine ansteckende Krankheit herrscht, oder wenn der Testator an einer solchen leidet, oder ob (wie Marezoll meint, der in der Stelle des Codex nicht morbo oppresso sondern morbo oppressos liest), wenn einer der Zeugen plötzlich erkrankt. a)

Testament an- und aufgenommen worden. — Eine dieser fungirenden Personen soll das Testament sofort dem competenten Richter überbringen und dieser an Ort und Stelle sich begeben, und das aufgenommene Protocoll vom Testator, wenn dies noch möglich ist, bestätigen lassen. — In kleinen Städten kann in Abwesenheit des Richters der Polizeimagistrat unter Zuziehung des Stadtsecretärs oder einer der als Schreiber bei Dorfgerichtstestamenten genannten Personen das Testament aufnehmen. Th. 1. Tit. 12. §. 93 ff.

a) Wer sich des richterlichen Amtes nicht bedienen kann wegen Sperre ob ansteckender Krankheit, wegen Schließung des Gerichtes ob vorhandener Kriegsgefahr, ingleichen wer sich zur See befindet, kann nach Preuß. Landrecht jure militari testiren, wo-

5. Testamentum ad pias causas.

Nach einer Vorschrift des Canonischen Rechtes soll jede letztwillige Verfügung zu Gunsten einer pia causa gültig sein, gleichviel in welcher Form sie errichtet ist; wird ihre Existenz durch Zeugen bewiesen, so werden zwei erfordert.

Diese exorbitante Form ist in Deutschland nicht anerkannt.

6. Testamentum parentum inter liberos und divisio parentum inter liberos.

Novelle 107. — Novelle 18 c. 7.

Das Testament, in welchem Eltern (d. h. Ascendenten) nur ihre Kinder (d. h. Descendenten) zu Erben einsetzen, kann ohne Zuziehung von Zeugen durch einen schriftlichen Aufsatz errichtet werden, wenn der Testator den Aufsatz ganz eigenhändig schreibt und unterschreibt, oder doch wenigstens die Namen der Kinder, die Quoten des Erbtheils mit Buchstaben, die einzelnen Gegenstände, über welche er verfügt, und das Datum der Abfassung vorweg im Eingange (nach dem griechischen Texte, während in der lateinischen Uebersetzung προύγραφειν mit subscriptio übersetzt ist) eigenhändig schreibt. — In einem solchen

---

bei der Officier oder Auditeur vertreten wird durch eine Gerichtsperson, einen Prediger, Arzt, Rechtsanwalt, Notar, und zur See durch den Vorgesetzten des Schiffes. —

Das Testament gilt ein Jahr lang nach gehobener Sperre oder Herstellung des Gerichtsganges; das zur See errichtete aber nur so lange, als bis der Testator auf dem Lande ein ordentliches Gericht angehen konnte. Th. 1. Tit. 12. §. 198 ff.

Testamente können auch Notherben und Pflichttheilsberechtigte gültig enterbt werden; jedoch ist ein solches Testament nicht geeignet, ein früher errichtetes aufzuheben, sollte dies auch ein test. parentum inter liberos sein. — Will deshalb der Testator ein solches Testament als zweites oder folgendes errichten, so muß er das frühere zugleich auf andere Weise vernichten. —

Nach der Notariatsordnung von 1512 kann dies Testament auch vor zwei Solennitätszeugen mündlich errichtet werden. — In wie weit sonst mit Strenge auf die Vorschrift des Römischen Rechtes zu halten sei, ist in der Praxis sehr bestritten.

Fremde, d. h. Nichtdescendenten, können in dieser privilegirten Form nicht bedacht werden. Sollen sie Vermächtnisse erhalten, so sind fünf Zeugen (Codicillarform), sollen sie zu Erben ernannt werden, so sind sieben Zeugen (Testamentsform) nöthig. Die Ansicht, daß zur Bedenkung Fremder in solchen Verfügungen die Zuziehung von zwei Zeugen genügt, ist ohne allen Grund. — Sind Fremde unter Verletzung der Form in solchem Testamente bedacht, so gilt dasselbe so weit es die Descendenten betrifft; das den Fremden Zugewandte gilt für nicht geschrieben. —

Die divisio (oder dispositio) parentum inter liberos ist kein Testament, sondern nur eine Theilungsanordnung. Wenn die Ascendenten eine solche für ihre Descendenten anordnen, so genügt ein schriftlicher Aufsatz, welchen der Ascendent oder sämmtliche bei der Vertheilung interessirte Descendenten unterschrieben haben. Zuwendungen an Fremde können auch in solcher Verfügung nicht gültig angeordnet werden. — Da eine solche divisio kein Testament ist, so können in ihr auch Descendenten nicht enterbt werden, höchstens kann durch ungleiche Vertheilung die Höhe des Pflichttheiles verletzt sein. Die Descendenten, unter denen die Theilung angeordnet ist, werden als Intestaterben oder als Erben aus einem daneben errichteten Testamente vorausgesetzt. Sind Descendenten, welche Erben sind, in der divisio übergangen, so ist für sie nicht getheilt; sie können daher, wie es jeder Miterbe sonst zu thun berechtigt ist, Theilung der Erbschaft im Wege der actio familiae herciscundae verlangen. [b])

Eine besondere Form bilden die

Wechselseitigen Testamente (testamenta mutua, reciproca, correspectiva).

Das wechselseitige Testament hat seinen Ursprung weniger in dem Römischen Rechte Justinian's, als in der deutschen Praxis. — Nach Römischem Rechte war es

b) Das Preuß. Landrecht kennt kein testamentum parentum inter liberos in besonderer Form, sondern nur eine divisio p. int. l., und verlangt als Form entweder einen vom Ascendenten eigenhändig ge- und unterschriebenen Aufsatz oder einen Aufsatz, welcher vor einem Rechtsanwalt und zwei Zeugen mündlich zu Protocoll erklärt worden, oder welcher auf allen Blättern und am Schlusse vor einem Rechtsanwalt und zwei Zeugen als seinen Willen, unter der ausdrücklichen Versicherung, den Aufsatz vorher durchgelesen zu haben, vom Erblasser anerkannt ist, auch dies Anerkenntniß unter dem Original gehörig verzeichnet enthält. Allgemeines Landrecht Th. 2. Tit. 2. §. 380 a, b, c.

nicht gestattet, daß zwei Testatoren in einer und derselben Acte jeder über sein Vermögen, also beide gleichzeitig über ihr Vermögen testiren konnten. Nur für Soldaten ist in l. 19 Cod. de pactis Buch 2 Tit. 3 eine Ausnahme gemacht. —

Nach der deutschen Praxis dagegen ist es erlaubt, daß zwei Testatoren in einem und demselben Acte in der Art zusammen jeder sein Testament errichten können, daß sie sich gegenseitig zu Erben einsetzen. Außerdem können sie auch andere Personen darin bedenken. — Solche gleichzeitig errichtete Testamente heißen testamenta mutua oder reciproca, wechselseitige Testamente. — Nicht zu billigen ist die Ansicht derer, welche es gestatten wollen, daß zwei Testatoren ohne sich gegenseitig zu Erben einzusetzen gleichzeitig ihre Testamente errichten könnten, in welchem Falle die Testamente simultanea genannt werden müßten.

Ein testamentum mutuum enthält an sich zwei selbstständige Testamente, und deshalb müssen, wenn es als Privattestament errichtet wird, die Zeugen von beiden Testatoren rogirt werden. — Auch darin zeigt sich die selbstständige Natur beider Testamente, daß jedes derselben ungültig werden kann, ohne dadurch die Ungültigkeit des anderen nothwendig herbeizuführen.

Wenn es aber ausdrücklich erklärt ist, oder die Absicht der Testatoren anzunehmen ist, daß mit dem Fallen des einen auch das andere Testament fallen soll, so werden sie testamenta correspectiva genannt. — Ob die Vermuthung für oder gegen die Correspectivität spricht, ist bestritten. Gewöhnlich ist die Ansicht, daß nur bei wechselseitigen Testamenten unter Ehegatten diese Vermuthung Platz greift.

Ein wechselseitiges und auch ein correspectives Testament unterscheidet sich von dem wechselseitigen Erbvertrage dadurch, daß letzterer von einer Seite allein nicht widerrufen werden kann, erstere dagegen dem beliebigen Widerruf unterliegen. — Wird nun bei correspectiven Testamenten von einem Testator dessen Testament widerrufen, so fällt das andere nicht total, sondern nur soweit, als es reciproke Bestimmungen enthält, d. h. solche, von denen anzunehmen ist, sie seien nur mit Rücksicht auf den Inhalt des widerrufenen errichtet. Als solche reciproke Verfügungen werden namentlich alle diejenigen angesehen werden müssen, welche zu Gunsten des Widerrufenden, dessen Verwandten oder Freunden errichtet sind. —

Ein reciprokes Testament kann auch in gewissem Umfange unwiderruflich werden. Wenn nämlich der eine der Testatoren verstorben und der andere aus dessen Testament Erbe geworden ist, so kann dieser diejenigen Verfügungen seines eigenen Testamentes nicht mehr widerrufen, welche als reciproke anzusehen sind; der anderweite Inhalt seines Testamentes bleibt dem Widerrufsrechte unterworfen. [c])

c) Das Preuß. Landrecht gestattet nur Ehegatten die Errichtung wechselseitiger Testamente. Allgemeines Landrecht Th. 1. Tit. 12. §. 614; Th. 2. Tit. 1. §. 482 ff.

Von der Erbeseinsetzung.

Instit. Buch 2 Tit. 14; Dig. Buch 28 Tit. 5; Cod. Buch 6 Tit. 24.

§. 20. Der wesentliche Inhalt des Testamentes ist die Erbeseinsetzung. Nach älterem Rechte konnte dieselbe nur in bestimmten Worten erfolgen, und zwar durch die Worte: heres esto oder heredem esse jubeo. (Gajus Buch 2 §. 117.) Zu Ulpian's Zeit ließen einige Juristen auch die Formel zu: heredem instituo oder heredem facio (Ulpian Tit. 2.). — Die Söhne Constantin des Großen bestimmten dagegen, daß es auf die Worte der Erbeseinsetzung nicht ferner ankommen solle, und daß auch in griechischer Sprache sie ausgedrückt werden könne. — Es muß aber in irgend einer Weise vom Testator ausgedrückt sein, daß er den Bedachten zu seinem Erben ernennen wolle und deshalb ist der s. g. in conditione positus noch nicht als Erbe eingesetzt zu betrachten, z. B. Wenn Titius nicht mehr lebt, soll Sejus Erbe sein; hier ist Titius, wenn sonst nicht das Gegentheil aus der Absicht des Testators hervorgeht, nicht als eingesetzter Erbe zu betrachten. Dagegen ist es nicht nothwendig, daß er denselben namentlich bezeichne, es ist jede demonstratio gestattet. Auch kann im Testamente auf eine andere Urkunde verwiesen sein, in welcher der zum Erben Eingesetzte angegeben sein soll; man nennt ein solches Testament ein testamentum mysticum oder implicitum. [d]) — Da es im Wesen der Erbeseinsetzung liegt, daß der Erbe zum Universalsuccessor ernannt sein muß, so ist in der Regel eine Erbeseinsetzung auf bestimmte Sachen als eine wahre institutio heredis nicht zu erachten, doch können Ausnahmen durch die Verhältnisse der sonstigen Erbeseinsetzungen gerechtfertigt sein (siehe hierüber unten).

Man bezeichnet den Erben, welcher ohne Angabe der ihm hinterlassenen Quote eingesetzt wird, mit dem Ausdrucke heres sine parte; ist er auf eine bestimmte Quote eingesetzt, so heißt er heres ex certa parte; ist er auf eine bestimmte Sache eingesetzt, heres ex certa re; und ist er zum alleinigen Erben ernannt, heres ex asse. —

Hat der Testator nur einen Erben eingesetzt, so ist derselbe als heres ex asse anzusehen, auch wenn er nur ex parte oder ex certa re eingesetzt sein sollte, so weit nicht aus besonderen Gründen der Rechtssatz nemo pro parte testatus pro parte intestatus decedere potest außer Anwendung tritt. [e])

---

d) Nach Preußischem Landrechte kann das test. mysticum nur in der Art errichtet werden, daß der Aufsatz, auf welchen das Testament verweist, diesem selbst beigelegt wird. Allgemeines Landrecht Th. 1. Tit. 12. §§. 47 u. 48.

e) Nach Preuß. Landrechte bestimmt sich das Rechtsver-

Hat der Testator mehrere Erben eingesetzt, so sind folgende Fälle zu unterscheiden:

1. Alle Erben sind sine parte eingesetzt. Hier theilen sie die Erbschaft nach Kopftheilen, jedoch so, daß re et verbis conjuncti und re conjuncti zusammen nur für einen Kopf zählen und unter den conjunctis die re et verbis den re conjunctis gegenüber wiederum nur für einen Kopf gelten. [f])

2. Alle Erben sind ex certa parte eingesetzt. Hier sind wiederum folgende Unterschiede zu machen: [g])

a) die Quoten der Erben betragen gerade ein Ganzes. Dann wird nach Angabe des Testamentes getheilt;

b) die Quoten der Erben betragen mehr oder weniger als ein Ganzes. Dann wird nach den Regeln der gewöhnlichen Gesellschaftsrechnung Jedem so viel abgezogen oder zugelegt, daß die Quoten ein Ganzes ausmachen; z. B. Gajus $\frac{1}{3}$, Sejus $\frac{1}{2}$, Titius $\frac{3}{4}$; es erhalten G. $\frac{4}{19}$, S. $\frac{6}{19}$, T. $\frac{9}{19}$; — ferner G. $\frac{1}{6}$, S. $\frac{1}{4}$, T. $\frac{1}{3}$; es erhalten G. $\frac{2}{9}$, S. $\frac{1}{3}$, T. $\frac{4}{9}$.

3. Einige Erben sind ex certa parte, andere sine parte eingesetzt. Hier sind zwei Fälle zu unterscheiden:

---

hältniß mit Rücksicht darauf, daß der nur mit einer Sache Bedachte, auch wenn er Erbe genannt ist, nur Vermächtnißnehmer ist. Th. 1. Tit. 12. §§. 256 — 258.

f) Nach Preußischem Rechte wird hier auf die Conjunction keine Rücksicht genommen, es wird also stets zu gleichen Theilen getheilt. §. 261 l. c.

g) Nach Preußischem Landrechte gelten dieselben Grundsätze. §. 264 l. c. — Ueber den Fall, daß die Quoten ein Ganzes übersteigen, schweigt das Preußische Landrecht.

a) die certae partes betragen noch nicht ein Ganzes. Dann fällt der Rest an die heredes sine parte nach Kopftheilen [h]) unter Berücksichtigung der conjunctio;

b) die certae partes betragen bereits ein Ganzes oder gar mehr. Hier wird angenommen, der Testator habe mehrere Ganze vertheilen wollen.

Erreichen die certae partes noch nicht zwei Ganze, so wird, wie es heißt, aus dem As ein dupondius (zwei Asse) gemacht, d. h. die auf Quoten Eingesetzten erhalten die Hälfte ihrer Quote, der Rest fällt auf die Erben sine parte.

Erschöpfen die certae partes bereits zwei, aber noch nicht drei Ganze, so wird ex asse ein tripondius gemacht, d. h. die auf Quoten Eingesetzten erhalten ein Drittel ihrer Quote, der Rest fällt auf die heredes sine parte. [i])

So kann auch ein Quadrupondius, Quintupondius etc. nöthig werden.

4. Alle Erben sind ex re certa eingesetzt. [k]) — Enthält der Nachlaß noch andere Vermögensrechte als die an-

---

h) Ebenso nach Preußischem Landrechte. §. 268 l. c.

i) Das Preuß. Landrecht macht keinen dupondius, sondern giebt den sine parte Eingesetzten so viel als dem mindestbedachten Erben, der eine Quote erhalten hat, ist er aber ein Pflichttheilsberechtigter stets nur seinen Pflichttheil.

k) Siehe oben Note e. Hat der Erblasser den Erben einzelne Sachen oder Summen auf ihre unbestimmten Erbtheile angewiesen, so erhalten die Erben den Rest zu gleichen Theilen. §. 266 l. c.

gegebenen res certae, so sind die Eingesetzten heredes sine parte und auf die ihnen angewiesenen Sachen Prälegatare. — Besteht die Erbschaft nur aus den res certae, so scheint die Annahme am geeignetsten zu sein, daß die Eingesetzten Erben auf ihre Sachen sind, und der Betrag ihrer Quoten nach dem Werthe der Sachen oder Summen, welche ihnen zugewiesen sind, festgesetzt werde. — Sind Summen und Sachen angewiesen, so daß die Erbschaft nicht zu deren Deckung ausreicht, so müssen darnach die Quoten berechnet und reducirt werden, wie im Falle 2. b oben. (Sehr bestritten.)

5. Einige Erben sind ex re certa eingesetzt, andere ex certa parte oder sine parte. [1]) —

Hier sind nach der herrschenden Ansicht die auf res certae Eingesetzten nur Legatare auf Grund der l. 13 Cod. Buch 6 Tit. 24. Eine andere Ansicht hält auch in dieser Art Eingesetzte für Erben, mit der Modification, daß sie an den Forderungen und Schulden der Erbschaft keinen Theil haben, und zunächst auf die ihnen zugewiesene Sache beschränkt sind. Nach dieser letzteren Ansicht könnte ihnen keine Quarta abgezogen werden, sie hätten die actio familiae herciscundae und auch Accrescenzrecht.

---

1) Wenn Erben auf res certae wirklich eingesetzt sind neben anderen Erben sine oder ex certa parte, so sind sie nach Preußischem Landrechte nur Legatare; sind res certae solchen die ohne Quoten zu Erben eingesetzt sind auf ihre Erbtheile angewiesen, so erhalten diese die angewiesenen Sachen, selbst wenn für die anderen Erben Nichts übrig bleiben sollte. §§. 275 u. 276 l. c.

In Bezug auf das Zahlensystem der Römer ist zum Verständniß der Quellen zu bemerken, daß die Römer das Duodecimalsystem hatten. Sie theilen das As in zwölf Unzen. Ein Zwölftel heißt uncia, ein Vierundzwanzigstel semuncia; ein Achtel sescuncia; ein Sechstel sextans; ein Viertel quadrans; ein Drittel triens; fünf Unzen quincunx; ein Halb semis; sieben Unzen septunx; zweidrittel bes; dreiviertel dodrans; fünfsechstel dextans oder decunx; eilf Unzen deunx.

Gegen die allgemeinen Theilungsregeln verstößt l. 23 pr. Cod. Buch 6 Tit. 37. In dieser Stelle wird gesagt, wenn ein Erbe ex asse und sodann ein anderer ex certa parte eingesetzt sei, so soll der erstere so viel weniger erhalten, als dem letzteren beschieden worden. Nach der allgemeinen Regel würde Decrescenz pro rata eintreten müssen. — Die Entscheidung der Stelle ist nur als maßgebend anzusehen, wenn die Absicht des Testators zu Tage liegt, dem erst Eingesetzten das zu entziehen, was er dem zweit ernannten Erben zuwendet.

Von den Substitutionen.

§. 21. Man setzt der gewöhnlichen Erbeseinsetzung, welche man auch directe nennt, das Universalfideicommiß als die fideicommissarische entgegen, und nennt diese auch fideicommissarische Substitution. — Außerdem bezeichnet man auch mit dem Ausdrucke directe Substitutionen gewisse Fälle von bedingten Erbeseinsetzungen, ohne daß es möglich ist, die verschiedenen Arten derselben in eine gemeinschaftliche Definition zusammen zu fassen. — Es bleibt nur übrig zu erklären, daß es folgende Arten von Substitutionen gebe:

1. die directe, welche dreifacher Art sein kann:
   a) Vulgarsubstitution,
   b) Pupillarsubstitution,
   c) Quasipupillarsubstitution;
2. die fideicommissarische, oder das Universalfideicommiß.

Von dieser letzteren siehe die Lehre über die Vermächtnisse.

Hier folgen die drei Arten der directen Substitution.

1. Von der Vulgarsubstitution.

Instit. Buch 2 Tit. 15; Dig. Buch 28 Tit. 6; Cod. Buch 6 Tit. 26.

Vulgarsubstitution (substitutio vulgaris) ist die Ernennung eines Erben für den Fall, daß ein erst ernannter Erbe nicht Erbe werden sollte, sei es, daß er dies nicht werden könne oder nicht werden wolle.

Hat der Testator nur für den Fall des Nichtkönnens oder des Nichtwollens substituirt, so wird angenommen, er habe es für beide Fälle gethan. — Die Vulgarsubstitution wird mit Rücksicht auf die erste Erbeseinsetzung (die institutio primo gradu) auch institutio secundo gradu genannt. — Es kann dem Vulgarsubstituten ein fernerer Vulgarsubstitut gesetzt sein, welcher dann institutus tertio gradu oder substitutus secundo gradu heißt, u. s. w. —

Der Substitut ist ein bedingt eingesetzter Erbe, er muß deshalb die testamenti factio haben im Augenblicke der Einsetzung, und von der Delation an bis zum Erwerbe der Erbschaft. Deferirt ist ihm die Erbschaft aber erst, wenn der Tod des Testators und das Ausfallen des erst Eingesetzten eingetreten ist. Stirbt der Substitut vor dem Erblasser oder ehe der Ausfall des erst Eingesetzten sich entschieden hat, so haben seine Erben keinen Anspruch aus der Substitution. — Auch muß der Substitut die Erbschaft antreten, wenn er sie erwerben will, er müßte denn ein suus des Testators sein. —

Einem heres suus konnte der Testator nach civilem Rechte nur für den Fall einen Substituten ernennen, wenn der suus die Erbschaft nicht erwerben konnte, da er ipso jure Erbe wurde. Machte aber der suus von dem beneficium abstinendi Gebrauch, so konnte doch der Substitut nach prätorischem Rechte durch eine bonor. poss. secundum tabulas zur Erbschaft gelangen. —

Jede Vulgarsubstitution setzt eine institutio voraus, daher ist die Ernennung eines Vulgarsubstituten an Stelle desjenigen, der gar nicht zum Erben ernannt ist, ohne alle Wirkung. Anders steht die Sache dann, wenn der Vulgarsubstitut auf eine größere Quote ernannt ist, als der Instituirte, indem hier angenommen wird, daß er auf das Plus unter der Bedingung instituirt ist, daß die

Substitution in Erfüllung geht. — Hat dadurch der Testator mehr als ein Ganzes vertheilt, so tritt pro rata Decrescenz für alle Erben ein. Wenn also z. B. A auf $\frac{1}{2}$ und B auf $\frac{1}{2}$ eingesetzt sind, dem A aber C substituirt ist und $\frac{2}{3}$ haben soll, so wird, wenn der Substitutionsfall eintritt, C $\frac{4}{7}$ (nämlich $\frac{3}{7}$ als Substitut und $\frac{1}{7}$ als Institut), B $\frac{3}{7}$ erhalten. —

Es ist auch möglich, daß der Erbe sich selbst substituirt ist, d. h. daß der Testator ihn zur Erbschaft unter gewissen Modalitäten berufen, und zugleich bestimmt hat, daß wenn er unter diesen Umständen nicht Erbe sein könnte, er doch zur Erbschaft unter anderen Modificationen berufen sein soll.

Sind eingesetzte Erben einander gegenseitig substituirt, so heißt die Substitution eine substitutio mutua oder reciproca, und ist eine solche in einer kurzen Ausdrucksweise erfolgt, z. B. ich substituire sie sich gegenseitig, so nennt man sie jetzt substit. compendiosa oder breviloqua. —

Der Testator kann auch mehreren Erben zusammen in einem Satze einen Substituten ernennen, und es wird hierbei vermuthet, daß der Substitut erst dann eintreten solle, wenn sämmtliche instituirte Erben, denen er substituirt ist, nicht Erben werden. —

Hat der Testator mehrere Personen substituirt, so kann er zugleich die Quote derselben wie bei der Erbeseinsetzung bestimmen; hat er dies nicht gethan, so theilen sie, wenn sie nicht zugleich instituirte Erben sind, als sine parte eingesetzte. Sind sie auch zu Erben instituirt, so theilen sie den Substitutentheil pro rata ihrer Institutionsportion. Sind aber Erben und Nichterben zusammen substituirt, so nehmen die Nichterben ihre Kopftheile und der bleibende Rest wird auf die Erben pro rata hereditaria getheilt.[m])

Sind unter den sich reciprok substituirten Miterben conjuncti, so haben diese vor den nicht conjungirten den Vorzug. —

Miterben, welche anderen Erben substituirt sind, müssen, um zur Substitution zu gelangen, ihre eigene Institutionsportion erworben haben, erhalten dann aber auch den Substitutentheil ipso jure ohne Antretung, und transmittiren dann das Recht auf denselben auf ihre Erben, weil derjenige, der den unbedingten Erbtheil erworben hat, auch den bedingten nach Erfüllung der Bedingung erhält, da Niemand nur zu einem Theile des ihm beschiedenen Erbtheiles Erbe werden kann. — Hat der Erbe daher die Institutionsportion abgelehnt, so kann er auch das Recht aus der Substitution nicht erlangen.

Manche Rechtsgelehrten wollen diesen letzten Rechtssatz nur für die substitutio reciproca gelten lassen, dagegen nicht für die gewöhnliche Substitution wegen l. 76 §. 1. Dig. Buch 29 Tit. 2. Indessen diese Stelle sagt nur, daß der Erbe, auch wenn er sich über die Antretung der Institutionsportion nicht erklärt hat, doch ex sub-

m) Das Preußische Landrecht verfügt nicht speciell über die Theilung unter den Substituten, es wird deshalb unter ihnen gerade so getheilt werden müssen, als wären sie in den Substitutentheil die erst eingesetzten Erben.

stitutione antreten könne; daß er es aber auch könne, wenn er die erstgedachte Portion abgelehnt hat, lehrt die Stelle nicht.

Hat der Testator dem Substituten wiederum einen Substituten gesetzt, also mehrere gradus der Substitution angeordnet, so gilt der Rechtssatz: substitutus substituto est substitutus instituto, d. h. der zweite, dritte und folgende Substitut ist auch dem früheren Gradus substituirt, und zwar ohne Rücksicht darauf, in welcher Reihenfolge die Ernannten fortfallen.

Die Substitution verliert natürlich ihre Kraft, wenn die Bedingung ausfällt, d. h. wenn der erst Eingesetzte die Erbportion erwirbt. Wenn derselbe sich aber nach dem Erwerbe in integrum restituiren läßt, so kann es zweifelhaft sein, ob die Substitutio wieder auflebt, weil die Restitutio eine nur für den Restituirten wirkende Aushilfe ist. Die Praxis nimmt an, daß die Substitution wieder auflebt.

Die Hauptwirkung der Substitutio ist, daß sie das Accrescenzrecht ausschließt; nach älterem Rechte verhinderte sie auch das Recht des Fiscus auf caduc werdende Erbportionen ex lege Julia et Papia Poppaea. —

Wenn sämmtliche Miterben einander reciprok substituirt sind, so könnte es scheinen, als wenn das Accrescenzrecht dadurch nicht abgeändert wäre, es ist indessen zwischen den Wirkungen des Accrescenzrechtes und dieser Substitution der Unterschied, daß das Accrescenzrecht auch den Erben der Erben zusteht, die reciproke Substitution dagegen die Eigenthümlichkeit hat, daß, so lange noch ein anderer Substitut vorhanden ist, dieselbe den Erben der Substituten kein Recht verleiht; auch muß bei Berechnung der Quarta Falcidia die Substitutionsportion stets mit der Institutionsportion zusammengeworfen werden, was mit der Accrescenzportion nicht zu geschehen braucht, wenn sie in der Quart verletzt ist.

Besonders zu bemerken sind noch einige singuläre Fälle, in denen nach Römischem Rechte der Substitut neben dem eingesetzten Erben zu einem Theile erben konnte, welche jedoch für das heutige Recht keine Wichtigkeit haben.

Ein solcher Fall fand im alten Römischen Rechte bei der cretio statt (darüber siehe Antretung der Erbschaft); im Justinianischen Rechte wird ein anderer Fall erwähnt in l. 40 und 41 Dig. Buch 28 Tit. 5 und §. 4 Instit. Buch 2 Tit. 15, welcher in seiner Eigenthümlichkeit auf das Sclavenverhältniß der Römer beschränkt war; beide Fälle finden ihre Erklärung in dem Umstande, daß die Bedingung der Institution weder als ausgefallen noch als eingetreten betrachtet wurde.

2. Von der Pupillarsubstitution.

Gajus Buch 2 §§. 179 bis 183; Instit. Buch 2 Tit. 16; Dig. Buch 28 Tit. 6; Cod. Buch 6 Tit. 26.

Das Recht der Pupillarsubstitution ist ein aus der väterlichen Gewalt entspringendes Recht, und durch Gewohnheitsrecht in Rom eingeführt. — Man sucht es wohl dadurch zu erklären, daß es dem Vater ein Mittel gewesen sei, das Leben des unmündigen Kindes, das kein Testament machen konnte, vor Nachstellungen habgieriger Verwandten zu sichern, da diese, wenn sie nicht wußten, ob sie den Unmündigen beerben würden, an seinem Tode nicht interessirt waren. — Sonderbar erscheint es aber doch, weshalb aus diesem Grunde gerade nur der Hausvater dies Recht ausüben konnte. — Die väterliche Gewalt allein mag wohl zuerst der Grund dieses besonderen Rechtes gewesen sein, indem man dem Hausvater das Recht gab, gleichsam sich selbst einen Erben in das Vermögen des unmündigen Hauskindes zu ernennen, welches er diesem zuwandte, zu welchem Vermögen der Erwerb nach dem Tode des Vaters hinzutrat. — Später hat sich der Grundgedanke des Institutes verloren, der Vater konnte auch dem enterbten Kinde einen Pupillarsubstituten setzen; Reste der alten Idee sind aber noch vorhanden, z. B. daß der Vater sich selbst ein Testament errichten muß.

Pupillarsubstitution (substitutio pupillaris) ist die Ernennung eines Erben in das Vermögen eines Unmündigen für den Fall, daß der Unmündige beim Tode des Testators in dessen unmittelbarer Gewalt stehen und nach diesem in der Unmündigkeit als homo sui juris versterben sollte.

Der Testator braucht die väterliche Gewalt nicht im Augenblicke der Errichtung des Pupillartestamentes über den Unmündigen zu haben, es genügt, wenn er sie zur

Zeit seines Todes als unmittelbare hat; daher kann auch einem suus postumus ein Pupillarsubstitut ernannt werden.

Der Vater muß sich selbst ein Testament errichten, und zwar, wenn er beide Testamente in verschiedenen Acten errichtet, das seinige vor dem Pupillartestamente; errichtet er beide in einem Acte, so ist die Ordnung der Testamente nicht vorgeschrieben, so daß er das Pupillartestament vor, mitten inne oder hinter das seinige setzen kann. — Das eigne Testament des Testators heißt tabulae primae, das Pupillartestament tabulae secundae und wird auch als pars et sequela testamenti patris bezeichnet. —

Der Testator hat nicht nothwendig den Unmündigen zu seinem Erben zu ernennen, er darf ihn auch exheredиren und zugleich ihm einen Pupillarerben ernennen; dagegen durfte er ihn vor der Novelle 115 nicht präteriren, weil dadurch die tabulae primae nach dem civilen Rechte nichtig waren und somit auch das Pupillartestament. Seit der Novelle 115 ist es streitig, ob die Präterition des suus das väterliche Testament in der Art des alten Rechtes vernichtet (s. Notherbenrecht).

Der Vater kann zum Pupillarsubstituten ernennen, wen er will, und braucht auf die Pflichttheilsberechtigten und auch seit der Nov. 115 auf die Notherben des Pupillen (auf die Ascendenten) keine Rücksicht zu nehmen, da nicht der Unmündige testirt und der Vater sich doch nicht selbst als nächster Notherbe zum Substituten ernennen kann. —

Das Recht des Vaters ist durch die Jahre der Unmündigkeit begränzt; daher kann er wohl für jeden beliedigen kürzeren Zeitraum innerhalb der Unmündigkeit, auch für verschiedene Zeiträume innerhalb derselben verschiedene Substituten ernennen, aber er kann dies nicht für einen in die Mündigkeit hineinragenden Zeitraum. — (Welche Privilegien hier Soldaten hatten, siehe oben §. 19.)

Der Vater kann einen oder mehrere Personen substituiren; sowohl solche, welche er zugleich zu seinen eigenen Erben ernannt hat, als auch andere. Der Substitut ist als Erbe des Unmündigen anzusehen, und muß daher die test. factio passiva haben im Augenblicke der Ernennung durch den Vater, im Augenblicke des Todes des Unmündigen (d. i. der Delation) und von da ab ununterbrochen bis zum Erwerb der Pupillarerbschaft.

Ist der Substitut ein suus des Vaters, so erwirbt er auch die Pupillarerbschaft ipso jure; ist er ein extraneus, so bedarf er zum Erwerb der Antretung. — Ist des Vaters designirter Erbe auch Pupillarsubstitut, so sind folgende Unterschiede zu machen: Hat der Substitut die Erbschaft des Vaters erworben, so fällt ihm eintretenden Falles auch die Pupillarsubstitution ipso jure zu; hat er des Vaters Erbschaft abgelehnt, so verliert er auch das Recht aus der Pupillarsubstitution, wenn der Unmündige Erbe des Vaters geworden ist; ist aber der Unmündige nicht Erbe des Vaters geworden, so kann der Substitut die Erbschaft des Vaters ablehnen und die Pupillarerbschaft erwerben. Hat endlich der Substitut erst die Pupillarerbschaft abgelehnt, so kann er die Erbschaft des Vaters nicht mehr antreten.

Wie wenig übrigens selbst den classischen Juristen es

stets klar war, in wie fern die tabulae secundae und die tabulae primae ein Testament und in wiefern es zwei Testamente seien, geht aus dem berühmten Streit zwischen Javolenus und Julian gegen Marcellus und Ulpian hervor, darüber, ob, wenn der Unmündige von der Erbschaft des Vater abstinirt hatte, der Pupillarsubstitut aus dem Vermögen des Pupillen die Schulden des Vaters bezahlen mußte. (l. 42 pr. Dig. Buch 29 Tit. 2 und l. 28 Dig. Buch 42 Tit. 5.)

Hat der Vater mehrere Personen dem Unmündigen substituirt, so treten dieselben Theilungsgrundsätze, wie bei der Vulgarsubstitution ein. Vor Justinian wurden mehrere Erben des Vaters, welche neben Nichterben zu Substituten ernannt waren, nur als einen Kopf gerechnet, und theilten diesen Kopftheil pro rata hereditaria. —

Der Vater kann dem Pupillarsubstituten weitere Vulgarsubstituten ernennen, und dann gilt auch der Satz, daß der weitere Vulgarsubstitut des Pupillarsubstituten auch Pupillarsubstitut des Pupillus ist, wenn die Zwischengrade fortfallen.

Der Vater kann aber dem Pupillarsubstituten, der selbst ein Unmündiger ist, auch einen Pupillarsubstituten bestellen, und dann ist der Pupillarsubstitut des Pupillarsubstituten nicht Pupillarsubstitut des Pupillen.

Der Vater ernennt durch die Pupillarsubstitution dem Unmündigen zwar in dessen Vermögen einen Erben, er hat aber nicht die Befugniß, auf das eigenthümliche Vermögen desselben Vermächtnisse zu legen. Legate und Fideicommisse kann er daher dem Substituten nur in Betreff desjenigen auferlegen, was er von seinem Nachlasse dem Pupillarsubstituten oder dem Unmündigen zuwendet. [n])

Die Pupillarsubstitution erlischt: [o])

1) wenn der Substitut vor dem Pupillen stirbt;

---

n) Das Preuß. Landrecht hat die Pupillarsubstitution beibehalten, aus unnöthiger Rücksicht gegen das Römische Recht, indessen dieselbe so umgestaltet, daß sie fast gänzlich ohne Anwendung geblieben ist.

Nur der Vater (nicht der Großvater) hat das Recht, sie zu errichten; die Mutter hat es neben dem Vater in das Vermögen, welches das Kind von ihr erbt. —

Das Pupillartestament ist unabhängig von dem Testamente der Parentes, sie haben nicht einmal nöthig, sich selbst ein solches zu errichten, und deshalb kann der zugleich zum Erben des Parens ernannte Substitut jede der Erbschaften selbstständig annehmen oder ausschlagen. — Parentes, welche das Kind enterbt haben, außer wenn dies bona mente geschehen, haben kein Recht, eine Pupillarsubstitution zu errichten. — Personen, die dem Pupillus nicht blutsverwandt sind, können gar nicht zu Substituten ernannt werden. — Pflichttheilsberechtigten des Pupillen kann ihr gesetzlicher Erbtheil (Streit, ob dies Pflichttheil oder Intestaterbportion bedeutet) nur aus solchen triftigen Enterbungsgründen entzogen werden, aus welchen das Kind diese Personen hätte enterben können. Geschwistern und Kindern von Geschwistern muß die Hälfte ihres Intestaterbtheiles zugewendet werden, wenn nicht gleiche Gründe für die Enterbung vorliegen. Allgemeines Landrecht Th. 2. Tit. 2. §. 521 ff.

o) Nach Preußischem Landrecht erlischt die Pupillarsubstitution: wenn das Kind mündig wird; wenn es mit Bewilligung des Vaters adoptirt wird; wenn der Substitut vor dem Kinde stirbt. — Daß sie auch erlöschen solle, wenn das Kind vor dem Vater stirbt, sagt das Gesetz nicht ausdrücklich, aus dem Wesen des Institutes muß dies aber angenommen werden.

2) wenn er zur geeigneten Zeit nicht die test. factio passiva hat;
3) wenn der Pupill vor dem Vater stirbt, oder wenn beide zu gleicher Zeit sterben;
4) wenn der Pupill beim Tode des Vaters nicht dessen suus ist;
5) wenn der Pupill mündig wird;
6) wenn das Testament des Vaters jure civili ganz ungültig wird (destitutum, ruptum, irritum); nicht aber wenn es nur zum Theil oder jure praetorio ungültig wird (inofficiosum, ex Novella 115, durch bon. poss. contra tabulas, durch Abstention des suus);
7) wenn der Pupill nach dem Tode des Vaters sich arrogiren läßt, doch wollen die meisten Juristen auch dem Substituten durch die cautio divi Pii zu Hilfe kommen. — Ein Arrogator kann dem Arrogirten wegen dieser Caution nur in das Vermögen einen Pupillarsubstituten ernennen, welches der Unmündige nach geschehener Arrogation erwirbt. — Ein Impubes arrogatus kann deshalb sowohl als partim testatus partim intestatus, als auch aus zwei Pupillartestamenten als testatus sterben;
8) wenn der Substitut wegen Ablehnung der väterlichen Erbschaft das Recht aus der Substitution verliert.

Verhältniß der Vulgar- und Pupillarsubstitution zu einander.

Die Vulgarsubstitution heißt in dieser Beziehung substitutio in casum primum, die Pupillarsubstitution substitutio in casum secundum, und eine Substitution, welche für beide Fälle errichtet ist, substitutio in casum duplicem.

Es gilt nun der Rechtssatz: substitutio in casum primum aut in casum secundum est substitutio in casum duplicem, d. h. eine Vulgarsubstitution ist auch eine Pupillarsubstitution und eine Pupillarsubstitution ist auch eine Vulgarsubstitution. p) — Die Anwendung dieses Satzes setzt aber voraus, daß der Unmündige vom Vater zum Erben eingesetzt ist, weil, wenn er exheredirt ist, eine Vulgarsubstitution unmöglich wird. — Näher erläutert, bedeutet der Rechtssatz Folgendes: Hat der Vater seinen unmündigen suus zum Erben eingesetzt, und ihm einen Vulgarsubstituten ernannt, so erhält dieser Substitut, wenn der Unmündige unter den Umständen stirbt, unter denen eine Pupillarsubstitution möglich wäre, auch das ganze Vermögen des Unmündigen als Pupillarsubstitut; und umgekehrt, wenn der Vater einem solchen suus einen Pupillarsubstituten ernannt hat, so erhält dieser Substitut, falls

p) Nach Preußischem Landrecht enthält die Pupillarsubstitution die vulgäre, aber die vulgäre nicht die Pupillarsubstitution. Allgemeines Landrecht Th. 1. Tit. 12. §. 60.

der Pupill die ihm vom Vater zugewandte Erbschaft nicht erwirbt, diese Erbschaft als Vulgarsubstitut, gleichviel, ob die Pupillarsubstitution in Erfüllung geht oder nicht.

Der Rechtssatz bleibt aber ausgeschlossen:

1) wenn der Testator ein Soldat war;
2) wenn der Testator ausdrücklich oder stillschweigend ihn ausgeschlossen hat, z. B. wenn er zwei Substituten, den einen als Vulgar-, den anderen als Pupillarsubstituten ernannt hat, oder wenn er mehreren Erben zusammen oder Erben sich gegenseitig vulgariter substituirt hat, und unter diesen Erben auch nur einer ist, auf den die Pupillarsubstitution von vornherein keine Anwendung finden konnte. — (Ein besonderer Fall, wo in favorem der Mutter eines Postumus der Rechtssatz ausgeschlossen ist, steht l. 9 Cod. Buch 6 Tit. 25.)

3. Von der Quasipupillarsubstitution.

Vor Justinian konnte der Vater, dessen Kind nicht testiren konnte, z. B. weil es wahnsinnig oder blödsinnig oder taubstumm war, sich vom Kaiser durch ein Rescript die besondere Erlaubniß auswirken, für dies Kind ein Testament errichten zu dürfen (l. 43 Dig. Buch 28 Tit. 6.); doch wurde das Testament ungültig, wenn das Kind fähig wurde zu testiren, oder einen suus heres erhielt.

Justinian hat aber in l. 9 Cod. Buch 6 Tit. 26 verfügt, daß jeder Ascendent gesetzlich das Recht haben solle, einem wahnsinnigen oder blödsinnigen Descendenten, dem er den Pflichttheil hinterläßt, für den Fall einen Substituten zu ernennen, daß dieser Descendent nach ihm im Wahnsinn oder Blödsinn versterben sollte. In diesem Gesetze, so wie in §. 1 Instit. Buch 2 Tit. 16, sagt der Kaiser, daß er dies ad exemplum pupillaris substitutionis gestatte, und deshalb wird diese Art Substitution jetzt substitutio exemplaris oder quasi pupillaris oder Justinianea genannt. Aller Wahrscheinlichkeit nach hat Justinian nur den Ascendenten erlauben wollen, solchen Descendenten in das ihnen Hinterlassene eine fideicommissarische Substitution anzuordnen; die deutsche Praxis aber hat dies Recht der Substitution ganz analog der Pupillarsubstitution behandelt, so weit die Vorschrift Justinian's dem nicht entgegensteht, und dadurch ein dem Römischen Rechte fremdes Institut geschaffen. —

Quasipupillarsubstitution, substitutio exemplaris, oder Justinianea ist nach heutigem Rechte die Ernennung eines Erben in das Vermögen eines Wahnsinnigen oder Blödsinnigen seitens des Ascendenten für den Fall, daß der Wahnsinnige oder Blödsinnige im Wahnsinn oder Blödsinn dauernd verbleiben und darin nach diesem Ascendenten versterben sollte.

Bei ihr muß nach Analogie der Pupillarsubstitution der Ascendent sich selbst ein Testament errichten, und das Quasipupillartestament ist gleich dem Pupillartestamente von dem Testamente des Ascendenten abhängig. —

Abweichungen von den Regeln der Pupillarsubstitution sind:

1. Jeder Ascendent, männlichen so wie weiblichen Geschlechtes, hat die Befugniß, sie zu errichten.
2. Der Ascendent muß dem Descendenten mindestens den Pflichttheil hinterlassen, woraus gefolgert werden kann, daß nur ein zur Hinterlassung des Pflichttheiles verpflichteter Ascendent das Recht zur Substitutionsanordnung hat.
3. Hinterläßt der Descendent Descendenten, so muß einer von diesen zum Substituten ernannt sein, und hinterläßt er keine Descendenten, aber Geschwister, welche von Seiten des Ascendenten mit dem Wahnsinnigen oder Blödsinnigen verwandt sind, so muß eines dieser Geschwister zum Substituten ernannt sein.

Die Quasipupillarsubstitution erlischt:

1) wenn der Substitut vor dem Wahnsinnigen stirbt, oder zur geeigneten Zeit nicht erbfähig ist;
2) wenn der Wahnsinnige vor dem Ascendenten verstirbt;
3) wenn beim Tode des Wahnsinnigen Descendenten oder Geschwister vorhanden sind, ohne daß in Betreff ihrer der Ascendent den Vorschriften über ihre Ernennung als Substituten genügt hat;
4) wenn der Wahnsinnige ein lucidum intervallum hat. Erneuter Wahnsinn stellt die erloschene Substitution nicht wieder her. q)

---

q) Nach Preußischem Landrecht ist die Quasipupillarsub-

Haben mehrere Ascendenten demselben Descendenten verschiedene Substituten ernannt, so herrscht vielfache Meinungsverschiedenheit über das Verhältniß der Substituten zu einander. Folgendes sind die hauptsächlichsten Ansichten:

1. Der väterliche Substitut gehe allen anderen vor, fehle es an einem solchen, so theilten die Substituten in capita.
2. Der väterliche Substitut gehe dann vor, wenn die Substitution auch als eine pupillare bestehen könne, andernfalls erhalte jeder Substitut das von dem ihn ernannt habenden Ascendenten herrührende Vermögen, der Rest gehe in capita.
3. Stets sei dies letztere der Fall, auch wenn die Substitution des Vaters als eine pupillare bestehen könne.
4. Dies sei in Betreff des vom Ascendenten herrührenden Vermögens richtig, der Rest aber werde ab intestato vererbt.

---

stitution eine Analogie der Pupillarsubstitution. Sie kann errichtet werden für wahnsinnige, blödsinnige oder taubstumme Kinder, welche es beim Tode des Parens und unfähig sind, selbst zu testiren. Berechtigt zu ihr ist der Vater und wenn dieser bei seinen Lebzeiten sie nicht angeordnet hat, die Mutter. Hinterläßt das Kind eine Ehefrau oder eheliche Descendenten, so ist die Substitution ohne Gültigkeit. Auch erlischt sie dadurch, daß das Kind gesund wird, und daher der Vormundschaft entlassen wird, letzteres nämlich, wenn es unter Vormundschaft gestellt war. Allgemeines Landrecht Th. 2. Tit. 2. §. 545 ff.

5. Ebenso wie ad 4, jedoch den Rest erhalte zunächst der vom Vater ernannte Substitut, fehle dieser, der von der Mutter ernannte, und so weiter der Substitut, welcher von dem Ascendenten ernannt sei, dessen ascendentisches Recht das vorwiegende sei.

Vom Notherben- und Pflichttheils-rechte.

§. 22. Der Rechtsgrundsatz, daß der freie Römer mit seinem Vermögen nicht nur inter vivos sondern auch durch Verfügungen von Todes wegen nach seinem freien Belieben verfügen könne (uti pater legasset, ita jus esto), trat mit den durch das Band der Familie begründeten Verhältnissen schon in frühester Zeit in so crassen Conflict, daß die Gewohnheit und die Praxis auf indirecte Weise dieser unbeschränkten Berechtigung Schranken steckten. Der Weg, welcher zu diesem Behufe eingeschlagen wurde, ließ einerseits dem freien Willen des Testators seine Berechtigung, zwang ihn aber in eine Menge von Formen und unterwarf ihn besonderen Fictionen, um ein Ziel zu erreichen, welches man durch directe Einschränkungen zu erlangen sich scheute. — Daher für unsere heutige Denkweise das Unbequeme des römischen Notherben- und Pflichttheilsrechtssystemes. —

Zwei Wege wurden eingeschlagen. Gewohnheit stellte den Rechtssatz fest, daß der Testator gewisse nächste Familienglieder in seinem Testamente bei Vermeidung der Nichtigkeit in einer bestimmten Form erwähnen müsse; diese Personen nennen wir Notherben. — Die Praxis führte außerdem den Rechtssatz durch, daß der Testator gewissen nahen Verwandten einen bestimmten Theil seines Nachlasses zuwenden müsse, widrigenfalls aus der Fiction, er habe nicht bei vollem Verstande testirt, diese Verwandten den ihnen gebührenden Intestaterbtheil fordern konnten. Diese Personen nennen wir Pflichttheilsberechtigte.

Notherben sind Personen, welche verlangen können, daß der Testator ihrer in seinem Testamente in bestimmter Form erwähne. —

Pflichttheilsberechtigte sind Personen, welche verlangen können, daß ihnen der Testator einen bestimmten Theil seines Vermögens zuwende.

Notherben sind formell berechtigt, Pflichttheilsberechtigte materiell. — Will man beide unter einen Begriff bringen, so kann man sagen, es seien Personen, welchen das Gesetz eine vom Testator nicht willkürlich zu entziehende Berücksichtigung eingeräumt hat. —

Die Notherben sind auch Pflichttheilsberechtigte, aber nicht alle Pflichttheilsberechtigte sind Notherben. — Gegen Personen, welche beide Qualitäten in sich vereinigen, hat der Testator sich auf zwiefache Art zu schützen; sind sie in einer ihrer Qualitäten verletzt, so können sie den Bestand des letzten Willens auf Grund ihres verletzten Rechtes angreifen.

Das Verständniß des heute geltenden Notherben- und

Pflichttheilsrechtes beruht auf dem Inhalte der Novelle 115 und dem Verhältnisse derselben zu den vor ihr geltenden Rechtsnormen. — Deshalb sind folgende Abschnitte zu machen:

1) Notherbenrecht des älteren civilen Rechtes;
2) Notherbenrecht des prätorischen Rechtes (bon. poss. contra tabulas);
3) Lehre vom Pflichttheile;
4) Novelle 115;
5) Verhältniß der Novelle 115 zu dem vor ihr geltenden Rechte der Notherben und Pflichttheilsberechtigten.

---

1. Notherbenrecht des älteren civilen Rechtes.

Instit. Buch 2 Tit. 13; Dig. Buch 28 Tit. 2; Cod. Buch 6 Tit. 28 u. 29. — Gajus §§. 123 bis 143; — Ulpian Tit. 22 §§. 14 bis 22 und Tit. 23 §. 3.

Die Notherben des civilen Rechtes vor der Novelle 115 sind die sui und sui postumi. — Diese Personen mußte der Testator in seinem Testamente entweder zu Erben einsetzen (etsi ad minimam partem) auf eine so geringe Quote, als ihm beliebte, oder sie (rite) in bestimmter Form exherediren, ohne verpflichtet zu sein, Gründe dafür anzugeben.

a. Von den suis.

Suus ist für das Notherbenrecht Jeder, welcher im Augenblicke der Errichtung des Testamentes in der unmittelbaren Gewalt des Testators sich befindet. Zu diesen suis gehörte auch die Frau in manu. —

Die Einsetzung eines filius suus zum Erben konnte nicht unter einer Bedingung erfolgen, wenn nicht zugleich sub contraria conditione die Enterbung desselben ausgesprochen wurde, außer wenn sie unter einer reinen Potestativbedingung erfolgt wäre. Andere sui, also nepotes sui und suae, konnten schlechtweg unter Bedingungen zum Erben eingesetzt werden. —

Die Exheredation mußte, um rite geschehen zu sein, folgende Erfordernisse haben:

1) Sie muß sich constructiv auf alle Erbeseinsetzungen beziehen, und wenn Institutiones und Substitutiones angeordnet waren, auch auf alle gradus der Erbeseinsetzung. — Wer also z. B. so testirte: „A soll mein Erbe sein; dem A substituire ich, unter Enterbung meines Sohnes B, den C", hat den Sohn nicht rite exheredirt, weil er ihn in Betreff des instituirten Erben präterirt hat.
2) Sie muß constructiv auf die ganze Erbschaft sich beziehen, und nicht nur auf einen Theil derselben.
3) Sie kann nur dann unter einer Bedingung erfolgen, wenn unter der entgegengesetzten Bedingung der Enterbte zum Erben eingesetzt ist. (Die Form ist hier also strenger als bei der Institution.)
4) Sie kann nicht auf die Zeit nach dem Tode des Notherben gestellt sein. Diese Art der Enterbung wurde nämlich versucht, um für den Fall des früheren Todes des suus einem Anderen sein Vermö-

gen zuwenden zu können, und das Testament gültig zu errichten, wozu die Enterbung des Sohnes gehörte. l. 13 §. 2 Dig. Buch 28 Tit. 2 enthält einen solchen Fall, dahin lautend: Titius soll nach dem Tode meines Sohnes Erbe sein, der Sohn soll enterbt sein.

5) Sie kann nicht auf die Zeit nach der Antretung der Erbschaft gestellt sein, also z. B. nicht so lauten: Titius heres esto, et cum heres erit, filius exheres esto; oder quisquis mihi erit heres, filius exheres esto.— Grund dieser Bestimmung ist, daß erst der suus enterbt sein muß, ehe ein Anderer die Erbschaft erwerben kann.

6) Der suus filius mußte im ältesten Rechte nominatim, d. h. individuell bezeichnet, oder wie es auch heißt, sub certa quadem demonstratione enterbt sein; die übrigen sui beiderlei Geschlechtes konnten sämmtlich inter caeteros, d. h. durch die allgemeine Clausel ceteri omnes exheredes sunto enterbt werden. — Justinian hat aber bereits vor der Novelle 115 verfügt, daß sui und suae jeglicher Art nominatim exheredirt werden müssen. — Die Clausel „alle meine Kinder enterbe ich", oder wenn er einige derselben zu Erben ernannt hat, „die übrigen Kinder enterbe ich", würde aber als eine nominatim geschehene Enterbung gelten müssen, da er durch die Worte „alle Kinder" oder „die übrigen Kinder" zugleich jeden individuell bezeichnet hat.

Fehlt der Exheredation oder der Einsetzung des suus eins der gesetzlichen Requisite, so ist er präterirt.

Die Folge der Präterition war vor Justinian, wenn ein suus filius präterirt war, die Ungültigkeit des Testaments, welche nach der Ansicht der Sabinianer von Anfang an ipso jure vorhanden war, nach der Ansicht der Proculejaner nur wenn der präterirte suus beim Tode des Vaters noch am Leben war.

Waren andere sui präterirt, so blieb das Testament gültig, sie erbten aber neben den eingesetzten Erben (accrescunt scriptis heredibus) und entzogen den eingesetzten suis einen Kopftheil, den eingesetzten extraneis die Hälfte von deren Erbportion.

Justinian hat aber auch hier bereits vor der Novelle 115 verfügt, daß die Präterition jeglicher Art von suis das Testament vernichten solle. Diese Nichtigkeit tritt ipso jure ab initio ein; es wird deshalb ab intestato geerbt, und die Ansicht, daß es, um die Ungültigkeit des Testamentes herbeizuführen, erst einer sogenannten querela nullitatis bedurfte, ist völlig zu verwerfen. —

War der Notherbe nicht auf alle gradus institutionis exheredirt, so war das Testament nicht gänzlich ungültig, es waren dies vielmehr nur die Grade, in Betreff deren er präterirt war. Lautete das Testament z. B. so: Titius soll mein Erbe sein; den Gajus substituire ich, indem ich meinen Sohn enterbe, dem Titius, so war die Institutio des Titius ungültig, und da dieser deshalb nicht Erbe wurde, die Substitutio des Gajus eine zur Wirkung kommende. Deshalb blieb auch das Testament gültig, wenn der Sohn selbst dem Titius substituirt war. — War der Notherbe ferner z. B. in Betreff der instituirten Erben exheredirt, in Betreff der Substitution präterirt, so fiel das Testament, sobald der Substitut für einen der Instituirten eintreten konnte, weil nunmehr der Notherbe nicht auf alle zur Erbschaft Berechtigte exheredirt war. —

War das Testament wegen Präterition von suis nichtig, so war eine beim Prätor nachgesuchte und erlangte bon. poss. secund. tabulas den Intestaterben gegenüber stets sine re, auch wenn der präterirte Notherbe vor dem Testator verstorben oder sonst fortgefallen war.

b. Von den suis postumis.

Suus postumus ist für das Notherbenrecht Jeder, welcher nach Errichtung des Testamentes in die unmittelbare Gewalt des lebenden Testators gelangt, oder nach dem Tode desselben durch Geburt oder jus postliminii sich anfindet, und, wenn er im Augenblick des Todes des Testators erschienen, dessen unmittelbarer Gewalt unterworfen gewesen wäre.

Ein solcher suus postumus kann auf alle die Weise sich anfinden, auf welche väterliche Gewalt (oder manus) entsteht, aufgehoben oder erneuert wird, z. B. durch Geburt, Legitimation, Adoption, Arrogation, Erlangung der Civität, Wegfall einer Mittelsperson — z. B. durch Tod oder Emancipation eines Sohnes —, jure postliminii, durch Revocation eines Undankbaren in die Gewalt, in manum conventio. —

Nun konnte im ältesten Rechte ein noch nicht geborner postumus als incerta persona weder instituirt oder exheredirt werden, und ein schon geborner konnte in seiner Eigenschaft als suus, da er es noch nicht war, nicht instituirt oder exheredirt werden.

Daher gab es damals kein Mittel, ein Testament vor Vernichtung (rupto) durch Nachkommen eines postumus zu schützen (sui heredis agnatione), da das Gesetz etwas verlangte, was unmöglich war, und deshalb fand man sich veranlaßt, die Institution oder Exheredation eines postumus zu gestatten. Indessen wurde dies anfangs nur für gewisse postumi erlaubt, und erst allmälig für alle Arten von postumi.

1. Zuerst gestattete man den in Gefangenschaft befindlichen suus zu instituiren oder zu exherediren, und sehr bald darauf — schon in früher Zeit — den suus, welcher nach dem Tode des Testators als suus geboren werden würde, und auch, wenn seine Geburt zur Zeit des errichteten Testamentes fiele, suus sein würde. — Diese Art postumi nennt man legitimi postumi.

Wie sich die Erlaubniß, andere postumi zu instituiren oder zu exherediren, entwickelt hat, ist in der wegen ihrer Schwierigkeit berühmten lex Gallus, l. 29 Dig. Buch 28 Tit. 2 zu finden.

Als Resultat kann angenommen werden:

2. Seit Aquilius Gallus konnten auch solche postumi instituirt oder exheredirt werden, welche nach dem Tode des Testators als sui geboren wurden, bei

Errichtung des Testamentes indessen nicht sui gewesen wären, weil ihnen damals eine Mittelsperson im Wege gestanden hätte, die indessen vor ihrer Geburt fortgefallen ist. — Diese postumi heißen Aquiliani postumi.

3. Durch eine lex Velleja, 10 n. Chr., kamen zwei neue Fälle hinzu:
   a) postumi, die bei Lebzeiten des Testators als sui geboren werden (welche postumi Vellejani primi gradus heißen),
   b) postumi, welche vor Errichtung des Testamentes geboren sind, und nach dieser Zeit durch Nachrücken sui werden (welche postumi Vellejani secundi gradus heißen),

   können instituirt oder exheredirt werden.
4. Seit Salvius Julianus wird es nach Analogie der lex Velleja zugelassen, daß auch nach errichtetem Testamente als Nicht-sui Geborne, welche später durch Nachrücken sui geworden sind, instituirt oder exheredirt werden konnten, welche man postumi Salviani oder Juliani nennt.
5. Nach Gajus Zeit wurde es allgemein anerkannt, daß sui postumi aller Art instituirt oder exheredirt werden können, z. B. auch durch Adoption sui Gewordene. —

Die Form der Exheredation ist im Allgemeinen dieselbe, welche in Betreff der sui vorgeschrieben ist. — Im Rechte vor Justinian war hier etwas Abweichendes darin vorgeschrieben, daß filii postumi nur nominatim, alle andern zwar inter ceteros, jedoch dann mit Zufügung eines Legates für sie exheredirt werden konnten.

In Betreff der männlichen postumi hielt Ulpian es aber für sicherer, da die Praxis schwankend war, sie nominatim zu exherediren. — Justinian hat auch hier vorgeschrieben, daß alle postumi und postumae nominatim exheredirt werden müssen. Es genügt aber hierzu die Angabe der Art und Weise, durch welche der Testator die Postumi erwarte. —

Die Wirkung der Präterition ist, daß das Testament, welches von Anfang an gültig errichtet ist, im Augenblicke ungültig (ruptum) wird, wo der postumus suus sich anfindet (testamentum fit ruptum per agnationem postumi). — Ist der postumus nicht auf alle gradus institutionis exheredirt, so kommt es darauf an, in welcher Lage sich die Sache befindet in dem Augenblicke, wo der postumus erscheint. Ist in diesem Augenblicke ein eingesetzter Erbe der nächst Berechtigte, in Bezug auf welchen der postumus präterirt worden, so fällt das ganze Testament; ist in diesem Augenblicke dieser Grad nicht mehr berechtigt, so bleibt das Testament gültig, wenn der Postumus in Betreff der ferneren Grade rite exheredirt ist. — Ist er in Betreff des zu dieser Zeit nächst berechtigten Grades rite exheredirt, in Betreff des folgenden präterirt, so wird das testamentum ruptum, sobald der gültige Grad die Erbschaft nicht erwirbt. —

Ist der Postumus vor dem Tode des Testators wieder fortgefallen, so blieb jure civili das einmal rumpirte

Testament ungültig, der Prätor gab aber aus demselben eine bon. poss. secundum tabulas cum re.

2. Prätorisches Notherbenrecht (bon. poss. contra tabulas).

Dig. Buch 37 Tit. 4 u. 5; Cod. Buch 6 Tit. 12.

Auch nach Prätorischem Rechte hat der Testator nur der Form Genüge zu thun, er kann daher die Notherben nach seiner Wahl ad minimam partem instituiren oder ohne alle Gründe rite exherediren. —

Die Veränderungen, welche der Prätor getroffen, sind aber dreifach, er hat nämlich die Personen der Notherben vermehrt, die Zulässigkeit der Zufügung einer Bedingung und die Folgen derselben geändert, und dem Rechtsmittel der verletzten Notherben einen eigenthümlichen Character gegeben. —

a. Berechtigte Notherben sind hier dieselben liberi, d. h. sui, emancipati und in adoptionem dati, denen der Prätor ab intestato in der Klasse unde liberi die bonorum possessio angeboten hatte (cf. Intestaterbrecht S. 241.).

b. Die Form der Exheredation und Institution ist im Allgemeinen dieselbe, wie sie für die civilen Notherben vorgeschrieben ist. In Betreff der Bedingungen ist aber bestimmt, daß jeder Notherbe, wenn die Institution unter einer anderen als einer potestativen Bedingung geschehen ist, ohne daß unter der entgegengesetzten Bedingung die

Exheredation festgesetzt worden, und die Bedingung deficirt, als präterirt anzusehen sei. — Dagegen ist es hier von dem Umstande, ob die Bedingung der Institution eintreten oder ausfallen wird, abhängig, ob der Notherbe als verletzt erscheint; auch gelten unmögliche der Institution hinzugefügte Bedingungen für nicht geschrieben.

Ist der Notherbe unter einer Bedingung exheredirt, und nicht zugleich unter der entgegengesetzten instituirt, so gilt er für verletzt, wenn die Bedingung beim Tode des Testators nicht bereits existent ist.

c. Die Wirkung der Präterition eines Notherben war die Befugniß, gegen das Testament (contra lignum, also nicht etwa persönlich gegen den eingesetzten Erben) die bonorum possessio nachsuchen zu können, ohne Rücksicht darauf, ob die eingesetzten Erben die Erbschaft antreten, und deshalb auch dann, wenn der Notherbe in Betreff der Institution präterirt, in Betreff der Substitution aber exheredirt war. Dagegen wenn er in Betreff der Institution exheredirt und in Betreff der Substitution präterirt war, konnte er die bon. poss. contra tabulas nur nachsuchen, wenn aus der Institution die Erbschaft nicht erworben wurde. — Anerkennung des Testaments hebt das Recht auf die b. p. c. t. auf.

Die bon. poss. contra tabulas war keine Intestaterbfolge, sondern eine besondere Art prätorischer Succession; der Nachlaß wurde nur unter denen, welche zu ihr als Berechtigte gelassen wurden, ebenso getheilt, wie bei der Intestaterbfolge unde liberi getheilt wurde. — Das

Recht, die bonor. possessio contra tabulas nachzusuchen, hatten aber:

a) die präterirten prätorischen Notherben;

b) die im Testamente instituirten Notherben und die instituirten leiblichen Kinder, welche in Adoption gegeben waren und, weil sie sich noch in der Adoptivfamilie befanden, nicht Notherben waren. — Diese bon. poss. der Instituirten war die b. p. c. t. commisso per alium edicto, d. h. weil in der Person eines anderen Notherben das Edict verletzt worden war, und sie hatte den Zweck, auch diesen eingesetzten Personen den Zugang zur Erbschaft zu ermöglichen, da sie sonst weder ab intestato noch ex testamento hätten erben können, vorausgesetzt, daß das Testament jure civili gültig errichtet war. — Betheiligen sich aber die Präterirten bei der b. p. c. t. nicht, so gilt die bereits erlangte bon. poss. der Instituirten als eine b. p. secundum tabulas.

Den rite exheredirten Notherben war dagegen die Nachsuchung der bon. poss. contra tabulas commisso per alium edicto versagt, d. h. der Prätor hielt die rite geschehenen Exheredationen aufrecht, vorausgesetzt, daß sie nicht dadurch ungültig wurden, daß das Testament auf andere Weise zu Falle kam, weil dann auch der Enterbte ab intestato berufen war. —

Die Wirkung der bon. poss. contra tabulas war in der Regel, daß das Testament vom Prätor für ungültig erachtet und die Erbschaft denen zugewiesen wurde, welche mit Recht die bon. poss. nachsuchten. Auch mortis causa donationes wurden ungültig. — Es blieben aber gültig:

a) die Exheredationen (siehe oben sub b.);
b) die Pupillarsubstitution;
c) Vormundschaftsernennungen;
d) die Zuwendungen an die exceptae personae, d. h. Vermächtnisse, donationes mortis causa und Erbeseinsetzungen an die Descendenten und Ascendenten des Testators und das Rückvermächtniß der dos an die Frau oder Schwiegertochter desselben; an die Descendenten aber nur dann, wenn sie nicht selbst die bon. poss. c. t. nachsuchten. —

Diese Zuwendungen sollten aber den Notherben nie mehr als einen Kopftheil entziehen, bei welcher Berechnung zu der Zahl der bonorum possessores die Bedachten als ein Kopf zugezählt wurden. — Zu den aufrechtzuerhaltenden Zuwendungen mußten sowohl die bonorum possessores pro rata beisteuern, als auch die exceptae personae selbst, wenn ihnen Vermächtnisse zu Gunsten anderer exceptae personae auferlegt waren. — Kein Legat wurde gezahlt, wenn ein suus präterirt war (weil dann das Testament auch jure civili nicht galt) von den präterirten suis und den präterirten anderweiten liberis, während die eingesetzten Notherben die Zuwendungen auf ihren Theil an die exceptae personae zahlen mußten. — Alle Legate wurden entrichtet, wenn instituirte Notherben ohne Concurrenz der präterirten die bon. poss. c. t. commisso per alium edicto nachsuchten, und — wiewohl dies unter den römischen Juristen selbst streitig war —

von den exceptis personis, wenn sie die ihnen hinterlassenen Erbtheile vollständig erhielten. —

Wenn trotz dem, daß die bon. poss. contra tabulas zulässig war, Niemand in der gesetzlichen Frist sie nachsuchte, so gab der Prätor auf Nachsuchen der eingesetzten Erben die bon. poss. secundum tabulas, welche indessen, falls das Testament auch jure civili wegen Präterition von suis ungültig war, ein b. p. sine re war.

3. Lehre vom Pflichttheile.

Instit. Buch 2 Tit. 18; Dig. Buch 5 Tit. 2; Cod. Buch 3 Tit. 28; Novelle 18 cap. 1.

Die Pflichttheilslehre hat ihren Ursprung in der Praxis der römischen Gerichtshöfe, namentlich des Centumviralgerichtes. — Es stellte sich durch sie der Grundsatz fest, daß der Testator gewissen nahen nicht unwürdigen Verwandten einen Theil seines Vermögens zuwenden müsse, widrigenfalls die Annahme gerechtfertigt sei, der Testator habe an einem color insaniae gelitten, in Folge dessen dem verletzten Verwandten eine Klage auf Höhe seines Intestaterbtheiles gegen die eingesetzten Erben gegeben wurde. —

Der Theil, welchen der Testator den berechtigten Verwandten zuwenden mußte, um ihnen die Klage abzuschneiden, heißt der Pflichttheil. Die Höhe desselben lag ursprünglich in dem Arbitrium des Richters, später wurde er auf ¼ des Intestaterbtheiles festgestellt, nach Analogie der Quarta Falcidia. — Er wird auch zuweilen falcidia genannt, gewöhnlich aber pars oder portio legitima.

Justinian hat in der Novelle 18 c. 1 den Pflichttheil auf $\frac{1}{3}$ oder $\frac{1}{2}$ der Intestaterbportion festgestellt, je nachdem die Erbschaft in $\frac{1}{4}$ und weniger, oder $\frac{1}{5}$ und mehr ab intestato bestehen würde.

a. Wer ist pflichttheilsberechtigt?

Alle Descendenten, Ascendenten und Consanguinei, welche die nächsten Intestaterben sein würden, sich auch der Liebe des Testators nicht unwürdig gemacht haben, die Geschwister jedoch nur gegenüber einer zum Erben eingesetzten persona turpis, sind Pflichttheilsberechtigte. Das Dasein von Ascendenten schließt die Geschwister nicht aus. Besonderheiten sind: der minus plene adoptatus beerbt seinen Adoptivvater ab intestato, hat aber kein Pflichttheilsrecht gegen denselben; — der arrogatus impubes hat die quarta divi Pii, und daher kein Pflichttheilsrecht; — ob der plene adoptatus in das Vermögen seines leiblichen Vaters Pflichttheilsberechtigter sei, ist streitig, und ebenso ob der leibliche Vater es gegenüber dem plene adoptatus sei (die Praxis bejaht beides). — Vor Constantin waren alle Geschwister berechtigt, dieser Kaiser schloß die uterini aus. —

Die Ansicht von Puchta, daß es genüge, unter den berechtigten Personen der nächste Intestaterbe zu sein, widerspricht dem Wesen des Pflichttheiles, wonach nur der zum Pflichttheile berechtigt sein kann, der auch ab intestato berufen sein würde. [a])

a) Nach Preußischem Landrechte sind pflichttheilsberechtigt.

b. Höhe und Berechnung des Pflichttheiles.

Justinian hat in der Novelle 18 bestimmt, wer vier oder weniger Kinder habe, solle den Kindern $\frac{1}{3}$ der Erbschaft, wer fünf oder mehr Kinder habe $\frac{1}{2}$ der Erbschaft als Pflichttheil lassen. — Dasselbe solle bei allen Personen gelten, welche nach älterem Rechte $\frac{1}{4}$ als Pflichttheil fordern konnten. — Endlose Streitfragen sind durch diese Verfügung hervorgerufen worden. — Die vorzüglichsten sind:

1. Ist der Pflichttheil nur für Kinder respective Descendenten erhöht, oder auch für Ascendenten und Geschwister? Die herrschende Ansicht und die Praxis nimmt die Erhöhung für alle Berechtigte an.
2. Ist die Quote von der ganzen Erbschaft oder von dem Intestaterbtheile des Berechtigten zu berechnen? Die herrschende Ansicht und die Praxis berechnen sie von dem Intestaterbtheile.
3. Ist bei der Berechnung auch der exheredirte Intestaterbe mitzuzählen? Die meisten Juristen haben mit der Praxis dies bejaht, daher der Satz: ex heredatus partem facit ad minuendam, numerum facit ad augendam legitimam, d. h. der Enterbte zählt als Intestaterbe mit, und macht daher den Intestaterbtheil kleiner, wenn aber durch ihn die

die Descendenten, Ascendenten und die Ehegatten, wenn sie ab intestato erben würden; Geschwister haben kein Pflichttheilsrecht. Allgemeines Landrecht Th. 2. Tit. 1. §. 631; Tit. 2. §§. 391, 437 u. 501.

Erbportion unter $\frac{1}{4}$ sinkt, bewirkt er, daß der Pflichttheil $\frac{1}{2}$ beträgt.

4. Ist derjenige Intestaterbe mitzuzählen, welcher durch den nach Deutschem Rechte zulässigen Erbverzicht entsagt hat? Die meisten Rechtslehrer zählen ihn mit.
5. Ob auch der concurrirende Ehegatte mitzuzählen sei? Von der Mehrheit bejaht.
6. Wie der Pflichttheil der Enkel zu berechnen?. Bei dieser Frage sind folgende Meinungen:
   a) Sind nur Enkel eines Sohnes vorhanden, so soll die Zahl derselben entscheiden, in allen andern Fällen die Zahl der Stämme. — Gewiß nicht zu rechtfertigen.
   b) Es soll stets auf die Zahl der Stämme gesehen werden. — Vielfach angenommen in der Praxis.
   c) Es soll auf die Zahl der Stämme, und wenn unter fünf Stämme sind, auch auf die Zahl der in dem einzelnen Stamme stehenden Enkel gesehen werden. — Auch vielfach angenommen.
   d) Für jeden Enkel, welcher weniger als $\frac{1}{4}$ des Nachlasses erhalten würde, beträgt der Pflichttheil $\frac{1}{2}$, für jeden, welcher $\frac{1}{4}$ oder mehr vom Nachlasse erhalten würde, nur $\frac{1}{3}$ seiner Intestaterbportion. — Scheint sachgemäß, ist aber doch nicht in der Praxis anerkannt. —

Uebrigens ergiebt sich von selbst, daß, um den Pflichttheil zu berechnen, der Intestaterbtheil vor Allem ermittelt und davon je nach der Größe desselben der Pflichttheil festzustellen ist. — Hierbei müssen alle Intestaterben, welche succediren würden, zur Computation gezogen werden.

Das Vermögen, von welchem der Pflichttheil zu berechnen, ist das reine Vermögen zur **Zeit des Todes** des Testators, also die Activa nach Abzug der Schulden und der nothwendigen Beerdigungskosten. — Spätere Vermehrungen oder Verringerungen dieses Vermögens ändern die Höhe des Pflichttheiles nicht. — Die Collationsobjecte werden dem Nachlasse nicht zugerechnet, jedoch das, was der Berechtigte von Zuwendungen inter vivos sich auf seinen Pflichttheil einrechnen muß. — Behufs Feststellung der Größe des Nachlasses kann der Berechtigte stets von den im Testament eingesetzten Erben Vorlegung eines Inventars, auch die gerichtliche Taxirung der Erbschaftsstücke verlangen, welche Rechte der Testator ihm nicht durch Verbote entziehen kann.

Vor **Justinian** konnte der Pflichttheil aus den Früchten der Erbschaft gegeben werden, seit diesem Kaiser muß er aus der Substanz des Nachlasses hinterlassen werden. [b])

---

b) Das Preuß. Landrecht setzt den Pflichttheil für Ascendenten und Ehegatten stets auf die Hälfte der Intestaterbportion, für Kinder und Enkel und weitere Descendenten, wenn ein und zwei Descendentenstämme concurriren auf $\frac{1}{3}$, wenn drei und vier solcher Stämme concurriren auf $\frac{1}{2}$, wenn mehr als vier Stämme concurriren auf $\frac{2}{3}$ der Intestaterbportion fest.

Bei Berechnung des Intestaterbtheiles werden zwar alle Erben, welche concurriren, also auch der Ehegatte, zur Computation gezogen, bei Berechnung der Pflichttheilsquote aber wird auf andere Personen als Descendenten keine Rücksicht genommen. — Für Enkel und weitere Descendenten ist, da es auf die An-

c. Form der Hinterlassung des Pflichttheiles.

Da es nur darauf ankommt, ob der Berechtigte seinen Pflichttheil aus dem Nachlasse erhält, so ist dem Testator eine Form der Hinterlassung nicht vorgeschrieben. Durch jede Zuwendung, von dem Vermögen des Testators (aber nicht vom Vermögen Anderer, z. B. durch Pupillarsubstitution oder conditionis implendae causa datum), also durch Erbeseinsetzung, Vermächtnisse oder mortis causa donationes kann der Pflichttheil gegeben werden. Außerdem ist von Zeno und Justinian speciell vorgeschrieben, daß die dos, donatio propter nuptias, die militia, welche aus dem Vermögen des Testators herrührten, in den Pflichttheil eingerechnet werden sollen, und schon nach der Praxis des classischen Juristenthumes war anerkannt, daß eine donatio inter vivos, welche mit der ausdrücklichen Bedingung der Einrechnung gegeben oder gültig versprochen worden, in den Pflichttheil einzurechnen sei. — Durch solche Zuwendungen inter vivos kann sonach der Pflichttheil gegeben werden. — Uebrigens ist von der Collationspflicht in Betreff eines Objects noch kein Schluß zulässig, daß es in den Pflichttheil eingerechnet werden müsse. —

Ist aber dem Testator auch die Form der Hinterlassung des Pflichttheiles unbeschränkt, so darf er denselben doch nicht mit Vermächtnissen oder sonstigen Onera belasten

---

zahl der Stämme allein ankömmt, der Pflichttheil für jeden Stamm derselben nur so groß, als der ihres Stammparens gewesen wäre; im Stamme geht dann dieser Pflichttheil in capita. Allgemeines Landrecht Th. 2. Tit. 2. §§. 392 und 437.

oder einschränken, auch nicht mit Bedingungen oder Zeitbestimmungen beschweren. — Vermächtnisse und sonstige Einschränkungen gelten für nicht geschrieben, so weit sie den Pflichttheil verkürzen.

Bedingungen und Zeitbestimmungen bewirkten vor Justinian, daß es so angesehen wurde, als sei der Pflichttheil gar nicht zugewendet. Justinian hat durch einzelne Entscheidungen seinen Willen dahin kund gegeben, daß die Bedingung und die Zeitbestimmung für nicht geschrieben gelten solle, und wenn dem Berechtigten unter solchen Einschränkungen mehr als der Pflichttheil vermacht ist, daß er dann den Betrag des Pflichttheils pure, den Ueberrest aber unter der Bedingung oder Zeitbestimmung erhalten solle.

Auf diese letztere Vorschrift bezieht sich die seit der Mitte des 16ten Jahrhunderts in der Praxis übliche cautela Socini, von Marianus Socinus, einem italienischen Juristen, welcher 1556 starb, der über diese cautela ein Gutachten gab, also benannt. Diese Cautela besteht darin, daß der Testator in seinem Testamente sich dahin erklärt, daß, wenn der Pflichttheilsberechtigte mit der ihm im Testamente gegebenen Zuwendung nicht zufrieden sein wollte, er nur den Pflichttheil haben solle. Durch diese Cautela zwingt der Testator den Berechtigten, sich entweder der Beschränkung zu fügen, oder das Mehrzugewandte aufzugeben und sich auf den Pflichttheil zu beschränken. Am häufigsten wird die cautela in dem Falle gebraucht, wenn der Testator seinen überlebenden Ehegatten zum Erben ex asse einsetzt, und ihm auferlegt, bei seinem Tode oder einer ferneren Heirath das Vermögen an die Intestaterben des Testators herauszugeben. [c])

d. **Das Recht des Pflichttheilsberechtigten braucht nicht berücksichtigt zu werden,**

im privilegirten Testamente eines Soldaten; in dem Testamente, welches ein Hauskind über seine bona militaria errichtet hat, wenn es als Hauskind stirbt (dieser Fall wird von Vielen zu Gunsten der Descendenten und Ascendenten durch Novelle 115 für aufgehoben erachtet); in dem Pupillartestamente und Quasipupillartestamente (siehe oben diese Lehre); endlich wenn sich der Berechtigte der Liebe des Testators unwürdig gemacht hatte. In Betreff dieser Unwürdigkeit ist zu bemerken, daß das Gesetz (vor der

---

c) Nach Preußischem Landrechte ist ebenfalls keine Form der Zuwendung des Pflichttheils vorgeschrieben; bei Berechnung des Vermögens ist die Collationspflicht in Betracht zu ziehen, da der Pflichttheil nicht vom Vermögen zur Zeit des Todes, wie nach Römischem Rechte, sondern von dem Intestaterbtheil zu berechnen ist; eingerechnet werden dem Berechtigten von Zuwendungen inter vivos die Ausstattung; Geschenke an Grundstücken, Gerechtigkeiten oder ausstehenden Capitalien; Zahlungen für Schulden des Kindes, zu deren Anerkennung der Erblasser für seine Person nicht verpflichtet war. —

Zeitbestimmungen, Bedingungen und Belastungen können durch den Richter auf Anrufen aufgehoben werden, mit der Ausnahme, daß das Kind keine Klage hat, wenn ihm der volle Intestaterbtheil gegeben ist mit der Auflage, daß derselbe für die Enkel erhalten werden solle. — Die cautela Socini kennt das Landrecht nicht, braucht sie auch nicht, da es dem klagenden Berechtigten nie mehr als den Pflichttheil giebt.

Novelle 115) keine Unwürdigkeitsgründe aufstellte, daß es vielmehr im Arbitrium des Richters lag, zu beurtheilen, ob Unwürdigkeit den Berechtigten treffe. — Auch der Testator hatte (vor der Novelle 115) nicht nöthig, Gründe in dem Testamente anzugeben. [d])

Sehr streitig ist es aber, wer den Beweis führen soll, ob der Berechtigte, und welche Thatsache er darzuthun hat, da er doch unmöglich beweisen kann, er sei nicht unwürdig, oder der eingesetzte Erbe. — Die meisten Juristen legen die Beweislast dem Berechtigten auf, Franke in Göttingen dem Erben. (Im l. 34 Cod Buch 3 Tit. 28 ist dem Erben der Beweis auferlegt.)

c. Folge des verletzten Pflichttheilsrechtes.

Vor Justinian hatte der Berechtigte, sobald er im Pflichttheile verletzt war, gleichviel ob er gar nichts oder ob er zu wenig erhalten hatte, die querela inofficiosi testamenti auf Zulassung zu seiner ganzen Intestaterbportion. Die Klage gab daher dem Verletzten weit mehr, als ihm der Erblasser zuzuwenden verpflichtet war, um die Klage auszuschließen. — Justinian hat dies geändert dahin, daß, wenn dem Berechtigten gar nichts zugewendet war, er zur querela inoff. test. berechtigt sein solle; wenn ihm jedoch nur zu wenig zugewandt war, so solle er nur eine Klage auf Ergänzung des Pflichttheiles haben (actio ad supplendam legitimam, actio suppletoria). Da diese

---

d) Ueber die Enterbungsgründe des Preuß. Landrechts siehe unten zur Novelle 115.

Verordnung in l. 30 Cod. de inoff. test. Buch 3 Tit. 28 steht, so heißt die letztere Klage actio ex lege 30 Cod. de inoff. test. e) — Ist der Pflichttheil dem Betrage nach hinterlassen, jedoch belastet oder beschränkt, so bedarf der Berechtigte keiner Klage, da dergleichen Modalitäten für nicht geschrieben gelten, natürlich nur, soweit sie den Pflichttheil beschweren.

A. Die querela inofficiosi testamenti.

1. Voraussetzungen der Klage sind, daß der Kläger zu den pflichttheilsberechtigten Personen gehört, daß er der nächste Intestaterbe ist, daß er nichts vom Testator auf den Pflichttheil zugewendet erhalten, daß er der Liebe des Testators sich nicht unwürdig gemacht hat, und daß das Testament ein gültiges ist. Letzteres Erforderniß ist nöthig, da die querela als eine actio vindictam spirans eine subsidiäre Klage ist. —

Wenn die nächstberechtigten Pflichttheilsberechtigten vom Testator aus triftigen Gründen enterbt sind, so rücken die, welche nach ihnen die nächsten sind, in das Recht der Pflichttheilsberechtigung ein, vorausgesetzt, daß sie auch die näch-

---

e) Das Preuß. Landrecht giebt dem Berechtigten, sobald er wegen Verletzung im Pflichttheile klagt, nie mehr als den Pflichttheil, weil es diesen Theil als vom Gesetz reservirte Erbportion ab intestato betrachtet. Es hat daher keine querela inoffic. test.; man kann aber die Klage auch nicht eine actio suppletoria nennen; es ist vielmehr eine gesetzliche Pflichttheilsklage.

sten Intestaterben sein würden. Wenn der Testator daher sein Kind aus triftigen Gründen enterbt, so hat er dessen Kinder im Pflichttheile zu bedenken, widrigenfalls diese Enkel die querela anstellen können; und wenn Jemand seine sämmtliche Descendenten aus triftigen Gründen enterbt, so muß er die nächstberechtigten Ascendenten im Pflichttheile bedenken, widrigenfalls diese die querela anstellen. — Ebenso wenn der Nächstberechtigte ohne Grund enterbt ist, und sich dabei beruhigt, rückt der folgende Berechtigte als Kläger ein, wenn ihm nicht der Pflichttheil zugewendet ist. — Dies Nachrücken nennt man die successio in die Querela. —

Sind mehrere Gleichberechtigte mit Unrecht enterbt, und deshalb zur Querela berechtigt, so können diejenigen von ihnen, welche die Querela anstellen, die Intestaterbtheile derer von ihnen mitfordern, welche nicht klagen wollen, oder die Klage nicht mehr anstellen können, z. B. in Folge von Tod oder Verjährung, oder die bereits angestellte Klage vor dem Urtheile fallen lassen. — Dies Recht ist das jus accrescendi bei der Querela. Daß dies Recht auch für den Theil des mit der Klage bereits abgewiesenen Mitberechtigten stattfinde, ist mit Recht zu bestreiten. [f])

2. Verklagte sind die eingesetzten Erben, wenn sie die Erbschaft aus dem Testamente angenommen haben, so wie deren Erben und Universalfideicommissare. — Meh-

---

f) Die successio in das Pflichttheilsrecht gilt nach Preuß. Rechte ebenfalls, aber nicht die Accrescenz.

rere werden jeder pro rata verklagt. — Ein eingesetzter Intestaterbe kann jedoch nur dann verklagt werden, wenn er auf mehr als seine Intestaterbportion eingesetzt ist. — Geschwister können nur gegen die eingesetzte persona turpis klagen.

3. Wirkungen der Klage sind folgende: Die Klage ist eine hereditatis petitio, gerichtet auf den Intestaterbtheil des Klägers. — Der Sieg des Klägers hat daher die Folge, daß das Testament in soweit durch den Richterspruch rescindirt wird, als es nöthig ist, dem Rechte des Klägers gerecht zu werden. — Es wird daher gewöhnlich das Testament nur zum Theil ungültig werden. — Auch ist es möglich, daß der Kläger gegen den einen Erben siegt, und gegen den anderen abgewiesen wird, weil der eine geschickter processirt als der andere. — In allen diesen Fällen wird partim ab intestato partim ex testamento succedirt. — Nur wenn die Kläger als ein zige Intestaterben auftreten und gegen alle eingesetzten Erben den Sieg erfechten, wird das ganze Testament ungültig. Geschwister können nie mehr erlangen, als die turpis persona, gegen welche sie klagen, an Erbtheil erhalten hat, sollte dies auch nicht den Intestaterbtheil der Geschwister erfüllen. — Ist auf die Klage eines Nichtberechtigten oder nicht auf die ganze Erbschaft Berechtigten das ganze Testament rescindirt worden, so wird ab intestato in die Erbschaft succedirt. Ist das Testament nur zum Theil rescindirt, dem Kläger aber dadurch mehr zugesprochen als ihm gebührt, so ist es streitig, ob er alles Erstrittene behält oder das seine Intestaterbportion

Uebersteigende auf die Anforderung der anderweitigen Intestaterben diesen herausgeben muß. —

Soweit das Testament rescindirt wird, hört die confusio in Betreff der eingesetzten Erben auf und werden die Vermächtnisse ungültig. Was an Vermächtnissen vor der Anstellung der Querela ausgehändigt oder gezahlt ist, kann der Kläger dem Verklagten gegenüber nicht fordern, sondern muß er selbst von den Vermächtnißnehmern vindiciren oder condiciren, letzteres entweder als gesetzlicher Cessionar oder nachdem er sich die condictio hat cediren lassen. — Die Legatare können aber als accessorische Intervenienten für den Beklagten an der Querela sich betheiligen, auch auf ihre Kosten gegen ein nachtheiliges Erkenntniß die Rechtsmittel einlegen. — Hat der Verklagte dolo malo sich contumaciren lassen oder mit dem Kläger colludirt, so muß er die Vermächtnisse auszahlen. —

Hat der Testator aus Irrthum einen Berechtigten im Pflichttheile übergangen oder einen Postumus, welcher erst bei oder nach seinem Tode sich anfindet, so sollen nach Ansicht Einiger die Vermächtnisse gültig bleiben; nach Anderen sollen sie, wenn die Querela angestellt wird, ungültig werden, wenn aber das Testament wegen Irrthumes des Testators als ungültig mit der hereditatis petitio intestati angefochten wird, ex aequitate erhalten werden. —

Die Pupillarsubstitution wird nur ungültig, wenn das ganze Testament rescindirt wird.

4. Die Verjährung der Querela ist auf fünf Jahre gesetzt, gerechnet vom Anfall der Querela. Für die Nächst-

berechtigten ist der Zeitpunkt des Anfalles die Antretung der Erbschaft seitens der testamentarischen Erben; für die ex jure successionis folgenden Berechtigten der Moment, wo es feststeht, daß die näher Berechtigten nicht klagen wollen oder können. Zögern die testamentarischen Erben mit der Erklärung, so können sie gezwungen werden binnen sechs Monate, wenn sie anwesend (in der Provinz, wo der Kläger ist), und binnen 12 Monate, wenn sie abwesend sind, die Erklärung abzugeben. —

Da aber die Querela subsidiär ist, so unterbricht jedes andere gegen die Gültigkeit des Testamentes erhobene Rechtsmittel auch die Verjährung der Querela, und bewirkt, so lange der Proceß im Gange bleibt, den Stillstand der Verjährung.

5. Die Querela als actio vindictam spirans geht auf die Erben des Berechtigten nur dann über, wenn derselbe bei seinen Lebzeiten bereits Vorbereitungen getroffen hat, sie anzustellen, z. B. bonor. poss. litis ordinandae gratia nachgesucht hat. — Auf seine Descendenten geht sie stets über.

6. Verliert der Kläger den Proceß, so soll er, selbst, wenn er nur als Procurator oder Advocat des Berechtigten aufgetreten ist, Nichts von dem erhalten, was ihm der Testator letztwillig zugewendet hatte, solches soll vielmehr wegen Indignität an den Fiscus fallen, außer wenn er die Klage als Erbe **fortgesetzt** hatte, wenn er als Procurator von Amts wegen, z. B. als Vormund, aufgetreten ist, wenn er sich hat in contumaciam abweisen lassen, oder wenn der Kläger ein Minderjähriger ist.

7. Die Querela fällt fort: in Folge von Verjährung (siehe oben) und durch ausdrücklichen oder stillschweigenden Verzicht nach dem Tode des Testators. (Auf Grund Deutschen Rechtes muß der Verzicht in Form eines Erbentsagungsvertrages auch vor dem Tode des Testators zugelassen werden.)

Ein stillschweigender Verzicht liegt darin, daß der Berechtigte das Testament durch irgend eine Handlung anerkennt, z. B. von eingesetzten Erben Erbschaftssachen kauft oder miethet, an ihn Erbschaftsschulden bezahlt oder sich von ihm einfordert oder bezahlen läßt, ein Vermächtniß fordert oder annimmt, sollte er es auch nur als Advocat oder Stellvertreter eines Anderen (außer als Vormund) gethan haben.

B. Die actio suppletoria.

lex 30 Cod. Buch 3 Tit. 28.

1. Kläger ist der Pflichttheilsberechtigte, der Etwas in Händen hat oder vermacht erhalten hat, was er sich auf den Pflichttheil anrechnen muß, wenn dies den Pflichttheil nicht deckt. Die Unwürdigkeit soll hier nur zur Sprache kommen, wenn der Testator ausdrücklich erklärt hat, daß er dem Kläger als einem Undankbaren oder Unwürdigen weniger als den Pflichttheil vermacht hat, und dann ist vom Kläger der Gegenbeweis zu führen. Ist kein Grund vom Testator angegeben, so soll der Verklagte den Einwand der Unwürdigkeit nicht haben. — Geschwister können auch diese Klage nur gegen eingesetzte personae turpes anstellen.

2. Verklagte sind dieselben Personen, wie bei der Querela, also auch die Erben und Universalfideicommissare; mehrere pro rata. Eingesetzte Intestaterben können nur verklagt werden, so weit sie mehr als ihren Intestaterbtheil erhalten haben.

3. Der Kläger fordert Ergänzung des Pflichttheiles in einer Summe, so weit ihm zu zahlen ist, wodurch auch die Vermächtnisse verkleinert.

4. Die Klage verjährt in 30 Jahren, sie geht stets auf die Erben über, und der Verlust der Klage raubt dem Kläger nicht das ihm sonst vom Testator Zugewandte.

5. Anerkennung des Testamentes, also auch Annahme eines Vermächtnisses schließt die Klage nicht aus. g)

Eine sich an diese Klagen anschließende Klage ist:

---

g) Das Preuß. Landrecht, welches, wie bereits erwähnt, dem Pflichttheilsberechtigten stets nur die Klage auf den Pflichttheil giebt, hat, da es die Klage nicht als actio suppletoria auffaßt, einige Grundsätze ähnlich denen der Querela aufgenommen, namentlich, daß die Klage in 2 Jahren verjährt und daß ausdrückliche Anerkennung des Testamentes, wozu aber nicht die Annahme eines Vermächtnisses zu rechnen ist, die Klage ausschließt. Dagegen geht die Klage stets auf die Erben des Berechtigten über, sobald der letztere den Testator überlebt hat, und der Verlust der Klage raubt nicht die erhaltenen Zuwendungen, da dieselbe keine actio vindictam spirans ist. — Die Legatare verlieren einen verhältnißmäßigen Theil ihres Legates, haben aber das Recht, zum Proceß als Intervenienten hinzuzutreten, und auch die Rechtsmittel gegen die Erkenntnisse. Allgemeines Landrecht Th. 1. Tit. 12. §. 299. und Th. 2. Tit. 2. §. 432 ff.

Die querela inofficiosae donationis et dotis,[h])

welche erst im dritten Jahrhundert n. Chr. sich durch Rescripte der Kaiser ausgebildet hat und im Codex Buch 3 Tit. 29 u. 30 behandelt wird.

1. Eine Schenkung oder Dotirung verletzt den Pflichttheil, wenn der vom Nachlaß berechnete Intestaterbtheil des Berechtigten nicht so groß ist, als sein Pflichttheil betragen hätte, vom Vermögen vor der Schenkung oder Dotirung.

2. Kläger sind dieselben Personen wie bei der Querela; es steht ihnen die vom Verklagten zu beweisende exceptio der Unwürdigkeit entgegen. — Geschwister können nur gegen eine beschenkte oder dotirte persona turpis klagen.

3. Verklagte sind die Beschenkten oder Dotirten, und deren Erben.

4. Das Petitum geht auf Herausgabe von soviel, als der berechnete Pflichttheil den berechneten Intestaterb-

---

h) Das Preuß. Landrecht hat den Pflichttheilsberechtigten gegen die Schenkung der letzten drei Jahre, und den zur Zeit des Contractsabschlusses schon vorhandenen Descendenten gegen den Leibrentenvertrag ein Recht des Widerrufes gegeben. — Gegen den Beschenkten geht die Rückforderung auf soviel, als dem Nachlasse fehlt, um die Hälfte der Geschenke auszumachen; gegen den Verkäufer der Leibrente auf so viel, daß die Descendenten unter Zurechnung des Nachlasses eben so viel erhalten, als der Verkäufer an Capitalvortheil zurückbehält. — Allgemeines Landrecht Th. 1. Tit. 11. §. 1113 ff. u. §§. 638 u. 639.

theil übersteigt, jedoch muß sich der Kläger das abziehen lassen, was er an letztwilligen Zuwendungen mehr als den Intestaterbtheil vom Nachlasse erhält.

5. Die Klage verjährt in fünf Jahren.

6. Die Klage kann sowohl von Intestaterben als auch von den testamentarischen Erben angestellt werden, auch neben der querela inofficiosi testamenti und neben der actio suppletoria.

7. Verfügungen, welche der Erblasser in Betreff seines Nachlasses zum Nachtheil der Pflichttheilsberechtigten getroffen, tangiren die Beschenkten und Dotirten nicht.

8. Sind mehrere Schenkungen gemacht, so werden der richtigen Ansicht nach die jüngsten zuerst, und die älteren nur so weit die jüngeren das zu Fordernde nicht decken, zur Befriedigung heraus verlangt. i) Eine andere Ansicht will von der Schenkung ab, welche zuerst in den Pflichttheil eingriff, diese und alle folgenden Schenkungen pro rata revociren.

Bisher ist von dem Notherbenrechte des älteren civilen Rechtes, dem des prätorischen Rechtes und vom Pflichttheilsrechte gehandelt worden, und es fragt sich, in welchem Verhältnisse vor der Novelle 115 das Pflichttheilsrecht zu den beiden Notherbenrechten stand. — Dies Verhältniß kann nur für die sui und liberi zur Sprache kommen, denn andere Descendenten so wie Ascendenten

i) Ebenso nach Preußischem Landrechte.

und Geschwister haben vor der Nov. 115 kein Notherbenrecht. — Für die sui und liberi bestimmt sich dies Verhältniß sehr einfach durch die subsidiäre Natur der Querela. — Ist das Testament wegen Präterition ungültig oder der bon. poss. contra tabulas unterworfen, so haben sie keine Querela; ist aber das Testament gültig auch nicht durch die bon. poss. c. t. zu beseitigen, so steht ihnen die Querela oder actio suppletoria zu, so weit sonst wegen Verletzung ihrer diese Klagen begründet sind. — Andere Descendenten, die Ascendenten und Geschwister haben nur die Querela oder actio suppletoria.

4. Die Novelle 115.

Die Novelle 115 (in cap. 3 bis 5) verordnet, daß Descendenten und Ascendenten im Testamente entweder zu Erben eingesetzt sein müssen, oder wenn dies nicht geschehen, d. h. wenn sie präterirt oder exheredirt sind, ein in der Novelle angegebener und wahr befundener Grund hierfür im Testamente angegeben sein muß. Auf den Erbtheil, dessen Quote nicht angegeben zu sein braucht, können Sachen angewiesen werden. —

Ist die Vorschrift der Novelle verletzt, so soll das Testament quoad institutiones heredum ungültig sein, andere Verfügungen, namentlich Pupillarsubstitutionen, Ernennung von Vormündern, und Vermächtnisse sollen gültig bleiben. — Ob auch gültige Enterbungen ihre Kraft behalten sollen, sagt die Novelle nicht, nach Analogie der bon. poss. contra tabulas scheint dies bejaht werden zu müssen, wiewohl es nach den Worten Justinian's, wonach die Intestaterben zur Erbschaft von ihm berufen werden, zweifelhaft wird. — Die Vermächtnisse, welche dem klagenden Notherben vermacht sind, müssen allerdings mit der Erbeseinsetzung ungültig werden.

Daß nur diejenigen Descendenten und Ascendenten, welche die nächsten Intestaterben sind, zur Klage ein Recht haben, ergiebt die Natur der Sache. —

Eine Succession, wie bei dem Pflichttheilsrechte, ist nur dann zu statuiren, wenn der näher Berechtigte unter Angabe eines gesetzlichen Grundes vom Testator ausgeschlossen ist. —

Gründe für die Zulässigkeit der Präterition oder Exheredation sind: k)

---

k) Das Preußische Landrecht stellt als Enterbungsgründe auf:

1. Für die Descendenten neun: Verurtheilung wegen Hochverrathes oder Beleidigung des Staatsoberhauptes; einem der leiblichen oder Stiefeltern nach dem Leben trachten; wissentlich falsche Anschuldigung vor Gericht gegen einen der leiblichen Eltern wegen eines Verbrechens, auf welches härtere als Geld- oder bloße bürgerliche Gefängnißstrafe verordnet ist; Vergreifen mit Thätlichkeiten gegen einen der leiblichen Eltern außer dem Falle der Nothwehr; Antastungen der Ehre des Erblassers mit groben Schmähungen (vom zweiten Grunde ab, gleichviel ob selbst oder durch Andere); blutschänderischen oder ehebrecherischen Umgang mit dem anderen Theile der leiblichen oder Stiefeltern; Entziehung eines dem Pflichttheile gleichkommenden oder ihn übersteigenden Theiles des Vermögens des Erblassers durch grobe Verbrechen; Weigerung, den nothleidenden Erb-

Für die Enterbung der Descendenten vierzehn: thätliches Vergreifen an den Eltern; grobe Injurien gegen die Eltern; Erheben einer Criminalanklage gegen die Eltern,

---

lasser zu unterstützen; öffentliche Entehrung bei seinen Standesgenossen trotz ehrbarer Erziehung, durch grobe Laster, schändliche Aufführung, oder durch die Wahl einer niederträchtigen Lebensart. Bis auf die Hälfte des Pflichttheiles kann Enterbung stattfinden wegen Heirath ohne Consens der Eltern oder des Gerichtes; wenn das Kind durch unehelichen Beischlaf diesen Consens hat erzwingen wollen. Th. 2. Tit. 2. §. 399 ff.

2. Für die Ascendenten sieben: Verurtheilung wegen Hochverrathes oder Beleidigung des Staatsoberhauptes; dem Erblasser, oder dessen Ehegatten oder Abkömmlingen nach dem Leben trachten; durch üble Behandlung der Gesundheit des Erblassers einen erheblichen und dauernden Schaden boshafter Weise zufügen; wissentliche falsche Anschuldigung des Erblassers vor Gericht wegen eines mit Zuchthaus- oder Festungsstrafe bedrohten groben Verbrechens — (vom zweiten Grunde ab gleichviel ob selbst oder durch Andere); ehebrecherischer Umgang mit dem Ehegatten des Erblassers während der Ehe; gröbliche Verletzung der gesetzlichen Pflicht bei der körperlichen oder sittlichen Erziehung des Erblassers; vorsätzliche Entziehung der gesetzlichen Obliegenheiten zur Ernährung des ohne grobes Verschulden in Mangel und Elend gerathenen Kindes, trotz eigenen hinreichenden Vermögens dazu. Th. 2. Tit. 2. §. 506 ff.

3. Für den Ehegatten: solche Verschuldungen, welche den Erblasser berechtigt haben würden, auf Scheidung anzutragen.

Diese Enterbungsgründe sind sämmtlich strict zu interpretiren. — Versöhnung hebt die Enterbung nicht auf; es ist Sache des Testators, seinen Willen hierüber deutlich zu erklären; über Verzeihung vor der Enterbung schweigt das Allgemeine Landrecht.

außer wegen Hochverrathes; Begeben in eine Gesellschaft von Maleficis als Maleficus, d. h. unter Giftmischer als deren Genosse; den Eltern nach dem Leben trachten; fleischliches Vergehen mit seiner Stiefmutter oder mit der Concubine (dies letztere fällt nach jetzigem Rechte fort) des Vaters; Zuziehung eines bedeutenden Verlustes durch Denunciation der Eltern beim Richter wegen eines Vergehens; nicht Bürgschaft leisten seitens der dazu vermögenden männlichen Descendenten für den in gefänglicher Haft befindlichen Erblasser, trotz geschehener Aufforderuug seinerseits; frühere Hinderung an der Testamentserrichtung; Begeben unter eine Bande von Kampfspielern oder Mimen, und Beharren bei diesem Gewerbe, es müßten denn die Eltern dasselbe Gewerbe treiben (streitig, ob dies auf unsere herumziehenden Bärenführer, Seiltänzer, Reitergesellschaften und ähnliche Personen Anwendung finden könne); Ergeben eines unzüchtigen Lebenswandels seitens weiblicher Descendentin, obgleich die Eltern bis zu ihrem 25. Jahre vergeblich einen Ehemann proponirt haben; Nichtannahme wahnsinniger Eltern; Nichtloskaufen aus der Gefangenschaft seitens eines über 18 Jahr alten Descendenten; Abfall vom wahren Glauben (aber nicht Uebertritt vom Catholicismus zum Protestantismus und umgekehrt). —

Für die Enterbung der Ascendenten acht: Anklage oder Denunciation des Kindes wegen eines mit Todesstrafe bedrohten Verbrechens, außer wegen Hochverrathes; den Kindern nach dem Leben trachten; fleischliches Vergehen mit der Frau oder Concubine des Sohnes (siehe denselben Grund oben); frühere Verhinderung des Erblassers, ein

Testament zu errichten; Versuch, seinem Ehegatten durch Gift Leben oder Verstand zu rauben, oder auf andere Weise demselben nach dem Leben trachten; Nichtannahme des wahnsinnigen Erblassers; Nichtloskaufen des Erblassers aus der Gefangenschaft; Ketzerei der Ascendenten (wohl unpractisch). —

Versöhnung mit dem Testator hebt der richtigen Ansicht nach die Enterbung nicht auf, da es Sache des Testators ist, sein Testament in Folge der Versöhnung zu ändern; Verzeihung vor der Errichtung des Testamentes nimmt dem Enterbungsgrunde seine Kraft. —

Hiernach hat die Novelle gegen das frühere Recht folgende Neuerungen eingeführt:

1. Sie hat die Anzahl der Notherben erweitert, indem sie für alle Descendenten und Ascendenten die Nothwendigkeit der Erbeseinsetzung oder Enterbung vorschreibt. (Auch Weiber haben nunmehr Notherben.)
2. Sie hat die Willkür des Testators erweitert, indem sie die Präterition gestattet. Die Enterbung braucht also nicht mehr in Form einer Exheredation zu geschehen, d. h. der Testator kann z. B. im Testamente sagen: „Mein Sohn ist wegen Majestätsbeleidigung bestraft worden; meine Tochter soll meine Erbin sein.“
3. Sie hat die Willkür des Testators beschränkt, indem sie für die Enterbung Angabe bestimmter Gründe im Testamente verlangt.
4. Sie hat erlaubt, den Notherben auf bestimmte Sachen anzuweisen.

5. Da sie die Präterition gestattet, so ist damit auch die Nothwendigkeit, nominatim zu enterben und die Enterbung constructiv auf alle Grade zu stellen, fortgefallen; ist aber der Notherbe selbst nicht instituirt, sondern nur substituirt, so fällt die Institution und die Substitution kommt sofort zur Geltung.

Dagegen ist auch nach der Novelle die Einsetzung und Enterbung unter Bedingungen nur in demselben Maaße möglich, wie dies nach dem früheren Rechte gestattet ist. —

Ferner erwähnt die Novelle der postumi nicht. Man kann die Meinung vertheidigen, daß Descendenten, auch wenn sie postumi sind, sich nur auf den Inhalt der Novelle berufen können. — Gerechtfertigter ist aber aus der Präsumtio eines irrthümlichen Motives die Annahme, daß die Novelle 115 in Betreff derjenigen postumi, von denen das Testament gänzlich schweigt, den Grundsatz nicht geändert hat, wonach das Eintreten eines solchen Notherben das Testament, wenn der postumus nicht vor dem Tode wieder fortgefallen ist, gänzlich rumpirt. Ist der Postumus im Testamente erwähnt, sei er sonst auch präterirt oder exheredirt, so kann er nur nach den Bestimmungen der Novelle beurtheilt werden. —

Das Notherbenrecht der Novelle ist aber in seinem Resultate immer nur ein formelles, weil die Erbeseinsetzung, wenn auch auf den geringfügigsten Antheil, die Klage auf Grund des Notherbenrechtes abschneidet, und nur die actio suppletoria zuläßt.

5. Verhältniß der Novelle 115 zu dem älteren civilen und prätorischen Notherbenrechte und dem Pflichttheilsrechte.

A. Was das Verhältniß der Novelle 115 zu dem Notherbenrechte des älteren civilen und prätorischen Rechtes anbetrifft, so berührt diese Frage nur die sui und liberi, weil andere Descendenten und die Ascendenten vor der Novelle nicht Notherben waren. Diese letzteren Personen werden daher unzweifelhaft nur den Bestimmungen der Novelle unterworfen werden können. — In Betreff der sui und liberi sind zwei verschiedene Ansichten aufgestellt worden, das sog. Derogationssystem und das sog. Correctionssystem (von Puchta sind die Namen Reformsystem und Additionalsystem in Vorschlag gebracht).

a) Das Derogationssystem nimmt an, die Novelle habe das besondere Recht der sui und liberi vollständig aufgehoben, so daß auch diese Personen keine Klage haben, wenn sie nach den Vorschriften der Novelle präterirt oder exheredirt sind, und nur die Klage aus der Novelle, wenn sie ohne triftigen oder ohne wahren Grund enterbt sind. —

Diese Ansicht ist jetzt meist als richtig angenommen, und entspricht auch dem Geiste und der Absicht der Novelle.

b) Das Correctionssystem nimmt an, daß sui und liberi neben dem neuen Rechte aus der Novelle noch fortwährend das Recht als civile und prätorische

Notherben geltend machen könnten. Hiernach müßte der Testator sie nach Vorschrift der früheren Rechte instituiren oder exherediren, und zugleich im Fall der Exheredation einen triftigen und wahren Grund der Novelle anführen. Wären die Vorschriften der früheren Gesetze nicht beobachtet, so stände ihnen die hereditatis petitio intestati des juris civilis antiqui oder die bonor. poss. contra tabulas zu; wäre unter Beobachtung dieser Vorschriften gegen die Novelle 115 verstoßen, so stände ihnen die Klage aus der Novelle 115 zu; wären sowohl die älteren Vorschriften als die der Novelle verletzt, so hätten sie die Wahl zwischen dem älteren und dem neuen Rechtsmittel. —

Diese Ansicht war früher in der Praxis häufig angenommen.

B. Was das Verhältniß der Novelle 115 zum Pflichttheilsrechte betrifft, so ist zunächst klar, daß sie in Betreff der Geschwister nichts geändert hat. Für diese besteht unzweifelhaft noch die querela inofficiosi testamenti und die actio suppletoria gegenüber einer eingesetzten turpis persona. — Auch die Novelle 22 cap. 47 giebt nicht, wie Einige irrthümlich meinen, Gründe für ihre Enterbung an, sondern für ihre Indignität. Die Frage beschränkt sich demnach auf die Rechte der Descendenten und Ascendenten.

Ueber diese existiren drei Ansichten, das s. g. Nullitätssystem, das Inofficiositätssystem, und das gemischte System.

a) Das Nullitätssystem nimmt an, daß seit der Novelle 115 für Descendenten und Ascendenten die querela inofficiosi testamenti unmöglich sei, weil diese Klage subsidiäre Natur habe, und die Klage aus der Novelle nebst der actio suppletoria überall für sie ausreiche. — Seien sie nämlich zu Erben instituirt, so hätten sie nur die actio suppletoria; seien sie präterirt oder exheredirt ohne Angabe eines Grundes oder eines wahren Grundes aus der Novelle, so stehe ihnen die Klage aus der Novelle zu; seien sie unter Angabe eines solchen wahren Grundes präterirt oder exheredirt, so sei ein solcher Grund stets ein Unwürdigkeitsgrund, und daher auch die querela ausgeschlossen. Wenn endlich der Fall vorliegen sollte, daß sie zwar instituirt seien, aber in der Art, daß sie bei der Theilung der Erbschaft Nichts erhalten, so seien sie nicht instituirt, denn eine Einsetzung auf Nichts sei keine wirkliche Einsetzung.

Ueber die Natur der Klage aus der Novelle 115 herrscht aber — das s. g. Nullitätssystem als richtig vorausgesetzt — wiederum großer Streit. — Einig sind die Anhänger dieses Systems darin, daß das Testament nur quoad institutiones ungültig wird, und daß die eingesetzten Erben, also die Verklagten, die Wahrheit des angeführten Enterbungsgrundes zu beweisen haben. — Darüber jedoch herrscht Streit,

1) ob das Testament von Anfang an ungültig ist, oder nur vom Tode ab es wird, wenn der verletzte Notherbe nicht vor dem Tode des Testators gestorben ist. — Die letztere Ansicht ist wohl zu billigen,

nach Analogie der bonorum possessio secundum tabulas;

2) ob das Testament ipso jure ungültig ist (also absolut), oder nur, wenn der Verletzte die Klage durchgesetzt hat (d. h. relativ). — Die letzte Ansicht ist anzunehmen, da über die Wahrheit oder Unwahrheit des Enterbungsgrundes kein Dritter zum Proceß berechtigt erscheint, und was für den Fall der Angabe eines Grundes Rechtens ist, auch eintreten muß, wenn gar kein Grund angegeben ist. — Die relative Ungültigkeit schließt jedoch nicht aus, daß die Erben des Verletzten auf Grund der Nachfolge in die Klage dieselbe erheben können. —

Die Klage ist nach dem s. g. Nullitätssystem die hereditatis petitio intestati, die Anhänger der relativen Ungültigkeit nennen sie wohl auch querela nullitatis ex jure novo.

b) Das Inofficiositätssystem nimmt an, Justinian habe in der Novelle nur die Enterbungsgründe für Descendenten und Ascendenten feststellen wollen, die Klage aus der Novelle sei daher nichts weiter, als eine querela inofficiosi, jedoch mit der Modification, daß der eingesetzte Erbe die Wahrheit des Grundes beweisen müsse, und daß die Bestimmungen des Testamentes außer den Erbeseinsetzungen, also auch die Vermächtnisse gültig bleiben, und daß die Klage auch stattfinde, wenn der Berechtigte grundlos enterbt sei, sollte er auch mit Vermächtnissen bedacht sein. Dagegen sei die Klage subsidiär, verjähre in fünf Jahren und der Verlust des Processes raube dem Kläger das, was ihm sonst letztwillig vom Testator zugewendet worden. — Die Unrichtigkeit dieser Ansicht liegt auf der Hand. Es ist nämlich nicht einzusehen, weshalb Justinian nur für Descendenten und Ascendenten die Enterbungsgründe festsetzte, ohne der Geschwister zu erwähnen, und dagegen klar, daß die Hauptsache in der Novelle die Feststellung der Nothwendigkeit ist, nicht unwürdige Descendenten und Ascendenten zu Erben einzusetzen. — Außerdem widerspricht es geradezu dem Wesen der Querela, sie dem zu geben, der zwar nicht zum Erben ernannt ist, daneben aber Vermächtnisse — ja sogar möglicher Weise dadurch mehr als seinen Pflichttheil — erhalten hat. Nimmt man umgekehrt an, daß der nur mit Vermächtnissen Bedachte keine Querela aus der Novelle habe, so ist die ganze Novelle illusorisch, da dann ein Berechtigter durch Bedenkung mit dem kleinsten Legat grundlos präterirt oder exheredirt werden und auf die actio suppletoria beschränkt werden kann.

c) Das gemischte System unterscheidet:

1. Ist der Berechtigte instituirt, so hat er die actio suppletoria.

2. Ist die Form der Novelle dadurch verletzt, daß der Berechtigte ohne Angabe jedes Grundes oder ohne Angabe eines in der Novelle genannten Grundes präterirt oder exheredirt oder theilweise ausge-

schlossen ist, so hat er die Klage aus der Novelle 115, wie sie das Nullitätssystem auffaßt.

3. Ist die Form der Novelle beobachtet, d. h. ist der Berechtigte unter Angabe eines in der Novelle genannten Grundes präterirt, oder exheredirt, oder theilweise ausgeschlossen, derselbe beschwert sich aber über materielle Verletzung, d. h. er behauptet, der Grund sei unwahr, dann sei die Klage die querela inofficiosi testamenti, aber dann auch mit allen Wirkungen der alten Querela; dies auch dann, wenn ihnen daneben ein Vermächtniß gegeben ist. —

Diese Ansicht ist in der älteren Praxis sehr vertreten, auch Puchta bekennt sich zu ihr; meist herrschend ist jetzt aber das Nullitätssystem. [1])

---

1) Das Preuß. Landrecht hat die höchst schwierige Gesetzgebung über Notherben- und Pflichttheilsrecht sehr vereinfacht, indem es, wie bereits oben erwähnt, in der Regel nur eine Klage auf Höhe des Pflichttheiles gestattet, die Zuwendung desselben an keine bestimmte Form bindet, auch keine Erbeseinsetzung verlangt, und gänzliche Entziehung, so wie jede Schmälerung des Pflichttheiles nur unter Angabe der sub Note k aufgeführten Gründe gestattet. — Ausnahmen von dieser Regel sind nur eingeführt für die Uebergehung aus Irrthum, und für die postumi, d. h. nach Errichtung des Testamentes berechtigt Gewordene, wie folgt:

1. Ist der Berechtigte übergangen, weil der Erblasser sein Dasein nicht gekannt, oder weil er denselben für todt gehalten, so erhält der Uebergangene so viel, als der mindestbedachte eingesetzte Erbe, wenigstens aber seinen Pflichttheil; — ist das Dasein oder die Rückkehr des aus diesem Grunde Uebergangenen dem Erblasser länger als

Von der Enterbung aus guter Absicht (exheredatio bona mente).

l. 18 Dig. Buch 28 Tit. 2; l. 25 Cod. Buch 3 Tit. 28; l. 16 §. 2 Dig. Buch 27 Tit. 10.

Die Quellen sprechen von einer Enterbung der Kinder nicht um ihnen zu schaden, sondern zu ihrem Vortheil. Als Gründe für eine solche Enterbung sind aufgeführt: Unmündigkeit, Wahnsinn, verschwenderische Lebensweise. — In allen erzählten Fällen ist aber angenommen, daß das

---

ein Jahr bekannt gewesen, und hat er in Betreff dessen keine Verfügung getroffen, so verliert das ganze Testament seine Kraft. Allgemeines Landrecht Th. 2. Tit. 2. §§. 449 und 450.

2. Hat der Erblasser nach errichtetem Testamente Jemanden adoptirt, und nichts über dessen Erbfolge verfügt, so verliert das ganze Testament seine Kraft. §. 456 ebendaselbst.

3. Werden nach errichtetem Testamente Kinder oder Enkel des Testators geboren, welche zur unmittelbaren Erbfolge berechtigt sind, so verliert das Testament seine Kraft, wenn der Testator ohne in Ansehung ihrer etwas verfügt zu haben nach Ablauf eines Jahres verstirbt; stirbt er vor Ablauf eines Jahres, so erhalten sie so viel, wie der mindestbedachte Erbe, jedenfalls aber ihren Pflichttheil. §§. 454 u. 455 ebendaselbst.

4. Ist ein zum Erben eingesetztes Kind vor dem Testator verstorben, so treten dessen Abkömmlinge ganz an dessen Stelle, wenn ihrer im Testamente auch nicht gedacht worden; Ergänzung des Pflichttheiles zu fordern steht ihnen frei. §. 443 ebendaselbst.

dem enterbten Kinde Entzogene dessen Kindern zugewandt ist, oder daß für den Enterbten durch Anordnung eines Fideicommisses gesorgt sei; ebenso ist davon die Rede, daß dem Enterbten Alimente ausgesetzt worden. —

Aus diesen einzelnen Fällen hat sich in der Praxis das Institut der Enterbung aus guter Absicht ausgebildet, besonders für die Fälle, daß der Notherbe wahnsinnig, oder ein Verschwender, oder in Concurs versunken, oder daß sein Vater ein Verschwender ist und die Enterbung für den Fall angeordnet ist, wenn der Vater den Notherben nicht emancipiren würde. Ob diese Gründe die einzig zulässigen seien, ist bestritten, Viele wollen auch andere analoge Gründe zulassen. —

Die Enterbung muß aber unter Angabe des Grundes geschehen, damit es klar werde, daß sie bona mente erfolgt ist; auch muß der Grund in der Wahrheit beruhen. — Außerdem muß für den Unterhalt des Enterbten Fürsorge im Testament getroffen, und das Vermögen den nächstberechtigten Notherben zugewendet sein, falls gegen diese nicht Enterbungsgründe vorliegen. In so fern ist die bona mens nicht allein für den Enterbten, sondern auch für die Familie zu bethätigen.[m])

---

m) Das Preuß. Landrecht beschränkt die Enterbung aus guter Absicht auf drei Gründe: wenn der Berechtigte in Schulden versunken ist, so daß ihm aus dem Pflichttheile der nöthige Unterhalt nicht bliebe; wenn er sich einer unordentlichen und verschwenderischen Wirthschaft schuldig gemacht hat; wenn er wegen Wahn- und Blödsinnes seinen Sachen selbst vorzustehen unfähig ist. — Der Grund muß im Testamente angegeben sein,

Vor der Novelle 115 war die Enterbung aus guter Absicht nur für die Pflichttheilsberechtigung von Wichtigkeit, weil sui und liberi ohne alle Gründe exheredirt werden konnten. Seit der Novelle 115 ist sie auch für das Recht der Notherben von Bedeutung, da beim Vorliegen eines die exheredatio bona mente rechtfertigenden Grundes unter Angabe desselben die Enterbung ohne Anführung eines in der Novelle 115 aufgestellten Grundes zulässig ist.

Die quarta divi Pii.

l. 1; 3 §§. 1 u. 3; 10; 13 Dig. Buch 38 Tit. 5.

Der unmündige Arrogirte hat kein Pflichttheilsrecht, aber ein Recht auf die Quarta aus dem Nachlasse des Arrogators und dem, was derselbe in fraudem zum Nachtheil des Arrogatus veräußert hat, auch wenn er ohne Grund emancipirt ist. Dagegen steht es ihm nicht zu,

---

dem Berechtigten darf auch der Nießbrauch des Pflichttheiles nicht entzogen werden. In Betreff der Substanz des Pflichttheiles kann ihm die Verfügung unter Lebendigen verboten werden, in der Verfügung von Todes wegen kann er aber nur zu Gunsten seiner Abkömmlinge, und in Ermangelung solcher seiner Geschwister und deren Abkömmlinge beschränkt werden; seinen Gläubigern kann verboten werden, sich an die Substanz des Pflichttheiles zu halten, auch sollen diese sich an den Nießbrauch nur nach Abzug des nöthigen Unterhaltes halten. —

Ein besonderer Fall ist der bereits oben erwähnte, daß ein Kind zufrieden sein muß, wenn ihm die ganze Intestaterbportion mit der Last gegeben ist, daß dieselbe für die Enkel erhalten werden soll.

sich über Verletzung auf Grund der Novelle 115 zu beschweren. — Gegen die Erben des Arrogators hat er eine Klage ex constitutione divi Pii, gegen die, welche durch die Veräußerung des Arrogators erworben haben, hat er, soweit er aus dem Nachlasse wegen seiner Quarta nicht befriedigt wird, die actio quasi faviana wenn ein Testament des Arrogators vorliegt, und wenn der Arrogator ohne Testament verstorben ist, die actio quasi calvisiana. Sind diese Dritten in bona fide, so haften sie nur so weit sie bereichert sind, sind sie in mala fide, so müssen sie aus dem erhaltenen Vortheil aufkommen, wenn derselbe nicht etwa durch Zufall für sie verloren gegangen ist. — Die Klagen gehen in und ad heredes über, und verjähren in dreißig Jahren.

Von der Ungültigkeit des Testamentes.

Instit. Buch 2 Tit. 17. Dig. Buch 28 Tit. 3.

§. 23. Das Testament kann von Anfang an ungültig sein, oder es kann erst nach der Errichtung ungültig werden. Im letzten Falle kann der Grund der Ungültigkeit bereits in der Art der Errichtung des Testamentes liegen, oder er kann erst später eingetreten sein. — Sowohl die bei der Errichtung des Testamentes vorhandenen als die später eintretenden Gründe können das Testament entweder ipso jure oder in Folge von Klage und Recission ungültig machen. —

Ist das Testament von Anfang an ipso jure ungültig, so wird es testamentum nullum genannt, z. B. wenn der Testator keine testamenti factio hatte, oder wenn die Erbeseinsetzungen gänzlich ungültig sind, oder wenn sämmtliche eingesetzte Erben zur Zeit der Einsetzung nicht mehr lebten. Ist das Testament nullum weil der Testator die gesetzliche Form des Testamentes nicht beobachtet hat, so wird es auch testamentum injustum oder non jure factum genannt. —

Die Recission eines Testamentes aus Gründen, welche bei der Errichtung schon vorhanden sind, erfolgt, wenn es ein inofficiosum ist, oder der Klage aus der Novelle 115 unterliegt. —

Wird das Testament aus Gründen, welche nach seiner Errichtung entstehen, ungültig, so unterscheidet man das testamentum ruptum, irritum und destitutum.

A. Testamentum ruptum.

Ein Testament wird ruptum:

1) durch Nachkommen eines Notherben (per agnationem postumi [hiervon siehe oben das Notherbenrecht]);
2) durch Willensänderung.

Durch Willensänderung kann der Testator nur auf zweierlei Weise das Testament aufheben:

a) durch Zerstören des Testamentes,
b) durch Errichtung eines neuen Testamentes.

Durch eine Erklärung des Testators, daß das Testament nicht gelten solle, kann dasselbe also nicht aufgehoben werden, er müßte es denn zugleich zerstören, oder ein neues Testament errichten. — Von diesem Grundsatze giebt es drei Ausnahmen:

1. Der Soldat kann sein Testament so lange er Soldat ist, und ein jure militari errichtetes Testament sogar noch ein Jahr nach seiner Entlassung durch bloße Willenserklärung aufheben.
2. Findet sich neben einem Testament, welches 10 Jahr

alt oder älter ist, ein vor Gericht oder vor drei Zeugen erklärter Widerruf, so soll das Testament seine Kraft verlieren. Der Widerruf kann auch vor Ablauf der zehn Jahre errichtet sein, seine Wirkung tritt aber erst ein, wenn das Testament dies Alter erreicht hat. — Diese Verordnung ist von Justinian, während vor ihm seit Honorius die Bestimmung galt, daß ein Testament nach Ablauf von 10 Jahren ungültig werden solle.

3. Das s. g. testamentum posterius imperfectum. Wenn der Testator in seinem Testamente sämmtliche Intestaterben übergangen hat, und später vor fünf qualificirten Testamentszeugen nur solche Personen zu Erben ernennt, welche ihm ab intestato succediren würden, so soll diese Erklärung die Kraft haben, das früher errichtete Testament aufzuheben. — Diese Erklärung vor den fünf Zeugen ist indessen kein Testament, sondern nur ein Codicill; es tritt demnach die Intestaterbfolge ein. Die Intestaterben haben aber, so weit sie nicht selbst in dieser Erklärung bedacht sind, die Erbschaft an die zu Erben Ernannten als Fideicommiß herauszugeben, können sich also die Quarta abziehen (l. 21 §. 3 Cod. Buch 6 Tit. 23.).

Wenn der Testator sein Testament durch Zerstören desselben oder seiner Förmlichkeiten aufheben will, so kann er dies dadurch thun, daß er es entweder total vernichtet, oder die Schriftzüge auslöscht (delere), oder überschreibt (inscribere), oder durchstreicht (inducere), oder durch sich kreuzende Linien mehrmals durchstreicht (cancellare), oder sämmtliche Erbeseinsetzungen ausstreicht. — Das Testament wird auch schon dadurch ungültig, daß er die Siegel aufreißt oder vernichtet. — Zufälliges Zerstören des Testamentes hebt dasselbe nicht auf.

Will der Testator durch ein neues Testament das frühere aufheben, so genügt die bloße Errichtung des zweiten, ohne daß in demselben der Widerruf des früheren erklärt zu werden braucht. — Das zweite Testament muß aber ein gültig errichtetes sein; ist es dies, und wird später ungültig, so lebt in der Regel das frühere Testament nicht wieder auf. [n]) —

Es sind indessen hier noch vier Modificationen zu bemerken:

a) Wenn der Testator in dem zweiten Testamente erklärt, daß neben ihm auch das frühere gelten solle,

---

n) Das Preuß. Landrecht hat drei Arten des Widerrufes:

1. Rücknahme des Testamentes aus dem gerichtlichen Verwahrsam (aber nicht schon die Rückforderung). Sind mehrere Exemplare bei verschiedenen Gerichten deponirt, so müssen alle zurückgenommen sein.
2. Durch Errichtung eines neuen gültigen Testamentes, in welchem die im früheren Testamente enthaltene Erbeseinsetzung abgeändert ist; wird das neue später ungültig, so lebt das frühere in der Regel nicht wieder auf.
3. Durch Widerruf in derselben Form, in welcher Testamente errichtet werden; auch in privilegirter Form, wenn ein solches Testament gültig errichtet werden kann, jedoch nur mit so langer Dauer, als das privilegirte Testament Kraft behalten würde. Allgemeines Landrecht Th. 1. Tit. 12. §. 564 ff.

so ist das zweiterrichtete als Testament, das erste als ein Codicill gültig. Die Erbeseinsetzungen des ersten Testamentes verwandeln sich daher, so weit sie in dem zweiten nicht wiederholt sind, in fideicommissarische Substitutionen. [o])

b) Wenn der Testator ein neues Testament errichtet in dem Irrthum, daß die im früheren Testamente eingesetzten Erben sämmtlich fortgefallen seien, so soll aus dem früheren Testamente die Erbeseinsetzung, aus dem späteren alles Andere außer der Erbeseinsetzung gelten. [p])

c) Wenn der Testator das zweiterrichtete Testament wiederum zerstört, in der Absicht, daß das ersterrichtete wieder gelten sollte, so gab der Prätor aus diesem, wenn es noch in den dazu nöthigen Förmlichkeiten existirt, eine bonorum poss. secundum tabulas (l. 11 §. 2 Dig. Buch 37 Tit. 11.);

---

o) Das Preuß. Landrecht hat eine ähnliche Bestimmung, daß, wenn der Testator in dem späteren Testamente deutlich erklärt, daß auch die Erbeseinsetzung des früheren bei Kräften bleiben solle, die in beiden Testamenten ernannten Erben als Miterben gelten und auch die Legate des ersteren so weit bestehen bleiben, so weit sie nicht im zweiten aufgehoben sind. §. 574 a. a. O.

p) Für diesen Fall ist nach Preußischem Landrechte das frühere in der gerichtlichen Verwahrung gebliebene Testament gültig, aus dem späteren gelten aber diejenigen Verordnungen außer der Erbeseinsetzung, durch welche solche des früheren aufgehoben werden. §§. 577 bis 579 a. a. O.

nach heutigem Rechte ist also unter diesen Umständen das frühere Testament ebenfalls gültig. [q])

d) Wenn der Testator zwei Testamente von gleichem Datum mit verschiedenem Inhalte hinterläßt, so galt jure civili keins derselben, der Prätor gab indessen aus beiden, so weit sie sich nicht widersprechen, bonor. poss. sec. tabulas (l. 1 §. 6 Dig. Buch 37 Tit. 11). Verschiedener Inhalt ist noch kein Widerspruch. — Nach heutigem Rechte werden in so weit ebenfalls beide Testamente gültig sein. [r])

B. Testamentum irritum.

Von der Regel, daß es genügt, wenn der Testator im Augenblicke der Errichtung des Testamentes die testamenti factio activa hat, und daß dieselbe im Augenblicke des Todes nicht erfordert wird, macht der Satz eine Ausnahme, daß durch capitis deminutio des Testators das Testament ungültig wird, sei sie eine maxima, media oder minima. — Ein durch capitis deminutio ungültig gewordenes Testament heißt testamentum irritum.

q) Das Preuß. Landrecht bestimmt in ähnlicher Weise, daß, wenn das spätere Testament aus dem gerichtlichen Verwahrsam zurückgenommen, das frühere dagegen darin aufbehalten worden, dieses gültig bleibe, so weit es nicht sonst auf rechtsbeständige Art widerrufen ist. §. 582 a. a. O.

r) Der Fall, daß sich zwei Testamente verschiedenen Inhaltes von gleichem Datum vorfinden sollten, ist im Preußischen Landrecht nicht vorgesehen.

Schon nach civilem Rechte wurde das Testament in dem Falle aufrecht erhalten, daß der Testator in feindliche Gefangenschaft gekommen war, nach Inhalt der lex Cornelia de jure postliminii. — Starb er nämlich in der Gefangenschaft, so wurde es so angesehen, als sei er im Augenblicke der Gefangennehmung als Freier gestorben, welche Annahme fictio legis Cornelia genannt wurde; kehrte er aber aus der Gefangenschaft zurück, so wurde jure postliminii sein Testament wieder gültig, als habe er niemals aufgehört, Freier zu sein.

In allen anderen Fällen wurde das einmal irritum gewordene Testament nach civilem Rechte nicht wieder gültig dadurch, daß der Testator seinen früheren Status wiedererhielt. Das prätorische Recht aber gab in diesem Falle aus dem Testamente eine bonorum possessio secundum tabulas (§. 5 Inst. Buch 2 Tit. 17; l. 1 §§. 8 u. 9 Dig. Buch 37 Tit. 2.). Wenn der Testator jedoch sich nach Errichtung des Testamentes hatte arrogiren lassen, so verlangte das prätorische Recht zur Ertheilung der b. p. eine nach aufgehobener Arrogation abgegebene Erklärung des Testators, daß das Testament gültig bleiben solle. Diese bonor. poss. sec. tabulas wird von der herrschenden Ansicht als eine cum re ertheilte angesehen, d. h. das heutige Recht erhält das Testament in gleichem Falle in Wirksamkeit (l. 11 §. 2 Dig. Buch 37 Tit. 2, welche Stelle von Einigen nicht auf die hereditatis petitio, sondern nur auf das interdictum quorum bonorum bezogen wird, unter der Behauptung, daß die bonor. poss. sec. tabul. im vorliegenden Falle sine re sei). — Fälle, in denen ein Testament durch capitis deminutio maxima oder media ungültig werden könnte, sind nach heutigem Gemeinen Rechte nicht mehr practisch, so daß nur die Arrogation und Legitimation noch das testamentum zu einem irritum machen können, denn die Emancipation und Hingabe in Adoption haben diese Wirkung um deshalb nicht, weil ein Kind in väterlicher Gewalt nur über seine bona militaria testiren kann, und weil das über diese errichtete Testament ebenso wie die Natur dieser bona durch die erwähnten Acte nicht berührt werden. [s])

C. Testamentum destitutum.

Dig. Buch 39 Tit. 4; Cod. Buch 6 Tit. 39.

Dies ist ein dadurch ungültig gewordenes Testament, daß sämmtliche eingesetzte Erben, obgleich sie bei der Einsetzung fähig gewesen, nach errichtetem Testamente ausfallen, sei es, daß sie nicht Erben werden können oder es nicht werden wollen. — Gründe, daß sie nicht Erben werden

---

s) Es ist bereits früher angeführt, daß ein Kind in väterlicher Gewalt nach Preußischem Landrechte über sein freies und unfreies Vermögen testiren kann; daher Adoption, Arrogation, Legitimation und Emancipation des Testators das Testament nicht vernichten. Eine Analogie der capitis deminutio media ist die Bestimmung, daß wenn der Testator wegen Verbrechen die Fähigkeit zu testiren verliert, auch der früher von ihm errichtete letzte Wille ungültig wird.

können, sind z. B. Verlust der testamenti factio passiva, Ausfall einer gestellten Bedingung, Tod vor dem Testator oder vor der Antretung der Erbschaft. — Fallen nicht alle eingesetzte Erben aus, so accresciren den übrigen die vacanten Erbtheile.

Nach civilem Rechte hatten die eingesetzten Erben, wenn sie die ihnen auferlegten Vermächtnisse nicht entrichten wollten, in der Ausschlagung der Erbschaft ein Mittel, diese Vermächtnisse ungültig zu machen, da, wenn das Testament destituirt wurde, dasselbe in seinem ganzen Inhalte fiel. Das prätorische Recht aber hat gegen solchen Dolus Fürsorge getroffen, indem es den Legataren unter Umständen eine Klage auf Entrichtung ihrer Legate gegeben hat. Diese Klage geht gegen die eingesetzten Erben, wenn sie selbst dolo destituirten und ab intestato die Erbschaft erworben haben. — Haben sie dolo zu Gunsten Dritter ausgeschlagen, so geht gegen sie die Klage principaliter, wenn sie für die Ausschlagung Entgelt erhalten haben, und gegen die Erben Gewordenen subsidiär; haben sie es ohne Entgelt gethan, so haften sie nur subsidiär; die, welche die Erbschaft erworben haben, aber principaliter. [t]) Auch der Legatar kann belangt werden, wenn er die von ihm zu entrichtenden weiteren Vermächtnisse da-

t) Nach Preußischem Landrechte bleiben die Vermächtnisse gültig, wenn das Testament destituirt wird, doch kann der testamentarische Erbe, welcher die Erbschaft aus dem Testamente ablehnt, dieselbe nicht ab intestato erwerben. Allgemeines Landrecht Th. 1. Tit. 12. §§. 277 bis 280.; Tit. 9. §. 401.

durch vereitelt, daß er durch Dolus die Ablehnung der Erbschaft herbeiführt. —

Auch das Pupillartestament erhält der Prätor aufrecht, wenn das Testament doloser Weise destituirt wird. —

Uebrigens kann der Testator durch die Hinzufügung der Codicillarclausel dafür sorgen, daß, wenn das Testament destitut wird, die in demselben getroffenen Verordnungen mit Ausnahme der Erbeseinsetzung gültig bleiben.

Vom Erwerbe der Erbschaft.

Instit. Buch 2 Tit. 19; Dig. Buch 29 Tit. 2; Cod. Buch 6 Tit. 30.

§. 24. Die Erbschaft muß nach Römischem Rechte vom Erben angetreten werden, wenn er sie erwerben will.

Nur sui, d. h. solche, welche im Augenblicke der Delation in unmittelbarer Gewalt des Verstorbenen gestanden hätten, wenn der Verstorbene noch lebte, erwerben die Erbschaft ipso jure, haben aber nach prätorischem Rechte das beneficium abstinendi so lange sie sich der Erbschaft noch nicht angenommen haben. — Eigne Sclaven, welche der Verstorbene zu Erben ernannt hatte, erwarben die Erbschaft ebenfalls ipso jure und hatten kein Recht sie abzulehnen. —

Dem Erben muß, damit er die Erbschaft antreten könne, dieselbe deferirt sein, er muß im Augenblicke der Delation die Fähigkeit haben, Erbe zu sein, und diese Fähigkeit bis zur Antretung ununterbrochen haben. — Ueber alle diese Punkte, so wie über den Zeitpunkt der Delation, siehe oben unter den allgemeinen Lehren.

Antretung der Erbschaft.

Dieselbe geschieht durch eine ausdrückliche oder stillschweigende Erklärung. — Damit aber eine solche mit Wirksamkeit abgegeben werden könne, ist erforderlich:

a) daß der Antretende wisse, der Erblasser sei todt, ihm selbst sei die Erbschaft deferirt, und ob sie ihm ab intestato oder ex testamento, ob pure oder sub conditione deferirt sei. — Die Größe der Erbschaft kann ihm unbekannt sein. Eine Erklärung über die Antretung der Erbschaft vor der Delation ist nach Römischem Rechte ohne Wirkung; nach Canonischem Rechte ist die eidliche Erklärung auch vor der Delation bindend;

b) daß er willensfähig sei, und, wenn er selbstständig sich erklären soll, auch daß er die Fähigkeit habe, sich zu verpflichten. —

Wird die Erbschaft einem Wahnsinnigen oder Blödsinnigen deferirt, so kann derselbe sie nicht einmal durch einen Stellvertreter erwerben, da die Antretung der Erbschaft in der Regel keine Stellvertretung duldet. Es muß deshalb die Erbschaft unter cura gesetzt werden, so lange bis es sich entschieden hat, ob der Wahnsinnige oder Blödsinnige gesund wird, eventuell bis zu deren Tode (siehe unten missio in bona furiosi nomine).

Wird die Erbschaft einem Infans deferirt, der sui juris ist, so kann seit Theodos dem Zweiten der Vormund für den Infans die Erbschaft antreten (siehe das

Vormundschaftsrecht); — ist der Infans noch in väterlicher Gewalt, so kann der Vater für ihn antreten.

Wird die Erbschaft einer juristischen Person deferirt, so kann ein Beamter derselben für sie antreten.

Ist der designirte Erbe unmündig und sui juris, so tritt er cum auctoritate tutoris an; — nach heutigem Rechte ingleichen für einen mündigen Minor tritt der Vormund oder Curator an. — Ist der designirte Erbe in väterlicher Gewalt, so bedarf er, wenn er unmündig ist, die Erlaubniß des Vaters zur Antretung; ist er mündig, nur in so fern, als der Vater durch die Antretung des Kindes verpflichtet werden soll. — Verweigert der Vater seine Zustimmung, so kann das Kind allein antreten (als minor mit einem curator), hat aber gegen diese Antretung kein Recht auf Restitution. Umgekehrt, wenn das Kind in der Gewalt die Erbschaft nicht antreten will, hat der Vater das Recht, sie selbst für sich anzutreten.

Ein Verschwender kann nur unter Zuziehung seines Curators antreten.

Nach Römischem Rechte, wenn ein fremder Sclave zum Erben eingesetzt war, mußte der Sclave selbst auf Befehl seines Herrn antreten; starb der Sclave vor der Antretung, so verlor der Herr die Erbschaft.

Die Antretung selbst muß pure erfolgen, also ohne Bedingung und ohne besondere Modalitäten. Nur die Modalität, daß man cum beneficio inventarii antrete, ist zulässig. —

Sie muß ferner auf die ganze deferirte Erbschaft sich beziehen. Der Erbe kann nur die ganze ihm deferirte

Erbschaft annehmen oder ablehnen, und deshalb fallen ihm alle ihm beschiedenen Erbtheile zu, sobald er einen derselben angenommen hat. —

Daher fällt dem instituirten Erben, welcher angetreten hat, auch ipso jure der ihm zugewandte Vulgarsubstitutionsantheil eintretenden Falles zu. Ebenso, wenn sonst einem Erben zwei Erbtheile beschieden sind, der eine pure, der andere unter einer Bedingung, und der Erbe hat den unbedingten Erbtheil angetreten, so fällt ihm und auch seinen Erben beim Eintritt der Bedingung auch der bedingte Erbtheil ipso jure zu, ohne daß eine Ablehnung desselben gestattet wäre. -- Ueber die Wirkung der Antretung auf das Accrescenzrecht siehe unten.

Die einmal geschehene Antretung kann in der Regel nicht widerrufen werden.

Restitutio in integrum ist aus triftigen Gründen zulässig. — Eine specielle Ausnahme kommt beim Accrescenzrecht zur Anwendung (siehe unter Accrescenz).

Die Form der Antretung ist entweder eine ausdrückliche Erklärung (aditio im engern Sinne) oder eine stillschweigende (pro herede gestio), durch Vornahme von Handlungen, wie sie ein Erbe vornimmt, wenn sie in der Absicht, Erbe sein zu wollen, geschehen. Für diese Absicht wird vermuthet werden müssen. Solche Handlungen sind z. B. Unterhaltgewährung an die Dienerschaft, Benutzung der Erbschaftssachen, Veräußerung, Vermiethung oder Verpachtung derselben, Eintreibung von Erbschaftsforderungen, Bezahlung von Schulden 2c. — Die ausdrückliche Antretung ist übrigens an besondere Förmlichkeiten nicht gebunden.

Es ist hier zu erwähnen, daß das ältere Römische Recht eine besonders förmliche Art der Antretung der Erbschaft kannte, das cernere hereditatem, in Folge einer vom Erblasser gesetzten Frist (cretio genannt) zur förmlichen Antretung. — Diese Frist war gewöhnlich eine von hundert Tagen (Gajus Buch 2 §§. 164 bis 178; Ulpian Tit. 22 §§. 25 bis 34.). —

Die Cretio theilte sich in eine vulgaris und continua, und außerdem in eine perfecta und imperfecta.

Die Worte der vulgaris perfecta cretio sind: (Titius heres esto) cernitoque in centum diebus proximis, quibus scies poterisque. Quodni ita creveris exheres esto. Fehlten die Worte quibus scies poterisque, so war sie continua, d. h. ein tempus continuum; die vulgaris, so genannt, weil sie häufiger gebraucht wurde, war tempus utile. — Fehlten die Worte quodni creveris exheres esto, so war sie eine imperfecta. Der sub perfecta cretione eingesetzte Erbe konnte nur durch cernere Erbe werden; der sub imperfecta cretione eingesetzte auch durch einfache aditio oder durch pro herede gestio. Im ältesten Rechte mußte er aber in diesem Falle mit seinem Substituten theilen, weil es als unentschieden betrachtet wurde, ob die Bedingung der cretio eingetreten oder ausgefallen war. — Auch darin hatte die cretio ihre Eigenthümlichkeit, daß der sub cretione eingesetzte Erbe, wenn er erklärt hatte, die Erbschaft nicht haben zu wollen, doch noch innerhalb der Cretionsfrist durch cernere Erbe werden konnte. — Die Worte des cernere waren aber: Quod me (Publius Titius) heredem instituit, eam hereditatem adeo cernoque.

Wenn nun auch im Justinianischen Rechte diese cretio nicht mehr practisch ist, so steht es doch dem Erblasser frei, seinen Erben eine Frist zur Antretung zu setzen. Läßt der Erbe diese Frist verstreichen ohne sich ausdrücklich oder stillschweigend über die Antretung zu erklären, so verliert er das Recht auf die Erbschaft. Hat aber der Erblasser ihm keine Frist gesetzt, so steht es in dem Willen des Erben, mit seiner Erklärung zu warten, so lange es ihm beliebt. Nur wird er dadurch sich dem Nachtheile aussetzen, daß die Erbschaft von Unbefugten leicht expilirt werden kann, auch seine Rechte durch Verjährung der Klagen geschmälert werden. Sein eignes Interesse wird ihn daher in der Regel zur Antretung treiben.[u]) Aber auch den

---

u) Nach Preußischem Landrechte erwirbt der Erbe mit dem Tode des Erblassers ipso jure die Erbschaft, es bedarf deshalb seinerseits keiner Erklärung über den Antritt. Erklärt er sich aber dahin, daß er sie antrete, so verliert er das ihm sonst zum Nachtheil Dritter zustehende Recht der Ablehnung derselben, und deshalb kann ein solcher, welcher unter Vormundschaft steht oder in Concurs versunken ist, nicht ohne Zuziehung des Vormundes oder Curators antreten. — Die Erklärung über die Antretung, welche vor Gericht geschehen soll, kann nur über die ganze Erbschaft und nur unbedingt erfolgen, der Vorbehalt des Inventars ist zulässig. — Erklärt sich der Erbe innerhalb der ihm zur Ablehnung der Erbschaft bewilligten Frist nicht, so ist er Erbe mit dem Vorbehalte des Inventares. — Hat er das Recht der Entsagung durch Antretung oder Schweigen verloren, so kann er dennoch der Erbschaft entsagen, aber nicht zum Nachtheil Dritter, z. B. der Legatare oder Gläubiger. —

Erbschaftsinteressenten steht es frei, ihn aufzufordern, sich zu erklären. Schon Gajus berichtet, daß der Prätor auf Andringen der Gläubiger dem Erben eine Frist zur Erklärung gesetzt habe unter der Verwarnung, daß die Gläubiger zum Verkauf der Erbschaft zugelassen werden würden (Gajus Buch 2 §. 167.). Wie die Verhältnisse im Justinianischen Rechte stehen, ist in hohem Grade dunkel. — Das Wahrscheinlichste ist Folgendes:

Der Erbe hat zunächst 3 Monate Zeit zur Aufnahme eines Inventars, muß sich aber, wenn er die Vortheile des Inventars genießen will, spätestens binnen 30 Tagen nach der Kenntniß vom Anfalle der Erbschaft erklären, daß er die Erbschaft antrete. In diesem Falle haben daher die Erbschaftsinteressenten die Gewißheit, daß sie ihn als Erben werden in Anspruch nehmen können. —

Erklärt sich der Erbe binnen den dreißig Tagen nicht über die Antretung, so haben die Erbschaftsinteressenten das Recht, ihm vom Richter eine Frist zur Erklärung setzen zu lassen.

Die gesetzliche Frist zur Ablehnnng der Erbschaft ist für solche, welche über 40 Meilen vom letzten Domicil des Erblassers entfernt sind, drei Monate, für näher Wohnende sechs Wochen nach der Wissenschaft vom Erbanfalle, und während dieser Frist ist der Erbe nicht verpflichtet, sich auf Forderungen der Erbschaftsgläubiger oder auf Fortsetzung schwebender Processe einzulassen, dagegen kann er solche Handlungen, welche keinen Aufschub leiden, zum Besten des Nachlasses vornehmen. Die Erben des Erben haben falls ihrem Erblasser die Frist noch nicht abgelaufen war, eine neue selbstständige Frist. Allgemeines Landrecht Th. 1. Tit. 9. §. 383 ff.

Außerdem steht es dem Erben frei, ohne Aufforderung der Erbschaftsinteressenten sich selbst vom Richter oder vom Regenten eine Frist zur Ueberlegung zu erbitten.

Die Frist, welche dem Erben entweder auf Andringen der Interessenten oder auf sein eigenes Ansuchen gesetzt wird, heißt:

Das spatium deliberandi.

Dig. Buch 28 Tit. 8; Cod. Buch 6 Tit. 30.

Diese Frist soll vom Richter nicht über 9 Monate, vom Regenten nicht über 1 Jahr hinaus gesetzt werden; gewöhnlich wird sie eine kürzere sein, und nur bei sehr weitläuftiger und verwickelter Erbschaft das Maximum der erlaubten Zeit betragen. —

Während der bewilligten Frist kann der designirte Erbe solche Verfügungen in Bezug auf die Erbschaft vornehmen, welche unumgänglich nothwendig sind, er hat in dieser Beziehung die Rechte eines Verwalters. Er kann also nothwendige Impensen bestreiten, die unter Conventionalstrafe stehenden Schulden tilgen, verfallene Pfänder auslösen, auch mit Consens des Richters Sachen veräußern, die sonst verderben würden oder deren Aufbewahrung große Kosten verursacht, fällige Forderungen einkassiren. Ist er ein nicht ganz sicherer Mann, so haben die Erbschaftsinteressenten das Recht, Caution zu verlangen oder die Bestellung eines Verwalters der Erbschaft. — Jedenfalls kann der designirte Erbe sich durch Einsicht der betreffenden Urkunden und Bücher über den Bestand der Erbschaft informiren, auch, wenn er ein Descendent des Erblassers ist, aus der Erbschaft im Fall der Bedürftigkeit Alimente beziehen. —

Hat er die Verwaltung des Nachlasses behalten, so ist er verpflichtet, ein Inventar über denselben aufzunehmen, widrigenfalls er im Fall seiner späteren Antretung das Recht der Quarta falcidia gegen die Legatare verliert, und im Fall seiner späteren Ausschlagung die Erbschaftsinteressenten gegen ihn über den Bestand der Erbschaft zum Würderungseide zugelassen werden können.

Läßt der designirte Erbe die Deliberationsfrist verstreichen,. ohne sich zu erklären, so soll er nach Ansicht einiger Rechtsgelehrten als ein solcher gelten, welcher die Erbschaft abgelehnt hat. — Eine andere Ansicht lehrt: den Erbschaftsgläubigern und Vermächtnißnehmern gegenüber wird er so angesehen, als habe er angetreten; den Substituten, Miterben oder Intestaterben gegenüber aber als habe er abgelehnt. Er müsse also beiden Arten von Interessenten aufkommen; Lasten, welche die letzteren Personen von der Erbschaft ebenfalls zu tragen hätten, wird er, wenn er sie gedeckt hat, in Abzug bringen können. Der Nachtheil, welchen er nach dieser letzten Ansicht hätte, besteht demnach darin, daß er den Gläubigern und Vermächtnißnehmern gegenüber die Erbschaft zu vertreten und solche Lasten aus seinem Vermögen zu bestreiten hat, welche nur ihn als Erben getroffen hätten. —

Ueber die Frist zur Nachsuchung der bonorum possessio siehe oben S. 208; übrigens konnte diese Nachsuchung auch durch Stellvertreter erfolgen, während die Antretung der civilen hereditas durch einen Stellvertreter unzulässig ist.

Von dem Rechtssatze, daß der designirte Erbe, welcher die Erbschaft nicht angetreten hat, dieselbe verliert, wird in einigen Fällen, wenn er ohne Antretung gestorben ist, dahin eine Ausnahme gemacht, daß in die Erbschaft oder in die Delation ein Anderer an Stelle des Verstorbenen succedirt. Diese Fälle hat man Transmissionsfälle genannt.

Von den Fällen der s. g. Transmission der Erbschaft.

Man hat unter diesen Begriff verschiedene Fälle untergeordnet, von welchen einige durchaus keine Succession in die Delation oder in die Erbschaft enthalten.

Zu diesen s. g. uneigentlichen Transmissionsfällen gehört:

a) die s. g. transmissio ex capite suitatis. — Wenn einem suus eine Erbschaft zufällt, so erwirbt er sie sofort ipso jure, und deshalb geht die Erbschaft mit seinem Vermögen auf seine Erben über, wenn er auch ohne jegliche Erklärung über den Antritt stirbt;

b) der Fall, daß Jemandem zwei Erbtheile deferirt sind, der eine unbedingt und der andere bedingt. Hat er den unbedingten erworben, so erhalten seine Erben auch den bedingten Erbtheil, sobald die Bedingung nach seinem Tode in Erfüllung geht, weil

Niemand nur einen Theil der ihm beschiedenen Erbschaft erwerben kann.

Eine wirkliche Succession in die Delation oder in die Erbschaft tritt ein:

c) zu Gunsten des pater familias in zwei Fällen:

1) wenn das Hauskind die ihm deferirte Erbschaft ablehnt, in welchem Falle der Vater sie für sich antreten kann. Hier succedirt der Vater in die Delation.

2) in Folge der s. g. transmissio ex jure patrio auch ex capite infantiae genannt.

Wenn einem Infans in väterlicher Gewalt eine Erbschaft deferirt wird, das Kind stirbt vor vollendetem siebenten Lebensjahre ehe der Vater die Erbschaft für dasselbe angetreten hat, so soll der Vater die Erbschaft jure patrio so nehmen, als sei sie gleichsam dem Kinde schon erworben gewesen. — Der Vater bedarf daher um die Erbschaft zu erwerben nunmehr nicht der Antretung, er erhält sie ipso jure; wohl aber muß es ihm frei stehen, dieselbe noch abzulehnen (l. 18 §. 1 Cod. Buch 6 Tit. 30.). Stirbt das Hauskind nach dem vollendeten siebenten Jahre ohne Antretung, so verliert der Vater die Erbschaft, weil das Kind jetzt persönlich sich erklären mußte unter Zuziehung des Vaters.

d) Die s. g. transmissio theodosiana enthält ebenfalls eine Succession in die Erbschaft. Cod. Buch 6 Tit. 52. — Nach den Bestimmungen der lex Julia et Papia Poppaea sollte nur ein Erbe ex asse vor Eröffnung des Testamentes sich über den Antritt erklären dürfen. Für den heres ex parte konnte dadurch die Erbschaft sehr leicht verloren gehen, wenn er vor dieser Zeit verstarb. — Um diese Gefahr für die Descendenten aufzuheben, verordnete Theodos der Zweite, daß, wenn Descendenten, welche im Testamente eingesetzt sind, vor Eröffnung des Testamentes sterben, die ihnen beschiedenen Erbtheile auf ihre Descendenten transmittirt werden sollen. —

Obgleich nun Justinian in lex unica §. 5 Cod. Buch 6 Tit. 51 die Bestimmung des Papischen Gesetzes aufgehoben, hat er doch die erwähnte transmissio bestehen lassen. — Hierdurch sind aber über die Anwendung derselben Streitfragen entstanden, dahin:

1. Ist diese transmissio auch auf die Intestaterbfolge anzuwenden? — Von den Meisten verneint.
2. Findet sie auch statt, wenn der Descendent ex asse eingesetzt ist? — Zu bejahen.
3. Findet sie auch statt, wenn der eingesetzte Descendent vor dem Testator verstorben ist? [v]) — Der richtigen Ansicht nach zu verneinen.

---

v) Das Preuß. Landrecht hat keine Transmissionsfälle und bedarf auch keiner, da die Erbschaft stets ipso jure mit dem Tode des Erblassers deferirt und erworben wird. — Der einzige Fall der Transmission auf die Enkel, wenn das Kind im Testamente zum Erben eingesetzt ist, aus §. 443 Th. 2 Tit. 2, ist bereits oben im Pflichttheilsrechte erwähnt. Natürlich setzt

4. Findet sie auch statt, wenn er nach Eröffnung des Testamentes verstorben ist? — Wohl zu bejahen.

5. Haben die Descendenten des Descendenten dies Recht als Descendenten oder nur, wenn sie den eingesetzten Descendenten beerbt haben? — Sehr bestritten. Puchta vertheidigt die erstere Annahme, viele Andere die zweite. —

In zwei ferneren Fällen des s. g. Transmissionsrechtes wird in die Delation succedirt, nämlich bei der

e) s. g. transmissio ex capite in integrum restitutionis. In l. 1 Cod. Buch 2 Tit. 51 wird, wenn der Berechtigte wegen Abwesenheit in causis rei publicae die Frist zur Nachsuchung der bonorum possessio versäumt hat, dessen Erben hiergegen eine restitutio in integrum gegeben. — Im Allgemeinen ist deshalb die Ansicht recipirt, daß der Erbe des berufenen prätorischen so wie civilen Erben aus der Person dieses gegen versäumte Antretung die restitutio nachsuchen könne; nur wenn dem Berufenen kein specieller Grund, sondern nur die clausula generalis zur Seite stand, will man den Er-

derselbe voraus, daß das eingesetzte Kind vor dem Testator gestorben ist, da sonst das Kind selbst Erbe werden würde. — Uebrigens hat der Fall keinen Zusammenhang mit der transmissio theodosiana, sondern ist zu dem Zwecke eingeführt, um das Testament vor ruptio per agnationem postumi zu schützen, und stützt sich darauf, daß nach Preußischem Landrechte die Enkel an Stelle ihrer parentes erben.

den die Restitution versagen. Streitfragen sind außerdem:

1. Ist diese transmissio zu versagen, wenn der Berufene vor Ablauf einer ihm gestellten Frist zur Antretung verstorben ist, weil er ja dann selbst noch kein Recht auf Restitution hatte? — Sie findet statt, denn nicht in die Restitution, sondern in die Delation wird succedirt, wenn nur ein Hinderniß da war, auf Grund dessen der Berufene sich nicht vor seinem Tode erklären konnte. (l. 30 pr. l. 86 pr. Dig. Buch 29 Tit. 2.)
2. Findet sie auch statt, wenn der Berufene durch ein juristisches Hinderniß an der Antretung verhindert war? — Sehr streitig, von vielen Neueren, auch von Puchta, bejaht; z. B. mit Bezug auf l. 3 §. 30 und l. 4 Dig. Buch 29 Tit. 5; l. 84 Dig. Buch 29 Tit. 2; l. 4 §. 3 und l. 5 Dig. Buch 37 Tit. 4.

f) s. g. transmissio Justinianea. Sie beruht auf l. 19 Cod. Buch 6 Tit. 30.

Wenn der designirte Erbe innerhalb eines Jahres nachdem er von der Delation Kenntniß erhalten hat, oder innerhalb der Deliberationsfrist verstirbt, ohne angetreten zu haben, so steht seinen Erben das Recht zu, bis zum Ablauf des Jahres oder der Deliberationsfrist die Erbschaft anzutreten. Da aber das Recht der Erben auf die Dauer eines Jahres beschränkt ist, gerechnet von der Kenntniß der Delation, so können sie, wenn der Erbe eine Deliberationsfrist hatte, zwar in kürzerer Frist das Recht der Transmission verlieren, dagegen niemals es dadurch über die einjährige Frist hinaus noch erhalten. — Wenn der Erbe gestorben ist, ohne von der Delation Kenntniß erhalten zu haben, so findet dies Transmissionsrecht nicht statt, die Erben des Erben können sich aber auf die transmissio ex capite in integr. rest. berufen.

Ist die Antretung der Erbschaft durch den Erben vom Testator als conditio gestellt, so kann diese transmissio ebenfalls nicht stattfinden, weil die Erben des Erben die Bedingung nicht erfüllen können.

Uebrigens ist diese Justinianische Transmission sowohl bei der testamentarischen wie bei der Intestaterbfolge, ferner gleichviel ob der designirte Erbe ein Descendent oder eine andere Person ist, und endlich gleichviel ob der Erbe des Erben ein testamentarischer oder Intestaterbe, ein Descendent oder eine andere Person ist, zur Anwendung zu bringen.

In Betreff des Rechtes der Transmission wird Streit darüber geführt, ob das Recht aus der Vulgarsubstitution oder das Transmissionsrecht den Vorzug habe. — Manche wollen dem Substituten den Vorzug geben, wenn nur die Delation transmittirt wird, wie z. B. bei der transm. Justinianea und ex capit. in integr. rest.; dem Transmissionsrecht dagegen, wenn die Erbschaft transmittirt wird, z. B. bei der Theodosiana und ex jure patrio. — Indessen wenn man erwägt, daß durch die Transmissio der

Ausfall der Delation verhindert und dem Berechtigten der Eintritt in dieselbe Delation ermöglicht wird, anderntheils die Substitution voraussetzt, daß die Delation nicht zum Effecte kommt, so scheint doch die Annahme richtiger zu sein, daß die Transmissio stets der Vulgarsubstitution vorgehe.

Folgen des Erwerbes der Erbschaft.

Durch die Antretung der Erbschaft succedirt der Erbe in die vermögensrechtliche Persönlichkeit des Erblassers. — Welche Rechte und Pflichten dadurch auf ihn übergehen, siehe oben S. 201 ff. — Der Erbe repräsentirt aber den Erblasser nicht erst vom Augenblicke der Antretung, sondern vom Tode desselben an. — Die Schulden des Erblassers hat er, soweit sie auf ihn übergehen, vollständig als die seinigen zu tilgen, selbst wenn die Erbschaft nicht dazu hinreichen sollte. — Seine Forderungen an den Erblasser, aber auch seine Schulden an denselben erlöschen durch confusio. [w]) —

Die Vereinigung der Person des Erblassers mit der des Erben ist darnach dem Erben nachtheilig, wenn

---

w) Nach Preußischem Landrechte hat die confusio der Person des Erben mit der des Erblassers zwar die Wirkung, daß die Forderungen des Erben an den Erblasser erlöschen, dagegen sollen die Schulden des Erben an den Erblasser zum Nachtheil der Erbschaftsgläubiger, Miterben oder Vermächtnißnehmer nicht als erloschen gelten. Allgemeines Landrecht Th. 1. Tit. 16. §. 489 ff.

die Erbschaft insolvent ist. Sie ist aber auch den anderweitigen Erbschaftsinteressenten nachtheilig, wenn der Erbe insolvent ist, weil nunmehr auch die Gläubiger des Erben die Erbschaftsobjecte als Mittel ihrer Befriedigung angreifen können. — Das Gesetz hat eben sowohl den Erben als auch den andern Erbschaftsinteressenten Sicherungsmittel verliehen, durch welche die aus der confusio entstehenden Nachtheile aufgehoben werden können. Für den Erben ist dies Mittel das beneficium inventarii, für die Gläubiger und Vermächtnißnehmer das benefic. separationis.

A. Vom beneficium inventarii.

l. 22 Cod. Buch 6 Tit. 30; Novelle 1 cap. 2.

Kaiser Gordian hatte den Soldaten das Privilegium gegeben, daß sie für die Schulden der Erbschaft nicht über den Bestand derselben hinaus hafteten. — Justinian hat dasselbe Recht jedem Erben gegeben, welcher die Erbschaft unter der Modification annahm, daß er sich binnen dreißig Tagen über die Antretung derselben erklärte und zugleich binnen sechzig anderweiter Tage, also binnen drei Monate, gerechnet von der Wissenschaft über die Delation, ein öffentliches Inventar der Erbschaft anfertigte. — Nachsuchung einer Deliberationsfrist nimmt also das benefic. inventarii, außer wenn die Erklärung innerhalb der ersten dreißig Tage erfolgt. — Ist der Erbe abwesend, so hat er von der Delation an ein Jahr Frist zur Anfertigung des

Inventars. — Das Inventar muß unter Zuziehung einer öffentlichen Person (bei den Römern eines tabularii) und der anwesenden Erbschaftsinteressenten oder in deren Abwesenheit dreier Zeugen aufgenommen werden. — Die Richtigkeit desselben hat der Erbe auf Verlangen der Gläubiger oder Vermächtnißnehmer durch Ableistung des Manifestationseides zu erhärten.

Die Vortheile, welche der Erbe durch dies Verfahren bei der Antretung erlangt, sind:

1) während der Inventarfrist können die Gläubiger der Erbschaft und die Vermächtnißnehmer nicht ihre Befriedigung verlangen;
2) der Erbe haftet für die Schulden der Erbschaft nicht weiter, als dieselbe reicht;
3) der Erbe kann seine eignen Forderungen an den Erblasser aus der Erbschaft decken, er muß aber auch seine Schulden an den Erblasser dem Bestande der Erbschaft zurechnen;
4) der Erbe befriedigt die Erbschaftsgläubiger und Vermächtnißnehmer wie sie der Zeit nach sich bei ihm melden, und hat keine Verpflichtung, die Rangordnung des Concurses dabei zu berücksichtigen. Den Gläubigern, welche vor anderen Befriedigten ein besseres Recht zu haben vermeinen, bleibt es überlassen, sich an die Befriedigten zu halten.

Daraus erklärt es sich auch, daß wenn der Beneficialerbe Erbschaftssachen veräußert, und aus dem Erlös Gläubiger und Vermächtnißnehmer befriedigt, die auf diesen Sachen lastenden Pfandrechte erlöschen. —

Daß im Uebrigen durch das beneficium inventarii alle Folgen der Confusio aufhören, dürfte sich nicht vertheidigen lassen; doch ist dieser Punkt sehr streitig. Wichtig ist er z. B. bei der Frage, ob ein Beneficialerbe seine eigne Sachen, welche sein Erblasser veräußert hat, vindiciren und den Verklagten mit seinem Evictionsanspruche auf den Bestand des Nachlasses verweisen könne. Nach unserer Ansicht würde dies zu verneinen sein. x)

---

x) Nach Preußischem Landrechte ist der Erbe stets Erbe mit Vorbehalt des Inventars, außer wenn er die Erbschaft ausdrücklich ohne Vorbehalt angetreten, oder wenn er binnen sechs Monaten nach Ablauf der (oben Note u angegebenen) Deliberationsfrist bei Gericht ein Inventar nicht niedergelegt hat. — Die Frist kann verlängert und auf Antrag der Interessenten verkürzt werden. Im letzteren Falle tritt der Verlust der Inventarrechtswohlthat aber nicht ipso jure ein, sondern nur durch Urtheil causa cognita. — Das Inventar soll der Regel nach unter Zuziehung einer persona publica und nach gesetzlicher Ordnung aufgestellt werden, doch genügt auch ein unförmliches, wenn es nur eine klare Uebersicht des Bestandes der Erbschaft gewährt. — Hat der Erbe innerhalb der Deliberationsfrist dem Rechte auf die Wohlthat des Inventars entsagt, so kann er diese Entsagung noch bis zum Ablaufe der Deliberationsfrist widerrufen. — Der Erbe muß das Inventar auf Verlangen beschwören, wenn nicht innerhalb 24 Stunden der Nachlaß vom Richter versiegelt worden, oder wenn Gründe des Verdachtes gegen den Erben dargethan werden. — Die Rechtswohlthat des Inventars hindert die confusio zwischen dem Erben und dem Erblasser gänzlich. Der Erbe kann aber die Gläubiger der Erbschaft nur auf seine eigne Gefahr befriedigen, wie sie sich melden; will er sich der Vertretung entziehen, so muß er den erbschaftlichen Liquidationsproceß bei Gerichte veranlassen, wozu ihm aber nur ein Jahr Frist von der Wissenschaft des Anfalles be-

Den Vermächtnißnehmern haftet der Erbe niemals weiter, als der Bestand des reinen Nachlasses sie deckt, sobald er nur ein Inventar aufgenommen hat, sollte dies auch nicht unter den Modificationen geschehen sein, durch welche er das sogen. beneficium inventarii erlangt. Auch erhält er sich durch bloße Aufnahme des Inventars das Recht auf die falcidische Quart.

B. Das beneficium separationis.

Dig. Buch 42 Tit. 6.

Fürchten Gläubiger der Erbschaft oder Vermächtnißnehmer, daß der Erbe insolvent oder doch weniger solvent ist als die Erbschaft, so können sie die Erbschaft von dem Vermögen des Erben zu ihrer Befriedigung absondern. — Das beneficium separationis setzt demnach voraus, daß der Erbe zur Zeit des Erwerbes der Erbschaft bereits in Concurs versunken ist, oder doch nach diesem Erwerbe in Concurs versinkt, denn ohne Concurs des Erben ist für das Recht der Separation keine Veranlassung vorhanden. — Das Recht der Separation verjährt den Berechtigten aber innerhalb fünf Jahren vom Erwerbe der Erbschaft an gerechnet; auch verlieren sie dies Recht, wenn die Erbschaft mit dem Vermögen des Erben bereits so vermischt ist, daß eine Separation unausführbar erscheint, und endlich durch

---

willigt ist. Allgemeines Landrecht Th. 1. Tit. 9. §. 413 ff.; Concursordnung v. 1855 §. 343.

ausdrückliche oder stillschweigende Entsagung. Letztere liegt z. B. darin, daß sie ihre Forderung mit dem Erben noviren, oder durch Vergleich modificiren, oder von dem Erben sich Pfand oder Bürgschaft dafür bestellen lassen; also überhaupt, wenn sie sich mit dem Erben auf Grund ihrer Forderung in neue Rechtsgeschäfte eingelassen haben. Dagegen enthält die Erhebung der Klage oder die Annahme einer Abschlagszahlung keinen Verzicht auf die Separation.

Was der Erbe vor der Separation bona fide veräußert hat, unterliegt der Separation nicht.

Die Wirkung der Separation erstreckt sich nur auf das Verhältniß der Gläubiger des Erben zu denen der Erbschaft, d. h. die Gläubiger der Erbschaft und die Vermächtnißnehmer, welche sich der Rechtswohlthat der Separation bedient haben (— es können dies nämlich auch nur einige derselben gethan haben —), erhalten dadurch das Recht, sich mit Ausschluß der Gläubiger des Erben an den Nachlaß zu halten, so daß nur das, was nach ihrer Befriedigung von der Erbschaft übrig bleibt, zur Hauptconcursmasse des Erben zurückfließt. — Anderntheils sind aber die Separatisten auch insofern an die einmal geltend gemachte Separation gebunden, als sie, wenn sie aus dem Nachlasse nicht vollständig befriedigt werden können, an das eigenthümliche Vermögen des Erben sich nicht eher halten dürfen, als bis sämmtliche Concursgläubiger des Erben befriedigt sind; doch steht ihnen aus triftigen Gründen, z. B. error, minor aetas, gegen die geschehene Separation die in integrum restitutio zu Gebote. — Weiter erstreckt sich der Nachtheil der Separatisten nicht. Deshalb ist auch die Ansicht zu verwerfen, daß der Erbe selbst den Gläubigern der Erbschaft die geschehene Separation entgegensetzen könne. Ihm gegenüber verlieren sie durch die Separation nicht das Recht, an sein eigenthümliches Vermögen sich zu halten. Will er diese Gläubiger von seinem Vermögen ausschließen, so muß er sich der Rechtswohlthat des Inventars bedienen.

Die Gläubiger des Erben haben nach Römischem Rechte gegenüber den Erbschaftsgläubigern in der Regel kein Recht, das Vermögen des Erben von der Erbschaft zu separiren.[y] Ausnahmsweise steht es ihnen in drei Fällen zu:

1) wenn der Erbe metu coactus angetreten hatte, im Wege der restitutio in integrum aus der Person des Erben;
2) wenn der Erbe in fraudem creditorum die insolvente Erbschaft angetreten hatte, im Wege der actio Pauliana;
3) wenn der Erbe bereits das beneficium inventarii

---

y) Nach Preußischem Landrechte steht das Separationsrecht sowohl den Gläubigern der Erbschaft als den Gläubigern des Erben zu. — Bedingung desselben ist aber, daß der Erbschaftsgläubiger binnen Jahresfrist nach dem Ableben des Erblassers seine Forderung gerichtlich geltend gemacht, und die Execution bis zur Eröffnung des Concurses fortgesetzt hat, und für den Gläubiger des Erben, daß er gleiches binnen Jahresfrist nachdem der Erbe die Erbschaft übernommen hat, gethan, auch daß seine Forderung älter als der Erbanfall ist. Allgemeines Landrecht Th. 1. Tit. 16. §. 500 ff.

erworben hat, ex persona des Cridars, dessen Rechte sie geltend machen können.

Als Antiquitäten sind hier noch zu bemerken, daß Sclaven, welche Erben eines insolventen Herrn geworden waren, vom Prätor sich das Recht auswirken konnten, die Erbschaft von ihrem künftigen Erwerbe zu trennen; und ferner, daß der Patron, welcher einen Freigelassenen beerbte, die Befugniß hatte, von dem Vermögen des Freigelassenen eine diesem früher angefallene insolvente Erbschaft zu separiren.

Von den Klagen und Rechtsmitteln des Erben.

§. 25. Dem Erben steht zur Geltendmachung seines Erbrechts die hereditatis petitio zu; dem prätorischen Erben ist vom Prätor ein besonderes interdictum adipiscendae possessionis in dem Interdictum quorum bonorum gegeben, welches die Praxis zu Gunsten jedes Erben erweitert hat; — ferner sind für gewisse Erben eine Reihe missiones in bona zur vorläufigen Sicherung der detentio eingeführt. — Diese drei verschiedenen Arten der Rechtsmittel werden hier dargestellt werden. Außerdem steht den Miterben gegeneinander auf Theilung der Erbschaft die actio familiae herciscundae zu, von welcher in dem Capitel des Verhältnisses unter Miterben, — und dem Erben gegen den Vermächtnißnehmer das interdictum quod legatorum zu, von welchem in dem Capitel von den Vermächtnissen das Weitere folgen wird.

A. Die hereditatis petitio.

Dig. Buch 5 Tit. 3, 4, 5 u. 6; Cod. Buch 3 Tit. 31.

Die hereditatis petitio ist die Klage, mit welcher der Erbe sein Erbschaftsrecht geltend macht. — Er kann mit ihr sowohl eine Quote der Erbschaft, als auch einzelne Erbschaftssachen oder Erbschaftsrechte fordern, sie ist also keine actio specialis — wie die rei vindicatio, — sondern eine actio generalis. —

Jedes Recht, welches dem Erben aus seiner Eigenschaft als Erben zusteht, kann er mit dieser Klage verfolgen, z. B. auch Erbschaftsforderungen, wenn ihm die Erfüllung unter der Behauptung verweigert wird, daß nicht er, sondern der Schuldner Erbe sei, und ebenso kann er z. B. mit dieser Klage die Herausforderung einer Sache durchsetzen, welche sein Erblasser in deposito gehabt hat, wenn der Verklagte die Herausgabe weigert, weil er ein besseres Recht auf die Erbschaft behauptet. — Es kann aber nicht jeder Inhaber von Erbschaftsstücken oder Erbschaftsrechten mit dieser Klage belangt werden, er muß vielmehr in einer Weise prätendiren, daß er dadurch das Erbrecht des Klägers verletzt (siehe unter 2 vom Verklagten).

1) Kläger ist jeder Erbe (auch die arme Wittwe) und der, welcher heredis loco ist. Stellt der civile Erbe die Klage an, so wird sie h. p. civilis genannt; thut dies der prätorische Erbe, so h. p. possessoria; wenn der Universalfideicommissar, so h. p. fideicommissaria; wenn der testamentarische Erbe, so h. p. testamentaria; wenn der Intestaterbe, so h. p. intestati; ist die letztere mit Anfechtung eines Testamentes verbunden, so h. p. qualificata; stellt sie der Erbe ex parte an, so h. p. partiaria. Dem Erbschaftskäufer, welcher vom Fis-

cus gekauft hat, steht die Klage gleichfalls zu, ob auch jedem anderen Erbschaftskäufer, wie dies die Praxis annimmt, ist streitig (l. 4 §. 28 Dig. Buch 44 Tit. 4; l. 54 Dig. Buch 5 Tit. 3.).

2) Verklagter ist jeder, welcher pro herede oder pro possessore Erbschaftssachen oder Erbschaftsrechte, oder den Vortheil aus denselben hinter sich hat. Als utilis actio geht die Klage auch gegen den Erbschaftskäufer und gegen den Ehemann, welcher die Erbschaft zur dos erhalten hat. Nicht minder geht sie — seit dem S. C. Juventianum unter Hadrian — gegen den fictus possessor aus diesen Titeln, d. h. welcher aus diesen Titeln Sachen und Rechte hinter sich hatte, und solche dolo malo aufgegeben, oder welcher sich ohne sie hinter sich zu haben auf die Klage wissentlich einläßt (qui dolo desiit possidere aut liti se obtulit) unter denselben Voraussetzungen, unter denen die rei vindicatio gegen den fictus possessor gerichtet werden kann. — Die Erben der aus diesen Titeln Detinirenden haften so weit sie selbst noch in der Detentio der Sachen, Rechte oder des Vortheiles sind. —

Daß mit den h. p. anstatt der veräußerten Sachen und Rechte auch der Vortheil daraus eingefordert werden kann, liegt darin, daß sie keine actio in rem ist. —

Pro herede besitzt der, welcher selbst Erbrechte prätendirt als Erbe oder einer, welcher heredis loco ist (civiler, prätorischer Erbe, Universalfideicommissar).

Pro possessore besitzt, wer dem Erblasser oder aus dem Nachlaß Sachen entnommen hat, ohne irgend einen Rechtsgrund hierfür zu haben, d. h. auf Verlangen keinen Grund oder wissentlich einen falschen Grund angiebt.

Besitzt der Verklagte aus anderen Titeln als den genannten, so mag der Erbe die Klage anstellen, welche der Erblasser gehabt hätte.

3) Der Beweis des Erbrechtes wird vom Kläger, wenn er sich auf ein Testament stützt, durch die Production der Urkunde oder den Beweis der gehörig geschehenen Errichtung geführt. Hierbei ist es seine Sache das Dasein sämmtlicher vom Gesetz erforderten äußeren und sichtbaren Erfordernisse eines gültigen Testamentes darzuthun; nicht sichtbare Mängel nachzuweisen ist Aufgabe des Verklagten. — Behauptet der Kläger Intestaterbrecht, so kann er das Erbrecht selbst nicht darthun, da dies der Beweis einer Negative wäre. Es genügt daher, daß er sein Verhältniß zum Verstorbenen beweist; der Verklagte muß dagegen das von ihm behauptete Verhältniß, auf welches er sich stützt, beweisen, und Sache des Richters ist es dann zu entscheiden, wer von beiden der näher Berechtigte ist. — Daß es nicht darauf ankommen kann, ob Kläger das absolut nächste Recht hat, folgt schon daraus, daß der Richter nur einen

Streit inter partes zu entscheiden hat, und daß die res judicata nur inter partes das Recht festzustellen bestimmt ist. z)

4) Das **Petitum** der Klage geht auf Anerkennung des Erbrechtes und Aushändigung alles Vortheils, welchen der Beklagte aus der Innehabung der Erbschaftsrechts hat, also auch auf Herausgabe der für die Erbschaft angeschafften Sachen, so wie auf Cession etwa dadurch erworbener Klagen. Ist der Verklagte in mala fide, so hat er um deshalb auch fructus percipiendi zu leisten, trägt auch nach der litis contestatio den casus. Ueberhaupt ähnelt die Klage in den meisten Stücken der rei vindicatio. Da indessen vor **Hadrian** die usucapio lucrativa pro herede ohne bona fides gestattet und deshalb der bonae und malae fidei possessor gleichgestellt waren, so hat sich, seit **Hadrian** durch das S. C. Juventianum die usucapio pro herede ohne bona fides verboten hat, durch die Praxis die Sache so gestaltet, daß der bonae fidei possessor nicht so

z) Das Preuß. Landrecht sorgt für möglichste Ermittelung des absoluten Erbrechtes, indem es den Intestaterben zwingt, um ein Erbeslegitimationsattest zu erlangen, nicht nur eine eidesstattliche Versicherung abzugeben, daß ihm nähere oder mehr gleich nahe Berechtigte, als bereits constiren, nicht bekannt seien, sondern auch sich dem zu unterwerfen, daß der Richter, wenn er Vermuthung für das Dasein näher Berechtigter hat, eine öffentliche Bekanntmachung und ein Präclusionserkenntniß erläßt, ehe er dem Erben seine Legitimation ertheilt. Allgemeines Landrecht Th. 1. Tit. 9. §. 482 ff.

gut, und der malae fidei possessor nicht so schlecht bei der hered. pet. stehen als bei der rei vindicatio.

Der Verklagte in bona fide muß nämlich nicht nur von der Substanz, sondern auch von den consumirten Früchten das herausgeben, um was er noch wirklich reicher ist, d. h. was er durch Verbrauch der Substanz und Früchte von seinem Vermögen zur Zeit der Verurtheilung erspart hat.

Vom Augenblick der controversia mota (es ist Streit, ob dies die Anstellung der Klage oder die litis contestatio bedeutet) haftet der Verklagte in bona fide für culpa omnis und für fructus percipiendi. — Dagegen kann er alle seine Impensen, sogar voluptuariae in Abrechnung bringen oder ersetzt verlangen, sollte die Sache, auf welche sie verwendet worden, auch bereits untergegangen sein.

Der Verklagte in mala fide steht wie bei der rei vindicatio für alle fructus, er kann aber impensae utiles, deren Nutzen noch vorhanden ist, ersetzt verlangen. Wegen der voluptuosae steht ihm nur das jus tollendi zu.

5) Die Klage verjährt in 30 Jahren; die usucapio pro herede schützt den Verklagten nicht gegen Herausgabe der Sache oder den dafür erlösten Preis. [a])

a) Nach Preuß. Landrechte sind die Pflichten und Rechte des Verklagten ganz nach den allgemeinen Regeln über die Fol-

6) Während des Schwebens der Klage ist das Verhältniß der Gläubiger und Schuldner folgendes:

a) Die Schuldner der Erbschaft zahlen an den Curator der Erbschaft, zu welchem übrigens einer von den Parteien bestellt werden kann, oder ad depositum. — Durch Anstellung der Klage gegen sie steht jedem Theile frei, die Verjährung zu unterbrechen.

b) Die Legatare halten sich an den von beiden Theilen, welcher belastet ist, wäre Jeder von beiden verpflichtet, an wen von beiden sie wollen. [b])

c) Die Gläubiger der Erbschaft, welche eine Species zu fordern haben, halten sich an denjenigen, welcher diese Species in Händen hat; haben sie ein genus zu fordern, an welchen von beiden Theilen sie wollen. Jeder muß nämlich leisten, da er Erbe zu sein prätendirt. —

Wer von beiden Gläubiger und Legatare befriedigt, läßt sich von ihnen cautio für Rückgabe stellen, wenn er unterliegen sollte. Im Falle sei-

---

gen der bona und mala fides geordnet. Doch muß auch der redliche Inhaber den für veräußerte Erbschaftssachen erlösten Werth herausgeben; es gilt also hier auch der Rechtssatz: res succedit in locum pretii et pretium in locum rei. — Sachen, welche pro herede ersessen sind, kommen indessen nicht zur Restitution, auch nicht dem Werthe nach.

b) Legatare müssen nach Preuß. Landrechte, wenn das Erbrecht des Belasteten streitig ist, das Ende dieses Processes abwarten, ehe sie Befriedigung verlangen können. Allgemeines Landrecht Th. 1. Tit. 12. §. 295.

nes Unterliegens läßt er sich das Geleistete als Auslagen vom Sieger ersetzen gegen Cession der condictio indebiti gegen den Befriedigten. — Ist er aber in mala fide, so muß er dem Sieger retro caviren, daß er in den Proceß eintreten werde, wenn der Befriedigte es zur condictio kommen lassen sollte.

d) Freilassungen von Sclaven, welche letztwillig angeordnet waren, wurden ein Jahr lang aufgeschoben, dann traten sie ein, wenn der Proceß noch nicht entschieden war.

B. Das interdictum quorum bonorum.

Dig. Buch 43 Tit. 2; — Cod. Buch 8 Tit. 2.

Das interdictum quorum bonorum war vom Prätor ursprünglich für den bonorum possessor eingeführt, damit derselbe körperliche Erbschaftssachen einklagen konnte.

Später als der bonorum possessor eine hereditatis petitio erhielt, war ihm dies Interdict überflüssig, dennoch ist es im Justinianischen Rechte beibehalten worden, so daß der bonor. possessor unter Umständen zwischen beiden Klagen wählen kann.

Das Interdict ist ein int. adipiscendae possessionis, geht also nur auf Erlangung körperlicher Erbschaftssachen, setzt auch voraus, daß der bon. poss. sie noch nicht als Erbe in Besitz gehabt hat. — Man kann also mit diesem Interdict nicht die Erbschaft oder Erbschaftsrechte wie mit der hereditatis petitio einklagen. —

Verklagter ist der, welcher körperliche Erbschaftssachen pro herede vel possessore besitzt, oder aus diesen Titeln fictus possessor ist.

Zweck der Klage ist die Herausgabe dieser Sachen.

Einreden des Verklagten sind, daß er ein besseres oder doch gleich starkes Erbrecht hat. Bei gleichem Rechte wird der Kläger nur Mitbesitz erlangen.

Während nach Römischem Rechte nur der bon. possessor, also der civile Erbe nur dann, wenn er auch bonor. possessio nachgesucht hatte, zur Anstellung dieses Interdictes berechtigt war, hat die Praxis dasselbe jedem Erben gegeben, indessen es als ein summarisches Rechtsmittel behandelt, durch welches bei Bescheinigung des Erbrechtes der provisorische Besitz der körperlichen Erbschaftssachen erlangt werden kann, bis zur definitiven Entscheidung über das Erbrecht im Wege der hereditatis petitio. [c])

C. Remedium ex lege ultima Codicis de edicto divi Hadriani tollendo.

Cod. Buch 6 Tit. 33.

Die lex Julia de vicesima hereditatum (6 n. Chr.) hatte eine Erbschaftssteuer von 5 pCt. eingeführt, und um die Staatskasse so schnell als möglich in den Besitz dieser

c) Das Preuß. Landrecht hat das int. quorum bonorum nicht aufgenommen;

Abgabe zu setzen wurde verfügt, daß derjenige, welcher in einem schriftlich errichteten Testamente zum Erben eingesetzt sei, vorläufige Einweisung in die Erbschaft verlangen, damit der Staat die Steuer erheben könne.

Obgleich die lex de vicesima später aufgehoben wurde, blieb das Rechtsmittel doch stehen; Hadrian beschränkte es auf die Dauer eines Jahres, Justinian regulirte es ganz neu und machte es wieder zu einer actio perpetua. Daher hat die Klage auch den langen Namen von den neuern Juristen erhalten.

Nach Justinian's Bestimmung soll der Erbe, welcher in einem schriftlichen ohne äußerlich sichtbaren Fehler errichteten Testamente zum Erben eingesetzt ist, unter Production der Testamentsurkunde vorläufige Einweisung in den Besitz der Erbschaftssachen verlangen können, welche zur Zeit des Todes des Testators zu dessen Vermögen gehört haben. — Der Verklagte hat, wenn sie liquide sind, die Einreden, daß er Erbe sei, daß er die Sachen aus speciellem Rechtsgrunde besitze, daß die Klage durch dreißigjährige Verjährung erloschen sei.

Werden von verschiedenen Personen Testamente mit verschiedenem Datum producirt, so muß dem im jüngern Testament Eingesetzten der Vorzug gegeben werden.

Das Verfahren ist summarisch, die Entscheidung ohne Zulassung der Appellation eine provisorische bis zum Austrag der hered. petitio geltende. [d])

d) wohl aber die missio ex edicto D. H. tollendo, nur mit der Modification, daß die Einweisung nicht in einzelne Erbschaftssachen erfolgt, sondern in die Erbschaft, und sich nicht auf

D. Bonorum possessio (missio in possessionem) furiosi nomine.

Dig. Buch 37 Tit. 3; Cod. Buch 5 Tit. 70.

Fällt einem Wahnsinnigen oder Blödsinnigen eine Erbschaft zu, welcher nicht suus des Erblassers ist, und deshalb sie nicht ipso jure erwirbt, so kann sein Curator nicht die Erbschaft für ihn erwerben, da die Antretung derselben durch Stellvertreter nicht gestattet ist. Um jedoch dem Wahnsinnigen für den Fall, daß er später gesund werden möchte, die Erbschaft zu erhalten, soll dem Curator desselben provisorisch die Verwaltung der Erbschaft auf Nachsuchen ertheilt werden bis der Geisteskranke stirbt oder gesund wird. Stirbt er ohne gesund geworden zu sein, oder schlägt er gesund geworden die Erbschaft aus, so ist sie den nächstfolgenden Berechtigten deferirt, im Augenblicke seines Todes oder der Ablehnung, da nicht eher der Ausfall des zuerst designirten Erben feststeht. Die Erbschaft fällt deshalb an diejenigen, welche in diesem Augenblick die Nächsten zur Erbschaft sind. Die Erben des Geisteskranken haben darauf keinen Anspruch. e)

---

solche Sachen und Rechte erstreckt, welche ein anderer Erbschaftsprätendent redlicher Weise bereits in Händen hat. Allgemeines Landrecht Th. 1. Tit. 12. §. 243 ff.

e) Da nach Preußischem Landrechte die Erbschaft stets ipso jure erworben wird, so bedarf es dieser missio in posses. furiosi nomine nicht. — Der Curator furiosi muß für den

E. Bonorum possessio (missio in possessionem) ventris nomine.

Dig. Buch 25 Tit. 5 u. 6; Buch 37 Tit. 9.

Wenn ein nasciturus Erbe sein würde, so wird auf Antrag der angeblich Schwangeren dem nasciturus ein Curator gestellt, die Schwangere in den Erbtheil ihres künftigen Kindes eingewiesen, die Verwaltung desselben dem Curator übertragen, die Schwangere endlich aus dem Nachlaß alimentirt. — Zeigt sich später, daß die Frau nicht schwanger ist, so ersetzt sie das Erhaltene nicht, wenn sie in bona fide war; war sie in mala fide, so muß sie Ersatz leisten, und wurde nach Römischem Rechte auch infam. —

Würde der nasciturus alleiniger Erbe sein, so wird die ganze Erbschaft unter Verwaltung gestellt; würde er nur einen Theil erben, so wird auf Drillinge gerechnet, und es werden daher drei Erbtheile verwaltet. Kommen weniger als drei Kinder zur Welt, so wird das zuviel Reservirte nachträglich vertheilt; kommen wider Erwarten mehr als drei zur Welt, so müssen die Miterben das Fehlende herausgeben.

Die Quellen sprechen nur von der schwangeren Frau des Erblassers, in der Praxis wird diese missio ertheilt, sobald ein nasciturus Erbe sein würde; unbedingtes Ali-

---

Geisteskranken die Rechtswohlthat des Inventars in Anspruch nehmen.

mentationsrecht jedoch steht nur der Frau des Erblassers zu, jeder anderen nur im Fall der Bedürftigkeit. [f])

F. Bonorum possessio ex edicto Carboniano.

Dig. Buch 37 Tit. 10; Cod. Buch 6 Tit. 17.

Wenn einem unmündigen Notherben seine legitime Geburt bestritten wird, so kann der Vormund des Unmündigen verlangen, daß der Proceß über dessen Erbansprüche bis zur Mündigkeit ausgesetzt, demselben aber in seinen Erbtheil eine missio in possessionem mit dem Rechte der Alimentation aus der Erbschaft ertheilt werde. — Die Gewährung der missio erfolgt nach einer causae cognitio, und findet nicht statt, wenn die Aussetzung des Processes dem Unmündigen nicht zum Vortheile gereicht oder wenn es klar ist, daß er nicht Erbe sein würde, z. B. wenn er rite exheredirt ist. — Die Verwaltung der Erbschaft erhält der Vormund des Unmündigen, wenn er cautio de restituendo stellt. — Kann oder will er diese Caution nicht stellen, so haben seine Gegner das Recht, gegen Stellung dieser Caution die Verwaltung zu beanspruchen; stel-

f) Das Preuß. Landrecht setzt keine Erbtheile aus, sondern setzt die ganze Erbschaft bis zur Entscheidung über die Geburt des postumus unter vorläufige Verwaltung. Wäre der postumus alleiniger Erbe, so hat sein Curator die Verwaltung unter Zuziehung der nächst Berechtigten; wäre er nur Miterbe, so können die Miterben unter Zuziehung des Curators die Verwaltung der Erbschaft führen. Allgemeines Landrecht Th. 1. Tit. 9. §. 372 ff.

len auch diese keine Caution, so werden sie zwar mit in die Erbschaft immitirt, die Verwaltung wird aber einem besonders dazu bestellten Curator anvertraut. — Die empfangenen Alimente hat der Unmündige in keinem Falle zu restituiren.

Vor der Novelle 115 hatte diese missio eine beschränktere Anwendung als jetzt, da erst dies Gesetz die Qualität eines Notherben allen Descendenten verliehen hat. [g])

---

g) Die missio ex edicto Carboniano hat das Preußische Landrecht nicht.

Vom Verhältniß der Miterben.

§. 20. Mehrere Erben derselben Erbschaft stehen zu einander in dem Verhältnisse einer communio incidens, Dritten gegenüber vertritt Jeder die gesammte Persönlichkeit des Erblassers nach Verhältniß seines Erbtheiles. —

Die Folge der Communio ist, daß an theilbaren dinglichen Rechten jeder Miterbe einen ideellen Antheil hat. Theilbare Activa und Passiva jedoch sind ipso jure unter ihnen getheilt, so daß in Bezug auf diese eine communio nicht vorhanden ist.

Untheilbare Activa und Passiva berechtigen und verpflichten jeden auf das Ganze; sie mögen sich nach geschehener Eintreibung oder Berichtigung in ihrer Qualität als Miterben auseinandersetzen. [h])

---

h) Nach Preußischem Landrechte haben die Miterben zwar an der Erbschaft jeder einen ideellen Theil, nicht aber an den einzelnen Erbschaftssachen und Forderungen. — Vor geschehener Theilung kann daher kein Miterbe einen ideellen Theil einer Erbschaftssache veräußern.

Activa der Erbschaft können vor der Theilung nur gemeinsam eingeklagt werden, und wegen der Passiva der Erbschaft können die Miterben, obgleich sie nur pro rata jeder haften, vor der Theilung doch nur zusammen belangt werden. Allgemeines Landrecht Th. 1. Tit. 17. §§. 151 u. 127 ff.

Jeder Miterbe kann sowohl gegen seine Miterben als gegen Dritte, wenn er mit der hereditatis petitio klagt, dieselbe nur als partiaria anstellen, und sonach von jedem Verklagten nur seinen ideellen Theil von dem fordern, was der Beklagte von der Erbschaft in Händen hat. Miterben werden sich im Wege der Einrede in so weit abrechnen, als der Kläger ihnen von dem Geforderten wieder zurückgewähren müßte. — Nur in dem ganz absonderlichen Falle soll der coheres von dem Verklagten Alles abfordern dürfen, wenn jeder der Miterben so viel in Händen hat von der Erbschaft als ihnen gebührt, das dagegen, was ein Nichterbe detinirt, gerade den Antheil des Klägers ausmacht (ein Fall, der so leicht nicht vorkommen dürfte).

Die Erbschaft selbst ist unter den Miterben niemals ipso jure getheilt; damit dies als geschehen gelte, bedarf es stets einer Auseinandersetzung. Wenn daher jeder Miterbe auch zufällig so viel in Händen hat, als ihm gebührt, so ist die Erbschaft doch dadurch unter ihnen nicht eher getheilt, als bis sie sich dahin erklärt haben, daß sie dadurch getheilt sein solle.

Ueber die Art der Theilung können sie sich friedlich einigen; gelingt dies ihnen nicht, so steht ihnen die Erbschaftstheilungsklage (actio familiae herciscundae) zu Gebote.

Die actio familiae herciscundae.

Dig. Buch 10 Tit. 2; Cod. Buch 3 Tit. 36 u. 38.

Die Klage hat im Allgemeinen die Natur der actio

communi dividundo, d. h. sie geht nicht nur auf Theilung, sondern auch zugleich auf Auseinandersetzung wegen persönlicher Ansprüche aus der Miterbenqualität. — So weit sie die Theilung verlangt, ist sie unverjährbar, im Uebrigen der dreißigjährigen Verjährung unterworfen. — Es können auch mehrere denselben Personen zusammen zustehende Erbschaften in einer Klage zur Theilung gebracht werden. — Da die Klage den Zweck hat, die Erben in ihrer Qualität als Miterben auseinander zu setzen, so kann sie in Bezug auf dieselbe Erbschaft unter denselben Miterben nicht mehr als ein Mal angestellt werden; finden sich später noch ungetheilte Erbschaftssachen, so müssen diese im Streitfalle mit der actio communi dividundo zur Theilung gebracht werden. —

Für diejenigen Miterben, welche zur Klage nicht zugezogen worden, hat das Urtheil keine Wirkung; es steht ihnen daher gegen ihre Miterben stets die actio familiae herciscundae zu. — Die Anstellung der Klage setzt voraus, daß über die Höhe der Erbschaftsquoten kein Streit ist; andernfalls müssen die Quoten vorerst im Wege der hereditatis petitio festgestellt werden. Wenn der auf Theilung Antragende im Besitze der Erbschaft ist, so kann, falls ihm die Erbesqualität ganz oder theilweise bestritten wird, zugleich im Theilungsverfahren über den Erbanspruch selbst processirt und erkannt werden.

Im Uebrigen gilt Folgendes:

1) Als Kläger kann jeder Miterbe auftreten, sei er civiler, prätorischer Erbe oder Universalfideicom-

missar. Der Impubes arrogatus in Betreff seiner Quarta divi Pii hat die Klage als utilis.

2) Als Verklagte können dieselben Miterben belangt werden.

3) Das judicium ist eine actio duplex.

4) Gegenstand der Theilung ist nur das, was nicht schon ipso jure getheilt ist, was theilbar ist, und nicht als verbotene Sache zu confisciren ist. — Es kommen daher nicht zur Theilung Geld und andere fungible Sachen, Forderungen und Schulden, wiewohl diese durch Ueberweisung und Uebernahme zur Ausgleichung unter den Miterben bei der Theilung dienen können. — Prädialservituten bleiben bei dem herrschenden Grundstücke. — Urkunden, welche sich auf eine bestimmte Sache beziehen, erhält der, welchem die Sache zugetheilt wird; solche Urkunden, an denen alle Miterben ein Interesse auch nach der Theilung der Erbschaft haben, z. B. Familienpapiere, werden zur Aufbewahrung gegeben dem, welcher den größten Antheil an der Erbschaft hat gegen Caution, eventuell dem, welchem die Miterben einstimmig sie anvertrauen wollen, in Ermangelung einer Einigung dem durch das Loos als Aufbewahrer zu bestimmenden Miterben, oder sie werden, wenn das Loos nicht beliebt wird, in dem Depositorium einer Behörde aufbewahrt. — Das Testament des Erblassers soll der größte Antheiler, eventuell der Aelteste, bei gleichem Alter der dem Stande nach höher Stehende, bei gleichem Stande ein männlicher Erbe aufbewahren.

Abschriften von den ihn interessirenden Urkunden kann jeder Miterbe nehmen. [i])

5) Die Art der Theilung bestimmt sich zunächst nach den Vorschriften, welche der Erblasser darüber gegeben hat oder über welche die Miterben unter sich einig sind, denn der Richter hat nur soweit zu erkennen, als sich die Parteien streiten. So weit ihm keine Vorschriften in dieser Weise gegeben sind, hat er ebenso wie bei der actio communi dividundo freie Hand. Er kann daher die Sachen reell theilen, durch Auferlegung von dinglichen Rechten, oder Ueberweisung von Forderungen und Schulden ausgleichen; er kann die Sachen auch unter den Erben oder sonst versteigern und den Erlös theilen. [k])

---

i) Da nach Preußischem Landrechte Forderungen der Erbschaft nicht ipso jure getheilt sind, so kommen auch diese mit in die Theilung. Für Passiva haften aber nach der Theilung die Miterben solidarisch; sie können dieser Haft sich jedoch entziehen, und die Haft pro rata für sich in Anspruch nehmen, wenn sie die bevorstehende Theilung den bekannten Gläubigern speciell, für die unbekannten dreimal, und wenn der Erblasser ein Kaufmann war, sechsmal öffentlich bekannt machen, und erst nach Ablauf von drei respective sechs Monaten von den Erbschaftsgläubigern Klage erhoben wird. Allgemeines Landrecht Th. 1. Tit. 17. §. 137 ff.

k) Nach Preußischem Rechte wird vom Richter ein Theilungsplan, Erbreceß genannt, entworfen, der den Miterben zur Genehmigung vorgelegt wird. Sind vor Abfassung dieses Recesses Streitigkeiten zu erledigen, so geschieht dies durch Urtheil und Recht. — Wird die Genehmigung des entworfenen Recesses von einem oder mehreren Miterben verweigert, so sind die Gründe der Weigerung anzugeben, über welche der Richter wiederum durch Urtheil zu befinden hat.

6) Nach der Theilung stehen die Miterben analog wie Käufer und Verkäufer in Betreff der Präſtation von Mängeln und der Eviction, weshalb ſie ſich gegenſeitig cautio verbalis zu leiſten haben.

7) Gegen das Theilungserkenntniß ſind die gewöhnlichen Rechtsmittel zuläſſig, ein rechtskräftiges Erkenntniß kann aber nur wegen error in calculo oder dolus des etwa beſtochenen Richters angefochten werden.

8) Bei der Theilung müſſen auch die perſönlichen Anſprüche der Miterben gegen einander aus ihrem Verhältniß als Miterben zur Ausgleichung kommen, z. B. Erfüllung eines Modus; Ausgleichung wegen zu viel gezogner Früchte; Präſtation der culpa in concreto; Erſatz der aufgewendeten impensae necessariae, ſo weit ſie ein in einer communio incidens Stehender zu machen befugt iſt (andere impensae mag der Miterbe mit der actio negotiorum gestorum einfordern); endlich die zu machende **Collation**.

Dies letztere führt uns zu dem wichtigen Capitel

Von der Collation.

Dig. Buch 37 Tit. 6 u. 7; Cod. Buch 6 Tit. 20; Novelle 18 cap. 6.

Collation iſt die Verpflichtung eines miter-

Das Verfahren iſt daher principaliter eine contractliche Einigung, und erſt im Fall des Diſſenſus ein judicium familiae herciscundae. — Grundſtücke des Nachlaſſes müſſen, ſobald auch nur ein Miterbe es verlangt, gerichtlich ſubhaſtirt werden.

benden Descendenten, gewisse Stücke und Rechte seines eigenen Vermögens in die Erbschaft einzuwerfen.

Die Collation kömmt nur unter miterbenden Descendenten zur Sprache.

Sie hat ihren Ursprung in dem prätorischen Rechte, ist aber von den Kaisern Leo und Justinian bedeutend modificirt und erweitert worden. — Es ist daher zu sprechen:

A. Von der Collation des älteren Rechtes;

B. Von der Collation des jetzigen Rechtes.

A. Von der Collation des älteren Rechtes.

Das prätorische Recht stellte zwei Fälle der Collationspflicht auf:

1) die Collationspflicht der Nicht-sui gegenüber den suis;

2) die Collationspflicht der weiblichen Descendenten in Betreff der dos.

1. Die Collationspflicht der Nicht-sui gegenüber den suis.

Die sui erwarben Alles für ihren Vater, die Nicht-sui erwarben für sich selbst. Letztere erbten, so weit sie berufen waren, in der bon. poss. unde liberi und contra tabulas neben den suis in das Vermögen des Vaters, also auch in das, was die sui dem Vater erworben hatten; deshalb erschien es dem Prätor billig, daß die sui auch in das erben sollten, was diese Nicht-sui dem Vater erworben hätten, falls sie sui geblieben wären. —

Aus diesem Princip ergeben sich folgende Sätze:

1) Diese Collation ist ein Institut des prätorischen Rechtes, und daher nur anzuwenden, wenn bonorum possessio eintritt.

2) Die sui müssen nach strengem Rechte bon. possessio nachsuchen, wenn sie die Collation fordern wollen. Seit der Zeit Hadrian's, nach einer Ansicht des Juristen Cervidius Scävola, können sie dieselbe auch ohne agnitio der bonor. poss. beanspruchen, wenn sie civile Erben sind, und die bonor. poss. würden nachsuchen können.

3) Nicht-sui conferiren nur da, wo sie in ihrer Eigenschaft als solche mit den suis concurriren, d. h. wenn sie durch die b. p. contra tabulas oder unde liberi zur Erbschaft kommen. — Ex testamento oder durch die b. p. unde cognati Erben Gewordene conferiren nicht, da sie hier nicht als Nicht-sui den suis gegenüber stehen.

4) Alles, was ein suus sich selbst erwerben kann, oder nach dem Tode des Vaters aus der Erbschaft herausnimmt als ihm gehörig, wird nicht conferirt, z. B. das, was zu den bona militaria gehören würde, was der Nicht-suus zum Erwerb einer militia oder dignitas empfangen oder zugesagt erhalten hat, die dos seiner Ehefrau. —

Nach einer singulären Bestimmung auch das nicht, was er durch eine actio vindictam spirans erworben hat. — Mit der Erweiterung der Fähigkeit für sui, eignes Vermögen zu erwerben, mußte der Kreis der Gegenstände dieser Collation mehr und mehr sich verkleinern (cf. unten). — Schulden wurden von dem Conferendum in Abzug gebracht. —

Zwei Besonderheiten hat aber diese Collation, welche mit dem Principe nicht harmoniren, nämlich.

5) Der Nicht-suus conferirt nur den suis, welchen er etwas durch seine Concurrenz entzieht (obgleich wenn er in der Gewalt geblieben wäre, auch diese von seinem Erwerbe mitgeerbt hätten). Deshalb conferirt der nepos, welcher in seinem Stamme einen suus zum conepos hat, nur diesem und nicht den filiis suis; und wenn es durch die Präterition eines Nicht-suus zur bon. poss. contra tabulas kömmt, so wird dem suus nicht conferirt, welcher dadurch mehr erhält, als er sonst erhalten hätte.

6) Von dem Conferendum giebt jeder Nicht-suus an jeden suus einen Kopftheil, welcher so berechnet wird, daß zu den berechtigten suis nur der Verpflichtete zugezählt wird. Wenn daher z. B. vier sui und drei zur Collation Verpflichtete vorhanden sind, so giebt jeder der letzteren an jeden suus von dem Conferendum ein Fünftel heraus.

Ob diese ganze Collation noch practisch sei ist streitig. Die herrschende Ansicht hält sie nicht mehr für anwendbar. — Die bon. poss. unde liberi ist durch die Nov. 118 u. 127 zu Grunde gegangen, die bon. poss. contra tabulas nach dem Derogationssystem durch Nov. 115. Aber selbst wenn das Correctionssystem angenommen wird, fehlt es dieser Collation an einem Gegenstande. Denn Alles außer Zuwendungen vom Vater erwirbt ein suus jetzt für sich; was von diesen zur Collation zu bringen ist, haben Leo und Justinian für alle Descendenten bestimmt, und die Früchte solcher Zuwendungen als collationspflichtig erklären zu wollen — wie dies Einige thun — würde zu dem unjuristischen Resultate führen, ermitteln zu müssen, wie viel weniger der suus bei seinem Vater verzehrt hat, als der Nicht-suus Früchte von den Zuwendungen des Vaters.

2. Die Collationspflicht der weiblichen Descendenten in Betreff der dos.

Auf einem ganz anderen Grundsatze als die Collation der Nicht-sui beruht die Collationspflicht in Betreff der dos. Diese Pflicht traf nur die in der Gewalt des Erblassers befindliche sua, weil sie ihre dos entweder bei Auflösung der eingegangenen Ehe als ihr Vermögen erhielt, oder doch, wenn sie bereits beim Tode ihres Hausvaters wieder ehelos war, die dos, welche derselbe in ihrem Interesse zurück empfangen hatte, als ihr Vermögen aus der Erbschaft herausnahm. — Sie hatte demnach ein Vermögen vor den anderen sui und den anderweitigen Descendenten zum Voraus. —

Indessen auch diese Collation trat nur ein, wo die sua in ihrer Eigenschaft als Descendentin erbte, d. h., wenn sie als bonor. possessor in der Klasse unde liberi und contra tabulas, seit Antoninus Pius jedoch auch, wenn sie nach civilem Rechte in der Classe der sui erbte. —

Die dos profectitia, weil sie aus dem Vermögen des Parens herrührte, wurde sowohl den suis als den Nicht-suis conferirt; die adventitia nur den suis, weil die Nicht-sui auf die Collation von Vermögen, das nicht vom Parens herrührte, keine Ansprüche hatten. — Uebrigens galt auch hier der Grundsatz, daß dem nicht conferirt wurde, welcher durch die Trennung der Collationspflichtigen sua nichts verlor, und bei der Berechnung des zu conferirenden Kopftheiles, daß nur die verpflichtete sua und die Berechtigten gezählt wurden.

Während nun die Collationspflicht der Nicht-sui zu Grunde ging, hat diese Collationspflicht der sua in Betreff ihrer dos Veranlassung zur Ausbildung des jetzt geltenden Rechtes der Collation gegeben.

Kaiser Leo hat nämlich im Jahre 467 n. Chr. in l. 17 Cod. Buch 6 Tit. 20 verfügt, daß alle weibliche Descendenten diejenige dos und alle männliche Descendenten diejenige donatio propter nuptias den miterbenden Descendenten zu conferiren hätten, welche aus dem Vermögen des zu beerbenden Ascendenten, welchen Geschlechtes dieser auch sei, herrührte. —

Justinian dehnte diese Verpflichtung auch auf diejenigen Zuwendungen inter vivos aus, welche in den Pflichttheil eingerechnet werden müssen, und in einigen Fällen auf die donatio simplex (l. 19 u 20 Cod. ebendaselbst), und verfügte in Novelle 18 cap. 6, daß auch bei der Erbfolge aus einem Testamente die Collationspflicht eintreten solle.

B. Von der Collation des jetzigen Rechtes.

1. Gegenstand der Collation sind nur: [1]) die dos, donatio propter nuptias, die militia, und die donatio simplex in zwei Fällen, nämlich, wenn der Schenker bei der Schenkung die Collation vorgeschrieben hat, und wenn der Beschenkte kein anderweites Object zur Collation bringt gegenüber denen, welche keine Schenkung erhalten haben, ihm aber ein anderweites Object zur Collation zu bringen haben. —

Alle diese Stücke sind auch nur dann Gegenstand der Collation, wenn sie von dem verstorbenen Ascendenten bei seinem Leben gegeben oder gültig versprochen worden sind.

Einer militia wird jetzt Alles das gleichgestellt, was der Ascendent dem Descendenten zur Einrichtung einer selbstständigen Wirthschaft gegeben hat, z. B. Einrichtung einer Werkstätte, die Equipage für den ärztlichen Beruf rc. —

---

1) Nach Preußischem Landrechte sind Objecte der Collation: die Ausstattung, d. h. Alles, was gegeben oder gültig versprochen ist bei der Verheirathung, bei Errichtung einer besonderen Wirthschaft, bei Anstellung eines eignen Gewerbes oder bei Uebernehmung eines Amtes; ferner: Geschenke an Grundstücken, Gerechtigkeiten und ausstehenden Capitalien; endlich alle sonstige Zuwendungen, von denen die Collation vom Geber letztwillig angeordnet worden (natürlich unbeschadet des Pflichttheilsrechtes). — Ist ein Descendent vom Verstorbenen für sein künftiges Erbrecht abgefunden, so muß die Abfindung, wenn der Abfindungsvertrag seine Wirkung verliert, stets conferirt werden. Allgemeines Landrecht Th. 2. Tit. 2. §§. 303 ff., 328, 386, 391, 376.

Es werden dagegen z. B. nicht conferirt: Alimente, Studienkosten, zur Erlangung einer Würde Gegebenes, Schenkungen außer in den beiden angegebenen Fällen, Lösegeld aus der Gefangenschaft.

Nach Ansicht vieler Juristen soll Alles das conferirt werden, was nicht speciell ausgenommen ist, ja Manche gehen sogar so weit, daß sie im Testament hinterlassene Vermächtnisse für collationspflichtig halten, weil *Justinian* gesagt hat, daß Alles zu conferiren sei, was auf den Pflichttheil eingerechnet werden müsse. — Der Geber kann letztwillig anordnen, daß auch andere als die gesetzlich zu conferirenden Stücke zur Collation gebracht werden sollen, darf aber dadurch nicht das Pflichttheilsrecht verletzen.

2. *Subjecte der Collationspflicht und des Collationsrechtes* sind nur *Descendenten*, welche ab intestato erben, oder wenn sie ex testamento erben, falls sie in Ermangelung eines Testamentes ab intestato geerbt hätten. — Berechtigung und Verpflichtung sind gegenseitig; auch kommt, der richtigen Ansicht nach, die Collation allen diesen Descendenten zu Gute, auch denjenigen, welche durch die Concurrenz des Collationspflichtigen nicht verkürzt werden. Enkel müssen nicht nur das conferiren, was sie selbst von dem verstorbenen Ascendenten erhalten haben, sondern, *wenn sie Erben ihres Parens geworden sind*, auch das, was dieser ihr Parens von dem Erblasser empfangen hat. Die Ansicht, welche gegen die Praxis einige Rechtsgelehrte aufstellen, daß Enkel die an ihre Parentes gediehenen Zuwendungen auch dann zu con-

feriren hätten, wenn sie ihre Parentes nicht beerbt hätten, weil sie in das Vermögen der Großeltern nur aus dem Rechte ihrer Eltern jure repraesentationis erben, beruht auf einer irrigen Auffassung des s. g. Repräsentationsrechtes.

Dieses Recht, falls man überhaupt von ihm als einem wirksamen juristischen Begriffe sprechen will, hat keine andere Folge, als daß die Enkel Stammtheile nehmen, nicht aber die Folge, daß sie nur aus dem Rechte ihrer Eltern und nicht aus eignem Rechte erbten. Der Irrthum in dieser Auffassung tritt sofort zu Tage, wenn man erwägt, daß Enkel auch dann in das Vermögen ihrer Großeltern erben, wenn sie von ihren Eltern gültig enterbt sind. [m])

3. Die Collationspflicht tritt ein, sobald der Verpflichtete Erbe geworden ist. Es kann sich dadurch leicht ereignen, daß er mehr herausgeben muß, als er aus der Erbschaft erhält. Will er der Collationspflicht sich entziehen, so muß er die Erbschaft ablehnen. Irrig ist die Ansicht, daß wenn er die Erbschaft mit der Rechtswohlthat des Inventars angetreten hat, er nie mehr conferirt, als

m) Nach Preußischem Landrechte findet die Collationspflicht ebenfalls nur unter Descendenten statt. Enkel müssen das, was ihre Eltern erhalten haben, auch dann conferiren, wenn sie dieselben nicht beerbt haben, weil sie nur den Erbtheil ihrer Eltern erben; dagegen conferiren sie das, was sie von dem Großparens erhalten haben, nur, wenn es ihnen zu einer Zeit zugewendet worden, zu welcher sie bereits directe Erben ihres Großparens sein würden. Allgemeines Landrecht Th. 2. Tit. 2. §§. 303, 359 bis 365.

er aus der Erbschaft erhält, denn diese Rechtswohlthat schützt nur gegen die Erbschaftsgläubiger, nicht aber gegen die den Miterben schuldigen Verpflichtungen.

4. Die Collation kann nach Wahl des Verpflichteten entweder durch Einwerfen oder durch Anrechnung erfolgen; die Abschätzung der Effecten erfolgt nach dem Zustande derselben zur Zeit des Todes des zu beerbenden Ascendenten unter Berücksichtigung der auf die Sache gemachten außerordentlichen Erhaltungskosten und der impensae utiles. Was vor dem Eintritt der Collationspflicht ohne dolus zu Grunde gegangen ist, wird nicht conferirt; vom Tage der eingetretenen Pflicht an steht der Verpflichtete für culpa in concreto als Theilnehmer einer communio incidens, hat auch wegen mora Zinsen und Früchte zu leisten.

5. Die Quote, welche der Verpflichtete von dem Conferendum an den Berechtigten herausgiebt, ist dieselbe, zu welcher der Berechtigte als Erbe concurrirt. [n])

---

n) Nach Preußischem Landrechte giebt der Collationspflichtige der Regel nach an die Berechtigten nichts heraus, die Collation besteht vielmehr darin, daß der Verpflichtete aus dem Nachlasse nicht eher etwas erhält, als bis die Berechtigten aus demselben so viel erhalten haben, als er an dem Collationsobjecte an Werth hat. Nur wenn der Nachlaß nicht zureicht, die nicht ausgestatteten Kinder auszustatten, haben die Ausgestatteten, jedoch höchstens mit einem Drittel des Empfangenen, die Ausstattung zu bestreiten. Allgemeines Landrecht §§. 303 und 314 ff. l. c.

Ueber die Werthsbestimmung der collationspflichtigen Gegenstände entscheidet die Bestimmung des Erblassers; doch kann

6. Erzwungen wird die Collation entweder bei Gelegenheit der actio familiae herciscundae, oder durch Nichtzulassung zu den Erbschaftsklagen, also auch durch Retention. Im Fall der Verpflichtete zur Zeit außer Stande ist zu conferiren, kann er Caution stellen oder durch Sequestration seines Erbtheiles das zu conferirende Quantum decken lassen. Diese Sequestration wird indessen nur dann zum Ziele führen, wenn die Aufkünfte des Erbtheiles mehr als die Zinsen des zu conferirenden Quanti decken. — Können und wollen die Berechtigten caviren, so werden sie zu Sequester bestellt; wenn nicht, so wird ein Curator bestellt.

Vom Accrescenzrechte unter Miterben.

Cod. Buch 6 Tit. 51.

Das Accrescenzrecht, jus accrescendi, wird auch jus non decrescendi genannt, weil man die einmal zusammenberufenen Miterben als so lange zusammen auf die Erbschaft berufen betrachtet, als noch einer von ihnen zur

---

bei Grundstücken und Gerechtigkeiten der Verpflichtete auf Taxirung antragen und die Berechtigten haben den Einwand, daß der Erblasser den Werth unter der Hälfte festgesetzt habe. — In Ermangelung einer Werthsbestimmung durch den Erblasser tritt Taxe ein, der Mobilien im Zustande zur Zeit der Erbtheilung, bei Grundstücken und Gerechtigkeiten zur Zeit der Zuwendung, und subsidiär der Erwerbspreis des Erblassers. §. 331 Allgemeines Landrecht l. c.

Erbschaft berechtigt ist. — Es ist dies Recht aber auch in der Regel eine Pflicht, d. h. die Accrescenz kann nicht abgelehnt werden. — Dies Recht und diese Pflicht gebührt denen und lastet auf denen, welche Erben geworden sind, und besteht darin, daß die vacant werdenden Erbtheile der Miterben ihnen mit allen Lasten derselben zufallen.

Transmission und Substitution schließen natürlich die Accrescenz aus.

Die Accrescenz kann in zwei Fällen abgelehnt werden:

1) wenn ein suus abstinirt, so können die bereits Erben Gewordenen sie ablehnen, müssen aber dann auch ihre Erbtheile wieder aufgeben;

2) wenn ein Miterbe sich wegen Ueberlastung seines Erbtheiles in integrum restituiren läßt, so können die bereits Erben Gewordenen unter Behaltung ihrer Erbtheile den vacant werdenden Theil ablehnen, über welchen dann ein Specialconcurs eröffnet wird.

Die Frage, welchen der Miterben accrescire, bestimmt sich bei der testamentarischen Erbfolge anders als bei der ab intestato. — Vor Justinian hatte die lex Julia et Papia Poppaea mit ihren Strafen des Cölibates und der Orbität einen das Accrescenzrecht der testamentarischen Erben fast gänzlich aufhebenden Einfluß, indem sie es nur den Descendenten und Ascendenten bis zum dritten Grade beließ, im Uebrigen aber ein ganz neues Recht, das vindicare caducum zu Gunsten der im Testamente bedachten patres einführte (siehe caducum am Ende des Erbrechtes).

Justinian hat die lex Julia et P. P. aufgehoben und das alte Recht wieder hergestellt.

A. Das Accrescenzrecht der testamentarischen Erben beruht auf dem Grundsatze, daß Niemand durch seinen Willen zum Theil ex testamento, zum Theil ab intestato beerbt werden könne. Bei Soldatentestamenten ist dies Recht daher kein nothwendiges, und nach heutigem Gemeinen Rechte in Deutschland muß es für erlaubt erachtet werden, es auszuschließen. —

Der vacante Antheil accrescirt hier zunächst denjenigen, welche mit dem Ausfallenden re et verbis conjuncti sind; in Ermangelung solcher denen, welche mit ihm re tantum conjuncti sind. Der Vorzug beider kann auf eine vermuthete Substitution zurückgeführt werden. — Hat der Ausfallende keine in dieser Weise mit ihm conjungirte, so accrescirt allen eingesetzten Erben pro rata hereditaria.

Verbis tantum conjuncti haben kein Vorzugsrecht vor anderen Miterben (l. 17 §. 1; l. 63 und 66 Dig. Buch 28 Tit. 5), doch ist diese Frage sehr bestritten wegen des allgemeinen Ausdruckes conjunctim in l. unic. §. 10 Cod. Buch 6 Tit. 51 und weil die vindicatio caduci den verbis conjuncti zustand.

B. Das Accrescenzrecht der Intestaterben beruht auf dem Grundsatze, daß eine successio graduum und ordinum nicht eher eintreten kann, ehe nicht die einmal geschehene Delation durch Fortfallen aller Berufenen aufgehoben ist. — Hier accrescirt denen, welche durch die Concurrenz des Ausfallenden in der Höhe ihres Erbtheiles gekürzt worden wären. — Wenn der Ausfallende einen

Kopftheil der Erbschaft erhalten hätte, so accrescirt allen Miterben; würde er mit anderen zusammen einen Stammtheil oder Linealtheil erhalten haben, so accrescirt nur denen, welche mit ihm zu demselben Stammtheil oder Linealtheil berufen sind. Ob er mit anderen in einem Stamme oder einer Linie steht, ist ohne Einfluß, es kommt darauf an, wie er theilt. Beispiele geben die Concurrenz der Ascendenten und Geschwisterkinder in der zweiten Classe nach den Novellen 118 u. 127, je nachdem sie allein oder mit anderen Arten von Verwandten erben. o)

---

o) Nach Preußischem Landrechte ist, wie bereits früher erwähnt, die Accrescenz keine Nothwendigkeit; der Testator kann sie ausdrücklich und stillschweigend ausschließen.

Bei der testamentarischen Erbfolge wird auf die conjunctio nur dann Rücksicht genommen, wenn mehreren Erben dieselben Sachen oder Summen auf ihre Erbtheile zusammen ungetheilt zugewiesen sind, wo beim Ausfallen des einen die mit ihm in der Zuweisung Verbundenen ein vorzügliches Accrescenzrecht haben. Sonst accrescirt stets allen testamentarischen Erben pro rata hereditaria. Allgemeines Landrecht Th. 1. Tit. 12. §. 281 ff. Die Accrescenz kann übrigens nur unter Aufgabe des eignen Erbtheils abgelehnt werden; die Legatare der portio accreta haben nie über den Bestand derselben Ansprüche. —

Bei der ordinären Erbfolge ab intestato kann, wie ebenfalls früher bereits erwähnt, von einem Accrescenzrecht nicht gesprochen werden, weil die successio graduum stets eintritt; nur bei der außerordentlichen Erbfolge neben den gewöhnlichen Classen, z. B. bei der der Kinder aus einer Ehe zur linken Hand, bei den unehelichen Kindern tritt es ein, weil diese zusammen den einmal ihnen angefallenen Erbtheil behalten, der mit Rücksicht auf die Concurrenz anderer Personen im Augenblicke der Delation ihnen bestimmt ist.

Von der Ablehnung der Erbschaft.

Dig. Buch 29 Tit. 2; Cod. Buch 6 Tit. 31.

§. 27. So wie der designirte Erbe sich vor der Delation der Erbschaft nicht gültig über die Antretung derselben erklären kann, ebenso wenig ist eine Ausschlagung der Erbschaft vor diesem Zeitpunkte von Wirksamkeit. Die Entsagung der Erbschaft vor dem Tode des Erblassers gegen Abfindung schloß nach Römischem Rechte nicht von der Erbschaft aus. Das Canonische Recht (cap. 2 in sexto Buch 1 Tit. 18, eine Verordnung von Bonifaz dem Achten) erklärt die eidliche Entsagung auf die Erbschaft bei Lebzeiten des Erblassers für rechtsbeständig. Nach heutigem Rechte ist solche Entsagung in Form eines Erbvertrages stets gültig. —

Der Verlust der Erbschaft kann durch Stillschweigen erfolgen — dies Schweigen wird omissio hereditatis genannt — dadurch, daß der Erbe sich innerhalb der ihm vom Erblasser oder vom Richter gestellten Frist nicht erklärt, oder, wenn ihm solche Frist nicht gestellt ist, sich überhaupt nicht der Erbschaft annimmt. —

Die Entsagung — repudiatio hereditatis —, d. h. die ausdrückliche oder stillschweigende Erklärung, nicht Erbe sein zu wollen, hat dieselben Erfordernisse wie die aditio der Erbschaft. Der Entsagende muß daher wissen, daß ihm die Erbschaft, ob sie ihm ex testamento oder ab intestato, ob bedingt oder pure deferirt ist; auch muß seine Erklärung, wenn sie wirksam sein soll, auf den ihm beschiedenen Erbtheil sich beziehen.

Die Entsagung kann nicht durch Stellvertreter erfolgen; der Entsagende muß willensfähig sein und auch befugt sein, über sein Vermögen selbstständig zu verfügen.

Der Unmündige sui juris bedarf der auctoritas des Tutors, das Hauskind der Genehmigung seines Vaters, der Verschwender der Genehmigung seines Curators. — War der Sclave eines Dritten eingesetzt, so mußte sich der Sclave selbst über die Antretung erklären, jedoch konnte er dies nur auf Befehl seines Herrn thun. Ebenso konnte er nur auf Befehl seines Herrn die Erbschaft ausschlagen.

Die Entsagung kann durch ausdrückliche Erklärung oder durch concludente Handlungen geschehen. — Bedingte oder theilweise Entsagung ist unzulässig und gilt für nicht abgegeben. —

Die gültig geschehene Entsagung kann in der Regel nicht widerrufen werden, ausgenommen:

a) wenn ein triftiger Restitutionsgrund vorliegt, z. B. metus, minor aetas;

b) wenn ein suus heres von dem benef. abstinendi Gebrauch gemacht hatte, so kann er dadurch wieder Erbe werden, daß er sich in der Absicht, Erbe sein zu wollen, nachträglich in die Erbschaft immiscirt. Dies Recht steht ihm drei Jahr lang zu, dem großjährigen indessen auch nur so lange kein Anderer der Erbschaft sich angenommen hat. — Minderjährige haben außerdem noch die vierjährige Restitution, folglich, da die drei Jahre auch erst von der major aetas an rechnen, bis zum zweiunddreißigsten Jahre Zeit, die Abstention zurückzunehmen. Es soll sogar jedem suus, der zur Zeit der Abstention noch nicht neunundzwanzig Jahr alt ist, bis zum zweiunddreißigsten Jahre Zeit gegeben werden, die Erbschaft wieder anzunehmen. p) —

Im älteren Römischen Rechte konnte der sub cretione eingesetzte Erbe die Erbschaft ausschlagen und doch noch wiederum innerhalb der Cretionsfrist durch cernere Erbe werden.

---

p) Nach Preußischem Landrechte kann die Erbschaft ex lege nicht durch omissio verloren gehen, da die Erbschaft ipso jure erworben wird. Die Entsagung der Erbschaft muß aber binnen der früher bereits erwähnten Deliberationsfrist entweder zu Protokoll oder in einer schriftlichen eigenhändig unterschriebenen Vorstellung bei dem Gerichte geschehen. Gerichtliche oder notarielle Beglaubigung der Unterschrift wird gewünscht. — Nur der, welcher die freie Verwaltung seines Vermögens hat, kann ohne Zuziehung des Vaters, Ehemannes, Vormundes oder Curators entsagen.

Einmalige gültige Entsagung kann nicht widerrufen werden, unter keinerlei Vorwand.

Wer der Erbschaft ex testamento entsagt, kann nicht ab intestato erben. Allgemeines Landrecht Th. 1. Tit. 9. §§. 389, 398 ff.

Vom Erbschaftskaufe.

Dig. Buch 18 Tit. 4; Cod. Buch 4 Tit. 39; Gaj. Buch 2 §§. 34 bis 39; Ulpian Tit. 19 §§. 12 bis 15.

§. 90. So lange die in jure cessio als Uebertragungsart in Gebrauch war, konnte die hereditas sowohl vor der Antretung als nachher in jure cedirt werden. Gajus und Ulpian unterscheiden hierbei: Wenn der civile Intestaterbe vor der Antretung der Erbschaft dies that, so übertrug er das Erbrecht selbst. — That es derselbe aber nach der Antretung, so übertrug er nur die körperlichen Erbschaftssachen, er selbst blieb Erbe, haftete als solcher den Erbschaftsgläubigern, die Activforderungen der Erbschaft aber gingen zu Grunde, d. h. die Erbschaftsschuldner wurden frei. Gleiches trat ein, wenn der testamentarische Erbe nach der Antretung es that; vor der Antretung hatte die von ihm vorgenommene in jure cessio der Erbschaft gar keinen juristischen Effect.

Nach dem Rechte Justinian's kann das Erbrecht nicht auf einen Anderen übertragen werden, weder vor noch nach der Antretung, wohl aber kann der designirte oder bereits gewordene Erbe die Erbschaft verkaufen oder sonst veräußern. Durch solche Veräußerung hört aber der Veräußerer nicht auf Erbe zu sein, der Erwerber wird es nicht. Das Verhältniß zwischen den Contrahenten steht vielmehr so, daß der Erbe verpflichtet ist, alle Vortheile, welche ihm aus der veräußerten Erbschaft zufallen, dem Erwerber zu gewähren, und daß dieser dem Veräußerer gegenüber verpflichtet ist, diesen für die vermögensrechtlichen Lasten der veräußerten Erbschaft zu vertreten. q)

1) Gegenstand des Erbschaftskaufes kann eine bereits erworbene, eine erst deferirte, aber auch eine noch nicht deferirte Erbschaft sein. Der Vertrag kann daher auch den Character einer emtio spei haben. — Lebte zur Zeit des Verkaufes der Erblasser noch, so ist dessen Zustimmung nöthig, um dem Vertrage das contra bonos mores zu benehmen.

Ein Erbvertrag liegt in dieser Zustimmung nicht, da es dem Erblasser frei steht, in seinem letzten

---

q) Nach Preußischem Landrechte kann nur eine bereits deferirte Erbschaft verkauft werden, und Gegenstand des Erbschaftskaufes ist zwar nicht das Erbrecht, aber doch das Erbschaftsrecht. Daher muß auch der Käufer die Fähigkeit haben, eine Erbschaft zu erwerben und anzutreten. — Der Käufer tritt in alle Rechte und Pflichten des Erben ein, und Alles, was dem Käufer kraft Erbrechtes würde zu Theil geworden sein, fällt dem Käufer zu, also auch das, was der Verkäufer aus einer Vulgarsubstitution und dem Accrescenzrecht erworben hätte. — Pupillar-, fideicommissarische Substitution und Vermächtnisse sind nicht mit verkauft. — Die Wirkungen der confusio erlöschen. Schon gedeckte Onera der Erbschaft kann der Verkäufer nicht in Abzug bringen, er behält dagegen die Früchte, Zinsen, Miethsgelder bis zum abgeschlossenen Verkaufe. — Der Käufer kann direct gegen die Schuldner der Erbschaft klagen, aber auch von den Erbschaftsgläubigern verklagt werden, welche sich jedoch auch entweder sofort an den Verkäufer halten können, oder wenn sie gerichtlich dem Verkäufer diese ihre Absicht haben anzeigen lassen, nach dem Käufer den Verkäufer belangen können. Allgemeines Landrecht Th. 1. Tit. 11. §. 445 ff.

Willen Andere als den Verkäufer zu Erben zu ernennen, und dadurch den Verkauf factisch unwirksam zu machen (l. ult. Cod. Buch 2 Tit. 3).

2) So weit der Vertrag nicht Anderes bestimmt, hat der Verkäufer dem Käufer alle Vortheile zu gewähren, welche er aus der Erbschaft, d. h. dem Erbtheile, gezogen hat, auch zukünftige ihm zufallende Vortheile daraus zu überlassen. Was er durch die confusio lucrirt hat, muß er dem Käufer ebenfalls aushändigen, er erhält dagegen das zurück, was er durch die confusio verloren hat. — Erbschaftslasten, welche der Verkäufer vor dem Verkaufe gedeckt hat, kann er dem Käufer in Abzug bringen. — Erbschaftssachen müssen tradirt, Forderungen cedirt werden (Familienurkunden behält der Verkäufer). — Was vor dem Verkaufe zu Grunde gegangen, wird nicht prästirt, nach dem Verkaufe steht der Erbe dem Käufer für culpa levis. — Direct kann der Käufer gegen Dritte aus der Erbschaft nicht klagen, sondern nur auf Grund von Cession; nur wenn Fiscus Verkäufer ist, soll er das Recht der Klagen ohne Cession haben. — Aber auch umgekehrt kann der Käufer nicht von Dritten belangt werden, der Erbe ist zu verklagen, und dieser kann an den Käufer sich regressiren; nur, wenn Fiscus der Verkäufer ist, oder, nach der Praxis, wenn der Verkäufer insolvent ist, können die Dritten gegen den Käufer klagen.

Wegen sich neu anfindender Activa und Passiva

besteht hiernach zwischen Verkäufer und Käufer ein dauerndes Regreßverhältniß, wegen dessen sie sich gegenseitig auf Verlangen Caution stellen, und zwar stellt der Erbe die cautio partis, der Käufer die cautio pro parte. — Folgerichtig ist auch das mit veräußert, was der Erbe aus der Vulgarsubstitution und dem Accrescenzrecht erworben hat und erwerben wird.

Freilich das Recht Substitut zu sein und das Accrescenzrecht selbst ist nicht veräußert, die Vortheile daraus muß aber der Verkäufer dem Käufer aushändigen, weil die Accrescenz ein Zuwachs, also ein Vortheil aus dem Erbrechte ist.

Viele Juristen wollen die accrescirende Portion nur dann dem Käufer geben, wenn sie vor dem Verkaufe accrescirte. — Gewiß nicht als mitverkauft sind zu betrachten die Vortheile aus der Pupillarsubstitution, aus der fideicommissarischen Substitution und aus Singularvermächtnissen.

3) Für Eviction einzelner Sachen haftet der Verkäufer nicht; ob er dafür haftet, daß er zu einer bestimmten Quote oder überhaupt Erbe sei, hängt davon ab, in wie fern der Verkauf der Erbschaft in seinen Contractsbestimmungen den Character einer emtio spei oder rei speratae hat. Im zweifelhaften Falle wird anzunehmen sein, daß der Verkäufer dafür hafte, daß er Erbe sei, und wenn er eine Quote angegeben, auch, daß er es zu dieser Quote sei. [r])

---

r) Nach Preußischem Rechte haftet der Verkäufer dem

Heutige Bedeutung der bonorum possessio.

§. 29. Die bonorum possessio, soweit sie nur die provisorische Innehabung oder Verwaltung der Erbschaft giebt, und sonach den Character einer missio in possessionem hat, ist auch nach heutigem Rechte practisch. — Dagegen ist die bonor. poss., durch welche prätorisches Erbrecht gegeben wurde in den einzelnen Arten und Classen fast gänzlich unpractisch geworden, durch die Novellen 115, 118 u. 127. — Soweit sie aber auch noch auf Geltung Anspruch machen darf, hat sie doch in der Art ihren Character verändert, daß sie weder Nachsuchung noch Anzeige bei Gericht innerhalb einer bestimmten Frist verlangt. In allen Fällen, wo diese bonor. poss. noch anwendbar ist, hat sie die Natur eines gewöhnlichen Erbrechtes angenommen, die Grundsätze aber, nach welchen materiell die Erb-

---

Käufer für die Erbschaft zu der Quote, auf Höhe welcher er sie verkauft hat, auch dafür, daß sie nicht mit unbekannter directer oder fideicommissarischer Substitution beschwert ist; hierin liegt auch, daß er unbekannte Bedingungen zu vertreten hat. Zur Erfüllung potestativer Bedingungen kann ihn der Käufer auch anhalten, und andere kann der Käufer, wenn die Natur der Bedingung dies zuläßt, selbst erfüllen und die Unkosten der Erfüllung vom Verkäufer beitreiben. §. 484 ff. ebendaselbst.

schaft geordnet wird, sind die für die bonor. poss. geltenden. —

Was nun die einzelnen Classen anlangt, so ist

1) die bonor. poss. contra tabulas durch die Novelle 115, wenn man dem Derogationsprincipe folgt, gänzlich aufgehoben für sui, emancipati und in adoptionem dati. Anders nach dem Correctionssysteme. Siehe S. 389 u. 390. — Die b. p. c. t. des Patrons hat für uns keinesfalls irgend eine practische Bedeutung.

2) Die bonor. poss. secundum tabulas hat sich noch in den meisten Fällen erhalten, z. B.:
   a) zu Gunsten des postumus alienus, welcher zum Erben eingesetzt ist, siehe S. 280;
   b) für den bedingt eingesetzten Erben gegen cautio, siehe S. 295 u. 296;
   c) für den Substituten, wenn der eingesetzte suus abstinirt, siehe S. 334;
   d) für den eingesetzten Erben, wenn der postumus, welcher das Testament rumpirt hatte, vor dem Tode des Testators wiederum fortgefallen war, siehe S. 360 u. 361;
   e) wenn gegen ein Testament die Notherben ihre Rechte nicht geltend machen, siehe S. 365 u. 392;
   f) aus dem ersterrichteten Testamente, wenn das zweiterrichtete vom Testator wiederum vernichtet wird, siehe S. 403;
   g) aus zwei Testamenten von gleichem Datum mit verschiedenem Inhalte, siehe S. 404;

b) aus dem testamentum irritum, wenn der Testator seinen Status wiedererhält, siehe S. 405.

3) Von der bon. poss. intestati ist seit der Nov. 118 und 127 nur die b. p. unde vir et uxor stehen geblieben, d. h. in Ermangelung aller Verwandten erbt der Ehegatte, siehe S. 265.

Von den Vermächtnissen.

Instit. Buch 2 Tit. 20 bis 24; Dig. Buch 30 bis 32; Cod. Buch 6 Tit. 37, 42 u. 43.

§. 30. Vermächtnisse, d. h. Zuwendungen einzelner Vermögensrechte, können vom Testator nicht nur in Testamenten, sondern auch in Codicillen angeordnet werden.

Von den Codicillen.

Instit. Buch 2 Tit. 25; Dig. Buch 29 Tit. 7; Cod. Buch 6 Tit. 36.

Codicill, codicillus, ist im eigentlichen Sinne des Wortes ein schriftlicher letzter Wille, welcher kein Testament ist. Im juristischen Sinne versteht man darunter jede letztwillige Erklärung, welche keine Erbeseinsetzung enthält. —

Der Gebrauch der Codicille ist seit Augustus als rechtlich zulässig anerkannt.

Pr. Inst. Buch 2 Tit. 25 wird die Geschichte der Anerkennung so erzählt, daß Augustus die Codicille seines in Afrika gestorbenen Freundes Lentulus anerkannt habe, und nachdem Trebatius Testa nebst anderen Rechtsgelehrten sich für die Anerkennung ausgesprochen, auch Labeo Codicille hinterlassen, sei Niemandem die Zulässigkeit derselben zweifelhaft geblieben. —

Codicille können neben einem Testamente errichtet werden, aber auch von Solchen, welche ab intestato sterben. Es kann in einem Testamente gesagt sein, daß der Testator noch Codicille errichten werde; es können auch in einem später errichteten Testamente früher errichtete Codicille anerkannt werden, in beiden Fällen heißen die codicilli testamento confirmati, im Gegensatz zu den codicilli testamento non confirmati. — Die neben dem Testamente bestehenden heißen codicilli juxta testamentum oder testamentarii; die ohne Testament errichteten c. sine testamento oder ab intestato facti.

In der älteren Zeit waren die Codicille an keine Form gebunden, es genügte jede Art von Erklärung. — Seit Theodos dem Zweiten (424 n. Chr.) müssen zu den privatim errichteten Codicillen mindestens fünf qualificirte Zeugen zugezogen werden; in öffentlicher Form wie Testamente können sie natürlich auch errichtet werden. — In so weit extraordinäre Testamente zulässig sind, sind es auch privilegirte Codicille.

Man theilt hiernach die Codicille ein in:

c. ordinarii und c. extraordinarii;

die c. ordinarii wieder in

c. publici und privati;

in Rücksicht auf ihr Verhältniß zu einem Testamente in:

c. testamentarii und sine testamento;

die c. testamentarii wieder in:

c. testamento confirmati und non confirmati.

Die Form der Privatcodicille unterliegt im Allgemeinen was unitas actus, Fähigkeit der Zeugen, testamenti factio des Erblassers, dessen Unterschrift ꝛc. anlangt den für Testamente geltenden Regeln. — Abweichend ist nur, daß das Untersiegeln seitens der Zeugen nicht nöthig ist. — Streitig ist, ob die Zeugen rogati sein müssen; es ist wohl die Affirmative anzunehmen. Ferner ist streitig, ob ein Blinder sechs oder acht Zeugen wegen l. 8 Cod. Buch 6 Tit. 22 zuziehen müsse; es sind sechs für genügend zu erachten; ferner ob Weiber als Zeugen zulässig seien, dies ist zu verneinen.

Nach der deutschen Praxis bedürfen Codicille, welche im Testamente bestätigt sind, keiner Solennitäten, für solche genügt ein vom Erblasser unterschriebener Aufsatz. — Auch um Vermächtnisse aufzuheben, bedarf es keiner solennen Erklärung; zu diesem Zwecke reicht jede formlose Willenserklärung aus. —

Eine eigenthümliche Behandlung erfahren die codicilli testamentarii in der Art, daß wenn sie nach errichtetem Testamente zu einer Zeit errichtet sind, in der der Testator capite deminutus war, sie doch gültig werden, sobald das irritum gewordene Testament wieder auflebt. l. 8 §. 3 Dig. Buch 29 Tit. 7.

Eine besondere Art von Codicill ist die divisio parentum inter liberos; siehe S. 323 u. 324.

Durch das Gesetz Theodos des Zweiten über

die Form der Codicille war eine größere Sicherheit gegen Betrügereien und Erschleichungen von Vermächtnissen gegeben, Justinian hat aber (durch l. 32 Cod. Buch 6 Tit. 42) verfügt, daß jede formlose Erklärung hinreichend sei, um ein Vermächtniß zu hinterlassen, jedoch soll dann das einzige zulässige Beweismittel die Eideszuschiebung an den Belasteten sein. Der Vermächtnißnehmer muß aber auf Verlangen das juramentum calumniae leisten, dagegen kann ihm der Eid nicht zurückgeschoben werden. — Die Praxis hat die Zulässigkeit dieser formlosen Zuwendung auf den Fall beschränkt, daß der Erblasser mündlich und persönlich dem Erben das Vermächtniß auferlegt hat, und nennt es deshalb legatum heredi praesenti injunctum oder Oralfideicommiß. [s])

---

s) Nach Preußischem Landrechte müssen Codicille in der Regel die Form der Testamente haben; es giebt demgemäß auch privilegirte Codicille so weit es privilegirte Testamente giebt. Allgemeines Landrecht Th. 1. Tit. 12. §§. 66, 100, 175, 177, 194. Ausnahmen von dieser Regel sind:

1. Die divisio parentum inter liberos; siehe S. 324 Note b.
2. Wenn der Testator in einem rechtsbeständigen Testamente sich die Befugniß vorbehalten hat, außergerichtliche Codicille zu errichten, so genügen Zettel mit eigenhändiger Unterschrift des Erblassers; noch andere Erfordernisse kann der Testator im Testamente festsetzen. Allgemeines Landrecht Th. 1. Tit. 12. Anh. §. 35. zu §. 163.
3. Vermächtnisse, welche nicht den zwanzigsten Theil des Nachlasses zusammen übersteigen, können hinterlassen werden in eigenhändig ge- und unterschriebenen mit Jahr und Tag datirten Codicillen, — oder in Codicillen, welche von einem Rechtsanwalt unter Zuziehung eines Zeugen

Ungültig werden die Codicille analog wie Testamente; außerdem dadurch, daß der Testator die in ihnen gemachten Verfügungen aufhebt. — Die testamentarii fallen mit dem Testamente, wenn dasselbe weder nach civilem Rechte noch durch bonor. possessio gültig bleiben kann. — Die ab intestato errichteten werden ungültig, wenn nachträglich ein Testament errichtet wird, und in ihm nicht in irgend einer Weise die früheren Codicille bestätigt werden. t) Mehrere Codicille zu verschiedenen Zeiten errichtet gelten neben einander, so weit nicht der Inhalt des späteren den Inhalt der früheren aufhebt.

---

aufgenommen sind, — oder mündlich, wenn die Auflage den belasteten Erben oder einem derselben persönlich aufgetragen ist. §§. 161, 162, Anh. §. 34, §§. 172 bis 174 ebendaselbst.

4. Vermächtnisse, welche in gerichtlichen Dispositionen errichtet sind, können widerrufen werden durch eine von einem Notar und zwei Zeugen abgegebene Erklärung, — oder durch einen vom Erblasser eigenhändig ge- und unterschriebenen Aufsatz, — oder durch einen von ihm unterschriebenen Aufsatz, welcher das Motiv des Widerrufes enthält. §§. 593 bis 595 ebendaselbst.
5. Der Inhalt außergerichtlicher Verordnungen kann durch formlose entgegengesetzte Willenserklärung des Erblassers widerrufen werden. §§. 596 u. 597 ebendaselbst.
6. Ernennungen von Vormündern sind an keinerlei Form gebunden. Allgemeines Landrecht Th. 2. Tit. 18. §§. 176 und 177.

t) Das Preuß. Landrecht spricht nicht von dem Verhältniß früher errichteter Codicille zu später errichteten Testamenten. Dem Worte nach müssen sie gültig bleiben, nach dem Geiste des Gesetzes müssen sie ungültig werden, wenn nach ihnen ein Testament errichtet wird.

Der Inhalt eines Codicilles darf nicht Erbeseinsetzung oder Bestimmung einer Bedingung für dieselbe oder Enterbung sein; ist aber in einem Codicill eine Pupillarsubstitution angeordnet, so muß sie als ein Universalfideicommiß von den Intestaterben des Pupillen anerkannt werden, wenn der Pupill unter den Bedingungen stirbt, daß sie, gehörige Anordnung vorausgesetzt, gültig sein würde. — Ist im Testamente ein darauf bezüglicher Vorbehalt gemacht, so darf im Codicill die Erbeseinsetzung bestätigt, oder der Name des Erben genannt oder die ihm bestimmte Erbportion angegeben werden. — Vormundschaftsernennungen mit voller Wirkung können nicht in unbestätigten Codicillen angeordnet sein. — Alle andere Arten letztwilliger Verfügungen und Wünsche können gültig in jeder Art von Codicillen angeordnet werden.

Von der clausula codicillaris.

Die clausula codicillaris ist die dem Testamente hinzugefügte Erklärung, daß dasselbe jedenfalls ein Codicill sein solle, oder, daß es auf jede mögliche Art aufrecht erhalten werden solle. — Die Wirkung dieser Clausel ist, daß wenn das Testament wegen Mangels an Förmlichkeiten oder wegen Destitution der eingesetzten Erben als Testament nicht gültig sein kann, es doch die Kraft eines Codicilles behält. — Ob auch ein testamentum inofficiosum und ein wegen Präterition von Notherben ruptum oder nullum dadurch erhalten werden könne, ist sehr streitig. Dafür läßt sich anführen, daß es doch dem Erblasser freigestanden hat, als intestatus zu sterben, und Codicille zu errichten. — Ein testamentum irritum kann durch die Clausel nicht erhalten werden, da auch Codicille durch capitis deminutio ungültig werden. — Die Clausel muß irgendwie ausgedrückt sein, sie liegt nicht stillschweigend, wie Einige meinen, im Testamente. — Die Wirkung der Clausel ist, daß die Intestaterbfolge eintritt, die Intestaterben aber die Bestimmungen des Testamentes als Onera auszuführen haben. Die Erbeseinsetzung verwandelt sich daher in eine fideicommissarische Substitution, so weit sie nicht aus anderen Gründen auch als solche nicht gelten kann. [u]) —

Die im Testamente eingesetzten Erben haben sich zu erklären, ob sie die Urkunde als Testament oder als Codicill betrachten wollen; die abgegebene Erklärung bindet sie. Nur Eltern und agnatische Descendenten bis zum vierten, cognatische Descendenten bis zum dritten Grade haben das jus variandi, d. h. wenn sie mit der Klage auf die directe Erbschaft abgewiesen sind können sie noch als fideicommissarische Substituten auftreten. — Die heutige Gültigkeit dieses Zwanges zur Erklärung wird von Vielen in Abrede gestellt.

---

u) Wenn an Stelle der ausfallenden Testamentserben die Intestaterben eintreten, so bleiben nach Preuß. L.-R. Th. 1. Tit. 12. §. 279 die übrigen Bestimmungen des Testamentes gültig. — Die clausula codicillaris ist hiernach für das Preußische Landrecht nicht nöthig, und in demselben auch nirgends erwähnt.

Geschichtliches über Legate und Fideicommisse.

Instit. Buch 2 Tit. 20 und 23; Gajus Buch 2 §. 192 ff.; Ulpian Tit. 24 u. 25.

§. 31. Das älteste Römische Recht kannte als Vermächtniß nur das legatum, das Fideicommiß kam erst seit Augustus bei Gelegenheit der Erbschaft des Lentulus, von wo die Codicille in Aufnahme kamen, zur Anerkennung. Früher gab es wohl auch schon Fideicommisse, da sie aber nicht wie die Legata in befehlenden Worten, sondern bittweise angeordnet waren, so gab es für sie keine Klage. — Die Hauptunterschiede zwischen den Legaten und Fideicommissen waren folgende:

1) Die legata wurden in befehlenden Worten angeordnet (verbis imperativis, in Form einer vom Testator gegebenen lex), die Fideicommisse verbis precativis, daher
2) waren die Legata klagbar; die Fideicommisse nicht.
3) Die Legata konnten nur dem testamentarischen Erben auferlegt werden, nicht dessen Erben, nicht dem Intestaterben, nicht dem Legatar; die Fideicommisse Jedem, welcher durch den letzten Willen des Testators etwas an Vermögen erhielt.
4) Die Legata konnten nur in einem Testamente oder einem durch das Testament bestätigten Codicille auferlegt werden, mußten auch hinter der Erbeseinsetzung stehen; die Fideicommisse waren ganz formlos, sogar durch einen Wink (nutu) konnten sie

errichtet werden, auch vor die Erbeseinsetzung gestellt werden.

5) Zur Anordnung der Legata war beim Testator test. factio activa, beim Bedachten test. factio passiva nöthig; Fideicommisse konnten von Jedem (auch von Hauskindern und Sclaven) an Jeden, wenn er auch keine test. factio passiva hatte, vermacht werden.

Alle diese Unterschiede sind bis Justinian fortgefallen in folgender Art:

1) Seit Octavian werden die Fideicommisse klagbar. Anfangs wurde die Klage nur für jeden einzelnen Fall auf Ansuchen beim Kaiser ertheilt, sehr bald aber wurde der favor der Fideicommisse so groß, daß ein besonderer Prätor fideicommissarius für Aburtheilung streitiger Fideicommißangelegenheiten eingesetzt wurde; in den Provinzen waren die Präsides derselben hierüber Richter. — Das Verfahren war bis Diocletian eine cognitio extraordinaria.

2) Die Söhne Constantin's des Großen verordneten, daß für Legata die verba imperativa nicht mehr nöthig seien. — Hierdurch waren Legate und Fideicommisse einander näher gerückt.

3) Nachdem Theodos der Zweite die neuere Codicillarform (vor fünf Zeugen) eingeführt hatte, konnten auch Fideicommisse nicht in anderer Form hinterlassen werden, indessen blieb doch der Unterschied, daß Legate nur in einem bestätigten, Fideicommisse in jedem Codicill angeordnet werden konnten.

4) Erst Justinian hob allen und jeden Unterschied

zwischen beiden Arten von Vermächtnissen auf in l. 2 Cod. Buch 6 Tit. 43, in der Art, daß in Bezug auf beide das gelten sollte, was dem Bestehen des Vermächtnisses am zuträglichsten sei. Diese Gleichstellung beider kann indessen nur dahin verstanden werden, daß die formellen Erfordernisse derselben gleich sein sollen. In Betreff der materiellen Bedingungen muß angenommen werden, daß die Natur der Legate auf die Fideicommisse übertragen worden ist, z. B. in Betreff der zu fordernden testamenti factio activa und passiva, oder der Anwendung der (sogleich zu erwähnenden) regula Catoniana. Es wird daher ein Hauskind jetzt auch unfähig sein Fideicommisse zu errichten. —

Daß es zwei Arten von Fideicommissen giebt, Special- und Universalfideicommisse, ist bereits S. 192 erwähnt. Beide Arten von Vermächtnissen können auch stillschweigend errichtet werden, z. B. dadurch, daß dem Erben verboten wird, eine bestimmte Sache zu veräußern, oder ein Testament zu errichten, oder geboten wird, eine bestimmte Person zum Erben einzusetzen. Ein so stillschweigend errichtetes Fideicommiß heißt fideicommissum tacitum. — Nach Römischem Rechte nannte man fideicommissum tacitum auch ein Fideicommiß, welches zur Umgehung der Gesetze, namentlich der lex Julia et Papia Poppaea, einem Unfähigen vermacht war. In den Pandecten findet sich in einigen Stellen, z. B. l. 49 Dig. Buch 50 Tit. 14, diese Bedeutung. —

Legata gab es vor Justinian zwei Hauptarten:

legata per vindicationem, von welchen eine Unterart
die legata per praeceptionem waren; und
legata per damnationem, von welchen eine Unterart
die legata sinendi modo relicta waren.

Das legatum per vindicationem hatte die Form: do lego, capito, sumito, sibi habeto. Nur Eigenthum und dingliche Rechte an seinen eignen Sachen konnte der Erblasser auf diese Weise vermachen, denn der Erbe erhielt durch dies Legat, sobald es fällig wurde, ipso jure das dingliche Recht und die dingliche Klage, und diese konnte der Erblasser an fremden Sachen und Rechten nicht geben. — Das legatum per praeceptionem hatte die Form heres meus praecipito. Nur dem Erben ex parte konnte ein solches Legat gegeben werden, indessen ebenfalls nur an Rechten, welche per vindicationem vermacht werden konnten, denn was der Erbe vorweg nehmen soll, muß der Erblasser in seinem Vermögen haben. —

Das legatum per damnationem hatte die Form heres meus damnas esto dare, oder dato oder facito oder heredem meum dare jubeo. In dieser Form konnten auch fremde Sachen, dingliche Rechte an solchen, auch obligatorische Rechte vermacht werden, natürlich auch Alles, was per vindicationem hinterlassen werden konnte. — Dies Legat gab aber dem Legatar nur ein persönliches Recht und eine dergleichen Klage gegen den Erben auf Aushändigung und Beschaffung des Legates.

Das legatum sinendi modo relictum hatte die Form heres meus damnas esto sinere oder sinito sumere.

Hier hatte der Erbe nur die Verpflichtung zu gestatten, daß sich der Legatar aus dem Nachlaß das vermachte Recht nehme; fand sich das Vermachte nicht in der Erbschaft, so hatte der Erbe keine Verpflichtung dasselbe dem Legatar zu schaffen. —

Hatte der Testator Sachen und Rechte, welche nur per damnationem vermacht werden konnten, per vindicationem vermacht, so war bis Nero das Legat ungültig. Ein S. C. Neronianum verfügte, daß in diesem Falle das Legat als Damnationslegat bestehen sollte, wenn sonst die Erfordernisse desselben vorhanden waren.

Justinian hat in l. 1 Cod. Buch 6 Tit. 43 jeden Unterschied zwischen dem Vindications- und Damnationslegat aufgehoben, so daß die Gesetze gelten sollen, welche dem Bestehen des Legates am zuträglichsten sind. — Nur der Unterschied, welcher in der Natur der Sache liegt, ist stehen geblieben, daß Vermächtnisse des Eigenthums oder dinglicher Rechte an eigenen Sachen des Erblassers dem Legatar ipso jure das Recht und eine dingliche Klage geben, bei jedem anderen Legate aber der Legatar nur ein persönliches Recht und eine persönliche Klage gegen den Belasteten erwirbt. —

Andere, als die angegebenen Unterschiede zwischen beiden Arten von Legaten, z. B. in Betreff des Rechtes mehrerer Mitlegatare, des Wahlrechtes ꝛc., werden am betreffenden Orte unten erwähnt werden.

Eine besondere auf Vermächtnisse sich beziehende Regel ist

Die regula Catoniana.

Die regula Catoniana, über welche Dig. Buch 34 Tit. 7 ein kurzer Abschnitt gegeben ist, lautet: quod si testamenti facti tempore decessisset testator, inutile foret, id legatum quandocunque decesserit, non valere, d. h. ein Legat, welches ungültig sein würde, wenn der Erblasser im Momente seiner Errichtung stürbe, kann nicht gültig sein, mag er später sterben, wann es auch sei. — Die Digesten lehren selbst, daß diese Regel in gewisser Beziehung falsch sei, daß sie sich auf Erbeseinsetzungen nicht erstrecke, und eben so wenig auf die durch die neuen Gesetze, d. h. besonders durch die lex Julia et Papia Poppaea eingeführten Ungültigkeitsgründe.

Falsch ist die Regel in so fern:

a) als sie sich nicht auf die allgemeinen Grundregeln jeder letztwilligen Anordnung bezieht, z. B. nicht auf das Erforderniß der test. factio activa und passiva. Wo dergleichen Erfordernisse fehlen, ist das Legat stets ungültig. — Wohl aber ist die Regel z. B. auf den Fall zu beziehen, daß dem Legatar seine eigene Sache vermacht ist, oder ein integrirender Theil einer Sache;

b) als sie sich nicht auf bedingte Legate bezieht, gleichviel ob die Bedingung nach oder vor dem Tode des Erblassers zu erfüllen ist.

Seit Justinian stehen auch Fideicommisse unter dieser Regel, weil sie eine materielle Vorschrift enthält, auch würde die Annahme zu gewagt erscheinen, der Titel über diese Regel sei aus Versehen in die Digesten aufgenommen worden, abgesehen davon, daß sie in den Quellen selbst auf Fideicommisse Anwendung findet. [v])

Von der Person des Erblassers, Belasteten und Bedachten in Bezug auf ein Vermächtniß.

§. 32. Bei dem Vermächtniß interessiren der Anordner, der Belastete und der Bedachte.

a) Der Anordner muß die testamenti factio haben zur Zeit der Anordnung, und bis zu seinem Tode keine capitis deminutio erlitten haben. Doch wird das Vermächtniß wieder gültig, wenn er vor dem Tode seinen status wiedererlangt.

b) Belastet werden mit einem Vermächtniß kann Jeder, welcher durch den Willen des Testators einen Vortheil von Todes wegen erhält. — Mehrere Belastete, welchen eine untheilbare Leistung auferlegt ist, haften in solidum; mehrere alternativ mit demselben Vermächtniß Belastete haften als correi. Mehrere, welchen ein theilbares Vermächtniß auferlegt ist, haften pro rata ihres Vortheils, also mehrere Erben pro rata hereditaria. — Sind die zusammen belasteten Erben besonders benannt, so war unter den römischen Juristen Streit, ob sie zu gleichen Thei-

v) Das Preuß. Landrecht hat die regula Catoniana nicht aufgenommen.

len oder pro rata der Erbquoten hafteten (l. 54 u. 124 Dig. Buch 30; l. 17 Dig. Buch 45 Tit. 2).

Auch unter den jetzigen Rechtsgelehrten wird darüber Streit geführt; das Beste dürfte sein, Belastung pro rata hereditaria anzunehmen, wenn für eine andere Absicht des Erblassers kein Anhalt gegeben ist. w)

c) Der Bedachte muß die testam. factio passiva haben im Augenblick der Errichtung des Legates, im Augenblick des Anfalles des Legates und im Augenblick des Erwerbes der Klage. x)

Einem lege intestabilis soll nach Ansicht Einiger im Testament ein Legat hinterlassen werden können, im Codicille nicht, weil beim Codicille dem Legatar, beim Testamente aber dem Erben Zeugniß abgelegt werde. —

Ist dasselbe Legat Mehreren ohne Bestimmung ihrer Antheile legirt, so entsteht die Frage, ob Jeder das Ganze erhält, oder in welchem Verhältnisse sie zu dem einen Legate stehen. —

---

w) Nach Preußischem Landrechte haften mehrere belastete Erben den Legataren gerade so wie den Erbschaftsgläubigern (Allgemeines Landrecht Th. 1. Tit. 12. §. 292.); mehrere zusammen belastete Legatare haften, wenn der Erblasser keine andere Absicht kund gegeben hat, solidarisch. — Ist der Belastete nicht speciell angegeben, so soll es der sein, welcher die Gattung von Sachen, zu welcher die vermachte gehört, erhalten hat, eventuell der am meisten Begünstigte. Allgemeines Landrecht Th. 1. Tit. 12. §§. 544 u. 545.

x) Nach Preußischem Landrechte gelten hier dieselben Regeln wie für die Erbeseinsetzung.

Vor Justinian war in diesem Falle ein Unterschied ob das Legat per vindicationem oder per damnationem vermacht war. — Bei dem legatum per damnationem hatte jeder Legatar das Ganze zu fordern, d. h. der eine die Sache oder das Recht, jeder andere den Werth des Legates, wenn sie in verschiedenen Sätzen bedacht waren, waren sie aber in demselben Satze zusammen bedacht, so erhielt jeder einen ideellen Theil des Legates als selbstständiges Legat, sie hatten also kein jus accrescendi (damnatio facit partes). — Bei dem legatum per vindicationem wurde, wenn der Erblasser eine andere Absicht nicht kundgegeben hatte, angenommen, es sei den Legataren in der Art das Legat zusammen gegeben, daß sie zusammen das Ganze erhalten sollten, so lange einer von ihnen als erwerbsfähiger vorhanden sei. Sie theilten daher nur dadurch, daß mehrere Concurrenten vorhanden waren (partes concursu fiunt). Es wurde daher angenommen, sie seien re conjuncti. —

Im Rechte Justinian's ist das geltend, was vom Vindicationslegate vor ihm geltend war. [y])

Vom Prälegat.

Auch der Erbe kann mit einem Legate bedacht wer-

---

y) Nach Preußischem Landrechte haben die Legatare nur dann Accrescenzrecht, wenn ihnen ein Vermächtniß zugleich und ungetheilt beschieden ist. Im Zweifel erhalten mehrere mit derselben Sache Bedachte gleiche Antheile. Allgemeines Landrecht Th. 1. Tit. 12. §§. 368 u. 370.

den. Ist dies Legat bestimmten Personen, z. B. einem oder mehreren anderen Erben oder einem Legatar auferlegt, so hat es keine besonderen Eigenthümlichkeiten. —

Hat aber ein Erbe oder haben mehrere Erben ein Legat in der Art beschieden erhalten, daß alle Erben, d. h. die ganze Erbschaft, also auch die Bedachten selbst mit belastet sind, so heißt das Vermächtniß ein Prälegat. —

Das Römische Recht hält nun hierbei den Grundsatz fest, daß Niemand sein eigner Schuldner sein kann, und bestimmt daher: nemini a semet ipsi legari potest. — Ist daher nur ein Erbe eingesetzt, so ist ein Prälegat ganz unmöglich.

Sind mehrere Erben eingesetzt, so kann der Prälegatar seinen eigenen zum Legat zu leistenden Beitrag nicht als Legat erhalten. Ist er alleiniger Legatar, so behält er diesen Beitrag als Erbe, weil kein Collegatar vorhanden ist, an den er fallen könnte. Hat er Collegatare, so muß er diesen eignen Beitrag an die Collegatare herausgeben, da sie partes concursu faciunt, d. h. da jeder Theil des Legates, den der eine Mitlegatar nicht erhalten kann, an die anderen Mitlegatare fallen muß. — Unter mehreren Legataren, seien sie sämmtlich Erben oder unter ihnen auch Nichterben, werden die auf sie fallenden Theile nach Köpfen (und nicht, wie Einige meinen, nach Verhältniß der ursprünglichen Legatantheile) getheilt. [z]) —

z) Das Preuß. Landrecht behandelt das Prälegat wie jedes andere Legat; es wird vom Nachlaß vorweg abgesetzt, und der Erbe zieht seinen eignen Beitrag als Legatar. Allgemeines Landrecht Th. 1. Tit. 12. §§. 262 u. 271.

Beispiele zur Erläuterung:

1) A Erbe auf $\frac{1}{3}$; B auf $\frac{1}{2}$; C auf $\frac{1}{6}$. — A und B Legatare auf 6000 Thlr.

   A trägt bei 2000 Thlr., diese fallen auf B; — B trägt bei 3000 Thlr., diese fallen auf A; — C trägt bei 1000 Thlr., davon fallen auf A 500, auf B 500 Thlr.; folglich erhält A 3500 und B 2500 Thlr.

2) Die Erbeseinsetzungen wie oben. A, B und D Legatare auf 9000 Thlr.

   A trägt bei 3000 Thlr., davon erhält B 1500 und D 1500; B trägt bei 4500, davon erhält A 2250 und D 2250; C trägt bei 1500, davon erhält A 500, B 500 und D 500; folglich erhält A 2750, B 2000, C 4250 Thlr. —

Besonderheit ist, daß, wenn der Prälegatar vor der Antretung der Erbschaft verstirbt, seine Erben nur den Theil erhalten, welcher ihm als Erben gebühren würde (l. 75 §. 1 Dig. Buch 31); der Regel gemäß ist es, daß er das ganze Legat erhält, wenn er die Erbschaft ablehnt oder wegen Indignität verliert, oder als suus abstinirt.

Von dem Gegenstande des Vermächtnisses.

§. 33. Gegenstand des Vermächtnisses kann jede Sache und jedes Recht sein, welche in commercio sind, ingleichen vermögensrechtliche Vortheile jeglicher Art, z. B. Eigenthum, dingliche Rechte, eigne Sachen, fremde Sachen,

Forderungen, Renten, Befreiungen von dinglichen Lasten oder von Forderungen rc.

1. Vermächtniß an speciellen Sachen.

Ist die eigne Sache des Erblassers vermacht, so erhält der Legatar ipso jure mit dem Verfalltage des Legates das dingliche Recht. —

Ist die Sache des Belasteten vermacht, so hat der Legatar mit demselben Zeitpunkte das Recht, Aushändigung der vermachten Sache zu fordern. [a])

Ist die Sache eines Dritten vermacht, so ist das Legat gültig, wenn der Erblasser wußte, daß sie die Sache eines Dritten ist; ungültig, wenn er sie, was vermuthet wird, für seine eigne hielt. Kann indessen der Legatar nachweisen, daß der Erblasser ihm, wenn er die wahre Sachlage gekannt, die Zuwendung doch gemacht hätte, oder erhellt dies aus den Umständen, z. B. daraus, daß der Erblasser ein Motiv der Zuwendung angegeben hat, oder daß der Legatar ein naher Verwandter des Erblassers ist, so ist das Legat gültig. —

Im Falle der Gültigkeit des Legates hat der Belastete dem Bedachten die Sache zu verschaffen; will oder

---

a) Nach Preußischem Rechte erhält der Legatar das Eigenthum ipso jure, wenn ihm eine Sache des Erblassers oder eine Sache vermacht ist, welche einem der eingesetzten Erben gehört. Soweit dieser Erbe nicht der Belastete ist, muß ihm der gemeine Werth der Sache aus dem Nachlasse vergütet werden. Allgemeines Landrecht Th. 1. Tit. 12. §§. 288 u. 374 bis 376.

kann sie der Dritte nicht veräußern oder fordert er einen unverhältnißmäßigen Preis, so muß sich der Legatar mit dem wahren Werthe der Sache begnügen. [b]) —

War die vermachte Sache des Erblassers mit einem Pfandrechte belastet, so entscheidet über die Pflicht der Ablösung dasselbe Princip, d. h. kannte der Erblasser das Pfandrecht, so löst es der Belastete ab; kannte er es nicht, so hat der Bedachte es abzulösen. [c]) — Andere Lasten, besonders die gesetzlichen, hat der Legatar zu übernehmen, wenn nicht der Wille des Testators es anders anordnete.

Ist dem Legatar seine eigne Sache vermacht, so ist zu unterscheiden:

gehörte sie dem Legatar zur Zeit der Errichtung und zur Zeit des Anfalles, so ist das Legat ungültig; —

---

b) Das Preußische Landrecht hat im Allgemeinen dieselben Grundsätze, bestimmt aber, daß der Belastete in den Fällen, wo er dem Legatar die Sache selbst zu verschaffen nicht verpflichtet ist, den außerordentlichen Werth ersetzen muß. Allgemeines Landrecht Th. 1. Tit. 12. §§. 377, 378, 383, 384. — Hatte der Testator an der fremden Sache, die er für die seinige hielt, oder auf dieselbe ein Recht, so soll im Zweifel dies Recht als vermacht gelten. §. 385. ebendaselbst.

c) Nach Preußischem Landrechte hat der Legatar die Pflicht, das auf der Sache ruhende Pfandrecht, so wie andere Lasten der Sache zu übernehmen, wenn nicht der Testator ein Anderes angeordnet hat.

Ist die Sache mit anderen Sachen zusammen verpfändet, so kann der Legatar gegen Zahlung seines nach Verhältniß des Werths der Sache zu bestimmenden Theiles vom Erben die Befreiung vom Pfandrechte verlangen. Allgemeines Landrecht Th. 1. Tit. 12. §§. 325 bis 327.

gehörte sie ihm zur Zeit der Errichtung, aber nicht mehr zur Zeit des Anfalles, so ist das Legat ungültig, wenn es ein unbedingtes ist, wegen der regula Catoniana, dagegen gültig, wenn es ein bedingtes Legat ist; — gehörte sie dem Legatar nicht im Augenblick der Errichtung, wohl aber im Augenblick des Anfalles, so ist das Legat ungültig, wenn der Legatar die Sache ex causa lucrativa erworben hat, wegen des Zusammentreffens zweier lucrativen Erwerbsgründe, dagegen gültig, wenn er es ex causa onerosa erworben hat. Im letzten Falle hat der Belastete dem Legatar den Erwerbspreis zu geben, ist dieser nicht schätzbar oder hat der Legatar unverhältnißmäßig theuer erworben, so erhält er den Werth der Sache. [d])

Ueber den Fall, daß dem Legatar eine Sache vermacht ist, die er zu besitzen unfähig ist, siehe oben S. 228.

2. Vermächtniß an einer Quantität Sachen.

Dig. Buch 33 Tit. 6.

Unter diesen Begriff fällt nur das Legat an einer Quantität fungibler Sachen, z. B. Oel, Wein, Getreide, Geld 2c., nicht aber das Vermächtniß an allen dergleichen

---

d) Nach Preußischem Landrechte ist das Legat stets ungültig, wenn die Sache dem Legatar zur Zeit der Errichtung des Legates gehörte, sonst gelten im Allgemeinen dieselben Regeln. §§. 379 bis 382 ebendaselbst.

Sachen aus dem Nachlasse, z. B. meinen Wein, mein Oel, mein Gold und Silber, die vorhandenen Lebensmittel.

Ein Legat der letzteren Art fällt mehr unter den Begriff eines vermachten Inbegriffs.

Hat der Erblasser eine bestimmte Quantität allgemein angegeben, z. B. hundert Eimer Wein, so hat der Erbe sie zu gewähren, wenn auch der Nachlaß nichts von solchen Sachen enthält.

Hat der Erblasser erklärt, die Quantität solle aus seinem Nachlasse gewährt werden, z. B. 100 Eimer meines Weines, so kann der Legatar nie mehr fordern, als der Nachlaß enthält. — Ist die Qualität unbestimmt gelassen, so hat der Erbe dieselbe zu wählen; giebt es verschiedene Sorten derselben Sache im Nachlasse, z. B. Getreide, Wein, so hat die Interpretation zu entscheiden, was der Erblasser gemeint hat. — Ist die Quantität ganz unbestimmt gelassen, auch nicht angedeutet, daß das Legat aus den Nachlaßsachen zu gewähren sei, z. B. ich vermache dem A Wein, so soll es im Willen des Belasteten stehen, wie viel er gewähren wolle; richtig wäre wohl die Annahme, daß ein solches Vermächtniß wegen Unbestimmtheit ungültig sei. [e])

---

e) Das Preuß. Landrecht enthält sehr dürftige Bestimmungen über den Fall, wenn die Quantität und Qualität des vermachten genus ganz unbestimmt gelassen ist, und verfügt im §. 401. Th. 1. Tit. 12 nur, daß dann der Legatar alle Stücke der vermachten Gattung, mit Ausnahme der Pertinenzstücke oder Inventarienstücke eines Landgutes oder Gebäudes, erhalten solle, welche sich zur Zeit des Todes im Nachlasse befunden haben.

Kleine Gefäße, zum Transport geeignet, erhält der Legatar bei Flüssigkeiten mit, größere, z. B. Stückfässer, nicht. [f])

3. Vermächtniß eines Genus.

Dig. Buch 33 Tit. 5.

Hat der Erblasser ganz allgemein ein genus vermacht, z. B. ein Pferd, so darf der Erbe nicht gerade ein ganz schlechtes Stück geben; zu mehr als zur Gewährung eines für den Legatar brauchbaren ist er nicht verpflichtet. [g]) — Ist die Anzahl der Stücke nicht bestimmt, z. B. ich vermache dem A Pferde, so erhält der Legatar drei Stücke. [h]) — Ist ein genus aus dem Nachlasse, z. B.: eines meiner Pferde, vermacht, so wählt der Legatar; doch kann er nicht das Beste wählen, außer wenn ihm das Wahlrecht vom Erblasser besonders verliehen ist, in welchem Falle das Vermächtniß legatum optionis oder optio legata, electio legata genannt wird. — Wählt der Legatar binnen der vom Erblasser oder vom Richter auf Antrag des Belasteten

---

f) Ebenso nach Preußischem Landrechte §. 407 Th. 1. Tit. 12.

g) Der Legatar erhält nach Preußischem Rechte in diesem Falle ein Stück aus dem Nachlasse, eventuell ein seinem Stande und seiner Nothdurft gemäß brauchbares Stück. §§. 403 u. 404 ebendaselbst.

h) Nach Preußischem Landrechte müßte hier der Note e erwähnte §. 401 Platz greifen; enthält der Nachlaß keine solche Stücke, so würde das Legat für ungültig zu erachten sein.

oder anderer Interessenten ihm gestellten Frist nicht, so verliert er das Vermächtniß. — Haben mehrere Bedachte zusammen die Wahl, so entscheidet, wenn sie nicht einig werden, das Loos über das Wahlrecht; der Wähler hat dann den Mitlegataren ihren Antheil in Gelde zu präстiren. — Das Wahlrecht steht auch den Erben des Legatars zu; vor Justinian mußte bei dem legatum optionis der Legatar persönlich wählen, starb er vor der Wahl, so erlosch das Legat wegen Ausfalles der Bedingung. — Ist dem Belasteten vom Erblasser das Wahlrecht gegeben, so darf er nicht das Schlechteste geben. — Ist einem Dritten das Wahlrecht gegeben, und dieser stirbt vor der Wahl oder übt sie binnen Jahresfrist nicht aus, so hat der Legatar die Wahl, kann aber nicht das Beste wählen.

Wird die vom Erben gewählte Sache evincirt, so hat er die Eviction zu präстiren, wird die vom Legatar oder einem Dritten gewählte Sache evincirt, so tritt eine neue Wahl ein. Die einmal getroffene Wahl ist unabänderlich. —

Im Vorjustinianischen Rechte wählte beim Vindicationslegate der Legatar, beim Damnationslegate der Erbe. [i])

---

i) Nach Preußischem Landrechte wählt im Zweifel der Erbe, besonders wenn gesagt ist, er solle geben; der Legatar nur, wenn gesagt ist, daß er die vermachte Sache **nehmen** solle, oder wenn ihm die Wahl besonders gegeben ist, oder wenn ein Dritter, dem die Wahl übertragen ist, nicht wählen will oder kann. In den ersten beiden Fällen kann der Legatar das Beste, im letzteren Falle nur eine brauchbare Sache von mittlerem Werthe wählen. Der Erbe hat als Wahlberechtigter nur eine brauchbare

4. Alternatives Legat.

Sind mehrere Sachen alternativ vermacht, so gelten in Betreff der Wahl dieselben Regeln wie beim legatum generis, doch kann der Legatar die beste und der Erbe die schlechteste Sache wählen.

Ist das eine Legat bedingt, das andere unbedingt, so kann natürlich die Wahl erst ausgeübt werden, wenn die Bedingung eintritt, und die Erben des Legatars erhalten nichts, wenn der Legatar stirbt, während die Bedingung noch schwebt; wohl aber erhalten sie das pure vermachte Legat, wenn sie bei Lebzeiten des Legatars deficirte.[k]) — Hatte der Erblasser die eine der vermachten Sachen dem Legatar bei seinen Lebzeiten schon geschenkt, so kann der Legatar die andere oder eine der anderen fordern.

Sache zu geben. — Unter mehreren Wahlberechtigten entscheidet das Loos über die Reihenfolge, in welcher sie wählen. — Hat der Erbe gewählt, so ist er für Gewährleistung verpflichtet; hat der Legatar gewählt, so haftet der Erbe nicht für die fehlerhafte Beschaffenheit der Sache (also kann der Legatar von Neuem wählen, wenn ihm die ganze Sache evincirt wird). Allgemeines Landrecht Th. 1. Tit. 12. §§. 388 bis 400.

k) Da nach Preußischem Rechte das bedingte Legat mit dem Tode des Erblassers erworben ist, so steht den Erben des Legatars, auch wenn der Legatar pendente conditione stirbt, in diesem Falle das Wahlrecht zu.

5. Vermächtniß einer Universitas von Sachen.

Dig. Buch 33 Tit. 7, 8, 9, 10; Buch 34 Tit. 2; — Gajus Buch 2 §. 254; Ulpian Tit. 24 §. 25, Tit. 25 §. 15; — §. 5 Instit. Buch 2 Tit. 23.

Der Erblasser kann eine Menge von Sachen als universitas facti vermachen; dahin gehören das Vermächtniß an dem vorhandenen Golde, Silber, Geld, Schmuck, Geschmeide, Salben, Garderobe, Lebensmittel (penus legata) rc., ferner an dem Hausrath und Möbeln (supellex legata), der Wirthschaftseinrichtung oder des Gutsinventars (instructus vel instrumentum leg.), einer Bibliothek, eines Waarenlagers (taberna). — In allen diesen Fällen ist der Interpretation ein großes Feld gegeben. — Sachen, welche Pertinenzen anderer Sachen sind, fallen nicht mit unter ein solches Legat. — Hat der Erblasser gesagt, daß alle Sachen, welche sich in einem bestimmten Behältnisse oder an einem bestimmten Orte befinden, Gegenstand des Legates sein sollen, so gehören, wenn noch andere Sachen sich dort vorfinden, die zum Verkauf bestimmten Sachen und die Schuldurkunden nicht zum Legat. [1])

Auch eine sogen. universitas juris kann Gegenstand

---

1) Ist Jemandem Alles vermacht, was sich in einem gewissen Behältniß befindet, so gehören zwar Geldpapiere, z. B. Banknoten, Actien, Pfandbriefe, nicht aber Schuldforderungen im Zweifel zu dem Vermächtnisse. Allgemeines Landrecht Th. 1. Tit. 12. §§. 414, 415.

des Legates sein, z. B. eine dos, ein peculium, eine Erbschaft oder ein Theil einer Erbschaft.

Ist eine Summe oder Sache als dos oder eine dos vermacht, so ist dies ein Legat unter der Bedingung der Heirath; ist die Größe unbestimmt gelassen, so entscheidet darüber das Gutachten eines bonus vir unter Berücksichtigung des Standes, Vermögens, der Zahl der Kinder ꝛc. — Ist einem Manne für eine bestimmte Ehe eine dos vermacht, so erhält das Weib das Legat auch dann, wenn der Mann schuld ist, daß die Ehe nicht zu Stande kommt. — Ist einem Weibe eine Summe nicht als, sondern zur dos vermacht, so ist das Legat unter einem Modus gegeben.[m]) —

Ist ein Peculium legirt, so kann dies z. B. einem Hauskinde vermacht sein. — Auch einem Sclaven konnte nach Römischem Rechte sein Peculium legirt werden; war der Sclave sammt seinem Peculium Jemandem legirt, so war das Peculium Pertinenz des Sclaven, daher erhielt der Legatar auch das Peculium nicht, wenn der Sclave vor dem Erwerbe des Legates starb.

m) Ist eine Ausstattung oder Aussteuer ohne weitere Bestimmung vermacht, so soll nach Preußischem Landrechte dieselbe nur nach dem Stand der Legataria wie sie solche gesetzlich fordern könne, und wenn sie höheren Standes als der Erblasser ist, die darnach zu bestimmende niedrigste Art der Aussteuer erhalten.

Ist etwas zur Ausstattung oder Aussteuer vermacht, so soll eher ein Modus als eine Bedingung angenommen werden. Allgemeines Landrecht Th. 1. Tit. 12. §§. 447 bis 449, §. 488.

Von besonderer Wichtigkeit war für das ältere Recht

das Legatum partitionis, auch partitio hereditatis genannt.

Es war dies die Auflage an den Erben, die ganze Erbschaft oder einen Theil derselben an einen Anderen herauszugeben — Der Legatar war bei diesem Legate nur Singularsuccessor, seine Stellung zu den Gläubigern und Schuldnern der Erbschaft war analog die, wie wir sie für den Erbschaftskäufer kennen gelernt haben. Der legatarius, hier partiarius leg. genannt, und der Erbe leisteten sich auch gegenseitig Caution durch die stipulatio partis et pro parte. — Seit der Gleichstellung der Legate und Fideicommisse und seitdem der Universalfideicommissar den Gläubigern und Schuldnern der Erbschaft gegenüber heredis loco ist, muß dies Legat in dem Falle wie ein Universalfideicommiß behandelt werden, wenn der Erblasser die Herausgabe einer Quote seines Nachlasses angeordnet hat; practisch ist es wohl noch für den Fall zu erachten, wenn dem Belasteten auferlegt ist, eine Erbschaft oder eine Quote der Erbschaft zu restituiren, welche er von einem Anderen als dem Erblasser hat.

6. Vermächtniß eines Legates an Renten oder Alimenten.

Dig. Buch 33 Tit. 1; — Buch 34 Tit. 1.

Ein Legat auf jährliche Renten heißt legatum annuum, auf monatliche Renten legatum menstruum. Ist es nicht ausdrücklich auf die Erben gestellt, so erlischt es mit dem Tode; für eine juristische Person gegeben ist es immerwährend, ebenso wenn es auf die Erben des Legatars gestellt ist.

Jeder Termin ist ein besonderes Legat, der erste Termin ist deferirt und rechnet vom Todestage des Erblassers an; die folgenden Termine setzen zu ihrer Gültigkeit voraus, daß der Legatar den Tag des Termines erlebt hat. [n])

Sind Alimente legirt, so finden sich folgende Singularitäten:

Der Legatar bedarf keiner test. factio passiva; sind sie bis zur Pubertas legirt, so werden sie bis zur s. g. plena pubertas, d. h. dem Mädchen bis zum 14ten, dem Knaben bis zum 18ten Lebensjahre geleistet; der belastete Legatar darf von ihnen nichts wegen Abbruches, den er durch die Quarta falcidia erlitten hat, abziehen; — eine generelle Aufhebung der Legate seitens des Erblassers ergreift dies Legat im Zweifel nicht mit. — Ist das Quantum unbestimmt geblieben, so entscheidet darüber vernünftiges Ermessen unter Berücksichtigung der bisherigen Gewohnheit des Erblassers, des Standes und Vermögens des Erblassers und Legatars. Im Zweifel besteht das Legat in Nahrung, Kleidung und Wohnung als alimenta naturalia (nothdürftige), und nicht als alim. civilia (standesgemäße), auch nicht in Unterrichts- und Erziehungskosten. [o])

n) Vermachte Renten rechnen nach Preußischem Landrechte vom Todestage des Erblassers an. §. 302 ebendaselbst.

o) Nach Preußischem Landrechte sollen vermachte Alimente nach dem Maße gegeben werden, wie dies vom Erblasser ge-

7. Vermächtniß an dinglichen Rechten.

Dig. Buch 33 Tit. 2 u. 3.

Sind dingliche Rechte vermacht, so entscheiden über die Gültigkeit des Legates dieselben Grundsätze, wie beim Vermächtniß an speciellen Sachen, je nachdem das Recht an der eignen, oder an der Sache des Belasteten, des Legatars oder eines Dritten gegeben ist. —

Ist ein Usufructus auf einzelne Termine vermacht, so ist für jeden Termin dadurch ein selbstständiges Legat angeordnet; es ist also ähnlich wie beim Rentenlegat, jedoch beginnt der Usufructus erst mit der Fälligkeit des Legates. p) — Ist dem Erben der Usufructus gelassen, das Eigenthum legirt, so erhält der Legatar durch den Tod des Erben das freie Eigenthum. — Ist einer zu-

---

schehen ist oder nach dem Berufe, zu dem der Erblasser den Legatar hat vorbereiten wollen. Eventuell sollen standesgemäße Alimente gewährt werden, auch die Kosten zur Erlernung einer Kunst oder eines Handwerkes, bei Adeligen im Kriegsdienst auch die erste Officierequipage, nicht aber Kosten der Ausstattung und des Studirens. — Kann sich der Legatar noch nicht selbst ernähren, so werden sie ihm nur so lange dieser Zustand in ihm dauert gewährt. Allgemeines Landrecht Th. 1. Tit. 12. §§. 441 bis 446.

p) Der vermachte Gebrauch oder Genuß einer Sache beginnt nach Preußischem Landrechte mit Ablauf der Ueberlegungsfrist; vermachte Zinsen, Zehnten und andere Hebungen erhält der Legatar so weit sie erst nach dem Tode des Erblassers fällig werden. §§. 303 u. 304 ebendaselbst.

ristischen Person der Ususfructus vermacht, so dauert er hundert Jahre. q) — Ist an einer Sache dem Einen das Eigenthum, dem Anderen der Ususfructus legirt, so soll der erstere auch die Hälfte des Ususfructus erhalten, wenn nicht der Erblasser die proprietas als nuda oder deducto usufructu vermacht hat. Der Erblasser kann dem Usufructuar die cautio usufructuaria im letzten Willen nicht erlassen. — (Die Eigenthümlichkeit des Ususfructus in Betreff der Accrescenz siehe unten beim Accrescenzrecht.)

8. Vom successiven Vermächtnisse.

l. 114 §§. 15 bis 18; l. 120 §. 1 Dig. Buch 30; — l. 67 pr. bis §. 7; l. 69 §§. 1, 3 u. 4; l. 77 §. 27 Dig. Buch 31; — l. 5 Cod. Buch 6 Tit. 38; — l. 11 Cod. Buch 6 Tit. 42.

Wenn der Erblasser angeordnet hat, daß der Legatar den Gegenstand des Legates wiederum einem ferneren Bedachten herauszugeben hat, und so das Legat Einem nach dem Anderen werden soll, so nennt man das Legat ein successives. Es kann diese Anordnung auch in Betreff der Erbschaft oder einer Quote derselben getroffen werden, also als successives Universalfideicommiß. —

Unter diesen Begriff fällt auch das römische Fa-

q) Der einer moralischen Person vermachte Nießbrauch dauert nach Preußischem Landrechte fünfzig Jahre; vermachte Renten dauern so lange die juristische Person existirt. Allgemeines Landrecht §§. 423 u. 424 ebendaselbst.

milienfideicommiß. — Es ist dies die Anordnung, daß ein Vermögen oder Vermögensrecht innerhalb der Familie in gewisser Ordnung von den Einen auf die Anderen sich verfällen solle. Sein Zweck ist, der Familie das Vermögen zu sichern. — Hat der Erblasser keine Ordnung der Verfällung angegeben, so entscheidet die Intestaterbfolgeordnung

Im Zweifel begreift das Wort „Familie" die Descendenten des Anordners, und in Ermangelung solcher die Ehegatten der Descendenten. — Mehrere gleich nahe Berechtigte participiren zu ideellen Theilen. Hat der Anordner nur verfügt, daß das Object nicht veräußert werden und in der Familie bleiben solle, so ist dem Innehaber zwar nicht erlaubt, es an einen Fremden zu bringen, wohl aber kann er unter den Mitgliedern der Familie beliebig diejenigen bestimmen, welche es haben sollen; hat er nichts darüber bestimmt, so erhalten es diejenigen, welche seine Erben werden, hat er Fremde zu Erben eingesetzt, die nächsten Berechtigten von ihm aus gerechnet. — Veräußert der Inhaber die Sache an einen Fremden, so treten sofort die nächst Berechtigten ein; verfällt er in Concurs, so haben seine Gläubiger so lange er lebt die Früchte zu ihrer Befriedigung zu verwenden, mit seinem Tode hört ihr Recht auf die Früchte auf. — Durch Consens aller berechtigten Lebenden und Concipirten (den letzteren ist ein Curator zu bestellen) kann das Fideicommiß aufgehoben werden.

Viele Juristen behaupten, daß jeder Inhaber nur Usufructuar sei, dies ist jedoch entschieden falsch, da die

Nächstberechtigten nicht das Eigenthum haben können, weil es ganz unbestimmt ist, wer sie sein werden; das einzig Richtige ist, den Inhaber für den Eigenthümer zu halten, welcher jedoch zu Gunsten anderer Legatare in der Disposition beschränkt ist.

Nach Behauptung Einiger soll das für Descendenten bestimmte Fideicommiß auf die unmittelbaren Descendenten des Anordners beschränkt sein; auch jedes Fideicommiß, in Folge einer in Novelle 159 stehenden Verfügung, nach viermaliger Verfällung in der vierten Hand (nach Anderen in der vierten Generation) freies Eigenthum des Inhabers werden. — Puchta will dies allein für den Fall zugeben, wenn der dritte Inhaber ein impubes ist, was sich nur durch eine ganz wörtliche Anwendung der Novelle ohne alle Gründe vertheidigen läßt. [r])

9. Von dem Vermächtniß bezüglich einer Forderung.

In Bezug auf eine bestehende Forderung giebt es drei Vermächtnisse: das legatum nominis, das s. g. legatum liberationis (liberatio legata) und das legatum debiti.

A. Das legatum nominis ist das Legat einer dem Erblasser gegen einen Dritten zustehenden Forderung.

---

r) Nach Preuß. Landrechte kann ein successives Vermächtniß sich nur zweimal verfällen, in der dritten Hand wird es freies Eigenthum. Weiter gehende successive Verfällung kann nur durch Anordnung eines förmlichen Familienfideicommisses oder einer Familienstiftung ermöglicht werden. Allgemeines Landrecht Th. 1. Tit. 12. §§. 54, 55, 57.

Der Erbe hat die Verpflichtung, dem Legatar die Klage zu cediren, doch kann der Legatar auch ohne Cession actione utili klagen.

Existirt zur Zeit der Errichtung keine Forderung, so ist das Legat ungültig; hat sie zu dieser Zeit existirt, und ist vor dem Tode des Erblassers getilgt worden, so ist das Legat ebenfalls ungültig, wenn nicht der Erblasser durch Aufbewahrung unter kenntlicher Bezeichnung oder durch neue Ausleihung seinen Willen dahin zu erkennen gegeben hat, das Object der Forderung oder die neue solle an Stelle der legirten treten. — Compensabilität, ohne daß Abrechnung geschehen, hebt nach der Natur der Compensation die Forderung nicht auf; auch Novation hebt das Legat nicht auf. — Hat der Erblasser von einer alternativen Forderung nur die auf das eine Object vermacht, so hat der Legatar die vermachte Forderung als einfache, wenn dem Erblasser das Wahlrecht zustand; hat der Schuldner das Wahlrecht, so ist das Legat nur gültig, wenn der Schuldner das vom Erblasser gewählte leisten will. Ist von einer alternativen Forderung mehreren Legataren jedem ein anderer Gegenstand der Forderung vermacht, so ist das Legat für alle gültig, wenn der Erblasser die Wahl hatte, so daß der eine die Forderung, jeder der anderen den Werth derselben vom Belasteten erhält. Hat der Schuldner das Wahlrecht, so ist nur das Legat auf den Gegenstand gültig, welchen der Schuldner leisten will, die anderen Vermächtnisse sind ungültig. — Ist eine Correalobligation Mehreren getrennt vermacht, so erhält der Eine die Forderung, der Andere den Werth derselben. [s])

s) Nach Preußischem Landrechte gelten im Allgemeinen die-

Das ganze Schuldbuch hieß Calendarium und ein Vermächtniß an allen darin eingetragenen Forderungen legatum Calendarii. — Ist eine Summe vermacht, diese aber auf eine Forderung angewiesen, so ist das Legat gültig, wenn auch die Forderung nicht existiren oder auch nicht exigibel sein sollte, es müßte denn die Ausdrucksweise des Erblassers klar ergeben, daß er ohne Existenz dieser Forderung das Legat nicht gegeben hätte. [t])

B. Das legatum liberationis ist das Vermächtniß, wonach der Legatar von einer Schuld befreit wird, sei es eine solche gegen den Erblasser oder den Belasteten oder einen Dritten (Dig. Buch 34 Tit. 3; Cod. Buch 6 Tit. 44). Ist der Gläubiger ein Anderer als der Belastete, so hat der Legatar vom Belasteten nur zu fordern, daß er ihn von der Schuld befreie; auf welche Weise dies aber geschieht, ob durch Zahlung oder Expromission oder sonst wie, muß dem Legatar ohne Interesse sein. Ist übrigens die Forderung noch nicht am Verfalltage des Le-

---

selben Grundsätze über das legatum nominis; über das Verhältniß bei Vermachung alternativer oder Correalforderungen an verschiedene Personen hat es keine speciellen Vorschriften. Allgemeines Landrecht Th. 1. Tit. 12. §§. 408 bis 413.

t) Das Preußische Landrecht unterscheidet: Hat der Testator die Schuld eingezogen, so bleibt das auf dieselbe angewiesene Legat gültig; ist die Schuld unrichtig oder der Schuldner zahlungsunfähig, so ist das Legat ohne Wirkung. §§. 416 bis 418 ebendaselbst.

gates fällig, so kann der Legatar vor dem Tage der Fälligkeit der Forderung nicht klagen, weil der Belastete vor diesem Tage außer Stande ist, ihn wider den Willen des Gläubigers zu befreien, es müßte denn der Verfalltag der Forderung nur zum Besten des Schuldners bestimmt sein.

Es kann ferner in einem solchen Legate auch ein stillschweigender Nutzen für den Gläubiger liegen, und wenn dies die Absicht des Erblassers gewesen, so kann auch der Gläubiger gegen den Belasteten aus dem Legate auf Tilgung der Forderung klagen. —

Ist der Belastete selbst der Gläubiger, so kann der Legatar nach seiner Wahl die Klage abwarten und sich der exceptio aus dem Legate bedienen, oder auf Befreiung klagen. Ist der Legatar alleiniger Schuldner, so konnte er durch acceptilatio oder pactum de non petendo in rem die Befreiung fordern, d. h. heutigen Rechtes, er kann Liberation von dem Anspruch selbst fordern; hat er correi debendi, so mußte er sich mit Befreiung durch ein pactum de non petendo in personam begnügen, d. h. heutigen Rechtes, er kann nur Liberation für seine Person verlangen; sind aber die correi seine socii, so kann er Befreiung von dem Anspruche selbst verlangen, weil seine socii auch durch seine persönliche Befreiung den Vortheil daraus hätten. Diese socii haben also gleich Legataren den Vortheil, obgleich sie nicht als Bedachte genannt sind. Eine selbstständige Klage steht ihnen indessen nicht zu. —

Hat der Erblasser dem Schuldner den Schuldschein vermacht, so ist dies ein leg. liberationis; hat er ihm das eingelegte Pfand oder den Verpfändungsschein vermacht, so ist nur das Pfandrecht erlassen, nicht die persönliche Schuld selbst. —

Existirte im Augenblick des Todes des Erblassers die genannte Schuld des Legatars nicht, so ist das Vermächtniß ungültig. [u]) Ist nur Stundung einer Schuld legirt, so zahlt der Legatar für die Zeit der Stundung keine Zinsen, es kann daher hierin eine liberatio legata in Betreff der Zinsen liegen.

C. Das legatum debiti. Dies ist ein Legat an der Schuld, welche der Erblasser dem Legatar ohnehin schon schuldet. — Ein solches Legat kann dem Legatar den Vortheil gewähren, daß eine naturale Schuld klagbar, oder eine zweifelhafte unzweifelhaft, oder eine bedingte unbedingt, eine noch nicht fällige fällig wird, oder daß ihm mehr vermacht ist, als er zu fordern hat. — Ist das Legat dem Legatar ohne allen Vortheil, so hat es doch noch für die Erben die Wichtigkeit, daß der mit dem Legat Belastete diese Erbschaftsschuld speciell bei der Regulirung der Erbschaft zu übernehmen hat, auch die Befreiung der sonst Verpflichteten zu gewähren hat, für welche es hiernach eine liberatio legata ist. Uebrigens kann der Legatar niemals genöthigt werden, seine Rechte als solcher geltend zu machen, es steht ihm vielmehr stets frei, als Gläubiger gegen sämmtliche Erben zu klagen, nur kann er dann die

---

u) Auch in Betreff der liberatio legata hat das Preußische Landrecht denen des Römischen gleiche Principien, nur soll aus dem Vermächtniß des Pfandes auch ein Erlaß der Schuld folgen. §§. 425 bis 429 ebendaselbst.

aus dem Legat entspringenden besonderen Vortheile nicht beanspruchen.

Hat der Erblasser dem Gläubiger das diesem bestellte Pfand vermacht, so hat der Gläubiger außerdem immer noch Anspruch auf die persönliche Forderung.

Existirt die vermachte Schuld nicht, so ist das Legat ungültig, wenn kein Object, gültig dagegen, wenn der Gegenstand der angeblichen Schuld vom Erblasser angegeben ist. v)

Eine specielle Art des legatum debiti ist das praelegatum dotis (Cod. Buch 33 Tit. 4.); praelegatum ist hier gleichbedeutend mit relegatum. Es ist dies das Rückvermächtniß einer schuldigen Dos seitens des Ehemannes oder Schwiegervaters. — Die Legatarin hat hier alle Vortheile eines legatum debiti, auch den der früheren Fälligkeit, des Erlasses von Gegenforderungen, der Forderung der angegebenen Objecte, wenn keine dos existirte. Besonderheit ist hier nur, daß wenn die dos schon bei Lebzeiten des Erblassers zurückgegeben ist, das Legat ungültig ist, wenn auch der Gegenstand im letzten Willen genannt sein sollte. — Der Ausdruck lego dotem et amplius quam dotem bedeutet die schuldige dos und ebensoviel dazu.

---

v) Das Preuß. Landrecht hat in Betreff des legatum debiti zwei Abweichungen vom Gemeinen Rechte: 1. der Termin der Zahlbarkeit wird zum Nachtheil des Erben nicht verändert; 2. hat der Erblasser die Schuld nach errichtetem Legat dem Legatar bezahlt, so verliert das Vermächtniß seine Wirkung. §§. 430 bis 440 ebendaselbst.

Erwerb und Verlust des Vermächtnisses.

Dig. Buch 36 Tit. 2; Cod. Buch 6 Tit. 53; Dig. Buch 7 Tit. 3.

§. 34. Das Legat ist dem Legatar erworben wird mit dem lateinischen Ausdrucke dies legati cedit bezeichnet; der Legatar kann den Gegenstand des Legates vom Belasteten fordern, mit dem Ausdrucke dies legati venit. —

Man nennt den dies cedens auch den Tag der Delation, den dies veniens den Tag des definitiven Erwerbes.

Der dies legati cedens hat in der Regel die Wirkung, daß die Erben des Legatars das Legat zu fordern haben, wenn derselbe vor dem dies veniens stirbt; auch muß der Legatar in diesem Momente die test. factio passiva haben. —

Der dies veniens hat die Folge, daß der Legatar von nun ab die Früchte einer speciell vermachten Sache erhält, auch Aushändigung des Gegenstandes des Vermächtnisses vom Belasteten verlangen kann.[w])

w) Nach Preußischem Landrechte ist das Vermächtniß mit dem Tode des Erblassers sofort dem Legatar erworben, sei es ein bedingtes oder unbedingtes. — Aushändigung oder Auszahlung kann er aber in der Regel erst nach Ablauf der gesetzlichen Deliberationsfrist fordern, und wenn der Bestand des Nachlasses zweifelhaft oder die Gültigkeit des letzten Willens angefochten ist, erst wenn diese Hindernisse beseitigt sind, — die Früchte erhält der Legatar aber bei unbedingten Vermächtnissen vom Tode ab, bei bedingten oder sub die gegebenen von dem Eintritt der Bedingung und des dies an. Zinsen von einem Geldvermächtniß werden von Ablauf der Deliberationsfrist an

Der dies legati cedens tritt mit dem Tode des Erblassers ein bei legatis puris und sub die certo vermachten, ohne Rücksicht darauf, ob der Belastete pure oder sub conditione berechtigt ist. — Bei bedingten Legaten, also auch bei den sub die incerto verliehenen, ist der dies cedens erst der Moment der Erfüllung der Bedingung, des Eintrittes des dies. —

Der dies legati veniens tritt bei legatis puris mit dem Momente ein, an welchem der Belastete seine Zuwendung, d. h. der Erbe die Erbschaft, der belastete Legatar sein Vermächtniß erwirbt. — Bei legatis sub die certo oder incerto oder sub conditione muß zu diesem Erwerbe seitens des Belasteten noch der Eintritt der Bedingung oder des dies hinzutreten. —

Sind terminliche Leistungen der Gegenstand des Legates, so hat der erste Termin seinen dies cedens mit dem Tode des Erblassers, jeder folgende mit dem Eintritt des Termines. — Der dies veniens tritt für sämmtliche rückständige Termine mit dem Erwerbe durch den Belasteten ein; für die nachfolgenden Termine fallen dies cedens und veniens zusammen. —

Sind Rechte vermacht, welche gesetzlich nicht auf die Erben übergehen, z. B. usus fructus, usus etc. oder welche nach dem Willen des Testators nicht auf die Erben übergehen sollen, so hat der dies cedens für die Transmission des Rechtes auf die Erben keine Bedeutung, immer

---

gezahlt; — eine vermachte Rente beginnt mit dem Anfalle des Legates, ein Usufructus von Ablauf der Deliberationsfrist. §§. 294 bis 296, 302 bis 305, 328 ebendaselbst.

aber noch in der Rücksicht, daß der Legatar in diesem Momente die test. factio passiva haben muß. —

Mit dem Augenblicke des dies legati cedens wird das Legat ipso jure dem Legatar erworben, es bedarf keiner Erklärung über die Annahme desselben; hat der Erblasser bestimmt, daß der Legatar sich erklären solle (z. B. durch die Worte: si volet), so ist das Legat ein bedingtes, dessen dies, ehe der Legatar sich nicht erklärt hat, auch nicht cedens ist. — (Uebrigens war unter den Sabinianern und Proculejanern darin Streit, daß die ersteren bei dem legatum per vindicationem den Erwerb ipso jure eintreten ließen, letztere nicht eher als bis der Legatar sich über die Antretung des Legates erklärt hatte, und wenn auch die letztere Ansicht (nach Gajus Buch 2 §. 195) eine Zeitlang in Rom gegolten hat, so tritt doch nach dem Rechte Justinian's der Erwerb des Legates ipso jure ein. Freilich kann der Legatar es ablehnen. —

Der Verlust oder Wegfall des Legates kann auf mannigfache Art eintreten, nämlich dadurch:

1) daß der Legatar zu den vom Gesetz bestimmten Momenten nicht die test. factio passiva hat;
2) daß er vor dem dies cedens stirbt, oder die gestellte Bedingung deficirt;
3) daß er es ablehnt. Die Repudiation kann nicht gültig vor dem dies veniens geschehen, nicht auf einen Theil des Vermächtnisses. Wenn aber mehrere Erben des Legatars eintreten, so ist es jedem Erben selbstständig erlaubt, seinen Antheil abzulehnen. Hat ein Legatar mehrere Legate erhalten, so kann er je-

des derselben selbstständig ablehnen; wenn er aber dadurch den Erben in der Quarta falcidia verkürzt, so zieht ihm der Erbe von den angenommenen Legaten die Quarta für alle Legate ab. Ein Beispiel siehe l. 5 Dig. Buch 31.

4) daß der Legatar unwürdig ist (siehe unten Indignität);

5) daß in Folge der lex falcidia Abzuge gemacht worden, zu einem Theile (siehe unten Quarta falcidia);

6) daß der Gegenstand des Legates zu Grunde geht oder extra commercium kommt. [x]) Ist er nach dem Tode des Testators durch vertretbare culpa des Belasteten zu Grunde gegangen, so häftet derselbe; ist es durch culpa eines Dritten geschehen, so hat der Belastete dem Bedachten die Klage auf Schadensersatz zu verschaffen, soweit sie dem Legatar nicht bereits aus eignem Rechte gebührt. — Ist die Sache bei Lebzeiten des Testators untergegangen,

---

x) Nach dem Preuß. Landrechte gelten im Allgemeinen keine anderen Grundsätze über die Wirkung des Unterganges des Gegenstandes des Legates; nur darin weicht es vom Römischen Rechte ab, daß Specification das Vermächtniß nicht aufhebt. Der Legatar soll nämlich die specificirte Sache erhalten, außer wenn sie mit anderen in eine specificirt ist, wo er den Werth der Materie erhält. — Wenn aber die Specification ohne Willen des Erblassers geschehen, so soll der Legatar nach seiner Wahl den Werth der vermachten Sache fordern oder die veränderte Sache nehmen können; ist sie in demselben Falle mit anderen zu einer specificirt, so erhält er nur den Werth der vermachten Sache. §§. 317 bis 321 ebendaselbst.

so ist das Legat ohne Wirkung. — Ist das Legat wegen Unterganges der Hauptsache ohne Wirkung, so erhält der Legatar auch nicht die noch etwa existirenden Nebensachen. Nur sind nicht stets zwei conjunctim legirte Sachen als Haupt- und Nebensache zu betrachten, z. B. „die Sclavin Arethusa und ihr Kind vermache ich dem A"; hier sind zwei Legate gegeben.

7) daß der Belastete nicht so viel erhalten hat, um den Betrag der Vermächtnisse zu decken (der belastete Erbe muß freilich ein Inventar zu seinem Schutze aufnehmen);

8) daß der Belastete fortfällt, und kein Anderer an seine Stelle tritt, welcher die Verpflichtung hat, die Vermächtnisse zu zahlen. y) — Der Erbe, welcher durch Substitution, oder durch Accrescenzrecht, oder durch Indignität eines Anderen oder als Intestaterbe aus den Bestimmungen der Novelle 115 eintritt, hat die Legate zu zahlen. Wird der letzte Wille irritum,

y) Nach Preußischem Landrechte müssen die Legate, vorausgesetzt, daß sie gültig angeordnet sind, auch von dem gezahlt werden, der an Stelle des Belasteten tritt, es müßten denn speciell bestimmte Personen in der Art belastet sein, daß der Wille des Testators klar dahin erhellt, daß andere als die belasteten Personen die Last nicht übernehmen sollen. — Wird der ganze letzte Wille ungültig zur Strafe oder durch Rücknahme oder Widerruf, oder durch Ablauf von Zeit bei privilegirtem letzten Willen oder durch Nachkommen eines Descendenten, so fallen auch die Vermächtnisse.

ruptum, destitutum, inofficiosum, so gehen in der Regel die Vermächtnisse zu Grunde (siehe oben S. 377 u. 400 ff. und clausula codicillaris S. 480.) — Sind durch ein Codicill sine testamento Legate bestimmten Intestaterben auferlegt worden, so werden sie ganz oder zum Theil ungültig, wenn die Belasteten gar nicht oder nicht auf die Quote Erbe werden, von welcher es der Erblasser voraussetzte. Ist ein Legatar mit Unterlegaten belastet, so fallen die Unterlegate fort, wenn das Hauptlegat ungültig angeordnet war (ausgenommen den Fall des S. C. Libonianum); sonst sind die Unterlegate von dem zu zahlen, an welchen das Hauptlegat fällt, mit Ausnahme des re tantum conjunctus, der es durch Accrescenz erhält (siehe unten Accrescenzrecht).

9) daß der Erblasser das Vermächtniß zurücknimmt. — Diese Zurücknahme heißt Ademtio legati (Instit. Buch 2 Tit. 21; Dig. Buch 34 Tit. 4.). Ein durch Rücknahme ungültig gewordenes Vermächtniß heißt legatum ademtum, das auf andere Weise in Wegfall gekommenes legatum extinctum. —

Die Rücknahme kann durch ausdrücklichen Widerruf geschehen, aber auch stillschweigend ausgesprochen sein, [z])

---

z) Das Preuß. Landrecht kennt, wie das Römische Recht, die ausdrückliche und stillschweigende Zurücknahme des Vermächtnisses. — Die ausdrückliche geschieht schriftlich oder mündlich unter den in den §§. 593 bis 595 u. 597 Th. 1 Tit. 12 angegebenen Formen (siehe oben Seite 479); die stillschweigende geschieht ebenfalls durch Ausstreichen der Verfügung, Veräuße-

z. B. dadurch, daß der Erblasser die Anordnung im Testamente oder Codicille ausstreicht, oder unleserlich macht; ferner, wenn er die vermachte Sache ohne Noth veräußert, oder specificirt, oder die vermachte Forderung eintreibt, und nicht Umstände vorhanden sind, welche die Absicht des Widerrufes ausschließen, wie z. B. die besondere Aufbewahrung des erlösten oder eingetriebenen Geldes für den Legatar oder sofortige Ausleihung desselben. — Eingetretene Feindschaft, Erheben einer Criminalanklage, Bezeichnung als Unwürdigen sind Gründe, welche eine Ademtio annehmen lassen, wenn der Legatar nicht spätere Versöhnung mit dem Erblasser beweist. — Eine besondere Art der stillschweigenden Zurücknahme ist die translatio legati, d. h. die Anordnung eines neuen Legates, auf Grund eines bereits errichteten, mit der Absicht, das früher errichtete aufzuheben. — Die Translation kann auf viererlei Arten erfolgen: durch Veränderung des Bedachten, des Belasteten, des Gegenstandes und der Modalitäten. [a]) —

---

rung des Gegenstandes ꝛc. — Feindschaft mit dem Testator oder Aeußerung von Schimpfreden gegen den Legatar sind indessen keine Vermuthung für eine ademtio. — §§. 596 u. 322 ebendaselbst.

a) Das Preußische Landrecht erwähnt der Translatio speciell nicht, enthält vielmehr in den §§. 575, 584 u. 586 Th. 1 Tit. 12 in Betreff ihrer die Regeln, daß Vermächtnisse in einem späteren Codicille angeordnet die im früheren Codicille errichteten dann aufheben, wenn die spätere Disposition von der Art ist, daß die frühere damit unmöglich bestehen kann; ferner daß im zweifelhaften Falle und wenn nicht aus der Fassung ein Anderes erhellt, der Legatar, welchem in einem früheren und spä-

Das Dasein einer Translation kann aber nur angenommen werden, wenn die Absicht des Erblassers klar ist, das neue Legat an Stelle des früher errichteten zu setzen; fehlt es an dieser Absicht, so sind zwei Legate vorhanden. Die in der Translation liegende Ademtio ist unabhängig von der Gültigkeit des neuen Legates. Ist dies daher auch von Anfang an ungültig wegen fehlender Erfordernisse, oder wird es später ungültig, so bleibt doch die beabsichtigte Ademtio bei Kräften.

Diese Ademtio kann auch dadurch unter eine Bedingung gestellt werden, daß das neue Legat außer der zugefügten Bedingung noch in anderen Puncten von dem früheren verschieden ist, indem dann interpretirt wird, daß das frühere beim Ausfall der für das neue Legat gestellten Bedingung stehen bleiben soll. —

In Bezug auf die Ademtio überhaupt ist noch zu bemerken, daß, wenn zwei Legatare gleichen Namens da sind, und es zweifelhaft bleibt, auf welchen von beiden die Ademtio sich bezieht, nach l. 3 §. 7 Dig. Buch 34 Tit. 4 keinem das Legat genommen sein soll, während in l. 10 pr. Dig. Buch 34 Tit. 5 das Gegentheil angenommen ist. — Der Widerspruch ist unauflöslich, und deshalb kann nur

---

teren Codicille ein Legat gegeben ist, nur das spätere Vermächtniß zu fordern befugt sei; endlich daß es einer ausdrücklichen Aufhebung gleich zu achten sei, wenn der Testator dieselbe bestimmte Sache, welche er in dem früheren Testamente einem Legatar vermacht hat, in dem späteren einem Anderen zuwendet. (Diese letztere Bestimmung muß auch für Codicille gelten.)

durch Veränderung der Lesart der einen oder der anderen Stelle der Vorzug gegeben werden. [b])

Vom Accrescenzrechte unter Collegataren.

Cod. Buch 6 Tit. 51; Dig. Buch 7 Tit. 2; — Ulpian Tit. 24 §§. 12 u. 13; Gajus Buch 2 §§. 205 bis 208.

Ein Accrescenzrecht bei Legaten kann nur unter Collegataren stattfinden, d. h. bei solchen, welchen zusammen dasselbe Legat beschieden ist. Dasselbe setzt auch voraus, daß weder der Mitlegatar noch seine Erben zum Erwerbe des Legates gelangen, oder es nach dem Erwerbe verlieren oder ausschlagen. —

Im ältesten Rechte konnte nur beim Vindicationslegate ein Accrescenzrecht stattfinden, denn damnatio facit partes. — Durch die lex Julia et Papia Poppaea wurde auch in Betreff der Legate, außer für Ascendenten und Descendenten bis zum dritten Grade, das Accrescenzrecht aufgehoben, und durch das vindicare caducum ersetzt, welches den patres verliehen wurde, und zwar den verbis conjunctis collegatariis vor allen Anderen. Dies vindicare caducum trat demnach auch für das Damnations-

---

b) Das Preuß. Landrecht schweigt über diese Controverse. Viele meinen, daß beide Legate ungültig sein müßten, weil, wenn es zweifelhaft sei, welche von mehreren Personen der Legatar sei, nach §. 542 Th. 1 Tit. 12 alle Personen das Legat zusammen haben sollen.

legat ein. — Justinian hat das alte Recht wieder hergestellt; dennoch behaupten auch hier Viele mit Unrecht, daß auch verbis tantum conjuncti collegatarii noch fortwährend das Accrescenzrecht hätten.

Die herrschende Ansicht ist, daß nur unter re et verbis oder re tantum conjunctis collegatariis die Accrescenz statt findet. Substitution schließt auch hier die Accrescenz aus. —

Unter den conjunctis haben die re et verbis conjuncti den Vorzug vor den re tantum conjuncti; es hängt indessen von ihnen ab, ob sie die Accrescenz annehmen wollen; nehmen sie dieselbe an, so haben sie auch die onera, also auch die Unterlegate zu übernehmen. Es accrescirt ihnen cum voluntate et cum onere. — Machen sie von diesem Vorrechte keinen Gebrauch, oder sind nur re tantum conjuncti vorhanden, so accrescirt den re conjunctis ipso jure, d. h. ohne ihren Willen, aber auch ohne daß sie die onera des accrescirenden Antheiles zu übernehmen haben. — Es accrescirt ihnen sine voluntate et sine onere. [c]) — Das Accrescenzrecht der Collegatare beruht auf dem Umstande, daß sie die Sache zusammen haben, daher accrescirt nicht der Person als solcher, sondern der Person, soweit sie den Antheil am Legate

---

c) Das Preuß. Landrecht kennt den Vorzug der re et verbis conjuncti vor den re conjunctis nicht. Die Unterlegate müssen, so weit der accrescirende Theil hinreicht, übernommen werden. Allgemeines Landrecht Th. 1. Tit. 12. §§. 366 bis 372.

hat. Deshalb kann nur dem Collegatar accresciren, welcher seinen Antheil am Legate erworben hat, und ihn noch hat. —

Das Accrescenzrecht bei einem Mehreren vermachten Ususfructus hat die Eigenthümlichkeit, daß es der Person des Mitlegatars als solcher zusteht, und deshalb auch dann für ihn eintritt, wenn er seinen Antheil, nachdem er ihn erworben, wieder verloren hat. Außerdem soll auch der Antheil des Collegatars dem Accrescenzrecht unterliegen, welcher, nachdem er den Ususfructus erworben, ihn durch Tod oder sonst wie verloren hat. Erst wenn sämmtliche Collegatare fortgefallen, wird der Ususfructus hiernach mit dem Eigenthume wieder vereinigt. d)

Verhältniß des Legatars und des Belasteten zu einander.

§. 35. Zwischen dem Legatar und dem Belasteten besteht eine obligatio quasi ex contractu, woraus dem Ersteren eine s. g. actio legati oder actio ex testamento auf Aushändigung oder Beschaffung des Vermächtnisses entsteht. Sind dem Legatar Sachen des Erblassers oder des Belasteten oder dingliche Rechte an solchen Sachen vermacht, so ist dem Belasteten die Veräußerung dieser Sachen zum Nachtheil des Legatars untersagt, und dies

d) Nach Preußischem Landrechte hat der vermachte Nießbrauch in Betreff der Accrescenz keine Besonderheit.

auch bei bedingten Legaten dieser Art. — (Die trotzdem geschehene Veräußerung hindert auch die dingliche Klage des Legatars nicht.) — Zur Sicherung seines Rechtes hat der Legatar an Allem, was der Belastete aus dem Vermögen des Erblassers erhalten hat, seit Justinian die gesetzliche Hypothek.[e]) — Der Belastete haftet dem Legatar für culpa levis, wenn er aber von dem, was ihm der Erblasser hinterlassen hat, gar keinen Vortheil behält, nur für culpa lata.[f])

Wegen mora hat der Belastete Zinsen und Früchte zu vergüten (bei Legaten außer bei dem sinendo modo relictum war dies vor Justinian vor der litis contestatio nicht der Fall, da sie stricti juris waren). — Bei Legaten ad pias causas soll die mora sechs Monate nach Publicirung des Testamentes eintreten.

Stehen der Aushändigung des Legates Hindernisse im Wege, z. B. dies, conditio, Streit über die Gültigkeit des Legates, oder schwebende Regulirung wegen der falcidischen Quart, so kann der Legatar von dem Belasteten Sicherstellung durch Bürgen (cautio legatorum servandorum

---

e) Das Preuß. Landrecht giebt dem Vermächtnißnehmer zwar keine gesetzliche Hypothek, aber doch einen Titel zum Pfandrechte, d. h. derselbe kann auf die zum Nachlaß gehörigen Grundstücke und Hypotheken das Pfandrecht eintragen lassen; jedoch steht dieses Pfandrecht den Gläubigern des Erblassers nach. §§. 290 u. 291. Th. 1. Tit. 12.

f) Nach Preußischem Landrechte haftet der Belastete stets nur für grobes Versehen, so lange er nicht in mora kommt. §§. 308 bis 310 ebendaselbst.

causa [g])) fordern. Weigert der Belastete diese Caution, so erhält der Legatar auf Erfordern eine missio in possessionem ex primo decreto in das, was der Belastete vom Erblasser von Todes wegen erhalten hat, mit dem Rechte der Mitdetentio und eines prätorischen Pfandrechtes. Wenn der Erbe der Cautionspflicht innerhalb fernerer sechs Monate nicht genügt, so erfolgt eine missio ex secundo decreto auf Antrag des Legatars in das ganze Vermögen des Belasteten, mit dem Rechte, aus den Früchten und Einkünften desselben sich wegen des Legates zu decken. — Diese Cautionspflicht fällt fort: wenn sie der Testator erlassen hat; für Eltern gegenüber ihren Kindern, so lange sie nicht zur zweiten Ehe schreiten; für Geschwister in Bezug auf die Erbschaft der Eltern; für den Fiscus; bei der liberatio legata, wenn sie eine Forderung des Belasteten betrifft (Dig. Buch 36 Tit. 3 u. 4; Cod. Buch 6 Tit. 54.). —

Die Klagen, welche dem Legatar zur Seite stehen, sind: die actio ex testamento; die actio hypothecaria aus dem gesetzlichen Pfandrechte, jedoch gegen dritte Inhaber der Erbschaftssachen erst wenn er den Belasteten vergeblich executirt hat; bei Legaten an Sachen und dinglichen Rechten an solchen, soweit das dingliche Recht ipso jure erworben wird, die dinglichen Klagen; beim legatum nominis die Klage aus der Forderung als gesetzlichem Cessionar. [h])

---

g) Das Preuß. Landrecht kennt diese Caution nicht; im Falle der Unsicherheit kann Caution gefordert oder der Nachlaß durch gerichtliche Beschlagnahme sicher gestellt werden.

h) Auch nach Preußischem Landrechte hat der Legatar, wenn

Pflichten des Legatars gegenüber dem Belasteten sind: Gestattung des Abzuges auf die Quarta falcidia; Ersatz der Unterhaltungskosten seit dem dies veniens und Verbesserungskosten, soweit sie noch zur Zeit des dies veniens Nutzen gewähren, ebenso der vor dem dies veniens aufgewendeten außerordentlichen Unterhaltungskosten. Der Legatar muß unter Umständen auch dem Belasteten Sicherheit durch Bürgen leisten, z. B. die cautio muciana, cautio de restituendo bei Vermächtnissen ad diem oder ad conditionem, und cautio wegen Abzugs der Quarta falcidia, welche jedoch bei dem Vermächtniß geringer Alimente nicht zu leisten ist. — Endlich darf sich der Legatar nicht eigenmächtig in den Besitz der legirten Sachen oder Rechte setzen. — Findet sich nach Aushändigung des Legates, daß wegen früher unbekannter Schulden des Erblassers das Legat verringert werden muß, so hat der Belastete die condictio indebiti auf Rückgabe des zuviel Gegebenen. [i]) —

---

die vermachten Sachen und Rechte nicht Dritten gehören, ipso jure die dinglichen Klagen und die Rechte eines Cessionars. §. 288. Th. 1. Tit. 12.

i) Bis zur Uebergabe der vermachten Sachen und Rechte ist der Belastete nach Preußischem Landrechte Verwahrer und Verwalter; bei bedingten Vermächtnissen hat der Legatar die Früchte erst vom Eintritt der Bedingung zu fordern. Zu Schulden der Erbschaft, welche sich nachträglich finden, hat der Legatar nach Verhältniß des Werthes beizusteuern, ist jedoch befugt, anstatt dieser Beisteuer den Gegenstand des Legates nebst den bereits gezogenen Nutzungen, aber im Uebrigen mit den Rechten eines redlichen Besitzers, zurückzugeben. Allgemeines Landrecht

Der Erbe hat eine besondere Klage gegen den Legatar in dem interdictum quod legatorum (Dig. Buch 43 Tit. 3; Cod. Buch 8 Tit. 3). Es steht dem Erben und dessen Erben zu, wenn der Legatar sich eigenmächtig in den Besitz des Vermächtnisses gesetzt hat, ehe der Erbe Besitz daran ergriffen hatte, und ferner, wenn der Legatar die erhaltene missio nicht aufgeben will, obgleich seiner Forderung auf Cautio Genüge geschehen ist. — Das Interdict ist adipiscendae possessionis, geht gegen den Legatar und jeden Inhaber (ist also in rem scriptum), und hat zum Petitum, wenn es vor dem dies veniens wegen eigenmächtiger Besitzergreifung angestellt wird, Herausgabe der ganzen Sache nebst Früchten gegen Stellung der cautio legat. servand. causa; nach dem dies veniens angestellt, geht es auf Herausgabe der zuviel gezogenen Früchte und des auf die Quarta fallenden Antheiles. — (Der mortis causa donatarius kann mit dem Interdicte nicht belangt werden.) —

Ein Hauptrecht des Erben gegen den Legatar ist das Recht auf die falcidische Quart.

Von der Quarta falcidia. k)

Instit. Buch 2 Tit. 22; Dig. Buch 35 Tit. 2; Cod. Buch 6 Tit. 50; — Gaj. Buch 2 §§. 224 bis 227.

§. 36. In älterer Zeit schon suchte man den Erben

Th. 1. Tit. 12. §§. 306, 483, 325 bis 351. — Eigenmächtige Besitznahme ist dem Legatar untersagt. §. 311 ebendaselbst.

k) Das Preußische Landrecht kennt die Quarta nicht. —

vor allzugroßer Belastung mit Legaten zu schützen, jedoch in unzureichender Weise. Eine lex Furia testamentaria verfügte, daß kein Legat größer sein soll als Tausend Aß, und gab eine legis actio per manus injectionem auf vierfache Strafe gegen den Legatar, welcher eine höhere Summe angenommen hatte. Ausgenommen von dem Gesetze waren Verwandte bis zum sechsten Grade incl. und die Kinder von Sobrinen. — Im Jahre 585 a. u. c. wurde die lex Voconia gegeben, welche bestimmte, daß der Erbe nach Abzug aller Legate so viel übrig behalten müsse, als das höchste Legat beträgt. Erst 714 a. u. c. erschien die lex Falcidia mit der Bestimmung, daß jeder Erbe ein Viertheil seines Erbtheiles von Legaten frei haben müsse. Auf Fideicommisse wurde sie erst 77 n. Chr. durch das S. C. Pegasianum ausgedehnt.

1. Berechtigt zum Abzuge der Quart ist nur der Erbe, nicht der Vermächtnißnehmer und Universalfideicommissar, doch können diese Personen ihren Unterlegataren in dem Verhältniß abziehen, als ihnen auf die Quarta abgezogen worden ist, jedoch nicht von ihnen auferlegten Alimentenlegaten. — Jeder Erbe muß von seiner Quote die Quart frei haben, es genügt nicht, daß von der ganzen Erbschaft die Quart frei ist.

2. Die Quart wird berechnet nach dem reinen Vermögen (incl. der durch die confusio untergegangenen Schul-

---

Bleibt dem Erben Nichts oder sehr wenig von dem Nachlasse, so kann er für die Regulirung desselben eine billige Vergütigung fordern, wenn er es nicht vorzieht, zu diesem Geschäft einen Curator vom Gericht bestellen zu lassen. §. 352 ff. ebendaselbst.

den des Erben) zur Zeit des Todes des Erblassers. Spätere Vermehrungen nützen, spätere Verminderungen schaden den Legataren nicht. — Das reine Vermögen wird gebildet durch das, was übrig bleibt, nach Abzug der Erbschaftsschulden (auch der durch die confusio untergegangenen), der Kosten der Beerdigung des Erblassers, Kosten des Inventars, des Werthes der freizulassenden Sclaven, und dessen, was auf den Pflichttheil auszuzahlen ist.

3. Bei Berechnung des Werthes der Legate können besondere Schwierigkeiten entstehen, wenn das Legat sub die oder conditione oder ein Rentenlegat ist, denn auch der Werth der Legate zur Zeit des Todes ist der entscheidende. — Bei der Bestimmung des Werthes jedes Legates interessiren auch alle anderen Legatare, weil darnach sich die Höhe des Abzuges richtet. — Kann daher über die Werthbestimmung eines vermachten Gegenstandes keine Einigung erzielt werden, so tritt Taxe Sachverständiger ein. — Ist das Legat sub die certo gegeben, so muß von dem Werthe nach der Hoffmann'schen Methode das Interusurium abgezogen werden für die Zeit vom Tode des Erblassers bis zum Eintritt des dies. Der so festgestellte Betrag wird mit zur Berechnung gestellt, dem Legatar aber am Tage der Fälligkeit der festgestellte Betrag des Abzuges nebst Zinsen vom Tode ab in Abzug gebracht. — Besteht das Legat in einer bestimmten Zahl terminlicher Zahlungen, so wird in Betreff jedes Termines so verfahren. — Sind ewige Renten vermacht, so werden sie als 4 pCtige angesehen, und das darnach festgestellte Capital in Rechnung gebracht. — Sind Renten

auf Lebenszeit vermacht, so würde jetzt durch eine Auskunft von einer Rentengesellschaft der Werth festzustellen sein; die Römer hatten übrigens schon eine sehr dürftige Berechnung der wahrscheinlichen Lebensdauer (in l. 68 Dig. Buch 35 Tit. 2). — In allen anderen Fällen, in denen die Existenz oder Höhe des Legates eine ungewisse ist, hat der Erbe gegenüber den anderen Legataren zwei Wege: er rechnet das ungewisse Legat mit, und stellt Caution für eventuelle Nachleistung; oder er rechnet es nicht mit, und läßt sich für eventuelle Rückgabe Caution stellen. Dem mit dem ungewissen Legat Bedachten gegenüber kann die Berechnung füglich bis zur Gewißheit des Legates aufgeschoben werden.

4. Der Erbe rechnet sich auf die Quart alles das ein, was er als Erbe erhält, also auch den Theil des Prälegates, welchen er sich selbst auszahlen müßte. Was er durch Accrescenz und Substitution von dem Vermögen des Erblassers erhält, muß er sich anrechnen, nicht aber das, was er selbst als Vermächtnißnehmer lucrirt. Wenn aber ein Miterbe dem Miterben gegenüber die Quart geltend macht, so hat er sich auch die Vermächtnisse einzurechnen, welche er von diesen Miterben erhält.

5. Der Abzug auf die Quart trifft die Legatare pro rata der Höhe ihres Legates.

6. Art der Realisirung ist Retention des Beitrages oder, wo dies unthunlich, Herauszahlung einer Summe oder Geltendmachung des Mitrechtes.

7. Rechtsmittel zur Geltendmachung sind je nach Lage der Umstände die Retention; rei vindicatio und actio

communi dividundo; das interdictum quod legatorum; bei irrthümlicher Leistung die condictio indebiti; die Klage aus der vom Legatar gestellten Caution. Eine besondere Klage gerade für diesen Zweck hat das Gesetz dem Erben nicht gegeben.

8. Die Quarta kann nicht abgezogen werden aus drei Gründen: ex persona testatoris; ex persona heredis; ex qualitate legati.

a) ex persona testatoris: wenn der Erblasser Soldat war; wenn er den Abzug der Quart verboten hat. Vor Justinian hatte ein solches Verbot keine Wirkung, wenn nicht der Erblasser durch besondere Zuwendungen den Erben auf Höhe der Quarta entschädigte; Justinian erlaubt, den Abzug der Quarta zu verbieten, und die Praxis vermuthet für ein beabsichtigtes Verbot. Hat der Erblasser von einzelnen Vermächtnissen den Abzug untersagt, so wird auf die übrigen der Abzug übertragen.

b) ex persona heredis: wenn der Erbe kein Inventar aufnimmt; von dem Legate, welches er ohne Irrthum ausgezahlt hat; von dem, welches er dolose dem Legatar zu entziehen versucht; wenn er auf die Quarta nach der Delation verzichtet hat. — Aus Novelle 1 cap. 3 wollen Viele annehmen, daß ein Verzicht in Bezug auf alle Legate darin liege, daß der Erbe ein Legat ohne Irrthum voll auszahlt.

c) ex qualitate legati: von Freilassungen; von Vermächtnissen ad pias causas; von dem, was auf den Pflichttheil auszuzahlen ist; und wenn man dies auch als Ausnahme betrachten will: vom legatum debiti, soweit es keinen Vortheil gewährt; von Vermächtnissen, deren Gegenstand keinen Werth für den Erben hat; von Sachen, welche der Mann für seine Ehefrau angeschafft hat, und ihr nochmals vermacht.

9. Wenn ein Erbe mehrere Erbportionen erhält, so ist die Regel, daß er nur von sämmtlichen zusammen die Quart frei verlangen kann, und daß auch den Legataren gegenüber sämmtliche als ein Ganzes betrachtet werden. Von dieser Regel giebt es drei Modificationen:

a) Wenn ein Erbe einen anderen Erben beerbt, so wird von beiden Erbportionen getrennt die Quart berechnet.

b) Wenn jure accrescendi der Erbe einen Zuwachs erhält, so muß er sich denselben auf seine eigne Erbportion einrechnen; dagegen hat er aus seiner eigenen die anwachsende Portion nicht zu ergänzen, wenn sie in der Quart verletzt ist. — Sind beide Erbportionen verletzt in der Quart, so werden sie im Interesse der Legatare zu trennen sein. — (Accrescente portione gravata non gravatae deducitur quarta, d. h. der Erbe trennt; accrescente portione non gravata gravatae non deducitur quarta, d. h. er wirft beide Erbportionen zusammen.

c) Ist ein Erbe des Parens auch Pupillarsubstitut, so trennt er seine Erbportion von der des Pupillen, wenn letztere in der Quart verletzt ist; sonst rechnet er sich das, was er aus dieser lucrirt, in seine eigne Erbportion ein. — Die Vermächtnisse, welche der Parens dem Substituten im Pupillartestamente auferlegt hat, lasten hier auf der Erbportion des Pupillen. (Dieser Fall kann gar nicht zur Sprache kommen, wenn der Pupill nicht zum Erben des Parens eingesetzt ist, da das eigne Vermögen des Pupillen vom Parens mit Legaten nicht beschwert werden kann.)

10. Ob der pflichttheilsberechtigte Erbe sich Quart und Pflichttheil oder nur eines von beiden abrechnen könne, ist streitig. Das Canonische Recht gestattet den Descendenten, welche ein Universalfideicommiß auszuzahlen haben, den Pflichttheil und von dem Reste die Quart sich abzuziehen. — Im Uebrigen geht die herrschende Ansicht dahin, daß der Pflichttheilsberechtigte nur die Wahl zwischen Quarta und Pflichttheil habe, weil die Quart ein Erbtheil ist, welches er erhält und er nur dieses bis auf den Pflichttheil ergänzt verlangen könne.

Vom Universalfideicommiß.

Instit. Buch 2 Tit. 23; Dig. Buch 5 Tit. 6; Dig. Buch 36 Tit. 1; Cod. Buch 6 Tit. 49; Gajus Buch 2 §§. 246 bis 259; Ulpian Tit. 25 §§. 14 bis 18.

§. 37. Universalfideicommiß (hereditas fideicommissaria, fideicommissum hereditatis) ist die Auflage an den Erben, die ganze Erbschaft oder eine Quote derselben entweder sofort oder nach einer bestimmten Zeit einem Anderen herauszugeben. Der so belastete Erbe heißt heres fiduciarius, der so Bedachte heres fideicommissarius. — Daß ein solches Fideicommiß auch stillschweigend errichtet werden kann, ist oben S. 484 bereits erwähnt; ein solches stillschweigend errichtetes Fideicommiß liegt auch in der sog. clausula privatoria, d. h. in der Anordnung, daß der Erbe die Erbschaft verlieren solle, wenn er irgend etwas thun oder nicht thun sollte. —

Nach ältestem Rechte war der h. fideicommissarius ein Singularsuccessor, er stand zu dem Erben analog wie ein Erbschaftskäufer, der Erbe pflegte ihm sogar zum Scheine die Erbschaft zu verkaufen, und beide stellten sich gegenseitig die stipulationes partis et pro parte. —

Das S. C. Trebellianum, 62 n. Chr. unter Nero, bestimmte, daß mit der geschehenen Restitution der Erbschaft an den Fideicommissar in Betreff des restituirten Theiles der Erbschaft der Fiduciar weder gegen Dritte klagen noch von ihnen verklagt werden könne wie ein Erbe, dagegen der Fideicommissar Kläger und Verklagter sein solle. Der Fideicommissar war also von diesem Augenblicke an heredis loco. —

Das S. C. Pegasianum, 77 n. Chr. unter Vespasian, bestimmte, daß der Fiduciar berechtigt sein solle, dem Fideicommissar wie einem Legatar auf die Quart Abzüge zu machen. Wenn aber die Quart dem Erben verletzt sei, so solle der Fideicommissar Dritten gegenüber nur als Singularsuccessor gelten, selbst dann, wenn der Erbe sich keinen Abzug auf die Quart machte. — Wenn aber der Erbe erklärte, er wolle sich um deshalb keinen Abzug machen, um nach den Grundsätzen des S. C. Trebellianum zu restituiren, so solle dies S. C. zur Anwendung kommen, und der Fideicommissar heredis loco sein.

Justinian verordnete: Der Name S. C. Pegasianum solle aus dem Gesetze verschwinden. Gleichviel ob die Quart verletzt sei oder nicht, gleichviel ob der Erbe einen Abzug auf die Quart mache oder nicht, stets soll der Fideicommissar heredis loco sein. — Habe der Erblasser dem Erben auferlegt, die ganze Erbschaft zu restituiren, sich selbst aber einzelne Sachen oder eine Summe zurückzubehalten, so solle der Fideicommissar Dritten gegenüber als alleiniger heres gelten, der Fiduciar nur als Legatar. Wenn aber der Fideicommissar aus der Erbschaft die ihm auferlegten Legate nicht bestreiten könnte, so sollen die Legatare sich auch in diesem Falle an den Erben halten können; Alles freilich unter der Voraussetzung, daß der Erbe seine Quart freibehalten dürfe. —

Vor dem S. C. Pegasianum konnte der Erbe das Recht des Fideicommissars dadurch vereiteln, daß er die Erbschaft ablehnte. Dies S. C. bestimmte aber, der Fideicommissar könne den Fiduciar zur Antretung zwingen, d. h. die Erklärung über den Antritt der Erbschaft vom Richter ergänzen lassen, und Justinian hat dies Recht beibehalten. Hängt der Erwerb der Erbschaft von Erfüllung einer Potestativbedingung ab, so kann der Fideicommissar den Erben zur Erfüllung derselben zwingen.

In Bezug auf das Verhältniß zwischen dem Fiduciar und Fideicommissar ist trotz aller dieser Bestimmungen festzuhalten, daß der Letztere gegen den Ersteren und in Beziehung auf den Anfall der Zuwendung sowie den Erwerb der Klage als Vermächtnißnehmer zu betrachten ist. Ob er auch die gesetzliche Hypothek habe, ist streitig. —

Wenn der Fiduciar sich zur Antretung der Erbschaft zwingen läßt, so soll er zur Strafe Nichts von dem erhalten, was ihm als Erbe zufallen würde; Alles dies soll dem Fideicommissar werden. — Der Vortheil aus der Accrescenz, aus einer Substitution gebührt also dem Fideicommissar; auch die Quart verliert der Erbe. Dagegen behält er die ihm zugewendeten Legate mit Ausnahme des Prälegates, ferner das was ihm conditionis implendae causa zufällt, und die Früchte der Erbschaft von der erzwungenen Antretung bis zu der für die Restitution bestimmten Zeit Auch ein ihm unter der Bedingung, daß er nicht Erbe werden sollte, gegebenes Legat muß der Fideicommissar ihm leisten. — Die Gläubiger der Erbschaft und die Legatare können sich nur an den Fideicommissar halten. — Wird der Fiduciar durch Tod an der Antretung gehindert, so gilt die fideicommissarische Substitution als eine vulgäre. [1]) —

Tritt der Fiduciar freiwillig an, so ist Gegenstand der Restitution seine directe Erbportion. Ob auch das, was er durch Accrescenz erwirbt, ist im höchsten Grade bestritten, namentlich herrscht Streit darüber, ob die Ver-

1) Nach Preußischem Landrechte ist die fideicommissarische Substitution als eine gemeine anzusehen, die gemeine nicht als eine fideicommissarische; ist es zweifelhaft, welche von beiden gemeint ist, so wird für die gemeine vermuthet. Allgemeines Landrecht Th. 1. Tit. 12. §§. 58 u. 59. Vorschriften über einen Zwang zur Antretung der Erbschaft seitens des Fiduciars bedarf es nicht, da die Erbschaft ohne Antretung ipso jure erworben wird; lehnt der Fiduciar die Erbschaft ab, so ist der Fideicommissar als Vulgarsubstitut berechtigt.

muthung für oder gegen die Annahme ist, der Wille des Erblassers sei auf die Restitution des Vortheiles aus der Accrescenz gerichtet gewesen. —

Die Früchte der Erbschaft bis zur Antretung seitens des Erben fallen in das Fideicommiß. Auf Höhe des zu restituirenden Theiles der Erbschaft erlöschen die Wirkungen der confusio. —

Der Erbe kann seine Quart freibehalten, und bei Berechnung derselben fungirt der Fideicommissar als Legatar, d. h. er und die Singularvermächtnißnehmer tragen pro rata dazu bei. Uebrigens wird, wenn der Testator nichts Anderes bestimmt hat, vermuthet, daß hierbei als Betrag des Fideicommisses das gelten solle, was von der Erbschaft nach Abzug der ausgesetzten Singularvermächtnisse übrig bleibt. —

Sehr streitig ist, was der Fiduciar sich auf die Quart einzurechnen habe. Einige wollen ganz nach den Gesetzen über die falcidische Quart verfahren, Andere wollen Alles anrechnen, was er durch den Willen des Erblassers erhält, und noch Andere außer dem, was in die falcidische Quart eingerechnet wird, auch die vorbehaltenen Sachen und Rechte, das conditionis implendae causa Erhaltene und diejenigen Vermächtnisse, welche der Fideicommissar an den Fiduciar zurück zu leisten hat.

Die Form der Restitution ist eine einfache Erklärung des Erben, daß er hiermit restituirt haben wolle, oder ein Zulassen des Fideicommissars zur Ergreifung der Sachen. —

Die Gläubiger der Erbschaft und die Legatare müssen

sich nach geschehener Restitution ausschließlich an den Fideicommissar halten. Daß diesem das vom Fiduciar gebrauchte beneficium inventarii zu statten komme, ist unzweifelhaft. Ob er aber selbst das Recht des Inventars gegenüber den Gläubigern gebrauchen könne, ist streitig. Puchta verneint es; sachgemäßer möchte es sein, die Frage zu bejahen, da er heredis loco sein soll. Den Legataren haftet er auch ohne Inventar nicht über den Bestand des Fideicommisses, und kann, wenn ihm speciell Legate auferlegt sind, zwar keine Quart, aber doch in demselben Verhältnisse Abzüge machen, als ihm der Erbe solche auf die Quart gemacht hat. —

Ueber den Gegenstand des Fideicommisses kann der Erbe nicht anders verfügen, wie ein guter Verwalter. Ohne Nothwendigkeit vorgenommene Veräußerungen desselben sind dem Fideicommissar gegenüber wirkungslos. Nur wenn zur Zeit solcher Veräußerungen das Fideicommiß noch nicht bekannt war, sind sie gültig; das dafür Erhaltene kommt an Stelle des Veräußerten zur Restitution. m)

---

m) Nach Preußischem Landrechte erwirbt der Fideicommissarius sein Recht ipso jure mit dem Tode des Erblassers, er ist Dritten gegenüber ein Erbe, daher gehen die Singularvermächtnisse dem Fideicommissar vor; zwischen dem Fiduciar und Fideicommissar ist das Verhältniß wie zwischen Nießbraucher und Eigenthümer. Hat der Fiduciar Sachen aus der Erbschaft veräußert, Forderungen eingezogen oder andere Dispositionen vorgenommen, so ist er dem Fideicommissar dafür verantwortlich; der Fideicommissar hat Dritten gegenüber solche Verfügungen in so weit anzuerkennen, als diese in bona fide gewesen sind, denn Dritten gegenüber ist der Fiduciar nicht minder Erbe als

Eine besondere Art von Fideicommiß ist das fideicommissum ejus, quod supererit. Bei ihm ist Regel, daß der Fiduciar über ¾ der Erbschaft frei unter Lebenden sine dolo verfügen darf, ¼ aber dem Fideicommissar hinterlassen muß. Indessen auch dies Viertheil darf er angreifen, wenn er sonst kein Vermögen hat, zur Alimentation seiner Familie; zur Bestellung einer dos (oder donatio propter nuptias) für sich; zum Loskauf von Gefangenen. [n])

Von der mortis causa donatio.

Instit. Buch 2 Tit. 7 §. 1; — Dig. Buch 39 Tit. 6; Cod. Buch 8 Tit. 57.

§. 38. Mortis causa donatio ist eine Schenkung unter der Bedingung, daß der Schenker den Beschenkten

---

der Fideicommissar. — Der letztere kann sich zwar auf das vom Fiduciar errichtete Inventar berufen, hat aber auch das Recht, durch Aufnahme eines solchen sich vor der Haft über die Kräfte der Erbschaft zu bewahren. Allgemeines Landrecht Th. 1. Tit. 12. §§. 466 bis 474.

n) Nach Preußischem Landrecht liegt ein fideicommissum ejus, quod supererit auch darin, daß der Erblasser dem Fideicommissar die Vorlegung eines Inventars zu fordern verboten hat. — Bei einem solchen Fideicommiß hat der Fiduciar das Recht, inter vivos über die Erbschaftssachen und Rechte zu verfügen, nur kann er nicht durch Schenkungen, die auf bloßer Freigebigkeit beruhen, das Recht des Fideicommissars vereiteln. — Allgemeines Landrecht ebendaselbst.

nicht überlebt. — Sie kann gegeben oder versprochen werden. Sie kann geschehen allgemein auf den Fall des nicht späteren Todes (sola cogitatione mortis), oder auf den Fall des nicht späteren Todes in einer bestimmten Gefahr (imminente periculo).

Tritt der Tod des Schenkers später ein als der des Beschenkten, oder kommt der Schenker nicht in der bevorstehenden Gefahr um, so kann der Schenker je nach Bewandtniß der Umstände das Geschenkte vindiciren oder condiciren oder mit einer actio in factum (letzteres um zum Ersatz wegen Untergang oder Verschlechterung des Geschenkes durch culpa des Beschenkten zu gelangen) zurückverlangen. —

Sterben Schenker und Beschenkter zu gleicher Zeit, so ist die Schenkung gültig, da die Bedingung nicht eingetreten ist. (Der Grundgedanke hierbei ist, daß der Schenker das Geschenk sich vor dem Beschenkten, dem Beschenkten aber vor seinen eignen Erben gönnt.) — Die Bedingung ist im Zweifel als resolutive aufzufassen; Erklärung des Schenkers kann sie als suspensive stellen. — Schenkungen unter der Bedingung des früheren Todes eines Dritten sind donationes inter vivos sub conditione. —

Die Fähigkeit des Schenkers und des Beschenkten anlangend, so behaupten Viele die Nothwendigkeit der test. factio activa und passiva. Andere leugnen dieselbe, und verlangen nur beim Schenker Fähigkeit über sein Vermögen zu disponiren, beim Beschenkten Capacitas zur Zeit des Eintritts der Bedingung; daher kann nach dieser Ansicht ein Hauskind aus seinen bona adventitia irregularia und mit Consens des Vaters aus den bona profectitia eine don. mortis causa machen. —

Gegenstand ist jede Vermehrung des Vermögens, auch Befreiung von Verpflichtungen.

Die Form war im älteren Rechte der einfache Consens. Die lex Cincia wurde auf diese Schenkungen nicht angewendet, wohl aber die Nothwendigkeit der gerichtlichen Insinuation.

Unter den Kaisern wurden verschiedene Verordnungen über die Form erlassen; seit Justinian gilt als herrschende Ansicht, daß entweder vor fünf Zeugen, d. h. in Form der Codicille oder vor Gericht die Schenkung vollzogen oder versprochen sein muß. (Manche wollen bei donationes unter 500 solidi einfachen Consens für genügend halten.) Die Schenkung muß vom Beschenkten acceptirt sein. Im Testamente kann eine solche Schenkung also nicht gültig angeordnet werden. —

Diese Schenkung ist in vielen Beziehungen den Vermächtnissen gleich behandelt worden.

Aehnlichkeiten mit dem Vermächtnisse sind: beide werden ipso jure erworben; bei beiden sind Substitutionen, Accrescenzrecht, Abzug der falcidischen Quart zuläßig; die Gläubiger der Erbschaft gehen beiden vor; die bonorum possessio contra tabulas vernichtet beide; beide sind widerruflich.

Verschiedenheiten sind: die donatio giebt die Klage mit dem Tode des Schenkers, das Legat erst mit dem dies veniens; die donatio ist gültig, wenn der Schenker nicht nach dem Beschenkten stirbt, das Legat nur, wenn der Erblasser vor dem Legatar stirbt; bei der Schenkung kann dem Rechte des Widerrufes entsagt werden, bei dem Legate nicht; der Schenker hat nicht die Rechtsmittel des Legatars, sondern nur die condictio ex lege 35 Dig. de donationibus Buch 39 Tit. 5; die Gültigkeit der Schenkung hängt nicht von der Gültigkeit des Testamentes ab, daher wird sie auch nicht ungültig, wenn das Testament durch die querela inofficiosi testamenti fällt oder weil es ein verfälschtes ist; das interdictum quod legatorum geht nicht gegen den mortis causa donatarius; in Fällen, wo eine donatio simplex zu conferiren ist, ist es auch eine donatio mortis causa, das Legat wird nie conferirt; endlich unterliegt die Schenkung auch sonst den Gesetzen über die donationes inter vivos, z. B. dem Widerrufe wegen Undankes, welchen auch die Entsagung des willkürlichen Widerrufes nicht hindern kann. o)

---

o) Nach Preuß. Landrechte ist die donatio mortis causa nach den Regeln der Schenkung zu beurtheilen, wenn der Schenker sich den Widerruf bis zu seinem Tode nicht vorbehalten hat; hat er dies gethan, so hat der Beschenkte auf den Nachlaß nur die Rechte wie ein Legatar. — Ist der Tod des Schenkers nicht als Bedingung gestellt, sondern nur Motiv der Schenkung gewesen, so ist dieselbe dem Schenker gegenüber eine donatio mortis causa, dessen Erben gegenüber eine unbedingte Schenkung, d. h. wenn der Schenker den Widerruf noch nicht rechtlich erklärt hatte, so sind seine Erben nicht zum Widerruf berechtigt. Allgemeines Landrecht Th. 1. Tit. 11. §§. 1134 bis 1139.

Caducum und Ereptorium.

§. 39. Caducum ist Alles, was gültig hinterlassen ist, sei es in Form von Erbeseinsetzung oder Vermächtniß, und trotz der Gültigkeit des letzten Willens vom Bedachten nicht erworben wird. Fällt der Grund des Nichterwerbes nach dem Tode des Erblassers, so liegt ein caducum im eigentlichen Sinne vor; fällt dieser Grund vor den Tod des Erblassers, so ist es caducum im uneigentlichen Sinne (in causa caduci). Der Begriff des caducum war vor Justinian für die lex Julia et Papia Poppaea von besonderer Wichtigkeit, weil in Betreff seiner mit Ausnahme der beim jus accrescendi bereits angegebenen Personen das Anwachsungsrecht aufgehoben und die vindicatio caduci für die patres, welche im Testamente bedacht waren und in Ermangelung solcher für das Aerarium eingeführt wurde. — Da Justinian das Recht der vindicatio caduci aufgehoben hat, so hat der Begriff des caducum seine besondere Bedeutung verloren, denn es unterliegt dasselbe denselben Regeln, wie die Zuwendungen, welche aus anderen Gründen ungültig sind, z. B. weil sie für nicht geschrieben gelten oder weil der Testator sie widerrufen hat, oder weil sämmtliche Erben die Erbschaft ablehnen. —

Ereptorium (Dig. Buch 34 Tit. 9; — Cod. Buch 6 Tit. 35) ist das, was dem Bedachten (Erben oder Legatar) entzogen wird, weil er dessen unwürdig ist. [p]) Es setzt daher voraus, daß die Erbschaft dem Erben deferirt

---

p) Das Preußische Landrecht bestimmt in Betreff der Indignität:

1. Der Erbe oder Legatar, welcher durch Vorsatz oder grobes Versehen den Tod des Testators verursacht, wird des ihm zugedachten Vortheiles verlustig, wenn nicht ausgemittelt werden kann, daß der Erblasser das Versehen verziehen hat. Allg. Landrecht Th. 1. Tit. 12. §§. 599 u. 600.
2. Wer einen Anderen an Errichtung seines Testamentes erweislich verhindert hat, geht aller Vortheile verlustig, die er vermöge der gesetzlichen Erbfolge oder eines vorhin errichteten Testamentes erhalten hätte; §. 605 ebendaselbst. — Hindern an gerichtlicher Uebergabe eines schon gefertigten Testamentes verpflichtet nur zum Schadensersatze; §. 606 ebendaselbst.
3. Wer Jemanden an dem Widerruf seines errichteteten Testamentes hindert, verliert alle darin ihm verschafften Vortheile; §. 607 ebendaselbst.
4. Wer ein Testament oder eine andere letztwillige Disposition verheimlicht, verliert alle ihm darin zugedachten Vortheile; §. 608 ebendaselbst.
5. Wenn durch Zwang oder betrügliche Verleitung ein Testament für ungültig erklärt wird, so wird derjenige, welcher sich des Zwanges oder des Betruges schuldig gemacht hat, seines gesetzlichen Erbrechtes verlustig; §. 609 ebendas.
6. Verlust des Intestaterbrechtes zu Gunsten des Verpflegers siehe Seite 268 Note x.
7. Unfähigkeit durch letztwillige Verordnung von dem zu erwerben, mit welchem man in Blutschande oder Ehebruch gelebt hat, siehe Seite 225 Note g.
8. Verlust dessen, was in Rücksicht einer im letzten Willen angetragenen Vormundschaft zugewendet ist, wegen Excusation vor dieser; Allgemeines Landrecht Th. 2. Tit. 18. §§. 218 u. 219.

oder beim Vermächtniß der dies cedens bereits eingetreten ist. — Wird der Erbe nach dem Erwerbe der Erbschaft indignus, so hat er die Nachtheile der bereits eingetretenen confusio zu tragen, dem Erben aber, welcher von dem Falle der Indignität keine Kenntniß hatte, wird gegen diese Nachtheile durch eine in integrum restitutio geholfen; ebenso müssen die Früchte vom Unwürdigen herausgegeben werden, von dem, der die Indignität nicht kannte, indessen nur so weit er sie noch hat. —

Der, an welchen das Ereptorium fällt, hat die onera zu erfüllen. —

Die einzelnen Fälle der Unwürdigkeit sind:

1) Für den Vermächtnißnehmer allein: Verheimlichung des Testamentes; Beschimpfung des Erblassers nach Errichtung des Vermächtnisses; Entwendung von Erbschaftssachen, in welchem Falle das Vermächtniß um den Betrag des Entwendeten sich verringert. Das Entzogene fällt an den Belasteten.

2) Für den Erben allein: a. Zu Gunsten des Fiscus: Wenn der Testator die Erbeseinsetzung widerrufen hat, ohne daß sie dadurch ungültig werden konnte; wenn der Erbe als untergeschobenes Kind des Testators nach dessen Tode befunden wird; wenn der Erbe die Quart verliert, weil er durch Verheimlichung von Sachen die Legatare verkürzen wollte. —

Fiscus hat nicht das Recht auf das Ereptorium, dasselbe kommt vielmehr entweder den Miterben oder den Intestaterben oder dem Belasteten zu Gute; es wird so angesehen, als sei dem Unwürdigen nicht deferirt.

b. Zu Gunsten anderer Personen: Nichtannahme eines Wahn- oder Blödsinnigen trotz Aufforderung, zu Gunsten des Verpflegers; Nichtloskaufen der Eltern oder Kinder aus der Gefangenschaft, wenn der Erbe 18 Jahr oder älter ist, zu Gunsten der Kirche, welche das Entzogene zur Loskaufung von Gefangenen verwenden soll, Nichtnachsuchung der Bestellung eines Vormundes, zu Gunsten der anderweitigen Erben, siehe S. 135; für Geschwister, welche Intestaterben sind, wegen Lebensnachstellung, Criminalanklage oder Versuch der Beraubung von Vermögen gegen den Erblasser, zu Gunsten der Geschwister (Nov. 22 cap. 47 pr.).

3) Für den Erben und Vermächtnißnehmer: a. Zu Gunsten des Fiscus: Schuld am Tode des Erblassers durch dolus oder culpa; für Großjährige, welche die Untersuchung gegen den Mörder des Erblassers nicht beantragen; Abschließung eines Vertrages über die Erbschaft eines noch Lebenden ohne dessen Willen; Anfechtung des letzten Willens seitens des in demselben Bedachten; Hinderung an der Errichtung oder Aenderung des letzten Willens; Uebernahme an einen Unfähigen etwas zu restituiren, wo das zu Restituirende das Ereptorium bildet; wissentliches Leben in einer verbotenen Geschlechtsverbindung mit dem Erblasser. — b. Zu Gunsten anderer Personen: Nichterfüllung einer Auflage nach Ablauf eines Jahres, trotz richterlicher Aufforderung, zu Gunsten der Substituten, der Accrescenzberechtigten,

der Erben (wenn ein Legatar sich der Erfüllung weigert), der Universalfideicommissare, der Vermächtnißnehmer, der Intestaterben, jedes, der das Onus erfüllen will, endlich des Fiscus, der das Onus hier nicht zu erfüllen braucht, — nach der aufgeführten Reihenfolge (Nov. 1 cap. 1 §. 4); — Vernachlässigung der vom Erblasser aufgetragenen Erziehung eines unmündigen Kindes, zu Gunsten der Miterben oder der Belasteten; Excusation von der Vormundschaft, die im letzten Willen deferirt ist, zu Gunsten der sonst Berechtigten; Nichtbesorgung der vom Erblasser aufgetragenen Ausrichtung des Begräbnisses, zu Gunsten der sonst Berechtigten; in den letzten drei Fällen in Bezug auf das, was in Rücksicht der Auflage zugewendet ist.

Verbesserungen.

S. 90	Z. 6 v. u.	statt:	„zwischen den" lies: nach den
S. 98	Z. 5 v. u.	„	„einen" lies: eine
S. 104	Z. 7 v. o.	„	„noxiae" lies: noxae
S. 159	Z. 1 v. o.	„	„Reomtio" lies: Remotio
S. 168	Z. 3 v. u.	„	„venia, aetatis" lies: venia aetatis
S. 182	Z. 6 v. u.	„	„um so weit" lies: in so weit
S. 219	Z. 1 v. o.	„	„des Erwerbes" lies: des definitiven Erwerbes
S. 250	Z. 8 v. u.	„	„als diese" lies: was diese
S. 254	Z. 7 v. o.	„	„oder ein ohne" lies: oder ohne
S. 276	Z. 2 v. o.	„	„Gsetzen von den" lies: von den Gesetzen
S. 321	Z. 13 v. u.	„	„worden" lies: werden
S. 358	Z. 2 v. o.	„	„oder exheredirt" lies: noch exheredirt
S. 437	Z. 3 v. u.	„	„den — — Preis" lies: des — — Preises
S. 501	Z. 6 u. 5 v. u.	statt	„erhalten" lies: als vermacht gelten

Inhalts-Verzeichniß.

Das sog. Familienrecht.

Von dem Verhältniß zwischen Eltern und Kindern, namentlich von der väterlichen Gewalt.

Vormundschaft und Cura.

Das Erbrecht.

Gedruckt bei Julius Sittenfeld in Berlin.

Kolibri 360 GmbH
Ferdinand-Jühlke-Straße 7
99095 Erfurt, Deutschland
produktsicherheit@kolibri360.de